康熙大帝

閻崇年◎著

目次

千年一帝（代序）

二〇〇八年九月間，接到閻崇年先生來自北京的長途電話，告知他的大作《康熙大帝》繁體字版即將由聯經公司出版，囑我爲此書撰序。乍聽之下，十分惶恐，當下回話：晚輩只敢拜讀，何敢托大作序？閻先生則說，他已請林載爵先生與我聯絡，請勿推辭；不久果然接到林總編輯來電。十一月間，閻先生應邀來臺前往佛光大學講學，順道出席故宮召開的「空間新思維：歷史輿圖學國際學術研討會」，會議上閻先生親自送上中華書局出版的《康熙大帝》，再囑寫序，我不敢再辭，只好欣然承諾。會後，我應邀出席哈佛大學中國研究所召開的「中國史傳記資料數據庫第一屆國際研討會」，閻先生的《康熙大帝》伴我飛越漫漫旅途，在數萬尺高空上，拜讀先生大作。閻先生文筆流暢，論述張弛有度，對康熙帝一生重要事蹟分析、闡述、歸納、講評，井然有序，趣味雋永，娓娓讀來，引人入勝，渾然不覺飛航疲累，二十多萬字的《康熙大帝》便在往返航程中拜讀完畢。爲了應命作序，閱讀時隨手記下十多條筆記；動筆前再讀閻先生的自序，發現隨手記下的筆記，有些在閻先生自序中早已提及，部分則是我的讀書心得，願與讀者分享。

閻先生自序中說道：就電視講座而言，至少應滿足五個基本要求：刪繁就簡、深入淺出、清晰表述、張弛有度、史論結合。《康熙大帝》做到了，若非如此，中央電視台的「百家講壇」不會如此紅火。五個基本要求外，閻先生的講論注重五個視角：國際視角、平民視角、電視視角、公正視角、人文視角，《康熙大帝》也做到了；特別是電視視角，觀衆形形色色、老老少少、各行各業、各種水平，如何都教滿意，確實不易。閻先生客氣地說他以簡明、清晰、準確、中允、通俗、生動，滿足大家；然能達此境界，談何容易，非專精、博學、深厚、通達，實難以至。閻先生是國際知名明清史學者、滿學專家，在三十多部、三百多篇明清史論著的基礎下，才可能達到「百家講壇」深入淺出、要而不繁、生動活潑、史論結合、引人入勝的境界。以下是筆者歸納出本書的八項特色：

一、預留伏筆，史論結合

閻先生是一位說故事的高手，他不但會說故事，故事說得好，更高明處是引君入甕，叫人非聽他說的故事不可。《康熙大帝》二十六講中，每一講都預留伏筆，誘人進入。例如第一講〈偉大時代〉，刊頭語這樣寫著：

> 是英雄造時勢，還是時勢造英雄？古今中外，爭論不休。英雄必借時勢，時勢或出英雄。時者，天時。小天時可以做小事，成大事必有大天時。

康熙出身的時代如何？是時代造就了康熙？抑或康熙締造了時代？一系列耐人尋味的問題，將讀者引入作者論述的情境中。

第六講〈削平三藩〉：

一個人做大事，要有三種境界：初始應臨機決斷，過程要統籌兼顧，結局貴榮辱不驚。康熙八年撤藩平叛戰爭中，正是這樣做。

這樣的一段楔子，自然吸引讀者注意這位年少君主如何「臨機決斷」、「統籌兼顧」、「榮辱不驚」處理這積累了三十年的歷史包袱。

二十六講，二十六則楔子，則則畫龍點睛，數語中的，既是引言，也是史論，非功力深厚的史家，是寫不出這易讀易懂又誘人的楔子。

二、分析透徹，條理分明

「多而不亂、繁而不雜，力求做出有邏輯的、有條理的清晰表述」，這是作者論述的準則，《康熙大帝》也做到了，全書分析透徹，條理分明，極具說服力。以下我舉三例說明：

例一：玄燁八歲繼位，順治帝在衆多兒子中爲何選中他？作者首先排除了野史逸聞的傳說，分析立皇子是折衝皇帝、太后、宗室、洋人等四種意見的結果；至於玄燁爲何脫穎而出，作者運用排比手法，將順治帝臨終前有資格繼位的六位皇子一一比較，說明玄燁在年齡、聰穎、出過天花等條件上占了優勢。

例二：爲何讓索尼、蘇克薩哈、遏必隆、鰲拜等四大臣輔政。作者首先分析這四人有共通特點：均屬上三旗、均爲異姓軍功貴族、均是資深位高權重者、多受過睿親王多爾袞排擠、其中三人是皇親國戚。再分析當時朝中主要政治力量有三：皇室、宗室與八旗；順治與孝莊決定借重異姓軍功貴族力量，削弱宗權，鞏固皇權；並通過宗室議政王大臣會議，監督輔政大臣。

例三：作者認爲「順治遺詔」並非全是順治皇帝自己的意思，遺詔中的罪己條：「漸習漢俗，於淳樸舊制，日有更張，以致國治未臻，民生未遂」、「於諸王貝勒等……情誼睽隔，友愛之道未周」、「滿洲諸臣……朕不能信任，有才莫展……而委任漢官……以致滿臣無心任事」等，主要集中在滿漢、文武、新舊、興廢事宜上。作者分析曰：

當時，順治帝剛出天花，病勢凶猛，心身痛苦，神志恍惚，沒有心情、也沒有空閒靜思默想，回顧失誤。從發病到去世不足六天。同時從順治帝生前的作爲看，他也並不是個勇於認錯的皇帝，他雖然多愁善感，身體孱弱，但舉止堅毅，很有主見。所以這些自責之辭，不可能全是順治帝的本意。因此，遺詔只能是在孝莊太后及輔臣授意下，由朝臣撰擬，表明他們對順治帝的評價。

歷史的趣味之一在於有些事沒有定論，解釋得宜，便能叫人信服；當然歷史解釋是建立在紮實的史識上，憑空想像，只會流爲野史傳說。閻先生紮實的史學功力，縝密的邏輯思維，貫穿全書。

三、史料排比，無考存疑

《清聖祖仁皇帝實錄》中關於康熙皇帝的誕生，有兩段截然不同的記載，其一將康熙出生說得神乎其神：母親孝康章皇后懷孕時，有龍環繞衣裙；誕生時合宮異香，經時不散，五色光氣，充溢庭戶，與日並耀（卷一）。康熙皇帝自己說：「朕之生也，並無靈異；及其長也，亦無非常。」（卷二七五）作者將兩段記載均轉錄於書中，然後分析康熙之所以成大帝，其一是時勢造英雄，因爲「他遇到了一個在清朝歷史上、中國歷史上乃至世界歷史上少有的大天時」；其二是康熙的天生好學，精力充沛，孜孜不倦，永不知足；他的成就是學而得之、行而得之、思而得之、悟而得之。這種捨靈異重理性的邏輯推論，充斥於篇。

再談康熙帝智擒鰲拜。作者首先告訴讀者，這件足以證明康熙少年睿智的事件，《實錄》上的記載只有「命議政王等拏問輔臣公鰲拜等」等十三字，傳達了三層意思：是皇帝命令、議政王辦的、捉拿了鰲拜。但事件的時、地、方式與過程都沒記述。記載不詳，予人想像空間極大，於是野史、小說、戲劇紅火訛傳。爲了釐清眞相，作者徵引《嘯亭雜錄》、《竹葉亭雜記》、《清史通俗演義》、《清史稿》與《故宮退食錄》等資料，對捉拿鰲拜的「人」提出：羽林士卒、小內監、親王子弟、侍衛拜唐阿、內侍健童擒捕等五種說法；再運用削去法說明：清朝沒有羽林軍、不許太監習武、不會組親王子弟，於是《清史稿》記載由宮廷侍衛和拜唐阿組成的隊伍拿下了鰲拜便較可信了。關於鰲拜事件，作者還原眞相，告訴讀者最可信的官方說法只有十三字，他運用科學方法，排比分析後，爲觀衆選擇了較嚴謹較可信的一種說法。

說到吳三桂的敗亡，讀者可能更關心陳圓圓的結局，作者同樣將相關的記載一一介紹，分析她不可能入宮爲婢、不可能城破老死。至於是城陷自縊？出家爲尼？較多的學者認爲陳圓圓先已出家，吳三桂敗亡前已病故。衆說紛紜，由於史料不足，只能存疑。

四、貫穿古今，連結東西

《康熙大帝》雖論述一朝史事，然作者常將古今中外歷史上發生過相似事件貫通講述，更凸顯了康熙其人、其事及其時代。例如：談到玄燁繼位，作者順便交代了皇太極與福臨的入承大統、凸顯了清朝衰弱的致命因素：沒能確立皇位繼承制度。作者分析：

皇太極是經過錯綜複雜的宮廷鬥爭，逐一打擊競爭對手，最後通過滿洲上層貴族會議推舉，從而爭得皇位。

皇太極死後，當時爭奪皇位的多爾衮和豪格互不相讓，都不願意看到對方登上皇位，雙方妥協的結果，是讓幼年的福臨即位。

玄燁的繼位，沒有經過那種針鋒相對甚至你死我活的鬥爭，而主要是順治皇帝和孝莊皇太后協商的結果。但確定過程，也有一番波折。

於是在〈少年天子〉一講中，娓娓道出康熙脫穎而出的秘辛。

談到少年天子背後的勢力，作者又貫穿古今，分析道：

在中國皇朝歷史上，少年天子背後的權力，有五種形式：一是外戚勢力，如漢朝；二是太監勢力，如明朝；三是太后臨朝，如遼朝；四是宰相輔政，如明萬曆朝等；五是親王輔政，如清順治朝。這五種形式，各有其利弊。

然則何者對康熙朝有利呢？作者分析：順治帝與孝莊皇太后汲取了歷史教訓，爲康熙安排四位輔政大臣：

盡力避免漢朝的外戚、明朝的太監、遼朝的太后、清初親王輔政的弊端，而採用大臣輔政，同時也看到明萬曆朝張居正一人專權之害，不是讓一人輔政，而是四人聯合，互展所長，彼此牽制。

作者不但貫穿古今，且將康熙置於世界史的背景下做全方位的討論，認爲國際局勢有利於成就康熙大業，是時勢與英雄共創了「康熙盛世」；與他同時代的名君有沙俄的彼得大帝與法國的路易十四，在〈智擒鰲拜〉與〈愛好西學〉兩講中都有精采的比較。

五、提綱挈領，化繁為簡

康熙朝的歷史，人物衆多，事件紛繁，怎樣節縮爲二十多個專題？力求既刪繁就簡，又大事不漏。

這是作者謙虛的自序，以二十六講，每講數千字，綜論康熙六十一載，實屬不易，非功力深厚，全盤掌控者，是辦不到的。作者絕非「刪繁就簡」，而是以其深厚的史識，化繁爲簡。以下我以兩例說明：

清初的中俄交涉、蒙藏關係，何其複雜，作者以三講各五、六千字，輕鬆交代，讀者在他提綱挈領的導讀下，對這段歷史已有正確的認識。例如他以「北疆告急」，講解了羅刹入侵的內外因素；以「三次東巡」、「增設將軍」、「建立船廠」、「偵察敵情」、「精心布署」五小節，介紹了中俄爭戰前清廷的準備；再以「兩次激戰」、「同俄締約」敘述了雅克薩之戰與「中俄尼布楚條約」。

〈抗俄簽約〉一講中，作者徵引了康熙東巡了解敵情、制定方略時觸景生情的一首詩，說明康熙皇帝的雄才大略與蓋世氣魄。詩云：

松花江，江水清，夜來雨過春濤生，浪花疊錦繡縠明。
松花江，江水清，浩浩瀚瀚衝波行，雲霞萬里開澄泓。

對筆者而言，這兩句詩也正是作者集數十載的功力，爲讀者輕鬆愉悅開講的寫照。

再者，一般讀者不易弄清楚的清廷與蒙古、西藏關係，在作者闡述下，也很容易明白：

中國一個特有的文化現象，就是萬里長城。有人把它作爲農耕與游牧的經濟與民族的分界線。清朝以前，修築長城，防備朔方。秦始皇爲什麼修長城？爲了防匈奴；戚繼光爲什麼在長城上建敵樓？爲了防蒙古。清朝怎麼辦？康熙帝又怎麼辦？清朝以來，實行滿蒙聯盟，將「長城防禦北方蒙古」，變作「蒙古成爲北疆長城」。清朝北部的「長城防線」，推到庫頁島、外興安嶺、貝加爾湖、巴爾喀什湖一線。從而建立起新的、堅固的北疆長城。康熙帝在處理北部蒙古難題、建立北疆長城時，主要做了三件事：一是統籌蒙古，表現了雄才大略；二是多倫會盟，表現了雄圖高遠；三是三次親征，表現了雄心壯志。

細讀這二十六九字，康熙朝乃至有清一代的滿蒙關係已經瞭然於胸，剩下的對一般讀者而言，只是無關宏旨的一些歷史情節而已。在〈統一臺灣〉、〈進兵安藏〉、〈治理黃河〉、〈立廢太子〉諸講中，所有極爲複雜的問題，都在作者巧妙的安排下，交代得清楚明白。

六、比較手法，凸顯主角

作者常用比較手法凸顯主角康熙帝，增加了論述張力。且看他對三藩之亂兩位主角的精采描述：一方是二十歲未經戰陣的康熙帝，一方是六十二歲身經百戰的吳三桂。康熙面對三藩事起的變局，他勇敢堅定；處身危局之際，他氣靜鎮定；最後平亂獲勝，他謙虛淡定，自責德薄而導致亂起，拒絕上尊號。相較之下，吳三桂身爲明廷寧遠總兵，卻在明清松錦大戰危局中率先逃跑；在明朝即將敗亡危局中，先叛明降李自成，再叛李自成降清；在殺永曆帝的勝局中驕縱；最後又起兵反清；一生三叛，反覆無常。短短數語，兩位歷史人物個性躍然紙上，歷史評價也高下立見。

本書的最後一講〈千年一帝〉，從秦始皇到宣統，共二一三二年，前一千年《舊唐書》稱唐太宗為「千載可稱，一人而已」；後一千年，自遼金以降，共九十帝，通過縱向比較，論統一帝國、民族融合、社會安定、文治武功、太平盛世，邁越古人，千年以來，誰能與比？論個人修養，知敬、知勤、知慎、知止、知學，一以貫之，又有何帝能及？唐太宗之後，千年一帝，唯有康熙爾。

七、徵引翔實、去訛存正

《康熙大帝》雖為電視節目「百家講壇」撰寫的講義，強調生動、通俗、簡明、易讀，卻立義嚴謹，徵引翔實，絕非時下一般影視、演義、小說、野史所能比擬。書後所附〈參考書目〉，並未能全面反映書中徵引。筆者曾逐講查看徵引，發現全書論述，基本依據檔案、官書、康熙著作、正史、清人筆記、時人論著與外人著作；書中偶爾出現野史傳說，主要目的在糾正無稽之談。《康熙大帝》寫作態度嚴謹，全書主要徵引：

康熙著作：《康熙御製文集》、《康熙詩詞集注》、《康熙庭訓格言》、《御製三角推算法論》、《康熙機暇格物編》、〈康熙御製耕織圖序〉、〈康熙御製暢春園記〉、〈御製資治通鑑綱目序〉。

檔案類：《康熙起居注冊》、《玉牒》、《明清史料》、《滿文原檔》、《康熙朝滿文硃批奏摺全譯》、《宮中檔硃批奏摺》、〈兵部為俄應撤回侵兵並於雅庫立界事致俄皇咨文〉、〈雷金玉碑記〉、「中俄尼布楚條約」。

官書類：《清太宗實錄》、《清聖祖實錄》、《清世宗實錄》、《清仁宗實錄》、《聖祖本紀》、《八旗通志》、《八旗通志初集》、《清史列傳》、《平定朔漠方略》、《明會典》、《清朝文獻通考》、《文獻叢編》、《康熙字典》。

正史：《清史稿》、《明史》、《史記》。

清人著作：《嘯亭雜錄》、《竹葉亭雜錄》、《簷曝雜記》、《日下舊聞考》、《清宮述聞》、《清宮遺聞》、《歸田瑣記》、《聖武記》、《庭聞錄》、《平吳錄》、《吳逆始末記》、《觚剩》、〈董在中墓誌銘〉、《履園叢話》、《臺灣外紀》、《海上見聞錄》、《郎潛紀聞三筆》、《榕村續語錄》、《靖海紀事》、《養吉齋叢錄》、《攻媿先生文集》、《國朝畫徵錄》、〈靳文襄公奏疏〉、《治河方略》、《河防述言》、《天一遺書》、《柳南隨筆》、《郭華野先生疏稿》、《午亭文編》、《康熙政要》、《四庫全書總目提要》、《松鶴山房文集》、《疇人傳》、《國朝先正事略》、《熙朝定案》、《哲匠錄・樣式雷考》、《戴名世集》、《朱文公文集》、《漫堂年譜》、《國朝宮史》、《南亭筆記》、《平西王吳三桂傳》等。

時人著作：《故宮退食錄》、《明清檔案學》、《吳三桂傳》、《清朝通史》、《臺灣通史》、《達賴喇嘛傳》、《康熙寫眞》、《黃河水利論叢》、《歷代治河方略探討》、《中國水利史》、《清代人物傳稿》、《中國印刷史》、《中國天文學史》、《清代西人見聞錄》、《康熙皇帝一家》等。

外人譯著：《湯若望傳》、《康熙皇帝》、《俄國海軍軍官在俄國遠東的功勳》、《俄國人在黑龍江上》、《一六八九年第一個中俄條約》、《哥薩克在黑龍江上》、《張誠日記》、《中國科學技術史》、《美國國會圖書館藏〈康熙字典〉和中美外交文化史》等。

野史：《清史通俗演義》、《道咸以來朝野雜錄記》、《清朝野史大觀》。

八、圖文並茂，賞心悅目

全書配載了兩百四十七張珍貴圖片，爲講述的歷史事件，增加了圖史互證的功能；其中十多張康熙畫像，從少到老，朝裝、便服、戎裝、出巡、出征、視察、行獵、讀書、研究、觀察天象，以及西人筆下的康熙，從各方面呈現出主人翁的容貌，加深了讀者對康熙帝的認識。作者更在關鍵事件或有爭議的歷史事件章節中，附錄原檔，讓讀者直接閱覽第一手史料，以增強讀者對歷史事件的判斷力。例如：在第三講〈少年天子〉附錄「順治遺詔」，是希望讀者通過閱讀原檔，了解作者的主張遺詔並非全是順治主張，也奠下康熙六年康熙皇帝爲皇父全盤翻案〈孝陵神功聖德碑文〉出現的原由。第四講〈智擒鰲拜〉附錄《嘯亭雜錄》、《竹葉亭雜記》、《清宮述聞》與《歸田瑣記》等四則簡短的有關康熙擒鰲拜的記載，說明歷史遺留下來的雪泥鴻爪，被稗官野史、影劇電視無限上綱誇大演出。談到康熙朝最大謎團：「康熙遺詔」究竟是否出自康熙皇帝，作者分別闡述正反兩派意見，並全錄了「康熙五十六年十一月辛未上諭」及「康熙遺詔」，云：

> 「康熙遺詔」的當時情景，歷史煙雲，人亡物非，已難考證。文後附錄兩份遺詔，其中「雍

親王皇四子胤禛，人品貴重，深肖朕躬，必能克成大統，著繼朕登基，即皇帝位」。是眞僞問題爭論的關鍵所在，學界見仁見智，難有定論。或許將來找到鐵證，材料充實，方可做結論。這道難題，怎樣解法，還請讀者自己思考！

史學家努力了一輩子的學術考據，不敵歷史演義與電視劇對社會大衆的影響，有鑑於此，近年來不少史學工作者，憑著深厚的史學素養，流暢的文筆，紛紛投入歷史通俗述作行列，但不是每個人都能成功。閻崇年先生的百家講壇收視長紅，影響也大。當然，收視率好，奠基於講得好；講得好，則有賴於口才好與講稿寫得好，閻先生兩者都具備了，不但開講成功，講稿也一版再版。筆者先後拜讀過《正說清朝十二帝》與《明亡清興六十年》，如今又先睹《康熙大帝》，傾倒於書中精采的史評與論述，獲益良多，歸納書中八項優點，鄭重推薦給臺灣的讀者，是爲序。

馮明珠　二〇〇九年三月一日

自序

二〇〇八年三至五月中央電視台「百家講壇」播出我的系列歷史講座「康熙大帝」，這個系列講座的文案稿與錄音稿整合，就成爲這本《康熙大帝》的書稿。其簡體字本已由中華書局出版，繁體字本現由聯經出版公司雕梓。

事情緣起，確實很早。

二〇〇六年十二月十日上午十一點，我在中央電視台「百家講壇」錄播現場，終於講完了「明亡清興六十年」最後一講第四十八講。整整一年，無間晨夕。這時，我如釋重負。當晚，我和夫人約請「百家講壇」馮存禮、魏淑青、萬衛、王曉、解如光、高虹、吳林、馬琳、那爾蘇諸君，在一起小敘。席間，萬衛先生說：「閻老師，您稍微歇一下，接著錄康熙！」我當時一愣：怎麼還要講啊！觀衆喜歡看嗎？所以我含糊回答：「想想再說。」

二〇〇七年四月，我應美國華美協會的邀請，到美國進行學術與文化交流。在紐約聯合國總部大廈裡貴賓餐廳的酒席桌上，我同何勇、王盈等先生小敘間，一位先生問：「閻教授，您下面講什麼？」我反問：「您說呢？」答：「講康熙！」不久，我去芝加哥。中國駐芝加哥領事館徐盡忠總領事請我和閻鵬吃巴西烤肉，當地一些留美博士、專家都不約而同地有上述想法。五月，我應邀到臺灣進行學術與文化交流。聯經出版公司發行人林載爵先生問我下一步講什麼。我還是反問。回答：「講康熙。」五月底，我應邀到馬來西亞做演講。他們指定的題目是「康熙盛世」。十二月，我應周曾錫先生邀請到新加坡進行學術與文化交流，周先生又提出這個問題，他的回答也還是同樣的。這就在我的腦子裡產生一個結論：海內外的不少華人都希望我能在「百家講壇」講講康熙。

我對講康熙還有點信心。這信心是從哪兒來的呢？早在上世紀六〇年代初，我就決定研究清史。從何處入手呢？從人物研究開始。從研究誰開始呢？我選了康熙。當時主要讀善本《清聖祖仁皇帝實錄》，看檔案《康熙起居注冊》等。一九六四年，我寫出長篇論文〈評康熙帝〉。這篇論文幾經周折，時過多年，才獲發表，而且鑒於當時的文化環境，被編輯做了「穿靴戴帽」的處理。這是我的第一篇清史學術論文，後來收在拙著《燕步集》裡。爾後，雖然研究重點轉到清入關前史，但對康熙朝歷史的關注從未懈怠。一九八三年拙著《努爾哈赤傳》出版後，中國檔案出版社等幾家出版社曾約我寫《康熙帝傳》，我很想寫，也做了準備，但因爲當時忙於單位的課題無暇分心，而沒有接應。後來，我寫過〈論雅克薩之戰〉、〈明珠論〉、〈納蘭性德與吳兆騫〉、〈郭琇論〉、〈張吉午與《康熙順天府志》〉、〈康熙皇帝與木蘭圍場〉和〈康熙大帝〉等文，均不夠深入，也不夠系統；但四十多年來我一直沒有放棄對康熙朝歷史的學習與關注，時時事事處處，始終縈繞於心。

這次，我想試試，透過完成「康熙大帝」系列講座，對康熙朝歷史、對康熙帝個人做一次系統的梳理，實現多年的夙願。

事情定下之後，我將能找到的有關康熙帝的資料，全部匯攏，集中精神，夜以繼日，進行準備。二〇〇七年七月三日，在北京社會科學院貴賓室，舉行小型「神仙會」，張永和、馬琳、那爾蘇、宋志軍、李洪超、左遠波、解立紅、閻崇年八人與會，就篇目、講法交換意見。李岩先生也提出頗中肯綮的見解。七月十三日，「百家講壇」製片人萬衛先生專門舉行「康熙大帝」研討會，該節目全體主管、編導和部分主講人出席，中華書局顧青副總編、宋志軍主任也蒞會。我在會上就「康熙大帝」的基本構思作了拋磚引玉的發言。講康熙帝，要處理縱與橫、君與民、雅與俗、古與今、事與人、負與正、滿與漢、文與武、事與理等九個方面的關係。(1)縱與橫——於橫向比較與縱向比較的關係，縱橫兼顧，而突出橫；(2)君與民——於君王與民眾的關係，君民兼顧，而突出民；(3)俗與雅——於通俗與高雅的關係，雅俗兼顧，而突出雅；(4)古與今——於古代與當今的關係，古今兼顧，而突出今；(5)事與人——於事件與人物的關係，事人兼顧，而突出人；(6)負與正——於負面與正面的關係，負正兼顧，而突出正；(7)滿與漢——於滿族與漢族的關係，既不揚滿，也不抑漢，力求站在中華民族的立場上觀察與講述；(8)文與武——於文治與武功的關係，康熙帝的一個特點是「經文緯武」，因此講述時盡量文武兼顧；(9)事與理——於史事與史理的關係，事理兼顧，事入理出，事理融合，而突出理。這次研討會，我得到不少啓發和收穫。

有人說：我講「康熙大帝」，背後有一個團隊。這是一個客觀的表述與概括。感謝這個沒有組織而又意誠心一的團隊！

我同「百家講壇」打交道五年，互相切磋，逐步磨合。我的體會是：「百家講壇」之「百家」，就主體而言，是指「科學．教育」頻道，包含的內容，何止百家？涵蓋的學者，何止百家？就客體而言，廣大觀眾，平民百姓，又何止百家？「百家講壇」之「講壇」，這個平臺承載的是「科學」與「文化」，傳播的是「德先生」（民主）與「賽先生」（科學）。

有人說：一九八八年美國歷史學家海頓．懷特提出「影視史學」的概念。他對「影視史學」的詮釋是：「以視覺影像和電影話語來表現歷史和我們對歷史的見解。」（任學安，《一次艱難的跋涉》）這是一個嶄新的課題，時間尚短，需要探索。

歷史學有許多分支，近年來社會史學、心理史學、計量史學、地域史學等都受到重視。相比之下，影視史學更年輕、更稚嫩，需要更多的學人關注、探索。

就電視歷史講座而言，「康熙大帝」至少應滿足五個基本要求：

刪繁就簡。康熙朝的歷史，人物衆多，事件紛繁，怎樣節縮爲二十多個專題？力求既刪繁就簡，又大事不漏。

深入淺出。康熙朝的歷史，資料繁多，浩如煙海，怎樣選擇典型的、重要的、生動的、準確的資料？力求既深入淺出，又不流於俗套。

執一馭千。康熙朝的歷史，千頭萬緒，錯綜複雜，怎樣高屋建瓴，綱舉目張，多而不亂，繁而不雜？力求做邏輯嚴密的、條理清晰的闡述。

張弛有度。康熙朝歷史的講述，要從容不迫，但不能失之於弛；要情感動人，但不能失之於張——既不過於張揚，又不過於鬆弛，力求張弛有度。

事理融合。康熙朝歷史的講述，不能厚史事而薄論理，也不能重論理而輕史事，而是有史有論，事理結合，相得益彰。這裡，司馬遷的「寓論於敘述」的經驗值得借鑒。

此外，我在「康熙大帝」的講述過程中，還側重五個視角：

一是、**國際視角**。將康熙帝置於當時世界大的歷史背景下，進行全景觀察。我重在闡明一個觀點：康熙朝處於西方大國兩次崛起高潮之間。因此，康熙朝處在國際環境有利、周邊國家協和的外部氛圍中。

二是、**平民視角**。將康熙帝從神壇上請下來，從一個人的生命過程，來看他的出生、成長、事業、終老的軌跡。他的成功與缺憾、經驗與教訓，也是每個普通人的精神財富。

三是、**電視視角**。對康熙大帝的講解，既不同於講堂，也不同於茶館，而是超越時空的平臺，其困難在於：簡明、清晰、準確、中允、通俗、生動。

四是、**公正視角**。康熙帝是三百年前的古人，要排除清朝擁滿派與民初反滿派對其各執一端的片面觀點，而盡量給予公允客觀的新評價。

五是、**人文視角**。康熙帝是位特殊的歷史人物，不同讀者、不同觀衆有自己的不同解讀。從康熙帝人生軌跡中，期待：國人自信，公僕自鑒，青年自勵，各界自勉。

在這裡，謹對文化部副部長、故宮博物院院長、中國紫禁城學會會長鄭欣淼先生暨學會同仁、北京滿學會終生榮譽會長陳麗華先生暨學會同仁、北京社會科學院同仁，敬示謝意。臺灣故宮博物院副院長、著名清史學家馮明珠教授爲本書撰寫推薦辭，深表敬謝。聯經已出版我的《正說清朝十二帝》、《明亡清興六十年》、《清宮十大疑案正解》和《努爾哈赤》，現又出版《康熙大帝》，五書連出，情誼深厚，謹對發行人林載爵先生、責編簡美玉女士，表示感謝。

最後，誠懇希望：讀者給予批評指正。

閻崇年　二〇〇九年二月二日
於北京四合書屋

引言

十七世紀四〇年代，在世界上兩個偉大的國度裡——亞洲的中國和歐洲的英國，幾乎是在同時，發生了兩件現象相似而又性質不同的歷史事件：

清順治元年三月十九日（一六四四年四月二十五日）黎明，中國北京內城被李自成的軍隊攻破，明朝崇禎皇帝在紫禁城北門外的萬歲山（在今景山公園），披髮跣足，自縊而死，就是披頭散髮，赤著腳，吊在樹上，自殺身亡。

清順治五年十二月十八日（一六四九年一月三十日），英格蘭倫敦的上千名市民，走向白廳廣場，目睹了國王查理一世被送上斷頭臺。國王還發表演說。之後，劊子手揮起斧頭，砍下了他的頭，查理一世身首異處，悲慘而死。

這兩個重要歷史事件，雖然時間相近，只差五年；但是兩位君王的結局、兩個事件的變局，後果不同，相差甚遠。崇禎皇帝上吊後，明亡清興，由清朝取代了明朝，中國歷史，清承明制，仍沿著封建體制路線圖運行。而查理一世被議會判決處死後，英國歷史，幾經曲折，卻沿著資本主義路線圖運行。

歷史車輪滾動近兩百年，出現了一個誰也沒有想到的變局：強盛的大英帝國，以船堅砲利打開了大清帝國的國門。清政府被迫簽訂「南京條約」，割地賠款——曾經盛極一時的大清帝國，逐漸變成了任西方列強宰割的羔羊。

所以，清朝是中國歷史上一個難解難讀的朝代：一方面，從歷史縱向座標來看，它曾經文緯武，寰宇一統，創造過「康熙盛世」的輝煌；另一方面，從歷史橫向座標來看，它同列強差距，愈拉愈大，蒙受了喪權辱國的恥辱。因此，清朝歷史不僅得到衆多史學家的研究，而且受到幾代中國人的關注。

從今天開始，讓我們走近清朝的康熙大帝，透過了解康熙大帝不平凡的一生，回到十七、十八世紀之交的年代，觀賞歷史的波瀾壯闊，考察清朝的興盛衰亡，品味人生的酸甜苦辣，汲取寶貴的經驗教訓。

康熙大帝（一六五四—一七二二年），姓愛新覺羅氏，名玄燁，八歲繼位，在位六十一年，享年六十九歲，是清朝第四任皇帝。康熙大帝開創了「康熙盛世」，對中國歷史的發展產生了深遠的影響。在世界歷史的典冊上，他與幾乎同時代的俄國沙皇彼得大帝、法國君主路易十四齊名，位列國際名君，聲名遠播世界。

我們現在比較常見的康熙大帝畫像，一般是這樣的：康熙帝端坐在寶座上，身著龍袍，表情嚴肅，完全是中國帝王的模樣。但在本書的第一講，我首先要展示給大家的康熙皇帝的畫像，卻是捲頭髮，藍眼睛，鷹勾鼻子，身著洋裝。在康熙帝之前，近兩千年的三百多位皇帝，很少有人被畫成洋人模樣。那麼，康熙帝被畫成洋人的模樣，說明了什麼？說明康熙時代中國已經和世界開始連接在一起了。所以，要了解康熙帝，就要從他所處的時代講起。

康熙皇帝之所以成爲「大帝」，是時勢造英雄，還是英雄造時勢？時勢與英雄的關係，古今中外，爭論不休。我認爲：是時勢與英雄共同創造歷史。

「康熙大帝」歷史系列講座，就從這裡開始。

chapter 01

第壹講 偉大時代

是英雄造時勢，還是時勢造英雄？古今中外，爭論不休。英雄必藉時勢，時勢或出英雄。時者，天時。小天時可以做小事，成大事必有大天時。

康熙大帝，出生在北京紫禁城的景仁宮。他的父親是清朝順治皇帝，祖父是清太宗皇太極，曾祖父是清太祖努爾哈赤。他一出生就是皇子，八歲便繼承了皇位。他的兒子雍正皇帝主持纂修的《清聖祖仁皇帝實錄》，把康熙皇帝的出生說得神乎其神：

> 孝康章皇后（康熙帝的母親）詣慈寧宮問安，將出，衣裾若有龍繞，太皇太后（孝莊）見而異之，問知有娠。顧謂近侍曰：「朕曩孕皇帝時，左右嘗見朕裾褶間，有龍盤旋，赤光燦爛，後果誕生聖子，統一寰區。今妃亦有此祥徵，異日生子，必膺大福。」至上誕降之辰，合宮異香，經時不散，又五色光氣，充溢庭户，與日並耀。（《清聖祖實錄》卷一）

這段記載，是雍正皇帝爲了神化他的祖父和父親而編造的，實際並不可信。康熙帝就說過：「朕之生也，並無靈異；及其長也，亦無非常。」（《清聖祖實錄》卷二七五）這就是說，康熙帝認爲自己也是一位普通的人。

那麼，康熙帝又是如何成就偉大事業的呢？這還要從他那個時代的「時勢」談起。任何人做事情離不開「天時」，而天時有大天時、小天時。魏源在《聖武記》中說：「小天時決利

■《清聖祖實錄》關於康熙帝降生的記載

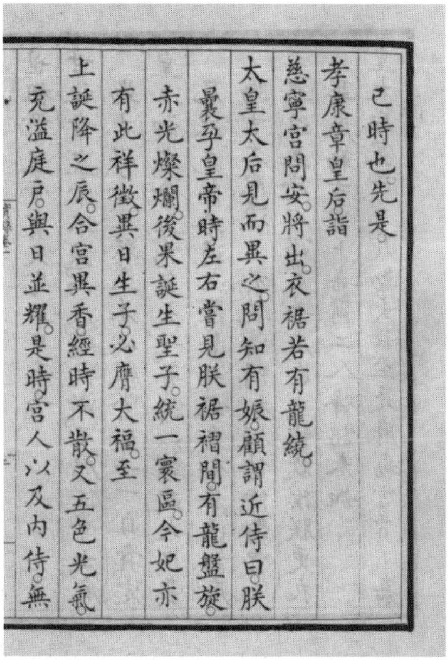
巳時也先是
孝康章皇后詣
慈寧宮問安將出衣裾若有龍繞
太皇太后見而異之問知有娠顧謂近侍曰朕
曩孕皇帝時左右嘗見朕裾褶間有龍盤旋
赤光燦爛後果誕生聖子統一寰區今妃亦
有此祥徵異日生子必膺大福至
上誕降之辰合宮異香經時不散又五色光氣
充溢庭戶與日並耀是時宮人以及內侍無

鈍，大天時決興亡。」就是說，成小事業者要有小天時，成大事業者必有大天時。《孟子・公孫丑下》說：「五百年必有王者興。」就是說王者興，必定有大天時，這裡的五百年是一個概數。康熙帝就遇到了一個在清朝歷史上、中國歷史上乃至世界歷史上少有的大天時。

一、西方崛起

康熙帝所生活的時代，正逢西方列強崛起，又處在西方列強崛起兩個發展高峰之間，而周邊四鄰還處於弱勢。國際環境給康熙帝提供了挑戰與機遇：

■法國學者進呈給康熙帝的《亞細亞洲圖》，1698年法國科學院巴黎天文臺繪製

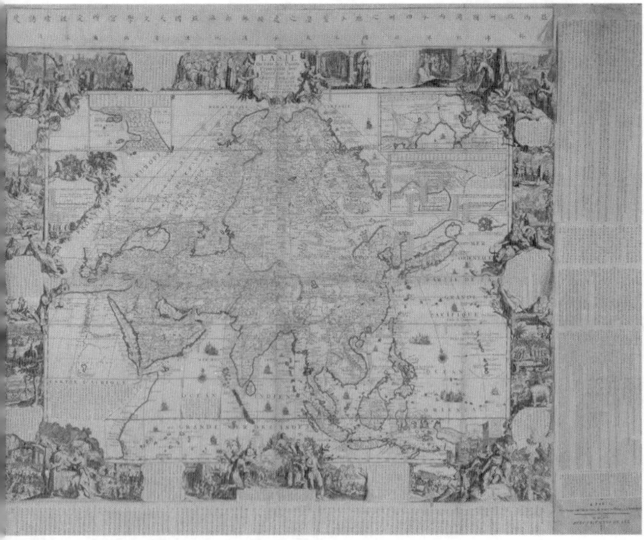

第一、中國和世界開始連接。

人類對世界的了解是逐步發展的。生活在地球上幾塊大陸上的人們，開始是封閉的，只知道自己，不知道大陸之外的世界。一四八七年（明成化二十三年），葡萄牙人的船隊到達非洲南端的好望角。一四九二年（明弘治五年）十月十二日，西班牙支持的哥倫布到達美洲。這兩個事件，對世界歷史發展產生了深遠的影響。

從此，歐洲大陸和亞洲大陸、美洲大陸開始互通聲氣。從某種意義上說，二十一世紀的世界一體化，正是從五百多年前這兩個歷史事件發端的。康熙帝正生活在東西方世界由彼此孤立到互相連接的進程當中。

第二、西方崛起的兩個高峰之間。

西方列強崛起，自西元一四九二年哥倫布地理大發現以來，先後出現三次高潮：第一次高潮是葡萄牙、西班牙、荷蘭的崛起，主要在十七世紀；第二次高潮是英國、美國、法國的崛起，主要在十八世紀；第三次高潮是俄國、日本、德國的崛起，主要在十九世紀。

第一次高潮：十五世紀中期（相當於中國明朝的中期），歐洲伊比利亞半島上面積不足十萬平方公里的葡萄牙率先崛起。王子恩里克終生不娶，主持艱苦航海事業。他的繼承者，於一四八七年到達非洲南端的好望角。從此，其勢力到達美洲巴西、亞洲印度。葡萄牙殖民者一五一一年（明正德六年）強占馬六甲，一五五三年（明嘉靖

■當年荷蘭畫家描繪的臺灣城（又名熱蘭遮城，在今臺南市）

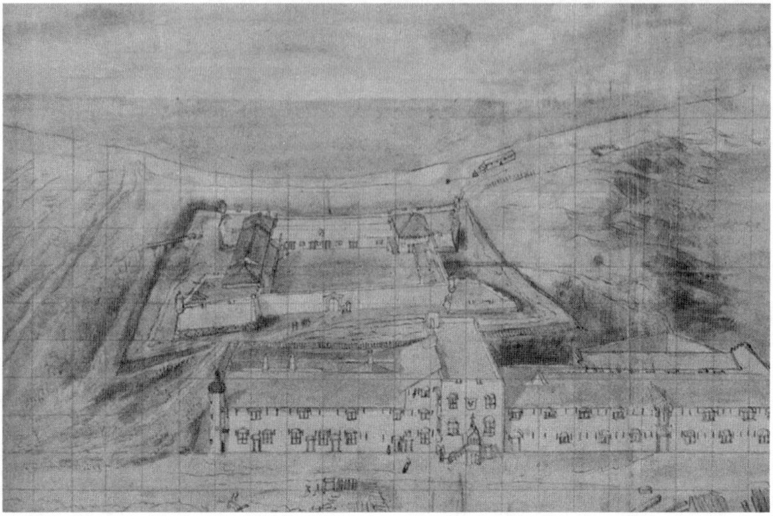

三十二年）強行租占澳門。到康熙時期，葡萄牙仍占據著澳門。因澳門離京師遙遠，對中原影響不大，沒有引起清朝當權者應有的重視。

但葡萄牙的地位很快被西班牙取代。一個叫哥倫布的義大利航海家相信地球是圓的，認爲從歐洲西航可以到達中國和印度。他的計畫在葡萄牙遭到冷遇，卻在西班牙得到支持。一四九二年十月十二日，哥倫布到達美洲。西班牙後來將這一天定爲國慶日。事情無獨有偶。麥哲倫也因在葡萄牙被冷遇而到了西班牙，一五一九年（明正德十四年）開始，到一五二二年，完成人類歷史上第一次繞地球一周的航行（麥哲倫中途死亡）。以此爲契機，西班牙對外大肆擴張，迅速崛起。今拉丁美洲除巴西外，多說西班牙語，就是這一歷史的明證。

一五八八年（明萬曆十六年），西班牙艦隊在與英格蘭的海戰（史稱「英西大海戰」）中敗落，西班牙從昔日的霸主高位上跌落下來。這時，正是中國明朝萬曆年間，清太祖努爾哈赤剛剛起兵五年。

代之而起的是荷蘭。荷蘭是歐洲的一個小國，領土面積僅相當於今北京面積的二・五倍。荷蘭人憑藉航海、貿易、金融等，迅速崛起，成立荷蘭東印度公司，發行股票融資，建立股票交易所、銀行等。一六二四年（明天啓四年），荷蘭殖民者侵入臺灣，占領臺灣南部的赤崁；兩年後，西班牙殖民者侵占臺灣北部的基隆。後來荷蘭人趕走西班牙人，獨占臺灣。順治十八年十二月十三日（一六六二年二月一日），鄭成功驅逐荷蘭殖民者，結束了荷蘭人在臺灣三十八年的統治。這時，荷蘭也逐漸走向衰落。

第二次高潮：一六八八年（康熙二十七年）英國「光榮革命」，一七七四年（乾隆三十九年）美利堅合衆國獨立，一七八九年（乾隆五十四年）法國大革命。

第三次高潮：一八六一年（清咸豐十一年）俄國廢除農奴制，一八六八年（清同治七年）日本明治維新，一八七一年（清同治十年）德國統一。

康熙帝生於一六五四年，死於一七二二年，正好是十七世紀中葉到十八世紀上半葉，處於西方大國崛起的第一次浪潮和第二次浪潮之間。具體言之，就是處於葡、西、荷與英、美、法的兩個高峰的低谷之間。這給康熙朝提供了寶貴的獨立發展時間，六十多年幾乎沒有受到西方列強的干擾。澳門、臺灣，雖然形勢一度很嚴峻，但都沒有影響朝廷大局。這是康熙帝大展身手，建功立業的一大外部因素。

■《皇清職貢圖》之「朝鮮國夷官」、「朝鮮國民人」

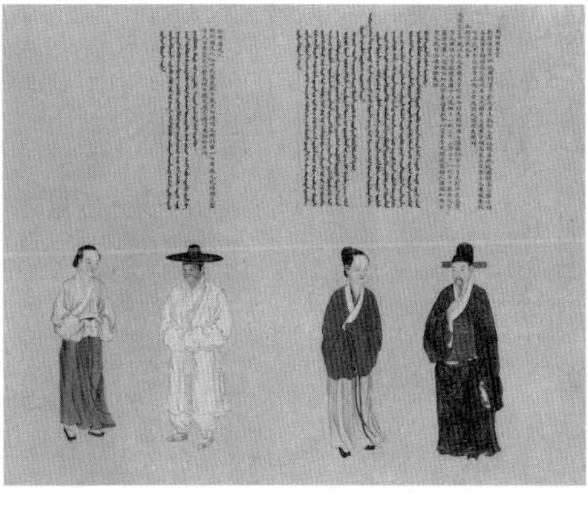

第三、四鄰國家都比清朝落後。

清朝的周邊國家，東面的朝鮮，皇太極時已經向清朝納貢稱臣，其國王受清帝冊封。西面的哈薩克、阿富汗都比清朝經濟落後，更沒有形成氣候。南面的越南、泰國、緬甸、馬來亞、菲律賓、爪哇等，都比清朝落後、弱小。西南的印度，處於莫臥兒帝國時期，受喜馬拉雅山阻隔，也沒有同清朝發生糾紛與摩擦。

清朝北面和東面後來的兩大強敵——俄國和日本，在康熙時期都還沒有崛起，俄國廢除農奴制是在一八六一年，日本明治維新則在一八六八年（清同治七年），都是在康熙朝以後。雖然俄國有些小的動作，但都被擊敗，沒有形成大的威脅。至於康熙大帝與彼得大帝，他們大體同時。兩者的比較，以後要專講。

總之，此時的「西方」，經濟方面，工業革命還沒有開始（一七六五年，哈格里夫斯發明珍妮紡織機，是康熙帝的孫子弘曆乾隆三十年的事）；文藝復興時代的科技，在明末已經傳入一些，康熙帝本人也比較重視學習，但是這些東西對生產的影響本來就不是很重大；政治方面，歐洲國家都是君主制（民族國家形成時期），英國在一六八八年發生「光榮革命」，確立君主立憲制，倒是值得借鑑，但那時英國的力量還達不到中國（十七世紀荷蘭是「海上馬車夫」，十八世紀法國很厲害，十九世紀英國才是海上霸主），而且當時全世界沒有一個國家效仿。至於美利堅合衆國，則是康熙帝死了半個多世紀以後才建立的。所以說，給康熙帝扣上「喪失學習西方富國強兵機遇」的帽子，是不太公平的。

這是康熙帝所面臨的國際形勢，再看國內的形勢。

二、百廢待興

在中國，康熙帝要成就一代偉業，
歷史為他提供了挑戰與機遇：

第一、金甌需要一統。

從明萬曆十一年（一五八三）努爾哈赤起兵，點燃了後來被稱作「七大恨」告天的戰火，到康熙二十二年（一六八三），南明最後的象徵——臺灣鄭氏延平郡王鄭克塽歸清，時間跨度，整整百年。這一百年間，中華大地一直處於戰爭和分裂狀態中，人民最重要的歷史期待是什麼？作爲帝王，最重要的歷史使命又是什麼？是重新實現金甌完整。完成這個百年歷史使命，既是康熙大帝的責任，也是康熙大帝的榮光。

第二、民衆需要富裕。

戰爭的破壞，社會的動盪，給人民生命財產造成了巨大損失：在北方，「一望極目，田地荒涼」；在中原，「滿目榛荒，人丁稀少」；在江南，「荒涼景象，殘苦難言」；在湖廣，「彌望千里，絕無人煙」；在四川，「民人死亡，十室九空」。就全國而言，經濟態勢，極其嚴重：國庫空虛，民生凋敝，田土拋荒，路暴白骨，村無炊煙，戶無雞鳴。民要富，家要興，族要盛，國要強。這既是歷史賦予康熙大帝的責任，也是康熙大帝的榮光。

第三、文化需要融合。

自努爾哈赤以「七大恨」告天，打著反抗民族壓迫的旗幟對抗明朝，到康熙帝即位時，再到吳三桂反叛，滿漢之間，文化差異，異常凸顯，衝突不斷。滿族統治者在統一中國的過程中，曾經實行錯誤的鎮壓和屠殺政策，流傳到現在的「揚州十日」、「嘉定三屠」、「江陰抗清」等故事，就反映了這種暴政和由此引發的漢

■《揚州十日記》書影

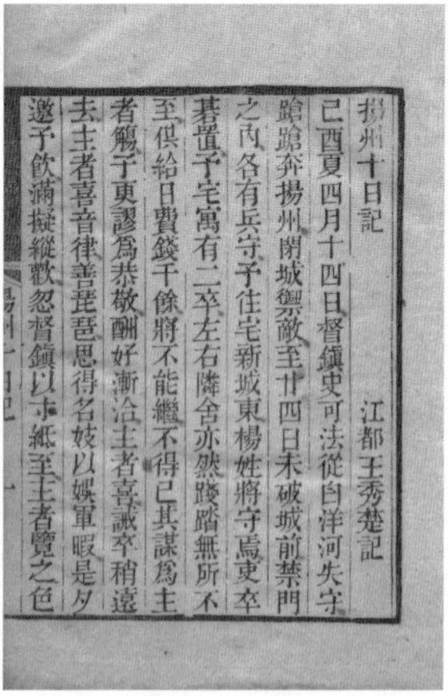
揚州十日記　江都王秀楚記
乙酉夏四月十四日督鎮史可法從白洋河失守
踉蹌奔揚州閉城禦敵至廿四日未破城前禁門
之內各有兵守予住宅新城東楊姓將守焉吏卒
棊置予宅寓有二卒左右隣舍亦然踐踏無所不
至供給日費錢千餘將不能繼不得已其謀爲主
者犒予更謬爲恭敬酬好漸洽主者喜諛卒稍遠
去主者喜音律善琵琶思得名妓以娛軍暇是夕
邀予飲滿擬縱歡忽督鎮以寸紙至主者覽之色

族軍民的強烈反抗。特別是多爾袞攝政以來，在中原地區普遍推行「剃髮、易服、圈地、占房、投充、捕逃」等「六大弊政」，更激化了民族矛盾和文化衝突。實現「文化融合」既是康熙大帝的責任，也是康熙大帝的榮光。

第四、天下需要太平。

一百年間，地不分南北，族不分夷夏，人不分老幼，民不分貧富，大眾都蒙受著戰亂、屠殺、大旱、水患、瘟疫、地震等災難。黎民百姓，背井離鄉，飢寒交迫，奔波流離，歷盡苦難，飽經滄桑，他們最渴望天下太平。而實現「天下太平」的百年夢想，既是康熙大帝的責任，也是康熙大帝的榮光。

三、繼往開來

康熙帝的時代，既有國際有利時機，又有國內有利時勢，還有個人的歷史機遇。

康熙帝個人的歷史機遇主要是：登上帝王的舞臺。康熙帝的父親順治皇帝共有八個兒子，但他臨死前在世的只有六位，實際上可考慮繼位者只有兩位，這就是皇二子福全（皇長子已死）和皇三子玄燁。很僥倖，玄燁被選中，成爲清朝的康熙皇帝。

應當說，康熙朝是中國歷史上最後一次沒有受到外國勢力干擾而獲得獨立發展的時期。然而，庸君在偉大時代仍然是庸君，英君在偉大時代卻爲偉人。當時的國際環境與國內環境給康熙帝的事業提供了難得的有利形勢。

■金質「大清嗣天子寶」

爲什麼這樣說呢？

第一、從世界歷史大勢來看，西方大國崛起，逐浪推進，清朝面臨最後一個可以長期獨立發展的機遇。

第二、從中國歷史規律來看，大亂之後往往有大治，短命天子之後往往有壽君。明末清初，數十年戰亂，給康熙大帝提供了一個做明君的歷史機會。

第三、從滿洲貴族集團來看，康熙大帝正好處在從「打江山」到「坐江山」的轉變——滿洲雖占有中原大地，卻沒有坐穩江山，如果不能恰當處理滿漢民族關係，而使民族矛盾激化，有可能會重蹈蒙元最後被趕回漠北的歷史悲劇。而如能緩和各種矛盾，成功實現「轉型」，其「守成」之功，實同「開創」。這是康熙帝成爲一代「大帝」的重要條件。

因此，清朝兩百九十六年歷史發展的關鍵，看康熙！

那麼，康熙帝怎麼辦？

《孟子‧告子下》曰：「天將降大任於是人也，必先苦其心志，勞其筋骨，餓其體膚，空乏其身，行拂亂其所爲，所以動心忍性，增益其所不能。」康熙帝精讀《論語》，熟讀《孟子》，他對儒家的至理名言，不僅爛熟於胸，而且實踐於行。康熙帝肩負著家族的、民族的、國家的、天下的重任，登上歷史舞臺，施展雄心抱負。

■康熙帝明黃色彩雲金龍妝花紗朝袍

康熙大帝爲了愛新覺羅家族，爲了滿洲族群，爲了天下太平，盡了自己的心力。他的原則是：「天下大權，當統於一。」他的旨趣是：「從來帝王之治天下，未嘗不以敬天法祖爲首務。敬天法祖之實，在柔遠能邇，休養蒼生，公四海之利爲利，一天下之心爲心，體群臣，子庶民，保邦於未危，致治於未亂。夙夜孜孜，寤寐不遑，寬嚴相濟，經權互用，以圖國家久遠之計而已。」（《清聖祖實錄》卷二七五）

康熙帝在國際、國內、朝廷三方機遇與挑戰的態勢下，繼任清朝第四任皇帝，登上歷史舞臺，執政六十一年，開啓了史稱「康雍乾盛世」的時代。《清史稿・聖祖本紀》論曰：「早承大業，勤政愛民。經文緯武，寰宇一統，雖曰守成，實同開創焉。聖學高深，崇儒重道。幾暇格物，豁貫天人，尤爲古今所未覯。而久道化成，風移俗易，天下和樂，克致太平。」（《清史稿》卷八〈聖祖本紀三〉）這個評論是否公允，留待學者去評論吧！我們所關心的，是康熙皇帝如何從一個八歲的少年天子，逐漸歷練成爲一代大帝。這還要從他的童年時代講起。

chapter 02

第貳講

生於憂患

「生於憂患，死於安樂。」（見《孟子・告子下》）
一個人，特別是在青少年時期，
艱苦、困頓、挫折、坎坷、憂患、危難，
從某種意義上說，
是人生最寶貴的精神財富。

■景仁宮

順治十一年三月十八日（一六五四年五月四日）巳時（十時左右），北京紫禁城的景仁宮裡一片喜慶之聲，十七歲的順治帝又喜添第三個皇子，這個皇子取名玄燁，就是後來的康熙大帝。玄燁的母親佟氏（即佟佳氏），這年十五歲。玄燁出生的那年，清朝遷都北京剛滿十年。佟氏居住的景仁宮是東六宮中的一座宮殿，爲二進院，黃琉璃瓦，歇山式頂。清朝沿襲明朝的習慣，后妃居住的宮室位於紫禁城的北部，中軸線以東有東六宮，以西有西六宮。玄燁成年以後有時也住在景仁宮。這座景仁宮在兩百年後又熱鬧過一次，光緒帝珍嬪（珍妃）的寢宮就在這裡，上演了不少生動有趣的故事。

皇三子玄燁後來成爲康熙大帝，也是一代偉人，但他並非生來聖明，也有一個接受教育、不斷磨練、逐漸成長的過程。他像普通人一樣，有自己的家世與童年，也有自己的幸福與不幸。因此，我們要了解康熙大帝，必須先從了解他的家世、他的童年開始。

一、三種血緣

康熙帝出生在帝王之家，可謂是「天潢貴冑」。這是他和普通百姓子弟最大的區別。但他的出身還有一個與衆不同之處：他身上有滿洲、蒙古和漢人的三種血緣。

其一、康熙帝身上有滿洲的血緣。

玄燁出身於愛新覺羅家族的宗室，可說是「黃金血胤」，這是他的滿洲血統。什麼叫宗室？努爾哈赤的父親塔克世的子孫爲宗室，繫黃帶子（黃色腰帶）（《清史稿》卷一六一〈皇子世表一〉）。和宗室不同的是覺羅。什麼叫覺羅？努爾哈赤的父親塔克世兄弟的子孫爲覺羅，繫紅帶子（紅色腰帶）。康熙帝的曾祖父是清太祖高皇帝努爾哈赤，祖父是清太宗文皇帝皇太極，父親是清世祖章皇帝福臨。所以，要查康熙帝上三代的話，他是非常純正的愛新覺羅宗室，身上流淌著滿洲

■康熙帝的祖父、崇德帝皇太極像（右圖）
■康熙帝的父親、順治帝福臨像（左圖）

的血液。我們不是血統論者，但血緣影響一個人的品格與精神。康熙帝在做皇子的童年時期，要跟從滿洲師傅學習滿語文和騎射，必然會受到滿洲森林文化和騎射精神的影響。這是形成康熙大帝勇敢品格、尚武精神的文化基因。他後來多次到承德避暑山莊行宮、到木蘭圍場秋獮，三次塞外親征，其文化與血緣的根由也在於此。我在這裡做一個對比：玄燁四、五歲就開始學習騎馬射箭。直到清朝末年，光緒皇帝仍是從四歲就開始學習騎馬；並用特製的小弓箭，學習拉弓射箭。漢族皇帝不同，曾經在明朝皇宮當差的太監對康熙帝說：「崇禎嘗學乘馬，兩人執轡，兩人捧鐙，兩人扶鞦，甫乘，輒已墜馬，乃責馬四十，發苦驛當差。」康熙帝譏笑說：「如此舉動，豈不發噱！總由生於深宮，長於阿保之手，不知人情物理故也。」（《清聖祖實錄》卷二四〇）

其二、康熙帝身上還有蒙古的血緣。

他的祖母孝莊太皇太后，是蒙古族，姓博爾濟吉特氏，爲成吉思汗的後裔。所以康熙帝身上有四分之一的蒙古血緣。大家知道，孝莊太皇太后從小生長在蒙古科爾沁草原，信奉喇嘛教。玄燁從小跟著奶

■康熙帝的祖母、孝莊太皇太后像

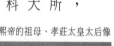

奶，深受祖母教誨。祖母隨嫁貼身侍女蘇麻喇姑（蘇墨兒），生活在蒙古草原，信喇嘛教，會蒙古語，也會蒙古文，不僅照顧他的生活，還教他蒙古語、蒙古文。後來康熙帝又娶蒙古后妃。這些對他後來了解蒙古習俗、熟知草原文化，處理蒙古問題、鞏固滿蒙聯盟，有著重大的影響。

其三、康熙帝身上也有漢人的血緣。

玄燁的母親佟氏（後爲佟佳氏），爲漢人（一說，佟氏原爲遼東女眞）。幼年入宮，後爲皇妃。佟氏家族原爲遼東望族，住遼東開原（今遼寧省開原市老城鎭），後遷居撫順（今遼寧省撫順市），以經商爲生。佟家早在努爾哈赤起兵之初，就與之暗地交往。佟氏的叔爺爺佟養性曾經被明朝逮捕下獄，脫獄之後，佟氏舉族投奔努爾哈赤。皇太極時，佟養性在瀋陽主持研製紅衣大砲，組建烏眞超哈（重軍，即砲兵），並爲第一任漢軍固山額眞（都統）。佟養性的女兒嫁給貝勒岳託（代善長子、克勤郡王），同皇家聯姻。後佟養性死在任上。佟養性的從兄，即佟佳氏的爺爺佟養正（眞）被任命爲游擊，守鎭江城（今丹東）。一天夜裡，他的中軍陳策率兵投明，佟養正（眞）被抓，不屈而死，長子佟豐年等六十人被殺（《滿文老檔》卷八）。佟養正次子佟圖賴襲職。佟圖賴就是佟佳氏的父親、康熙帝的外祖父。八旗漢軍成立後，佟圖賴任漢軍正藍旗都統。清軍入關，佟圖賴隨軍南征北戰，屢立軍功。曾任定南將軍、禮部侍郎，加太子太保，後贈一等公爵。順治十五年（一六五八）病死，五十三歲。雍正初，在北京爲佟圖賴建祠祭祀，賜額名「功崇元祀」。在京師爲一員大臣設立專祠祭祀是罕見的，顯然他是沾了外孫康熙帝和重外孫雍正帝的光。佟圖賴死後，兒子佟國綱襲爵。佟國綱就是佟佳氏的哥哥、康熙帝的舅舅，在康熙朝抗禦噶爾丹的烏蘭布

■康熙帝的母親、孝康皇太后佟佳氏像

通之戰中犧牲。佟國綱的弟弟佟國維，既是康熙帝的叔舅，又是他的岳父。他的女兒佟佳氏嫁給康熙帝做妃子，佟佳氏是康熙帝母親的侄女，也是康熙帝的表妹，這是一門舅表親。佟國維被封為內大臣、領侍衛內大臣、議政大臣、一等公。後來他的兒子即康熙帝的小舅子隆科多在雍正帝即位時有生動的故事。在順治、康熙時期，佟姓在朝廷上做官的很多，有「佟半朝」的民諺。康熙帝命將母親佟佳氏家族從漢軍正藍旗抬入滿洲鑲黃旗。這是皇太后家族抬旗的開始（《清史稿》卷二一四〈后妃傳〉）。後來慈禧太后將她娘家由滿洲鑲藍旗抬入滿洲鑲黃旗。

康熙大帝繼承的三種血緣，使他從小受到三種文化的薰陶，養成了三種品格。康熙大帝的勇武與奮進，繼承了滿洲人的性格；高遠與大度，受到了蒙古人的薰陶；仁愛與韜略，是來自漢族儒學的營養。康熙帝屬馬，如果用馬來比喻的話，他既像一匹蒙古馬，能在廣袤的草原上馳騁；又像一匹滿洲馬，能在征戰中廝殺；還像一匹中原馬，能忍耐馴順並竭誠效力。康熙大帝身上有三種血緣、三種文化和三種品格——這種文化素養，在中國秦始皇以來兩千年大一統王朝的皇帝中，既是空前的，也是絕後的。

我在這裡補充一句：康熙帝身上的三種血緣、三種文化和三種品格，正為中華各民族在歷史發展長河中的血脈聯繫提供了鮮活的例證。我國各個民族，既有各自特點，又有共同文化，彼此兄弟，血濃於水。這個特點，值得珍視。

康熙帝曾說：「朕少時，天稟甚壯，從未知有疾病。」又說：「朕自幼強健，筋力頗佳，能挽十五力弓，發十三握箭，用兵臨戎之事，皆所優為。」（《清聖祖實錄》卷二七五）這樣看來，他不但出身帝王之家，生活條件、教育條件優越，而且自幼身體強健，跟普通百姓相比，實在是有天壤之別。然而，令人想不到的是，康熙大帝的童年生活，竟遭遇了諸多的不幸。

二、八個不幸

康熙帝生來就貴為皇子，他的童年生活，可以說是錦衣玉食，跟普通百姓相比實在是大幸、大大幸、大大大幸。但是康熙帝八年的皇子生活，竟然也遭受了普通人難以想像的八個不幸。

第一個不幸：幼離母親懷抱。

清朝制度，皇子、皇女出生之後，與生身額娘（母親）分居，由乳母、保母養育。就是說玄燁出生之後，不僅沒有一個同父母居住在一室的家，而且沒有和母親同住在一起。玄燁是獨居一處，由乳母、保母等哺育、照顧，由宮女、太監等服侍、陪伴。他不僅少了父母的撫愛，甚至難得見到母親和父親，倒不如普通百姓家的孩子，可與父母一堂，享受家庭歡樂。

■曾供奉於福佑寺的康熙帝神牌

■康熙帝幼年的避痘所──福佑寺

第二個不幸：宮外孤獨避痘。

玄燁在兩三歲時，出宮避痘（天花）。他爲什麼要到宮外避痘呢？原來世居山林和草原的滿洲人、蒙古人來到中原後，容易感染痘症（天花），而當時對這種病沒有特效藥，傳染厲害，死亡率高。所以宮廷裡也是談「痘」色變。爲了避痘，玄燁從皇宮裡搬出，住到皇宮西牆外的一座宅院裡。這座宅院就在今北長街北口路東，隔筒子河與皇宮相望。人們從西華門出來往北或從神武門出來往西，很快就可以到達那裡。這段時間，玄燁小小年紀，身邊只有乳母、保母、宮女、太監照料，長期不能同父母相見。直到四、五歲出痘以後，才搬回皇宮。玄燁童年避痘的宅院，雍正元年（一七二三）加以改建，賜名福佑宮，後爲寶親王（弘曆）府邸，但未遷入（崇彝，《道咸以來朝野雜記》）。弘曆即位後，改名福佑寺，爲喇嘛廟。現今保存完好。正殿恭奉清聖祖仁皇帝大成功德佛牌，東案陳設御製文集，西設寶座。殿額曰「慈容儼在」。大門外有東、西兩坊，東曰「佛光普照」，曰「聖德永垂」；西曰「澤流九有」（從街上可以看到），曰「慈育群生」，都是雍正帝御書（《日下舊聞考》卷四一）。

第三個不幸：家庭關係複雜。

玄燁的皇父順治帝先後娶了十九位后妃，其中有滿洲人、蒙古人、漢人，家庭關係十分複雜。而皇祖母孝莊太皇太后為皇父先後選了五位姓博爾濟吉特氏的蒙古后妃。皇父並不喜歡她們，先廢掉第一位皇后（孝莊親侄女），又疏遠第二位皇后即孝惠章皇后（孝莊親侄孫女），並冷落了另三位蒙古妃子。因此，祖母和父親關係不洽，磕磕碰碰，一時失和。這些都是玄燁親眼見到、親耳聽到、親身感受到的。

第四個不幸：受到皇父忽視。

玄燁從兩歲到七歲的六年間，他的皇父順治帝上演了與董鄂氏的愛情悲喜劇：玄燁兩歲時，皇父熱戀董鄂氏；三歲時，董鄂氏入宮，不久為皇貴妃；四歲時，董鄂妃生下一個兒子，就是皇四弟，被皇父視為「朕第一子」，預示這位小皇子將來是皇位繼承人；五歲時，皇四弟夭折，追封為榮親王，皇父與庶母董鄂妃悲痛欲絕，神魂顛倒；七歲時，董鄂妃病逝，皇父過度悲傷，尋死覓活，先要自殺，被祖母派人晝夜看著，後要剃髮出家，不久又罹患重病。在玄燁成長的六年裡，皇父根本無心也無暇顧及他，沒有給予足夠的關愛與教育。

第五個不幸：出痘九死一生。

玄燁兩三歲時就到宮外避痘，四、五歲時出天花，沒有特效藥，發燒，疼痛，煩躁，恐懼，全靠他自身的抵抗能力，和保母、太監的精心照料，才九死一生，躲過一劫。幼小的年紀，面臨過生死的磨難。這是一個多麼可憐的童年！

第六個不幸：臉上留下痲子。

玄燁兩三歲時出宮避痘，雖名曰「避痘」，實際上並沒有任何科學的預防措施，也沒有有效的治療措施，一旦得了天花，半靠自身抵抗力，半靠命運的安排。大約四、五歲時，玄燁果然出了天花。這場病災，使玄燁「臉上有天花留下的痘痕」，就是臉上留下痲子。對於一個普通人來說，臉上長痲子是一種遺憾，也是一種痛苦；對於康熙帝來說，更是一種終身的生理遺憾，也是一種終身的心靈痛苦。

第七個不幸：八歲痛失皇父。

玄燁雖然被皇父冷落，但畢竟是有皇父的庇護。但他八歲（七周歲）的時候，剛夠現今小學二年級的年齡，年僅二十四歲的皇父竟然與世長辭。父親死了，天塌了，祖母和生母痛苦不堪，整個皇宮都籠罩在悲哀的氣氛中。玄燁在乾清宮給皇父守靈、默哀、祭拜、哭號。這給幼小的玄燁，造成巨大的心靈打擊和精神創傷。

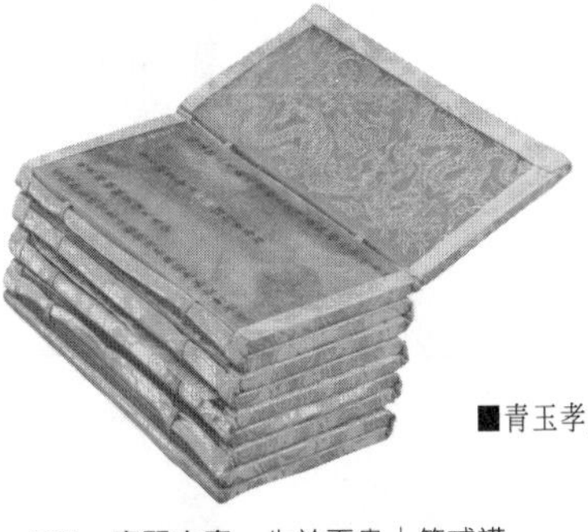

■青玉孝康章皇后諡冊

第八個不幸：十歲痛喪母親。

玄燁繼位的第二年，生母佟氏就病死了，這時康熙帝才十歲（九周歲），相當於現在小學四年級學生的年齡。佟氏去世後，玄燁晝夜守靈，「擗踊哀號，水漿不御，哭無停聲」（《清聖祖實錄》卷八），宮廷近侍，皇室近親，耳聞目睹，無不感動。一個年齡才九周歲的孩子，兩年之間，父母雙亡，形影相弔，實在可憐，應當說是人生幼年之最大不幸。這對玄燁來說，是一場天崩的災難與地裂的打擊。

總之，玄燁是在充滿宮廷悲劇的憂患中度過童年的，他的童年很少享受到家庭親情和溫暖，成爲他終生的遺憾。他爲自己沒有來得及在父母膝下盡孝，沒有能夠給父母帶來更多歡樂而遺憾終生。直到晚年時他還對此耿耿於懷。他說：「世祖章皇帝（順治帝福臨）因朕幼年時，未經出痘，令保母護視於紫禁城外，父母膝下，未得一日承歡，此朕六十年抱歉之處。」（《清聖祖實錄》卷二九〇）

《孟子．告子下》說：「生於憂患而死於安樂也。」人常是這樣。憂患使人痛苦，也激人奮進。康熙帝的成長經歷充分證明了這一點。

三、因禍得福

玄燁充滿宮廷悲劇的童年，給他帶來了八個不幸。但是，玄燁在「八個不幸」面前，沒有怯餒、退縮、消沉、頹廢；而是變「不幸」為「有幸」，勤奮學習，磨練意志，培養了自信、自立、自強、自勵的精神，成為康熙帝成長中的寶貴動力。

第一、孤獨中遇到良師。

前面我講過，玄燁童年「離開母親懷抱」並「宮外孤獨避痘」。玄燁出宮避痘及童年時期的教師，有母親、祖母、蘇麻喇姑以及一位孫氏保母（內務府正白旗漢軍包衣曹璽的妻子，她的後代出了曹雪芹），還有他的師傅（老師）、太監、大臣等。孝莊太皇太后鑒於對兒子福臨少年時教育失敗的教訓，更加注重對孫兒玄燁的教育。祖母教育他做人的規矩，如「凡人行爲坐臥，不可回顧斜視」。康熙帝後來回憶說：「朕自幼齡學步能言時，即奉聖祖母慈訓，凡飲食、動履、言語，皆有規度。雖平居獨處，亦教以罔敢越軼，少不然即加督過，賴是以克有成。」（《康熙御製文集》二集卷四十）祖母對他「撫育教訓」，給他講祖宗艱苦創業的故事。後來康熙帝回憶說：「朕自八歲世祖皇帝賓天，十歲慈和皇太后崩逝，藐茲沖齡，音容記憶不眞，未獲盡孝，至今猶憾。藉聖祖母太皇太后鞠養教誨，以至成立。」（《康熙起居注冊》康熙二十六年十二月二十五日）他就是在這些「老師」的教育下，學文化，端品行，立志向。

玄燁出宮避痘，祖母孝莊太皇太后心疼他，經常派蘇麻喇姑去照料。蘇麻喇姑原是孝莊的陪嫁女，經歷天命、天聰、崇德、順治、康熙五朝，為人祥和厚道，宮廷閱歷豐富。小玄燁不僅從她那裡學到不少知識，而且受到潛移默化的影響。這裡講個故事：蘇麻喇姑有個習慣，每年除夕，她要將洗腳水澄清，盛在碗裡，一飲而盡。她說是為了敬神消災，實際上反映了以游牧為生的蒙古人對水的渴求與敬重。這麼多年來優裕的宮廷生活，並沒有使蘇麻喇姑忘記過去。這種樸素的思想作風，對小玄燁產生潛在影響。

第二、忽視下更加發憤。

前面我講過，玄燁童年「家庭關係複雜」、「受到皇父忽視」。但他沒有因此而自暴自棄。玄燁五歲開始讀書寫字。史書說他：「自五齡後，好學不倦。」除了學習滿洲語文、蒙古語文之外，還要學習漢語文。漢語文中的「三百千」（就是《三字經》、《百家姓》、《千字文》）、「四書」（就是《大學》、《中庸》、《論語》、《孟子》）等，對他的幼小心靈產生了深刻的原生性影響。玄燁從小意志堅強，耐性過人。他學習漢族傳統文化「四書」，按照傳統的學習方法，先念就是朗讀，後背就是背誦。他給自己規定：每一段、每一篇，都要朗誦一二〇遍，然後背誦一二〇遍，直到滾瓜爛熟、融會於心。

俄國彼得大帝小時候的學習生活，就是「讀讀、寫寫、背背」（《彼得大帝傳》），讀就是讀書識字，寫就是練習寫字，背就是背誦聖書中的段落。這同康熙大帝小時候的學習生活，十分相似。

玄燁小時候，受過良好的、系統的教育。他的老師是當時最優秀的。他自己說：「朕自幼讀書，於古今道理，粗能通曉。」（《清聖祖實錄》卷三〇〇）可見玄燁童年讀書，初步了解歷史，了解經典，古今道理，粗略通曉，爲他後來治國、平天下做了基礎性的準備。

第三、出痘後才有皇位。

前面我講過，玄燁童年「出痘九死一生」、「臉上留下麻子」。玄燁出痘，雖身體痊癒，臉上卻長了麻子，留下終生遺憾。但正是這個缺憾，在他繼承皇位這件事情上起到了關鍵性的作用。從現有的史料看，玄燁的皇父順治皇帝應該是患天花不治而去世的。因此，在他臨終前商量皇位繼承人時，把曾經出過天花作爲一項重要條件。這是因爲患過天花的人，具有終生免疫力。皇父死得太早，朝廷震動太大。爲著朝廷政局穩定，也爲著江山堅固，玄燁便因禍得福，榮登大位。

第四、憂患中較早成熟。

前面我講過，玄燁童年「八歲痛失皇父」、「十歲痛喪母親」。玄燁自幼懂事，他在十歲以前，先後遭遇喪父、喪母之痛，目睹世態炎涼，知道人間冷暖，磨難中使他早熟。他說：「幼齡讀書，即知酒色之可戒，小人之宜防，所以至老無恙。」（《清聖祖實錄》卷二七五）玄燁從小決心戒酒、戒色、戒小人。他終生不酗酒、不荒淫、不親暱小人。他從小學會了體察人生，善解人意。儘管他那時不諳世事，然而在與額娘（母親）不多的接觸中，額娘黯然的眼神和隱露的悲愁，都會使他有所感悟，引起他幼小心靈的共鳴。在皇父與生母的矛盾糾葛中，他本能地同情額娘，同情弱者。由此看來，一個人小時候，吃點苦，受點罪，經過坎坷，受過磨難，可能對其以後人生的成長，事業的成功，會產生巨大的積極影響。吃苦與磨難可以錘鍊一個人的品質、意志、見識和勇氣。所以，小孩子吃點苦頭，受點磨難，可能是好事，而不是壞事。

一天，皇父問來到身邊請安的皇二子福全、皇三子玄燁、皇五子常寧（長寧）長大之後有什麼志向。皇五子常寧，因剛三歲，不能回答；皇二子福全回答說：「願爲賢王。」皇三子玄燁雖年齡不大，卻從容地答道：「待長而效法皇父，黽勉盡力。」（《清宮述聞》）皇父順治帝聽了玄燁的回答後，稱讚他有遠大的志向，另眼相看。

玄燁之所以最終成爲一代偉人，是不是天資聰穎，大過於人呢？他自己認爲：「朕之生也，並無靈異；及其長也，亦無非常。」（《清聖祖實錄》卷二七五）就是說，玄燁小時候並沒有特別超人的靈異，也沒有過人的天才。玄燁不是生而知之，乃是學而知之。康熙大帝的過人之處是，天性好學，精力充沛，孜孜不倦，永不知足——學而得之，行而得之，思而得之，悟而得之。

一個少年，一個青年，立下鴻鵠大志，選定努力方向：「立心以天下爲己任、許死而後已之志。」（《清聖祖實錄》卷二七五）這就是玄燁少年時期立下的志向和價值觀。玄燁在「治國、平天下」的高遠理想下，再加上後天的好學不輟，勤勉努力，終於使他成爲一代偉人、千年一帝。

chapter 03

第叁講

少年天子

「禍兮，福之所倚；福兮，禍之所伏」
（《老子》第五十八章）
禍，固然使人痛苦，卻增強人的意志；
福，固然讓人快樂，卻腐蝕人的精神
——既應促使禍轉化為福，
也要防止福轉化為禍。

順治十八年正月初七日（一六六一年二月五日），舉國上下還在過年的期間，玄燁的皇父順治皇帝駕崩了。順治帝臨終之前，在皇位繼承人的問題上曾經反覆權衡，最終選擇了皇三子玄燁。

■康熙帝朝服像

一、八歲繼位

關於玄燁的繼位，我曾接到過一封觀衆來信，說：玄燁是多爾袞和孝莊太后的私生子。我說：多爾袞是在順治七年（一六五〇）死的，玄燁是在順治十一年（一六五四）生的，年齡不符呀！對方解釋說：玄燁瞞了四歲！並且說，因爲孝莊太后生了玄燁，所以她堅持要玄燁繼承皇位。當然，這種說法沒有一條史料支持，不值一論。但說明，在玄燁繼位的問題上，同樣少不了野史逸聞、民間傳說。那麼，事實眞相究竟怎樣呢？

■太和殿寶座

玄燁的繼位，與他的祖父皇太極、父親福臨，都有不同。皇太極是經過錯綜複雜的宮廷鬥爭、逐一打擊競爭對手，最後透過滿洲上層貴族會議推舉，從而爭得了皇位。皇太極死後，當時爭奪皇位的多爾袞和豪格互不相讓，都不願意看到對方登上皇位，雙方妥協的結果，是讓年幼的福臨即位。玄燁的繼位，沒有經過那種針鋒相對甚至你死我活的鬥爭，而主要是順治皇帝和孝莊皇太后協商的結果。但確定過程，也有一番波折。

第一、皇帝意見：兄終弟及。

順治帝在病危時，和母親孝莊太后商量由誰來繼承皇位。順治帝的意見是，六個皇子中最大的九歲，最小的兩歲，年齡太小，都不能擔當國家大任。順治帝自己六歲繼位，曾爲少年天子，親身感受過攝政王多爾袞專權，朝廷大權旁落，母子備受淒苦。這個慘痛的悲劇不能重演。因此，順治帝想在本家宗室兄弟中找一位繼承者。順治帝共有十一個兄弟，到這時已經死去六位，還有五位。

■孝莊太皇太后居住的慈寧宮（上圖）
■順治帝與湯若望（下圖）

第二、太后懿意：子繼父位。

孝莊太后不同意順治帝「兄

終弟及」的意見，力主子繼父位。爲什麼呢？因爲孝莊太后認定：皇位的繼承人，要在努爾哈赤、皇太極、福臨的直系血統中延續，如果從順治帝的兄弟中找一位繼承皇位，那麼順治帝的兒子最高只能做到親王、郡王，且要遞降爵位，子孫很難再有機會做皇帝。這時她在北京生活了十八年，也受到儒家文化的影響。其實還有一個重要原因，順治帝的這五位兄弟，都不是孝莊太后所生，如果他們中的一位做了皇帝，那其生母就必定會是皇太后，孝莊太后很難掌控朝綱，處境將相當爲難。

第三、宗室意見：當立皇子。

愛新覺羅宗室中的親王、郡王、貝勒、貝子們，也贊成孝莊太后的意見，就是從皇子中選擇皇位繼承人，這樣可以平衡宗室關係，避免宗室內部的矛盾和衝突。

第四、洋人意見：選擇皇子。

順治帝派人問耶穌會士湯若望的意見，湯若望完全同意孝莊皇太后的意見。他認爲被皇太后選擇的皇三子玄燁，是最合適的繼位者，其中重要原因是玄燁出過天花。在中國皇位繼承上，洋人的意見居然發生作用，這從一個側面反映了當時西方文化對中國傳統文化已經開始發生影響。

最後，順治帝和母親孝莊太后統一了意見，從六個皇子中選出玄燁繼承皇位，並以皇帝遺詔的形式發布。

爲什麼選擇玄燁呢？這就要介紹一下順治帝皇子也就是玄燁兄弟的情況。

《清史稿·后妃傳》記載，玄燁有名位的母親（嫡母、生母、庶母）十九人，他共有兄弟八人，到順治帝臨終時，已經有兩個兄弟夭折：即皇長兄鈕鈕（牛鈕），順治十四歲生，生母為庶妃巴氏，順治九年（一六五二）病死，卒年兩歲；皇四弟，未有名，順治二十歲生，生母棟鄂氏，就是董鄂妃，出生後一〇六天而死，後追封為榮親王。這樣，順治帝臨終前玄燁還剩下兄弟六個：

皇二兄福全，順治帝十六歲時出生，生母為寧愨妃棟鄂氏（順治帝后妃中有三位姓棟鄂氏的），這時九歲；

玄燁（皇三子），順治帝十七歲時出生，生母妃佟氏，這時八歲；

皇五弟常寧，順治帝二十歲時出生，生母庶妃陳氏，這時五歲；

皇六弟奇授，順治帝二十二歲時出生，生母庶妃唐氏，這時三歲；

皇七弟隆禧，順治帝二十三歲時出生，生母庶妃鈕氏，這時兩歲；

皇八弟永幹，順治帝二十三歲時出生，生母庶妃穆克圖氏，這時兩歲。

順便說一句，順治帝的兒子雖然都是入關以後在紫禁城出生的，但是當時受漢文化影響還不深，名字都沒有排字。後來康熙帝的兒子，頭幾個也沒有排字，直到第四個兒子才開始排「胤」字。

在這些皇兄弟中，皇二兄福全和玄燁本人年齡稍大些，分別是虛歲九歲和八歲，相對來說，最有希望被選為皇位繼承人。而與兄弟相比，玄燁有三個優勢：

其一、**年齡大些**。順治帝臨終前的六位皇子，一個九歲，一個八歲，一個五歲，一個三歲，兩個兩歲，都是虛歲。皇三子玄燁相對年齡大些。

其二、**聰明穎慧**。有的史料記載，福全才賦平庸，其父不太喜歡；而玄燁「岐嶷穎慧」，因而被選中。

其三、出過天花。《湯若望傳》記載：所以選擇玄燁，「是因為這位年齡較幼的皇子，在髫齡時已經出過天花，不會再受到這種病症的傷害」。出過天花，可以終生免疫，這是最終選定玄燁的決定性條件。二十四歲的順治帝就是因為患天花不治而死，玄燁已經出過天花，可以避免順治帝那樣的悲劇重演。明朝曾經出現「一月之間，梓宮兩哭」的局面。皇帝死亡，國家大喪，天下震動，是件大事。康熙出過天花，可以保證朝廷政局穩定。

不難看出，玄燁雖因患天花而臉上有麻子，卻因禍得福，被皇父和祖母選中，襲受皇位，成為清朝第四任皇帝。

順治帝留下遺旨：「太祖、太宗，創垂基業，所關至重，元良儲嗣，不可久虛。朕子玄燁，佟氏妃所生，年八歲，岐嶷穎慧，克承宗祧，茲立為皇太子，即遵典制，持服二十七日，釋服，即皇帝位。」（《清世祖實錄》卷一四四）

玄燁八歲繼位後，到親政前，主要居住在清寧宮（保和殿）。保和殿曾稱位育宮，他的皇父福臨在這裡居住過。康熙帝即位後，少年天子，不諳世事，無法處理政事，因而有大臣輔政。

二、四臣輔政

在中國皇朝歷史上，少年天子背後的權力，有五種形式：一是外戚勢力，如漢朝；二是太監勢力，如明朝；三是太后臨朝，如遼朝；四是宰相輔政，如明萬曆朝等；五是親王輔政，如清順治朝。

這五種形式，各有其利弊。順治皇帝和孝莊太后汲取歷史教訓，盡力避免漢朝的外戚、明朝的太監、遼朝的太后、清初的親王輔政的弊端，而採用大臣輔政，同時也看到明萬曆朝張居正一人專權之害，不是讓一人輔政，而是四人聯合，互展所長，彼此牽制。決定由索尼、蘇克薩哈、遏必隆、鰲拜四位異姓軍功貴族輔政。孝莊太后和順治皇帝為什麼任用異姓貴族輔政呢？我們先看一下這四位輔政大臣的簡歷。

索　尼（？—一六六七年），滿洲正黃旗人，姓赫舍里氏，父親碩色和叔父希福都通滿、蒙、漢語文，爲「巴克什」（漢語博士的意思），都是文化造詣很深的人。希福官

■索尼墓碑

崇德朝大學士。索尼出生在這樣的文臣之家，自幼隨父學習，通曉滿、蒙、漢語言文字，又熟悉弓馬，經歷了戰火的歷練，文武兼長，是天命、天聰、崇德、順治、康熙五朝老臣。索尼初爲努爾哈赤的一等侍衛，「出入扈從，隨軍征討」（《八旗通志》卷一四七《索尼傳》）。在己巳年（即一六二九年，明崇禎二年，後金天聰三年）北京之戰中，貝勒豪格（康熙帝的大伯父）被圍，索尼殺入重圍，救了豪格一命。又在攻城掠地時，用漢語、漢文招降，如在永平（今河北盧龍）城上揮舞大旗，說漢語，勸投降。皇太極死後皇位爭奪，索尼支持豪格，私結盟誓，帶領巴牙喇（禁衛護軍）守衛大清門。諸王大臣在崇政殿議決皇位繼立的高端會議上，他搶先發言，認爲應立皇子，被多爾袞趕出會場。多爾袞掌權後，「索尼終不附睿親王，於政事多以理爭，王由是惡之」（《清史列傳》卷六〈索尼〉）。多爾袞借茬將索尼削爵、罷官，發到瀋陽守昭陵（皇太極陵）。多爾袞死後，順治帝親政，給索尼平反，官議政大臣、內務府總管。他的孫女赫舍里氏後來成爲康熙帝的皇后。

蘇克薩哈　（？—一六六七年），滿洲正白旗人，姓葉赫那拉氏，父親蘇納娶努爾哈赤第六女，爲額駙。蘇克薩哈的外祖父是清太祖努爾哈赤。蘇克薩哈爲天命、天聰、崇德、順治、康熙五朝元老。順治初，官議政大臣。蘇克薩哈原爲多爾袞屬下，隸正白旗，多爾袞死後，率先舉發。曾率軍進攻明末農民起義軍孫可望部，六戰皆捷，立下大功。官領侍衛內大臣。

遏必隆（？—一六七三年），滿洲鑲黃旗人，姓鈕祜祿氏，外祖父也是努爾哈赤，母親爲努爾哈赤的女兒和碩公主，父親是清開國五大臣之一的額亦都（《八旗通志初集．額亦都傳》）。初爲宮廷侍衛。爲天命、天聰、崇德、順治、康熙五朝元老。在明清松山大戰中，明將曹變蛟深夜率軍突襲皇太極大營，遏必隆守衛，立下大功。多爾袞攝政時，被借茬論死、籍沒家產之半。多爾袞死後平反，一等公爵，任議政大臣、領侍衛內大臣。

鰲　拜（？—一六六九年），滿洲鑲黃旗人，姓瓜爾佳氏，是清開國五大臣之一費英東（費英東「尚主」，也是額駙）的後裔。爲天聰、崇德、順治、康熙四朝元老。鰲拜弓馬嫻熟，健壯有力，作戰英勇，屢立戰功。皮島之戰初，清軍失利，「鰲拜大呼，超越而上」，直前搏戰，遂克其島。被授爲「巴圖魯」稱號，意思是英雄。後爲大清江山，再次立戰功，射殺張獻忠

■遏必隆的佩刀

（《八旗通志》卷一三七《鰲拜傳》）。皇太極死後，因「謀立肅親王（即豪格），私結盟誓」，多次被貶，幾次論死。多爾袞死後平反，官議政大臣、領侍衛內大臣。

輔政四大臣有幾個共同特點：

第一、他們都隸屬於上三旗。

「上三旗」，就是鑲黃旗、正黃旗和正白旗。起初，清太祖努爾哈赤自掌兩黃旗，後來皇太極、順治帝都是親掌兩黃旗。所以兩黃旗的地位要比其他旗高。正白旗原來由攝政睿親王多爾袞親掌，多爾袞死後歸順治帝。這樣順治帝就直接掌握鑲黃旗、正黃旗和正白旗，這就是「上三旗」。雖然理論上講各旗平等，但因「上三旗」由皇帝直接掌握，其地位實際上高於其他五旗。四個輔政大臣從上三旗中出，既體現了地位的高貴，又可以平衡上三旗之間的關係，便於互相制約。

■正黃旗軍旗（上圖）
■鑲黃旗軍旗（中圖）
■正白旗軍旗（下圖）

第二、他們都是異姓軍功貴族。

他們既不是宗室，也不是覺羅，而是異姓軍功貴族。他們都是開國元勳的後代，有的還是皇親國戚，都有戰功、有地位、有軍權，這是一股重要的異姓軍功貴族力量。所以他們有實力、有影響、有能力，來輔佐幼帝，穩定政權，成就大業。

第三、他們中有三人是皇親國戚。

四位輔政大臣中的三位——索尼、蘇克薩哈、遏必隆，都是皇親國戚。

第四、他們都資深位高權重。

索尼、蘇克薩哈、遏必隆、鰲拜四人，都是議政大臣（相當於大學士、後來的軍機大臣），或兼領侍衛內大臣、內務府總管大臣。

第五、他們多受過睿王排擠。

索尼、遏必隆、鰲拜三人，都曾經受到攝政睿親王多爾衮的疏遠、排擠、打壓、迫害，幾乎被置於死地。是順治帝救了他們，重用他們，順治帝對他們有知遇之恩。蘇克薩哈也爲公主之子。所以他們按理應當竭盡全力輔佐幼帝，來報答順治帝的皇恩。

當時，朝廷主要有三股政治力量：一是皇權，就是皇室的勢力；二是宗權，就是宗室貴族的勢力；三是旗權，就是八旗——異姓軍功貴族的勢力。當年多爾衮、濟爾哈朗輔政，因爲他們都是宗室貴族，宗室權力過大，威脅到了小皇帝的權力。孝莊太后與順治帝汲取這個歷史教訓，將皇權與旗權聯合，以削弱宗權。所以，順治帝臨終前，同孝莊太后等議商，決定由四位異姓軍功貴族輔佐八歲的少年天子康熙帝，依靠太皇太后皇室勢力，借助異姓軍功貴族力量，削弱宗權，鞏固皇權。並以宗室勳貴透過議政王大臣會議，孝莊太皇太后代表皇權，對輔政大臣實行監督。

清朝有一個現象：在定都北京後的十位皇帝中，八歲以下孩童繼位的，竟占了五位：順治帝六歲繼位，康熙帝八歲繼位，同治帝六歲繼位，光緒帝四歲繼位，宣統帝三歲繼位。孩童皇帝，必有輔政。清朝的輔政有五次：第一次，宗室親王輔政，如順治朝睿親王多爾袞、鄭親王濟爾哈朗攝政。第二次，異姓貴族輔政，如康熙朝索尼、蘇克薩哈、遏必隆、鰲拜四大臣輔政。第三次，親王與貴族共同輔政，如同治朝肅順等八大臣輔政。其間，一直圍繞著皇權而展開鬥爭，其過程瀰漫腥風血雨，其結果輔政大臣難得善終。第四次，慈安太后與慈禧太后乾脆不用親王攝政、大臣輔政，親自出面，垂簾聽政。第五次，宣統朝醇親王載灃攝政。

少年天子康熙帝在輔政大臣輔佐下，是怎樣生活的呢？

三、勸學勵志

玄燁做了皇帝，御名是要避諱的。此前，清太祖努爾哈赤、太宗皇太極、世祖福臨的名字，出現在《實錄》、《玉牒》等官書上，用黃簽蓋上，俗稱「貼黃」，以表示敬避。

清朝皇帝名字諱缺末筆（最後一筆不寫），是從康熙朝開始的。康熙帝名字玄燁的「玄」字，避諱時敬缺末筆，凡帶「玄」字偏旁的字，如「鉉」、「眩」、「炫」、「泫」、「痃」、「袨」、「絃」、「玹」、「怰」、「妶」、「呟」等也一概敬缺末筆（「玄」字偏旁在下的「⿱罒玄」也敬避而諱缺末筆，「玄」字偏旁在左的「玅」、「頝」、「⿰玄鳥」等字，其「玄」字也一概敬避而諱缺末筆）；通常也改同音字，如「玄武大帝」改爲「元武大帝」之類；「燁」字，避諱時也敬缺末筆。當朝及其後清朝所有的文人，書寫時都必須敬避皇帝的名字，否則是會降臨大禍的。

康熙帝從登極到親政之初，都做些什麼？我講三點：

其一、讀書學習。

康熙帝八齡繼位後，外朝的軍國大事，主要由輔政大臣主持裁決，重大事情聯名奏報皇帝和太皇太后。內閣、六部的奏報，由四位輔政大臣集議會批，再以皇帝名義下發。直到康熙六年（一六六七）玄燁十四歲親政，主持朝廷會議時爲止。康熙帝從八歲到十四歲，在這六年的時間裡，主要是讀書、學習（這點後面要專題講）。

其二、立志高遠。

他立下做賢君、明君、勤君、慎君的志向。一天太皇太后問他的願望和志向。答道：「惟願天下乂安，生民樂業，共享太平之福。」（《清宮述聞》）康熙帝的期待是「太平盛世」：「民爲邦本，必使家給人足，安生樂業，方可稱太平之治。」（《清聖祖實錄》卷二二）康熙帝的基本理念是由此開始的。「康雍乾盛世」的局面是康熙帝開創的。

其三、翻案遺詔。

「順治遺詔」是怎麼回事？少年天子康熙帝爲什麼要翻「順治遺詔」的案呢？

順治帝去世後，由朝廷公布的遺詔中，歷數他當政期間的十四條錯誤（詳見本講後附錄）。應當說，這十四條「罪己詔」，有的是順治帝自己的意思，有的僅部分是自己的意思，有的完全不是自己的意思——或是皇太后的意思，或是輔政大臣的意思。如說自己「漸習漢俗，於淳樸舊制，日有更張，以致國治未臻，民生未遂」；說自己「於諸王、貝勒等……情誼睽隔，友愛之道未周」；

說自己於「滿洲諸臣……朕不能信任，有才莫展……而委任漢官……以致滿臣無心任事」等等。主要集中在滿漢、文武、新舊、興廢幾個關係上。當時，順治帝剛出天花，病勢兇猛，心身痛苦，神志恍惚，沒有心情也沒有空閒靜思默想，回顧失誤。從發病到去世，不足六天。同時，從順治帝生前的作爲看，他也並不是個勇於認錯的皇帝，他雖然多愁善感，身體羸弱，但舉止堅毅，很有主見。所以這些自責之辭，不可能全是順治帝的本意。因此，遺詔只能是在孝莊太后及輔臣授意下，由朝臣撰擬，表明他們對順治帝的評價。這實際上全面否定了順治帝的主要政績。

康熙六年（一六六七）七月，康熙帝「躬親大政」。翌年正月十一日，建順治帝「孝陵神功聖德碑」。玄燁指示臣工爲皇考撰寫的〈孝陵神功聖德碑文〉中，明顯地爲其皇父「翻案」。碑文強調皇父「勤學好問，擇滿漢

■孝陵神功聖德碑樓（上圖）
■順治遺詔（下圖）

詞臣，充經筵日講官。於景運門內建直房，令翰林官直宿備顧問。經書史冊，手不釋卷，遂知性知天，洞悉至道」，「旁及諸子百家，莫不博涉，得其要領」，「親視太學，釋奠先師，發帑金，崇其廟貌」，「丁亥、己亥，再舉會試，間廣額數，以羅人才」、「視滿漢如一體，遇文武無重輕」（《清聖祖實錄》卷二五）。

與「順治遺詔」對照，碑文對順治帝的評價，有著根本性的變化。它在褒揚皇父的同時，間接地批評輔臣「獨崇滿洲、貶抑漢臣」等錯誤做法，爲其後清除鰲拜集團，做了思想和輿論準備。這篇〈孝陵神功聖德碑文〉，敲響了鰲拜貴族集團的喪鐘。

附錄：順治遺詔（順治十八年正月丁巳初七日）

朕以涼德，承嗣丕基，十八年於茲矣。自親政以來，紀綱法度，用人行政，不能仰法太祖、太宗謨烈。因循悠忽，苟且目前，且漸習漢俗。於淳樸舊制，日有更張，以致國治未臻，民生未遂。是朕之罪一也。

朕自弱齡，即遇皇考太宗皇帝上賓。教訓撫養，惟聖母皇太后慈育是依，隆恩罔極，高厚莫酬，惟朝夕趨承，冀盡孝養。今不幸子道不終，誠悃未遂。是朕之罪一也。

皇考賓天時，朕止六歲，不能服衰經，行三年喪，終天抱恨。惟侍奉皇太后，順志承顏。且冀萬年之後，庶盡子職，少抒前憾，今永違膝下，反上廑聖母哀痛。是朕之罪一也。

宗室諸王貝勒等，皆係太祖、太宗子孫，爲國藩翰，理宜優遇，以示展親。朕於諸王貝勒等，晉接既疏，恩惠復鮮，以致情誼暌隔，友愛之道未周。是朕之罪一也。滿洲諸臣，或歷世竭忠，或累年效力，宜加倚託，盡厥猷為，朕不能信任，有才莫展。且明季失國，多由偏用文臣，朕不以為戒，而委任漢官，即部院印信，間亦令漢官掌管，以致滿臣無心任事，精力懈弛。是朕之罪一也。朕夙性好高，不能虛己延納，於用人之際，務求其德與己相侔，未能隨材器使，以致每歎乏人。若舍短錄長，則人有微技，亦獲見用，豈遂至於舉世無材？是朕之罪一也。設官分職，惟德是用，進退黜陟，不可忽視。朕於廷臣中，有明知其不肖，不即罷斥，仍復優容姑息，如劉正宗者，偏私躁忌，朕已洞悉於心，乃容其久任政地，誠可為見賢而不能舉，見不肖而不能退。是朕之罪一也。國用浩繁，兵餉不足，而金花錢糧，盡給宮中之費，未嘗節省發施。及度支告匱，每令會議，諸王大臣，未能別有奇策，祇議裁減俸祿，以贍軍餉，厚己薄人，益上損下。是朕之罪一也。經營殿宇，造作器具，務極精工，求為前代後人之所不及。無益之地，糜費甚多，乃不自省察，罔體民艱。是朕之罪一也。端敬皇后於皇太后，克盡孝道，輔佐朕躬，內政聿修。朕仰奉慈綸，追念賢淑，喪祭典禮，過從優厚，不能以禮止情，諸事逾濫不經。是朕之罪一也。祖宗創業，未嘗任用中官，且明朝亡國，亦因委用宦寺。朕明知其弊，不以為戒，設立內十三衙門，委用任使，與明無異，以致營私作弊，更逾往時。是朕之罪一也。

朕性耽閒靜，常圖安逸，燕處深宮，御朝絕少，以致與廷臣接見稀疏，上下情誼否塞。是朕之罪一也。

人之行事，孰能無過，在朕日御萬幾，豈能一無違錯，惟肯聽言納諫，則有過必知。朕每自恃聰明，不能聽言納諫。古云：「良賈深藏若虛，君子盛德，容貌若愚。」朕於斯言，大相違背，以致臣工緘默，不肯進言。是朕之罪一也。

朕既知有過，每自尅責生悔，乃徒尚虛文，未能省改，以致過端日積，愆戾愈多。是朕之罪一也。

太祖、太宗，創垂基業，所關至重，元良儲嗣，不可久虛。朕子玄燁，佟氏妃所生，年八歲，岐嶷穎慧，克承宗祧，茲立爲皇太子，即遵典制，持服二十七日，釋服，即皇帝位。特命內大臣索尼、蘇克薩哈、遏必隆、鰲拜爲輔臣，伊等皆勳舊重臣，朕以腹心寄託，其勉矢忠藎，保翊沖主，佐理政務。布告中外，咸使聞知。（《清世祖實錄》卷一四四）

chapter 04

第肆講

智擒鰲拜

一謙則四益，一驕必四損。
古人訓誡：「滿招損，謙受益。」
這條古訓，顛撲不破，百試百驗。
鰲拜又是一個
驕必損、傲必折的例證。

康熙帝說：「天下大權，當統於一。」（《清聖祖實錄》卷二七五）康熙帝為強化皇權，上演了一場智擒鰲拜的歷史大戲。他智擒鰲拜的原因、經過和智慧，分作三個題目，一個一個來講。

一、皇權旁落

■康熙帝佩刀像

有人問：康熙大帝為什麼要擒拿輔政大臣鰲拜呢？是因為鰲拜想篡位嗎？二月河先生的小說《康熙大帝》中第八回「鰲公府初議劫宮闈」、第十二回「逆種各起屠龍心」，說鰲拜有「劫宮」、「屠龍」的政治野心。昭槤也說「鰲拜藏刀」，似欲對康熙帝不利。鰲拜如真有篡位野心，眞要搞政變，他可以在府宅設伏兵，何必在床前刺殺康熙帝呢！康熙帝到鰲拜府邸，必然帶著侍衛，鰲拜一把匕首怎能將康熙帝殺死呢！況且，鰲拜已經年邁，康熙帝卻風華正茂，身邊還有貼身侍衛。到現在爲止，沒有史料證明鰲拜想搞宮廷政變。那麼，康熙與鰲拜的矛盾是怎樣激化的呢？

事情發展，總有原委。上一講我講過，順治帝臨終前同孝莊皇太后商定，由索尼（正黃旗）、蘇克薩哈（正白旗）、遏必隆（鑲黃旗）、鰲拜（鑲黃旗）四大臣輔政。康熙初期，四大臣尙能協力忠誠，輔佐政務，不結黨羽，和衷共濟，實踐他們在順治皇帝靈位前的誓言。但是，隨著時間推移，四個輔政大臣的格局發生了變化——索尼雖位居四輔臣之首，但他年老多病，隨之過世；蘇克薩哈以額駙子、入侍禁廷，雖攝政睿親王多爾袞死後率先舉發，但畢竟受到牽連；遏必隆雖與鰲拜都屬滿洲鑲黃旗，但性格軟弱，依賴鰲拜。鰲拜這個人，雖立過大功，卻居功驕傲、專橫跋扈；雖久經歷練，卻個性張揚、鋒芒外露。於是，四臣輔政，失去平衡。

■鰲拜像

康熙四年（一六六五），十二歲的玄燁舉行大婚典禮，索尼之子、領侍衛內大臣噶布喇之女赫舍里氏正位中宮。皇后的叔父索額圖爲宮廷侍衛。

康熙五年（一六六六），發生改撥圈地的重大事件。鰲拜專權的突出例子，是圈換土地事件。

■康熙帝親政詔書

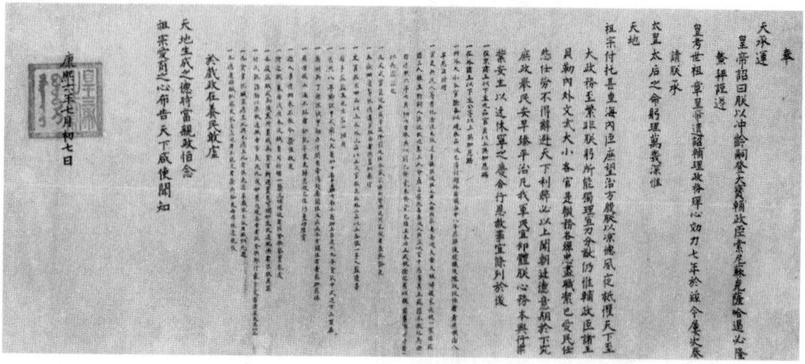
奉
天承運
皇帝詔曰朕以沖齡嗣登大寶輔政臣索尼蘇克薩哈遏必隆
鰲拜謹遵
皇考世祖章皇帝遺詔輔理政務殫心効力七年於茲今屢次奏
請朕承
太皇太后之命躬理萬幾深惟
天地
祖宗付托甚重海內臣庶望治方殷朕以涼德夙夜祗懼天下至
大政務至繁非朕躬所能獨理宜力分猷仍推輔政臣諸王
貝勒內外文武大小各官是賴務各殫忠盡職潔己愛民任
怨任勞不得辭避天下利弊必以上聞朝廷德意期於下究
庶政舉民安早臻平治凡我軍民宜仰體朕心務本興行業
紫安生以迓休寧之慶合行恩款事宜條列於後
於戲政在養民敢虞
天地生成之德時當親政恒念
祖宗愛育之心布告天下咸使聞知
康熙六年七月初七日

康熙六年（一六六七）七月，玄燁十四歲，輔臣索尼援引先帝福臨十四歲親政的祖制，疏請康熙帝親政。康熙帝徵得祖母太皇太后同意，允索尼所奏，同年七月初七日，御太和殿舉行親政大典，當日在乾清門御門聽政。

鰲拜以首輔索尼已死、次輔蘇克薩哈已誅，自己又與遏必隆同屬鑲黃旗，從而形成鑲黃旗獨掌朝政的局面。「班行章奏，鰲拜列首」。鰲拜自我膨脹，逐漸專權。康熙與鰲拜的衝突是怎樣引起的呢？我講兩個歷史故事：

第一、圈換旗地的故事。

順治初實行圈地時，攝政王多爾袞利用權勢，將永平府一帶原定圈給鑲黃旗的好地讓給正白旗，而另撥河間府一帶次地給鑲黃旗。這件事當時曾引起一場風波，但事過二十多年，旗、民各安生業，舊怨也已淡忘。康熙五年（一六六六），鰲拜重新提起此事，讓正白旗與鑲黃旗互換土地，目的是討好自己與遏必隆所在的鑲黃旗，而打擊蘇克薩哈及其所在的正白旗。這也是鑲黃旗對正白旗的一個報復。此事朝野普遍反對，正白旗人訴告到戶部。大學士、戶部尚書蘇納海（滿洲正白旗）認爲不可，直隸、山東、河南總督朱昌祚（漢軍鑲白旗）

以此舉造成萬民失業、顛沛流離而抗疏。時士紳百姓，告門訴求：「號泣之聲，聞於數里」；「哀號乞免，一字一淚」。保定巡撫王登聯（漢軍鑲紅旗）以圈撥擾民而疏請停止。鰲拜以蘇納海、朱昌祚「與蘇克薩哈係一體之人，將他滅戮，壞去蘇克薩哈一手一足」（《明清史料》丁編第八本），矯詔誅殺大學士兼戶部尚書蘇納海、總督朱昌祚、巡撫王登聯。「行刑之日，旗民哀之」（《八旗通志》卷一八九〈朱昌祚傳〉）。

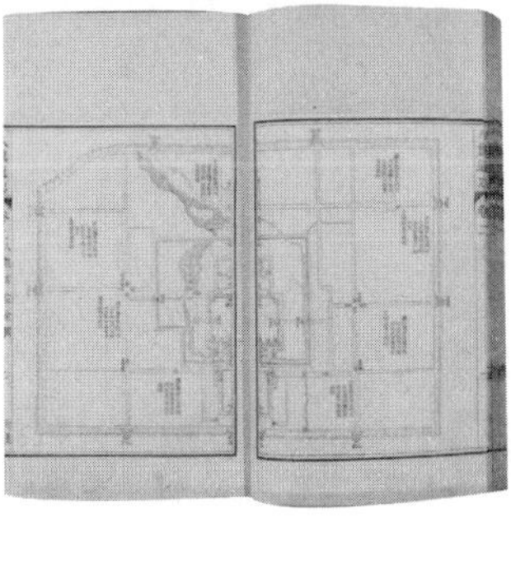
■《八旗通志》之「京城八旗駐防圖」

第二、蘇克薩哈的故事。

康熙帝親政後的第六天，蘇克薩哈請求到孝陵（順治帝陵）守靈，以保全晚年。鰲拜藉機給蘇克薩哈羅織罪名：皇上新親政，你要去守靈，這是對皇上親政的不滿等等，共擬蘇克薩哈二十四條大罪，請求將其凌遲處死。康熙帝「堅執不允所請」。鰲拜「攘臂上前，強奏累日」（《清聖祖實錄》卷二三），揮臂咆哮，橫行朝廷，脅迫十四歲的皇上同意。鰲拜一連七日強奏，矯旨將蘇克薩哈及其子孫全部處死，斬的、絞的、發配的，抄家滅門，一族殆盡。

在這裡插一句：電視劇《康熙王朝》說太皇太后下旨斬殺蘇克薩哈，而史實不是這樣的，因為孝莊太皇太后沒有垂簾聽政，她沒有權力也沒有先例可以當廷宣布懿旨。蘇克薩哈被殺後，隨之索尼病故，鰲拜因與遏必隆同屬鑲黃旗，更加驕縱，肆無忌憚。康熙帝內心雖對鰲拜極為不滿，卻在表面上同其周旋。

這兩起事件、兩個故事，折射出朝廷五個關係，矛盾突出。

第一、皇權與旗權的矛盾。

八旗在建立初期，實行八王分理國政，早年曾「分月輪值」。康熙帝強調：「天下大權，當統於一。」四輔政大臣，都是關外老臣，他們掌握朝廷實權、大權，一個有作爲的君主，是不能容忍皇權旁落的。尤其是鰲拜目無君主，一個有作爲的君主，豈能容納？因此，康熙大帝期待君主大權，統歸於一。

第二、新銳與舊勳的矛盾。

康熙帝身邊的大臣，如索額圖、明珠等，都是一批年輕有爲、朝氣蓬勃的新銳，他們不滿意滿洲舊臣的保守。要前進，就要朝廷大員的更新——排除保守勳舊，起用先進新銳。任用先進新銳是康熙帝親政後採取的一項重要的舉措，而鰲拜等排斥新銳。

第三、滿洲與漢人的矛盾。

清初推行「首崇滿洲」的國策，出現滿漢的嚴重矛盾。在滿與漢的天平上，如何擺平滿漢關係，這是一個領導藝術問題，更是一個政

■鑲黃旗盔甲

治問題。多爾袞攝政時期，因爲清軍剛入關，八旗大員是清朝入關的勳臣，給予優待。多爾袞死後，順治帝作了一定調整。順治帝死後，滿洲勢力抬頭，以「罪己詔」的形式讓順治帝作了自我否定：「自親政以來，紀綱法度，用人行政，不能仰法太祖、太宗謨烈。因循悠忽，苟且目前，且漸習漢俗。於淳樸舊制，日有更張，以致國治未臻，民生未遂。」四大臣來了一個反題，撤銷內閣、翰林院，恢復內三院，排擠漢族官員，任用滿洲老臣，將權力集中到輔政大臣手中。

第四、文臣與武將的矛盾。

順治帝「罪己詔」又說：「明季失國，多由偏用文臣，朕不以爲戒，而委任漢官，即部院印信，間亦令漢官掌管，以致滿臣無心任事，精力懈弛。」其實，這主要是那些開國武將、滿洲勳舊的意見。遷都北京之初，需要漢官「引路」，需要重用文臣，所以在一個時期重用漢官、文臣爲勢所必然。但鰲拜等人片面重滿官、用武臣，這同太平發展的局勢不相符合。

第五、兩黃與正白的矛盾。

在滿洲鑲黃旗、正黃旗、正白旗的上三旗內部也存在矛盾。在多爾袞時期，因多爾袞親管正白旗，在用人、行政、圈地、特權等方面，關照正白旗的利益過多，引起兩黃旗不滿，鰲拜曾要求調換土地，就是這種不滿的一個突出表現。

所以，在調整皇權與旗權、新銳與舊勳、滿洲與漢人、文臣與武將以及上三旗的關係中，康熙帝同鰲拜等的矛盾日漸激化，雙方衝突，必不可免。

康熙帝皇權旁落，更甚者，還有三事：一是鰲拜常在御前「呵斥部院大臣，攔截章奏」；二是又對冊立索尼孫女爲皇后不滿，「阻攔啓奏」；三是朝政大事常在鰲拜家裡商定後再到朝議。鰲拜目無君主，舉朝大臣震驚。皇帝大權旁落怎麼辦？康熙帝同太皇太后密商之後，決定：擒捕權臣鰲拜，剷除鰲拜集團。

二、擒捕鰲拜

康熙帝怎樣擒捕鰲拜呢？我先介紹一種說法。《嘯亭雜錄》記載：鰲拜「嘗託病不朝，要上親往問疾。上幸其第，入其寢。御前侍衛和公託見其貌變色，乃急趨至榻前，揭席刃見。上笑曰：『刀不離身，乃滿洲故俗，不足異也。』因即返駕」。然後就上演一場康熙帝智擒鰲拜的故事。

蔡東藩《清史通俗演義》第二十一回，用半回〈除大憨沖人定計〉，大約二三〇〇字，描述康熙帝智擒鰲拜的故事。二月河先生《康熙大帝》第一部《奪宮初政》共四十二回，從第一回鰲拜登場，到第四十一回事件結案，穿插在其間，凡四十一回，總計花筆墨近三十萬字，已爲空前，可能絕後。如第十六回「御花園鰲拜演武」、第十七回「衆侍衛伴君玩耍」、第三十五回「少主用謀入虎穴」、第三十九回「老太師落入法網」等，被歷史小說、影視劇演繹得活靈活現、淋漓盡致。

當然，小說、戲劇、影視、評書可以憑藉這段記載，想像演繹，添枝加葉，生動有趣，煞是好看，卻並不是歷史眞實。

鰲拜爲四朝勳臣，是老辣的政治人物，握有重兵，遍置黨羽，不易剪滅，而康熙帝年僅十六歲，還是稚嫩的少年天子。如何取得這場博弈的勝利？康熙帝同侍衛索額圖，在宮中召集滿洲少年，組成宮廷衛隊，天天演習「布庫」（摔跤）。鰲拜以爲康熙帝是少年戲耍，並不在意。一日，鰲拜奉召到內廷觀看「布庫」遊戲。康熙帝不露聲色，命滿洲「布庫」少年，將鰲拜擒捕，並公布其三十大罪。鰲拜集團，宣告覆滅。

康熙帝擒捕鰲拜，《清聖祖實錄》只有十三個字的記載：康熙八年（一六六九）五月戊申（十六日）：「命議政王等拏問輔臣公鰲拜等。」這十三個字正史記載，說了三層意思：第一層是皇帝命令的；第二層是議政王去辦的；第三層的確是把鰲拜捉拿了。但是，在什麼時間、什麼地點、以什麼方式、經過什麼過程、由什麼人捉拿鰲拜的？都沒有記載。記載康熙帝擒捕鰲拜的筆記《嘯亭雜錄》相關內容爲二一二字，《竹葉亭雜記》爲一六九字，兩書合計爲三八一字。這種記述的簡略，反而給了人們更多的想像空間。那麼，康熙帝是怎樣智擒鰲拜的呢？

歷史的記載，有五種版本：

第一、「羽林士卒」擒捕說。

康熙帝指揮羽林軍智擒鰲拜。《嘯亭雜錄》記載：「數日後，伺鰲拜入見日，召諸羽林士卒入，因面問曰：『汝等皆朕股肱耆舊，然則畏朕歟，抑畏拜也？』衆曰：『獨畏皇上。』帝因諭鰲拜諸過惡，立命擒之。聲色不動而除巨慝，信難能也。」（昭槤，《嘯亭雜錄》卷一）

第二、「選小內監」擒捕說。

康熙帝統率小內監戲擒鰲拜。《竹葉亭雜記》載述：「帝在內，日選小內監強有力者，令之習布庫以爲戲（布庫，國語也，相鬥賭力）。鰲拜或入奏事，不之避也。拜更以帝弱且好弄，心益坦然。一日入內，帝令布庫擒之，十數小兒立執鰲拜，遂伏誅。」（姚元之，《竹葉亭雜記》卷一）

第三、「親王子弟」擒捕說。

康熙帝統率親王子弟擒鰲拜。《清史通俗演義》敘述得活龍活現：康熙帝「到慈寧宮內去見太后，泣述鰲拜不法情狀。太后女流，無計可施，只用好言撫慰。究竟聖明天子，別有心思，他向各王邸中，選了百名親王子弟，年紀多與康熙帝彷彿，一班兒練習武藝，研究拳術，將門之子，骨種不同，不到一年，都學得拳術精通，武藝高強，連康熙帝也得了一點本領。於是康熙帝不動聲色，先封鰲拜爲一等公，歇了數日，單召鰲拜入內議事。鰲拜欣然前往，到了內廷，見康熙帝端坐上面，兩旁站立的，便是一班少年貴冑。鰲拜昂著頭，走至康熙帝前……」（《清史通俗演義》第二十一回）。於是，鰲拜就被擒捕了。

第四、「侍衛拜唐阿」擒捕說。

由宮廷侍衛和拜唐阿在「布庫」遊戲中擒捕了鰲拜。史書記載：「上久悉鰲拜專橫亂政，特慮其多力難制，乃選侍衛、拜唐阿年少有力者為捕擊之戲。是日，鰲拜入見，即令侍衛等掊而縶之。於是有善捕營之制，以近臣領之。」（《清史稿》卷六〈聖祖本紀一〉）這裡的侍衛，就是宮廷侍衛；拜唐阿，是滿語音譯，滿文作baitangga，是沒有品級、聽差服役的人。

第五、「內侍健童」擒捕說。

康熙帝在南齋（後為南書房），召鰲拜入。內侍請鰲拜坐在三條腿椅子上，而以一位內侍在其後扶著椅子。命賜茶，先把茶碗煮於熱水，上茶時，鰲拜接茶，茶碗燙手，砰然墜地。靠椅子的內侍乘勢一推，鰲拜仆倒在地。康熙帝呼曰：「鰲拜大不敬。」健童群起，擒捕鰲拜，交部論罪（《南亭筆記》）。這段筆記所載，透露一個細節，就是康熙帝擒捕鰲拜在內廷的書齋裡，即後來的南書房。但有學者指出：這種「三條腿椅子」的說法純屬訛傳（朱家溍，《故宮退食錄》）。

康熙帝這支「布庫兵」，各書記載相同，但其成分不同——他們是羽林軍、是宮內太監、是親王子弟，還是宮廷侍衛與拜唐阿，已經很難考證。但分析起來：其一，清朝沒有羽林軍；其二，清朝不許太監習武；其三，不會組織親王子弟；那麼，《清史稿．聖祖本紀》記載的由宮廷侍衛和拜唐阿組成的「布庫兵」，趁鰲拜受召，獨入內廷，毫無戒備，加以擒捕，既合乎情理，也比較可信。

康熙大帝智擒鰲拜，初展其超人睿智，傑出風範；但歷史往往無獨有偶，驚人相似。

三、無獨有偶

在清朝有康熙大帝智擒鰲拜的故事，在俄國有彼得大帝「擒索菲婭公主」的故事。

驚人相似

彼得大帝的父親是沙皇阿列克謝・米哈伊洛維奇。彼得有五個同父異母哥哥，其中三個幼年夭折，另兩個——大的叫費多爾，兩腿臃腫，寸步難行；小的叫伊凡，弱智、弱視、說話辭不達意。彼得的童年，由奶媽、保母、女僕照看。彼得五歲時，父親故去。兄長費多爾繼位沙皇。彼得十歲時，費多爾死，宣布伊凡和彼得同時爲沙皇。三天後，公布由姊姊索菲婭公主攝政。彼得在這段少年天子時期，沒有實權，只是學習——讀書、寫字、背誦（聖書）。但他表現出天賦、好學。彼得最喜歡的是建立遊戲兵，耍刀弄槍。聽政時，伊凡和彼得坐在雙人寶座上，攝政索菲婭公主則隱蔽在寶座背後，發號施令。這很像晚清慈禧皇太后垂簾聽政。攝政索菲婭公主權力愈來愈大，貪欲也愈來愈大，稱「索菲婭・阿列克謝耶夫娜公主和大公」，有大臣甚至慫恿索菲婭公主加冕登極。彼得日漸長大，十七歲成親。他越來越不能容忍索菲婭的貪權張狂，兩人矛盾，日益激化。一次，攝政索菲婭同兩位沙皇弟弟——伊凡、彼得一道參加宗教遊行，這是有違當時禮制的。彼得憤怒地對索菲婭說：「你是女人，應當立即退出這個遊行隊伍！」可是索菲婭公主我行我素，不予理睬。

索菲婭公主攝政八年，她與彼得的矛盾變得越來越無法調和。一六八九年（康熙二十八年）八月七日深夜的一個偶然事件，直接導致了攝政索菲婭公主的倒臺。這天夜裡，克里姆林宮裡忽然響起了警報聲，負責護衛的射擊軍立刻拿起了武器。有人放出謠言說，住在普列奧勃拉任斯科耶行宮的彼得已經派出「遊戲兵」向莫斯科進發。射擊軍中擁護彼得的一派沒有弄清是怎麼回事，以爲射擊軍不是去保衛克里姆林宮，而是去討伐普列奧勃拉任斯科耶。他們立刻飛馬向彼得報告了莫斯科發生的這一緊急情況。十八歲的彼得以爲發生了軍事政變，在慌亂中逃跑，有人給他帶來衣服、馬

■俄國沙皇阿列克謝・米哈伊洛維奇像（上圖）
■彼得大帝幼年像（下圖）

鞍，牽來了馬。他翻身上馬，帶著三個僕從，急奔「謝爾蓋耶夫三聖修道院」。八月八日清晨到達之後，人困馬乏，身陷險境，淚如雨下，請求大司祭保護。接著，「遊戲兵」開到，射擊軍部分倒戈，來到彼得身邊。攝政索菲婭公主作了一些調解的嘗試。她先是派大主教約基姆到三聖修道院調解這場衝突，但大主教同情彼得，一去不返。她又親身前往，但在半路上接到彼得要她返回克里姆林宮的命令。同時，射擊軍官兵不斷離開索菲婭，來到彼得身邊，而且將索菲婭公主曾委託親信沙克洛維蒂召開秘密會議，企圖發動宮廷政變的罪狀報告了彼得。索菲婭見大勢已去，不得已交出權臣、寵臣瓦西里·瓦西里耶維奇·戈利津公爵。最後，攝政索菲婭公主被監禁在新聖母修道院（參見尼·伊·帕甫連科著，斯庸譯《彼得大帝傳》）。這表明索菲婭公主失敗。

彼得大帝宣布弱智皇兄伊凡實際退位。俄國國家權力完全掌控在彼得大帝手裡。這一年，彼得大帝十八歲（虛歲）。

在中國，康熙大帝智擒輔政大臣鰲拜，親掌朝綱；在俄國，彼得大帝囚禁攝政索菲婭公主，親理國政——兩人都在少年時代，上演了一齣宮廷政變戲，幾乎是一場戲劇的重演，一本著作的翻版，一份文件的拷貝——不過，戲中悲劇角色一個是俄國攝政索菲婭公主，另一個是大清一等公、輔政大臣鰲拜。而康熙大帝比彼得大帝更表現出驚人的智慧。

五條智慧

康熙帝智擒鰲拜的智慧、特點及其經驗是什麼？

其一、**欲擒故縱**。兵法云：「欲擒之，先縱之。」他先封鰲拜爲一等公，又說「刀不離身，乃滿洲故俗，不足異也」，放出長線，麻痹鰲拜，再釣大魚。

其二、**機發內廷**。鰲拜權勢大，機謀多，難以控制，如在外朝抓捕，恐怕事態擴大，抓捕不成，反添麻煩。設在內廷，不在外朝，突然襲擊，加以智取。

其三、**用布庫兵**。康熙帝沒有動用禁軍，而用布庫少年，就是布庫遊戲兵，鰲拜獨入龍庭，毫無防備，束手就擒。

其四、**先發制人**。整個事件的過程，出其不意，先發制人，事出迅速，乾淨俐落，果斷堅決，未生事端。

其五、**有理有節**。康熙帝擒捕鰲拜後，問他還有什麼話要說，鰲拜露出「搭救清太宗御駕時，在自己身上留下的傷疤」（白晉，《康熙皇帝》），求免一死。康熙帝令免於斬首，終身監禁，後鰲拜死於監所；康熙帝又命只懲治鰲拜死黨，沒有擴大化。後追封鰲拜爲一等男爵，雍正帝又復賜一等公。對遏必隆僅革其太師，後還公爵，他的女兒被冊立爲皇后。這些措施穩住了鑲黃旗。

康熙帝智擒鰲拜，年僅十六歲（十五周歲），部署周密，沉著機智，一舉清除鰲拜及其同黨。康熙大帝對整個事件的處理，表現出博大胸懷、精細謀略、超凡智慧、高明手腕、仁愛態度，初露其政治家的風範。

康熙帝擒鰲拜之後，更加關注御門聽政。

附錄：康熙帝智擒鰲拜四則資料

余嘗聞參領成文言，國初鰲拜輔政時，凡一時威福，盡出其門。因正白旗圈地事，以直隸總督朱公昌祚、巡撫王公登聯、户部尚書蘇公納海與之齟齬，乃將三公立加誅夷，聖祖不預知也。嘗託病不朝，要上親往問疾。上幸其第，入其寢，御前侍衛和公託見其貌變色，乃急趨至榻前，揭席刃見。上笑曰：「刀不離身，乃滿洲故俗，不足異也。」因即返駕。以弈棋故，召索相國額圖入謀畫。數日後，伺鰲拜入見日，召諸羽林士卒入，因面問曰：「汝等皆朕股肱耆舊，然則畏朕歟，抑畏拜也？」衆曰：「獨畏皇上。」帝因諭鰲拜諸過惡，立命擒之。聲色不動而除巨慝，信難能也。（昭槤，《嘯亭雜錄》卷一〈聖祖拏鰲拜〉）

聖祖仁皇帝之登極也，甫八齡。其時大臣鰲拜當國，勢焰甚張，且以帝幼，肆行無忌。帝在內，日選小內監強有力者，令之習布庫以爲戲（布庫，國語也，相鬥賭力）。鰲拜或入奏事，不之避也。拜更以帝弱且好弄，心益坦然。一日入內，帝令布庫擒之，十數小兒立執鰲拜，遂伏誅。以權勢熏灼之鰲拜，乃執於十數小兒之手，始知帝之用心，特使權奸不覺耳。使當日令外廷拿問，恐不免激生事端。如此除之，行所無事。神明天縱，固非凡人所能測也。（姚元之，《竹葉亭雜記》卷一）

康熙帝在南書房召鰲拜進講。鰲入，內侍以椅之折足者，令其坐，而以一內侍持其後。命賜茶，先以碗煮於水，令極熱，持之炙手，砰然墜地，持椅之內侍乘其勢而推之，乃仆於地。康熙帝呼曰：「鰲拜大不敬。」健童悉起擒之，交部論如律。（《南亭筆記》，見《清宮述聞》）

上早洞悉其奸，在內日選小內監，令之習布庫以爲戲。鰲拜或入奏事，並不之避。且以朝廷弱而好弄，心益恬然，無所顧忌。一日入內，忽爲習布庫者所擒，十數小兒立執鰲拜，付外廷，遂伏誅。（梁章鉅，《歸田瑣記》卷五）

chapter 05

第伍講 御門聽政

政策固然重要，制度比政策更爲重要，
因制度比政策更穩定。
但是，制度的設計，
當理性、切實、易行、久遠。
康熙帝創立的每日御門聽政制度，
也就是每日舉行朝廷會議制度，
有清一代，貫徹始終，歷史經驗，至今可鑑。

■康熙帝朝服像

康熙六年（一六六七）七月初七日，康熙帝登臨太和殿，詔告天下，開始親政。「是日，上御乾清門聽政，嗣後日以爲常。」（《清聖祖實錄》卷二三）這年康熙帝十四歲。

下面講三個問題：什麼是御門聽政？怎樣御門聽政？歷史啓示是什麼？

一、御門聽政

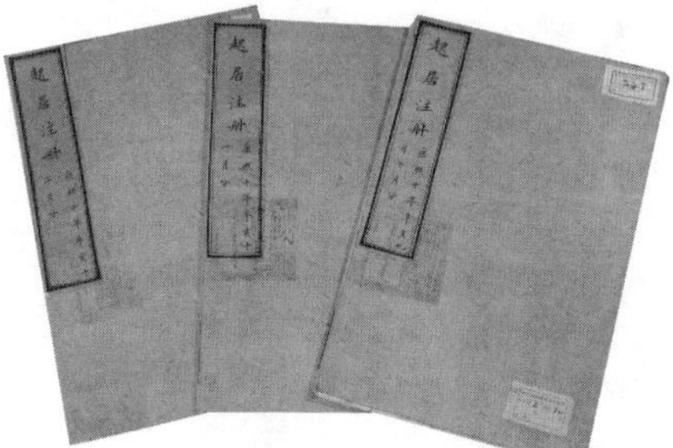

■康熙十年《起居注冊》

康熙帝做皇帝，管理國家事務，他是怎樣做的呢？我以康熙十年（一六七一）爲例，他每天所做工作，主要是五件事：一是御門聽政，二是接見官員，三是批答奏章，四是後宮問安，五是明經讀書。舉一天爲例。康熙十一年（一六七二）八月十四日：早，到乾清門聽政；辰時，在弘德殿聽講官進講《論語・爲政》「君子不器」一章；午時，到太皇太后、皇太后宮問安；未時，到瀛台賜進貢蒙古王公宴。回宮後，接見大臣；讀書寫字；批閱奏章等。史書記載：「宮中手不釋卷，研精義蘊，親御丹鉛，少暇即游藝翰墨。」（《康熙起居注冊》康熙十六年十二月）

康熙帝親政後實行的一項制度創新就是御門聽政。

「御門聽政」是個新詞，康熙朝以前沒有聽說過。「御門聽政」四個字——什麼是「御」？什麼是「門」？什麼是「聽」？什麼是「政」？我一個一個地講說。

一說「御」字。

「御」字，《說文解字》曰：「御，駛馬也。」「御」字本來的意思是御駛車馬。《論語・子罕》說：「執御乎？執射乎？」掌駕車，還是掌射箭？後演變爲多義詞，其中一義是指同皇帝有關事物的敬稱。如皇帝的文章稱「御製文」，詩詞稱「御製詩」，看書稱「御覽」，吃飯稱「御膳」，喝茶稱「御茶」，指示稱「御旨」，寶座稱「御座」，圖章稱「御寶」，器物稱「御器」，醫生稱「御醫」等。總之，就是皇帝親自參與、親自主持的意思。

■乾清門御門聽政景觀

二說「門」字。

「門」就是門窗的門。康熙帝開始御門聽政的「門」不是普通的門，而是特指的門，就是乾清門。清朝皇宮分爲前朝與後廷——前朝主要是太和、中和、保和三大殿，還有文華殿、武英殿等建築群；後廷主要是乾清宮、交泰殿、坤寧宮三大宮，還有東六宮、西六宮等建築群。乾清宮前面的門叫乾清門，這座門是前朝與後廷的分界。康熙帝住在乾清宮，在宮前的乾清門聽政，既方便，又適宜。所以，康熙帝開始御門聽政的地點就定在乾清門。

三說「聽」字。

「聽」字很有意思。現在簡化字的「听」字，看不出它的原來意思。過去繁體字作「聽」，左邊一「耳」一「壬」，爲形聲；右邊一「直」一「心」，爲會意。用今天的話詮釋爲：君王用耳傾聽，聽時要直心有德（直心爲德）。《史記・李斯列傳》說：「秦王乃拜斯爲長史，聽其言。」突出「聽政」，而不是「議政」、「理政」、「觀政」。常言道：忠言逆耳，良藥苦口。「御門聽政」貴在一個「聽」字，重在一個「聽」字。君王傾聽大臣的聲音，應眞心聽、誠心聽、細心聽、耐心聽、虛心聽。這是皇帝正確決策的前提與基礎。

四說「政」字。

《論語・顏淵》曰：「政者，正也。」「政」字右偏旁爲「攴」，《說文解字》曰：「攴，小擊也。」這是字源學頗有意思的解釋。在這裡，「政」主要是指軍政大事、官員任免等。

總之，「御門聽政」一詞，通俗地說，「御」就是皇帝，「門」就是乾清門，「聽」就是聽取各部院官員的奏報，「政」就是議商決定軍國政事。也就是說，康熙帝親自到皇宮乾清門，主持朝廷會議，聆聽各部院大臣的奏報或奏言，進行議商，做出決斷，發布諭旨，貫徹實行。

御門聽政就是朝廷的辦公會議。一個單位、一個公司不是有辦公會議嗎？清朝朝廷的辦公會議，就叫做御門聽政。御門聽政的制度，有清一代，貫徹始終（慈禧時爲垂簾聽政），是康熙帝的一個創造，也是康熙帝的一個貢獻。

康熙帝爲什麼要御門聽政呢？這是既汲取明亡教訓，又繼承清興經驗的一項制度創新的重大舉措。

我們先作歷史的回顧。皇帝上朝，古已有之。按日期來說，有逢三、六、九日上朝的；按時間來說，有早朝、晚朝；按地點來說，有內朝、外朝等。明朝的皇帝，從明太祖朱元璋開始，有上朝處理軍國要務的制度。但是，這個制度設計，存在兩個缺失，主要是沒有規定朝廷會議由皇帝主持，也沒有規定朝廷會議要每日舉行。這就出現兩種情況：

其一、朝廷會議皇帝不參加，或不經常參加，因此可能出現四種情況：一是事而不議，就是重大事情不舉行朝廷會議；二是議而不決，內閣會議後皇帝不批准；三是決而不行；四是行而不果。

其二、朝廷會議不每日舉行，或不定期舉行，帶有很大的隨意性；明萬曆皇帝二十幾年不上朝，大臣只有苦求皇帝上朝，而不能拿出祖制要求皇帝上朝。

清初皇帝——努爾哈赤、皇太極、福臨三代，已經充分注意到明朝這一弊端，並認爲這是明朝滅亡的一大原因。

順治十二年（一六五五）二月，和碩鄭親王濟爾哈朗疏言：「太祖高皇帝開創初，日與四大貝勒、五大臣及衆台吉等，討論政務得失，咨訪兵民疾苦，使上下交孚，鮮壅蔽，故能上合天心，下洽民志，掃靖群雄，肇興大業。太宗文皇帝纘承大統，紹述前猷，亦時與諸王、貝勒、大臣講論不輟。」（《八旗通志》卷一二四）這是敦促順治帝要制訂上朝御政的制度。順治朝曾規定每月逢五上朝，但後來順治皇帝熱戀董鄂妃，子死妃喪，鬧著要出家、要自殺，無心勤愼政事，更無心上朝聽政。

康熙帝親掌朝綱，以御門聽政爲主要形式，全身心地投入到軍國事務處理中。這個「御門聽政」制度，一貫堅持，直到清末，才告結束。

二、怎樣聽政

康熙帝是怎樣御門聽政的呢？

一說御門聽政時間。

康熙帝御門聽政一般都安排在早晨，所以又稱「早朝」。無論酷暑寒冬，也無論風雪雷雨，康熙帝都堅持御門聽政，可謂「一歲之中，昧爽視朝，無有虛日。親斷萬機，披覽章奏」（《康熙起居注冊》康熙十六年十二月）。康熙朝規定：春、夏晝長夜短，在辰初刻（早七時）；秋、冬夜長晝短，在辰正刻（早八時）（《康熙起居注冊》康熙二十一年九月）。但也有例外。

爲了保證早朝，有些事在早朝前處理：如康熙帝需到太和殿視朝，接受文武升轉官員謝恩、各部族首領進貢行禮時，便先視朝，再御乾清門聽政。有些事在早朝後處理：如康熙二十五年（一六八六）七月二十七日，康熙帝早朝後，賜荷蘭國王蟒緞六十六匹、銀三百兩，賜荷蘭正使賓先吧芝等蟒緞、銀兩。

御門聽政的時限，通常是一個時辰（兩小時），因事而變，或長或短。一般情況，一日一次。重要事情，一日數次。如康熙十八年（一六七九）七月京城大地震，當日早朝後，康熙帝於下午再次傳旨內閣、九卿、詹事、科、道等齊集乾清宮，面奉諭旨。遇特殊或緊急事務，也有下午、晚間御門聽政的，就是舉行臨時辦公會，或臨時碰頭會，但比較少。

■西苑瀛台

二說御門聽政地點。

御門聽政的地點不局限於乾清門，後來根據情況和季節變化，乾清宮西暖閣、懋勤殿、西苑（今中南海和北海）瀛台勤政殿，以及暢春園澹寧居等，也都分別成爲康熙帝御門聽政的場所。如康熙帝早年，每逢夏日，常避暑瀛台，因而就改在瀛台勤政殿聽政。康熙二十六年（一六八七）以後，康熙帝常駐暢春園，因此，這裡也就成了他的一個主要聽政地點。他到承德避暑山莊，或到木蘭圍場，聽政地點也就設在那裡。後來雍正帝聽政常在圓明園正大光明殿，乾隆帝聽政常在皇宮養心殿，慈禧太后垂簾聽政常在養心殿東暖閣、西苑儀鸞殿、頤和園仁壽殿等。

三說御門聽政官員。

哪些官員參加御門聽政呢？一般是大學士、學士，六部九卿——吏、戶、禮、兵、刑、工六部尚書，加上都察院左都御史、通政使和大理寺卿，還有詹事、科、道等，以及相關的官員，起居注官負責做紀錄。滿、漢官員，除有事故者外，凡御門聽政有啓奏事宜，都要一同啓奏。每天早上辰時，大學士、六部九卿等官員，都要趕到聽政之處，將本部日常事務上奏皇帝。不參加御門聽政的各部官員分爲兩類：第一類，凡不能參加御門聽政的官員，也要每日黎明，齊集午門前，待啓奏畢同散。第二類，都察院堂官等監察官員，沒有常奏事宜的，也都要每日黎明齊集午門，巡查滿、漢官員中有怠惰規避者，立即題參。

聽政內容主要是：吏部官員升轉謫降、戶部田賦錢糧、禮部典儀封爵、刑部處理大案要

■紫禁城午門

案等。有些奏報康熙帝當時做出決定，責令有關部門執行。遇到重要問題，康熙帝要詳細詢問細節，徵求各方意見，或再做調查，或再做議決。如康熙四十五年（一七〇六）十月初一日，爲拿獲販賣新制大錢人犯一案，刑部侍郎魯瑚與九門提督陶和氣發生爭執，在康熙帝聽政時面奏請旨。康熙帝讓兩人各述理由——魯瑚奏：買錢爲用，並非販賣；陶和氣奏：買錢藏在大簍裡，進行販賣。康熙帝派人到宿店查驗，陶奏屬實。康熙帝批評刑部官員「眞爲悖謬」！魯瑚自感羞愧，免冠叩頭而出。

四說御門聽政過程。

御門聽政的決策過程，主要是五個字：奏、聽、議、決、行。官員的上奏，有口頭的，也有書面的。清制，「臣工奏事，公事用題，私事用奏。題本用印，奏本不用印」（秦國經，《明清檔案學》）。許多重要、複雜的事，各部要具本（請示報告）奏上，待面奏完畢，由大學士們處理。其他如九卿、詹事、科、道、三法司等官吏，有時也參加聽政時的面奏。他們有時爲各自的重要事情面奏，更多的是準備回答皇帝的有關詢問，或奉皇帝的旨意一起商討有關政務。每逢有吏部或九卿推薦官吏，他讓大學士們充分發表意見，以決定去取，有時無法決定，便令下次再議。以順天府府尹人選的題補爲例，《康熙起居注冊》記載：

大學士、學士隨捧摺本面奏請旨：爲吏部題補順天府尹員缺事，正擬太僕寺正卿王繼禎，陪擬左通政張吉午。上曰：「王繼禎無足論，張吉午爲人何如？」大學士明珠奏曰：「張吉午以前一應條奏事宜皆無關係，其人亦無才幹。」上曰：「府尹職任緊要，事雖不多，但在京師內地，甚有礙手之處。爾等可有素知堪用之人否？爾等擬妥，再行啓奏。」（《康熙起居注冊》康熙二十年五月二十一日）

第二天，再御門聽政。

大學士、學士隨捧摺本面奏請旨：爲吏部題補順天府府尹事。上曰：「爾等所議若何？」大學士明珠奏曰：「臣等公議熊一瀟、徐旭齡俱優，皆屬可用。」又漢大學士等言：「熊一瀟爲人厚重，徐旭齡係敏捷堪用之人。」上曰：「熊一瀟著補授順天府府尹。」（《康熙起居注冊》康熙二十年五月二十二日）

吏部以張吉午（漢軍鑲藍旗）任順天府府尹之題擬，被大學士明珠奏阻。熊一瀟（江西南昌人，進士出身）被欽定爲順天府府尹。

御門聽政，乾隆帝詩云：「每看背本省郎難，臨軒降旨惟清語。」（《日下舊聞考》卷一三）就是說，內閣學士跪著背誦摺本，皇帝降旨則坐著講滿語。

■康熙朝滿文奏摺

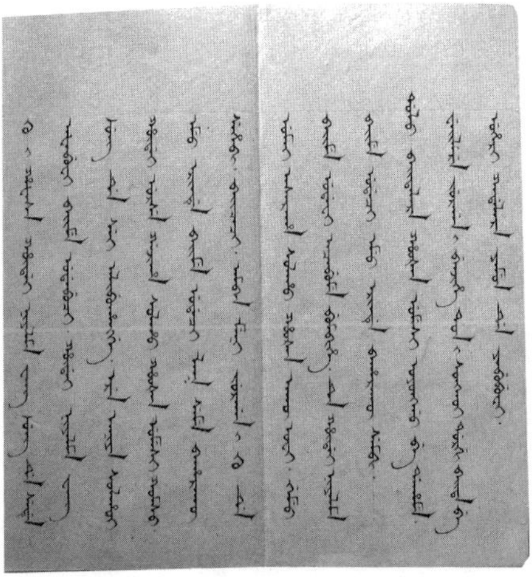

五說御門聽政態度。

康熙帝御門聽政時態度勤愼。他告誡大臣：凡有上諭，一字未妥，必行改正，不要放過。有的大臣敢於同他爭論。他對這種「執拗」大臣，十分讚許。他對大臣們說，你們都是議政大臣，應該各抒己見，直言無諱，即使有小差錯，我不會加罪於你們。一次，他發現自己批閱奏章出現兩處差錯，就對大學士們說，你們拆封，見到錯誤就應指出來。你們指出我的錯誤，我只會高興，不會責備你們。像漢朝那樣，一見災異，就殺大臣，眞是荒謬！

御門聽政時，皇帝與大臣面對面地交談，了解下情。如翰林院掌院學士（院長）、禮部侍郎熊賜履（湖北孝感人）探親回京，康熙帝問：「爾母病痊否？」熊答：「母病稍痊。」又問：「百姓如何？」熊答：「臣鄉自西山用兵之後，繼以水旱頻仍，昨年荒旱更甚，顆粒無收，道殣相望，臣所目擊。」（《康熙起居注冊》康熙十一年四月初一日）臣子說了眞話，君王得以了解眞情。

一次，大學士郭棻上朝緘默不語，康熙帝對此批評道，國家任用你，就要你對國家有益，你既然任大學士之職，遇事就應秉公盡言，說得對當然好，說得不對又怕什麼？像你們這樣隨聲附和，對國家又有什麼用呢！

康熙帝認爲，君臣之間，重在相互溝通。他同大學士馬齊等有一段對話：

康熙帝問：「往代之君，不接見諸臣，故諸臣亦不得見其君，君臣之意何以通達？」

馬齊回答：「明之列辟，不接見諸臣，即見，亦俱不能言。」

康熙帝慨歎道：「爲人君者，若不面見諸臣，則政何以理耶！」（《康熙起居注冊》康熙四十五年十一月初八日）

康熙帝晚年，曾經說道：「爲君之道，要在安靜。不必矜奇立異，亦不可徒爲誇大之言。」（《康熙起居注冊》康熙五十六年十一月二十六日）就是不要說空話，也不要說大話。康熙帝創設的御門聽政制度，有什麼寶貴歷史經驗，值得後人借鑑呢？

三、歷史啓示

康熙帝可貴之處，在於既能汲取明朝滅亡的教訓，又能繼承清初優良的傳統，加以總結，將御門聽政定成制度，親做表率，以傳久遠。
其歷史啓示主要有三點：

第一、皇帝親自主持。

御門聽政由康熙帝親自主持。無論是在皇宮還是在行宮，也無論是在禁城還是在御苑，凡是御門聽政會議，一概由康熙皇帝親自主持，大權親操，不假他人。康熙帝在京期間，每天未明著衣，辨色視朝，勤於政務，孜孜不倦。御門聽政，堅持不輟，外出巡幸，舟車鞍馬，勞頓之餘，處理政務。康熙帝出巡期間，各部院將奏章集中送到內閣，由內閣遣使轉呈。若駐蹕南苑，一日彙送一次，或隔日彙送一次；若遠行外地，則三日彙送一次，遞呈到行宮。如康熙二十三年（一六八四）

■御門聽政時使用的暖硯

康熙帝第一次南巡時，駐蹕山東沂州大石橋行宮，坐待二鼓，等候奏章，遲遲未到。他說：「朕凡在巡幸之處，奏到隨即聽覽，未嘗一有稽留。」是夜四鼓，本章遞到，即起詳覽，直到微曙（《清聖祖實錄》卷一一七）。康熙四十五年六月，他率皇太子、諸皇子北巡，經常於辰時御行宮，與扈從大臣一起，處理吏部、禮部、刑部等部門遞奏的摺本。「大臣每日召對，隨帝王行在，各御園坐落，以及拈香廟宇中，皆從之。」（《道咸以來朝野雜記》）若清晨出門巡遊騎射，便安排在下午或晚間聽政。外出回京，次日一早，便御乾清門聽政。他三次東巡，六次西巡，六次南巡，也都是這樣做的。

康熙帝生病期間，暫停御門聽政，而各部院官員，都到宮門外請安；這令康熙帝十分感動。他對部院大臣們說：「君臣誼均一體，分勢雖懸，而情意不隔。安危休戚，無不可相告語者。堂陛之義，固宜如是也。」（《清聖祖實錄》卷八七）就是說君臣雖然懸隔，但情誼相連，彼此之間，無話不說，理應如此。

第二、六部九卿集議。

在御門聽政時，奏、聽、議、決、行五個環節聯通，部院大臣們集思廣益，時有詰難，偶有批評，慎重決斷。如京口（今江蘇省鎮江市）將軍馬三奇受到誣陷。在御門聽政時，康熙帝說：這件事的起因，是馬三奇與周起渭不和，周起渭上下串通，進行陷害。朕先已得到大學士李光地等的奏報，又派新任將軍何天培秘密訪察，逐條核查，確無其事，屬於冤枉。康熙帝利用御門聽政，避免公文行走，面對面地交流，協調意見，做出決定。

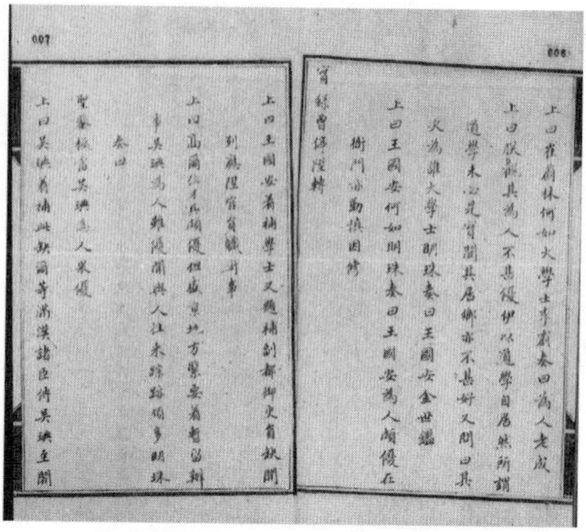
■《康熙起居注冊》有關御門聽政內容的記載

康熙帝說：「朕自幼喜讀性理。性理一書，千言萬語，不外一『敬』字。人君治天下，但能居敬，終身行之足矣。」（《康熙起居注冊》康熙五十六年十一月二十六日）主敬之意，惟在謹慎。康熙帝理政，敬謹從事：「一事不謹，即貽四海之憂；一時不謹，即貽千百世之患。」（《清聖祖實錄》卷二七五）就是說，事事、時時都要謹慎。每天各部院官員啓奏完畢陸續退下後，他們留在案上的奏章被內閣的侍讀學士取走，接著便由另一位侍讀學士捧來當時需要大學士、學士們面奏的本章（也叫做摺本）。摺本是康熙帝事先選出，需要與大學士、學士等商酌的重要奏疏。這些奏疏大多經學士們擬出「票簽」，就是擬寫批示的草稿。御門聽政處理的摺本，皇帝與大學士們一起切磋「票簽」的內容。經過商議和修改，最後確定，由康熙帝用硃筆批出。如康熙五十四年（一七一五）二月二十六日，皇帝與大學士溫達、松柱等先後議論時政，處理摺本有十九件之多。其中，荊州等府請將苗、瑤人考試時增加一二個名額，初議不准。康熙帝同大臣討論後指出：「苗、瑤於額外取進一二人，其事甚爲有益，亦著准行。」於是當地苗、瑤在考試中，就增加一二個名額。

第三、堅持始終如一。

康熙帝從康熙六年（一六六七）親政之日起，到康熙六十一年（一七二二）病逝之前，長達五十五年，除因三大節（正旦、冬至、萬壽）、重大祭日、宮中變故（如喪葬）、病臥不起等情況暫停御門聽政外，寒暑不輟，堅持不懈，始終如一。朝中大臣請康熙帝「五日一聽政」，以「休養聖躬」，但康熙帝不同意（《康熙起居注冊》康熙二十三年十二月）。一件事情，堅持一兩年並不難，但數十年持之以恆，確實不易。像康熙帝這樣將御門聽政定爲常制，一以貫之，在中國皇朝史上是空前的。後來乾隆帝說：「本朝家法，日接廷臣，宮中行在，蓋無間時。」（《日下舊聞考》卷一三）御門聽政是康熙帝留下的一筆寶貴的制度財富。

怎樣看待康熙帝的御門聽政呢？

從縱向說，這是在中國兩千年帝制社會朝廷行政管理基礎上，對中央政府管理體制進行改革，確立的一項更爲健全、更爲完善的制度。它是防止外戚、宦官、佞臣、宗室、後宮專權的一項重大舉措。其創新之處在於，朝廷會議由皇帝親自主持，堅持每日舉行，六部九卿等官員參與，君臣共議，商決裁斷等，加以制度化、經常化。其後在清代八位皇帝近兩百年間，雖形式有所變通（如雍正時加入軍機大臣），但其制沒有改變。這是清代最高統治集團比較穩定，中央政局比較穩定，社會也比較穩定的一項制度性保障。

從橫向說，康熙二十七年（一六八八），英國發生「光榮革命」——實行議會與國王共同統治，走向君主立憲制。世界已經在湧動民主的暗潮。康熙帝的改革只是強化君主專制，而沒有鬆動君主專制。其子雍正、孫乾隆等諸帝都沿著君主專制的「祖制」、「家法」走下去，最終滑向黑暗的深淵。

康熙帝御門聽政的一項大政，就是撤藩平叛。

chapter 06 第陸講

削平三藩

一個人做大事，要有三種境界：
初始應臨機決斷，過程要統籌兼顧，
結局貴榮辱不驚。
康熙帝在八年撤藩平叛戰爭中，
正是這樣做的。

康熙十二年（一六七三），康熙大帝虛歲二十歲。此時，他遇到人生第一次大的挑戰與考驗，也是他的祖父、叔祖父和父親留下的，已經積累了三十年的歷史包袱——「三藩」問題。康熙帝在處理這個問題上表現出一位傑出政治家的素質。

康熙帝與吳三桂，八年之間，半個中國，進行了一場大博弈——一方是二十歲未經戰陣的康熙帝，另一方是六十二歲身經百戰的吳三桂。康熙帝身處博弈的三局是：變局，勇敢、堅定；危局，氣靜、鎮定；勝局，謙虛、淡定。吳三桂則相反，在松錦大戰的變局中逃跑，在明朝敗亡的危局中投降，在殺永曆帝的勝局中驕縱。康熙帝與吳三桂博弈的結局是一勝一敗。

我講康熙帝「平定三藩之亂」，分作三個部分：一、面臨變局，堅定；二、身處危局，鎮定；三、獲得勝局，淡定。

一、
變局堅定

「撤藩」是不是必須做出的決定，不撤藩會怎樣，處理不好撤藩問題又會引發怎樣的連鎖事件？這既是擺在康熙帝面前的現實問題，也是後代研究者不斷爭論的學術問題，更是今天的讀者希望了解的焦點問題。

三藩緣起

康熙帝的祖父皇太極的時候，明朝有三個漢官投降，就是：孔有德、耿仲明、尚可喜。他們原來是毛文龍的部下。我在《明亡清興六十年》裡講過，袁崇煥殺了毛文龍之後，他自己卻被崇禎帝給殺了。毛文龍的部下孔有德、耿仲明、尚可喜幾經波折，投降了皇太極。皇太極十分高興，於崇德元年（一六三六）封孔有德爲恭順王、耿仲明爲懷順王、尚可喜爲智順王，習稱「三順王」。順治元年（一六四四）吳三桂又在山海關投降了多爾袞，被封爲平西王。這就出現了清初漢人被封的

■尚可喜像

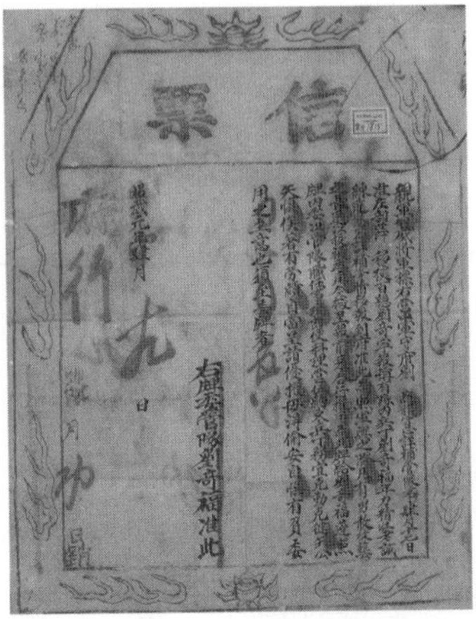

■吳三桂頒發的信票

「四王」。這「四王」的軍隊，沒有編入八旗，還由他們統領，相對獨立。清順治帝遷都北京後，他們在配合八旗軍平息南明與農民軍抗清鬥爭中，爲清朝立下了功勞，同時也擴張了實力。其中，孔有德鎮守桂林，於順治九年七月，城陷自殺。他的女兒孔四貞被孝莊太后收爲養女。於是，上述「四王」就剩下「三王」。中原逐漸統一後，雲南、廣東、福建尚需鎮守。早在順治十一年，就是玄燁出生這一年，開始封建三藩。後經過幾次調整，到順治十七年（一六六〇）形成「三藩」的格局：平西王吳三桂鎮守雲南、平南王尚可喜鎮守廣東、靖南王耿繼茂（仲明之子）鎮守福建。孔四貞嫁給廣西將軍孫延齡。到康熙元年（一六六二），吳三桂以進軍緬甸、擒獲永曆帝而晉封爲平西親王，並授其兼管貴州的權力。

吳三桂等在幫助清朝平定天下的過程中發揮了作用，但在封藩之後，卻權勢日張，擁兵自重，逐漸成爲占據要地的三個地方割據勢力。三藩在自己的獨立王國裡，設立稅卡，私行鑄錢，圈占土地，掠賣人口。平西王吳三桂還在雲、貴自行選派官員，稱爲「西選」。這種「國內之國」與統一大王朝的矛盾是根本性的，衝突不可避免。

三藩禍害

早在順治朝，爭戰連年不息，軍費開支浩大，財政多用於兵餉，每年常入不敷出。以順治十七

■吳三桂像

年爲例，國家正賦收入銀二五六六萬餘兩，而雲南一省就要耗銀九百多萬兩。所以說：「天下財賦，半耗於三藩。」（《聖武記》卷二）

這種兵火不斷、戰爭連綿的局面，從某種意義上說，是三藩有意爲之。以吳三桂爲例：據說，經略洪承疇要離開雲南時，吳三桂請求訓示，洪答：「不可使滇一日無事也！」（《庭聞錄》卷三）什麼意思呢？就是告訴吳三桂，不能讓戰爭和動亂止息，這樣朝廷就離不開你。吳三桂「頓首受教」，照此方針，不斷地構邊釁、請糧餉、作威福。

有學者這樣概括吳三桂的爲人：倨功而倚勢擅權，恃寵而構陷異己，貪婪而厚自封殖，驕狂而窮奢極欲，縱欲而佳麗三千，結黨而揮金如土（劉鳳雲，《吳三桂傳》）。舉個例子。吳三桂在昆明興建王宮：「紅亭碧沼，曲折依泉，傑閣豐堂，參差因岫，冠以巍闕，繚以雕牆，袤廣數十里。」（鈕琇，《觚賸》卷四〈圓圓〉）他爲陳圓圓修建「野園」，奇花異木，不下千種，如神女花，一天能變六色──子丑爲白色，寅卯爲綠色，辰巳爲黃色，午未爲紅色，申酉爲橙色，戌亥爲紫色。吳三桂還修建「金殿」（今昆明金殿）。有人說半個昆明成了吳三桂的私家花園。吳三桂通音律、喜歌舞，王府養著戲班，藏著佳麗三千。「三桂在滇中奢侈無度，後宮之選不下千人。」（《清朝野史大觀》卷三）有人對吳三桂的跋扈十分不滿，曾譏諷道：

金剛本是一團泥，張拳鼓掌把人欺。
你說你是硬漢子，你敢同我洗澡去！（《履園叢話》卷一）

清廷對待三藩採取籠絡策略，公主下嫁，加以安撫。吳三桂子應熊尚皇太極第十四女、順治帝之妹和碩恪純長公主，爲額駙，賜府第，居京師。尚氏的之隆、之孝，耿氏的昭忠、聚忠，也都爲額駙。這樣一來，出現了一個清廷原先沒有料到的結果，朝廷中的機要信息，很快便傳到三藩。而且，三藩之間也相互聯姻，彼此利害，連結一起。

決策撤藩

吳三桂等三藩，尾大不掉，已成贅瘤，爲朝廷的一大禍患。康熙帝親政後，「以三藩及河務、漕運爲三大事，夙夜廑念，曾書而懸之於宮中柱上」（《清聖祖實錄》卷一五四）。康熙帝認爲：「天下大權，當統於一。」他擒拿鰲拜，解決了中央主弱臣強的問題，接下來必然首先考慮的就是解決三藩割據、尾大不掉的問題。

康熙十二年（一六七三）三月，尚可喜因家庭內部矛盾，上疏請求回歸遼東海城養老，將王爵交給兒子之信承襲。康熙帝接到奏疏後，認爲時機已到，順水推舟，加以批准。接著吳三桂和耿精忠（仲明孫、繼茂子）也言不由衷地提出同樣的請求，以試探朝廷的意向。

吳三桂和耿精忠的疏請，引起朝廷的爭論。在朝廷會議撤藩時，以大學士索額圖爲首的大部分官員，因懾於吳三桂等的聲勢，主張妥協，維持原狀。但兵部尚書明珠、戶部尚書米思翰、刑部尚書莫洛等少數官員則主張藉機下令撤藩。總之，朝廷會議上，「云不可撤者甚多，云可撤者甚少」。二十歲的玄燁，此時力排衆議，決意撤藩，強化皇權。他認爲：「三桂等蓄謀久，不早除之，將養癰成患。今日撤亦反，不撤亦反，不若先發。」於是，康熙帝下令撤藩！

二、危局鎮定

康熙帝派侍郎折爾肯往雲南、尚書梁清標往廣東、侍郎陳一炳往福建宣布撤藩令。此令一下，吳三桂、耿精忠愕然，舉旗反清。

■尚之信像

嚴峻形勢

吳三桂於同年十一月扣留欽差大臣折爾肯，殺巡撫朱國治，自稱「天下都招討兵馬大元帥」，起兵反叛。吳軍很快由雲南，出貴州，略湖南，攻四川，僅三個月，連陷長沙、衡州（今衡陽）、岳州（今岳陽），數月之間，六省幾陷。福建的耿精忠起兵響應，廣東的尚之信也挾其父尚可喜起兵附叛。與此同時，一些同三藩有密切關係的漢族將領也起兵響應——將軍孫延齡首應於廣西，提督王輔臣激變於陝西。戰火燃燒到西南的雲南、貴州、四川，南方的廣東、廣西、湖南，東南的福建、江西、浙江，西北的甘肅、陝西、寧夏，涉及今行政區劃的十六個省、市、區。當時形勢，十分險惡，「東南西北，在在鼎沸」，叛報頻傳，舉朝震動。在北方，蒙古林丹汗之孫布爾尼額駙反叛；漢人自稱「朱三太子」（崇禎帝之子）的楊起隆，頭纏白布，身束紅帶，在京師舉火起事，鬧得城門關閉，百姓極度恐慌；鄭經策應於臺灣，福建、浙江、江西、安徽告急。其時，有學者統計：除三個藩王外，有將軍一人、總督一人、巡撫五人、提督八人、總兵二十餘人參加叛亂（劉鳳雲，《吳三桂傳》）。

在這種嚴峻形勢下，原來主張不可撤藩的大學士索額圖、戶部侍郎魏象樞等，提出要處斬主張撤藩的大臣，同三藩講和。京師不少官員甚至把家眷送歸原籍。外有三藩起兵反叛，內有廷臣分歧意見；而且，先後發生京師大地震，火燒太和殿，康熙帝愛后赫舍里氏也崩逝。朝裡與朝外，外叛與內變，雷火與地震，天災與人禍，眞是內外交困，四方鼎沸，形勢險惡，局面嚴峻。王思治先生說：「清王朝面臨生死存亡的挑戰。」（《清朝通史・康熙朝導言》）一個二十幾歲的年輕皇帝，遇到了社稷存亡、江山絕續的大難題。在極度困難的局勢面前，康熙帝怎麼辦？

事大氣靜

臨大事，有靜氣。青年天子玄燁，在三藩亂起的危殆之時，持心鎮定，氣靜不慌。大學士索額

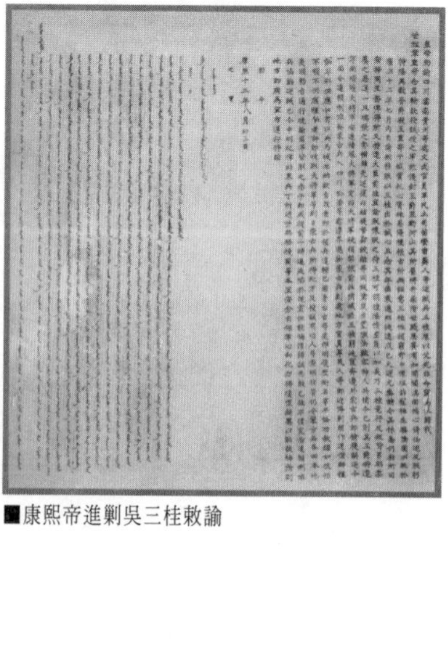
■康熙帝進剿吳三桂敕諭

圖提議殺主張撤藩的大臣，向吳三桂謝罪。康熙帝明確表示：撤藩出自朕意，他們何罪之有？這就堅定了主張平叛大臣的決心。

他下詔：削奪吳三桂的官爵，公布其罪狀。不久又將留居京師的吳三桂之子應熊、孫世霖等逮捕處死。消息傳到吳軍，吳三桂正在吃飯，聞訊大驚。康熙帝後來說：「吳三桂輕朕，謂乳臭未脫，及聞驛報神速，機謀遠略，乃仰天歎曰：『休矣！』」後西藏五世達賴喇嘛爲吳三桂說情，請求朝廷裂土罷兵，劃江爲界，遭到康熙帝的堅決駁斥。他爲了安定驚恐的軍心，慌亂的民心，每日遊景山，觀騎射，示暇豫。有人投帖，進行諷諫。康熙帝看後，置若罔聞。事後他說：「當時朕若稍有疑懼之意，則人心動搖，或致意外，未可知也！」他的堅定決心和平靜心態，對於穩定大局和安定人心，起了很大作用。

精心指揮

這場戰爭對清朝來說，是決定生死之戰。因爲：仗打敗了，要退到關外，曾祖、祖父、父親三代人爭得的中原基業將化爲烏有；仗打平了，以長江劃界，重演遼、金半壁山河局面；仗打贏了，鞏固清朝江山、開創一代盛世。因此，清廷決定平叛，太皇太后拿出私房錢犒軍，康熙帝要親征（被衆臣力諫阻止）。

康熙帝對這場戰爭精心籌劃，鎮定指揮。他的部署是：

■「（耿）精忠」印

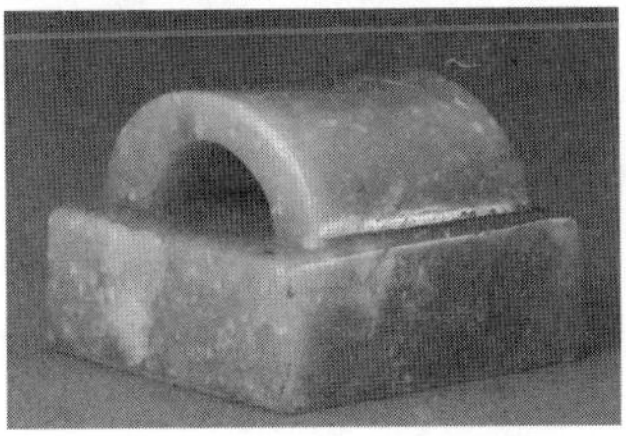

首先、分清主次，打擊重點。下詔停撤耿、尚兩藩，以孤立吳三桂。針對主要敵人吳三桂，殺其子、額駙吳應熊，集中兵力，重點打擊。康熙帝將軍隊的主力部署在中線即湖南前線，而將次要兵力部署在左翼的浙江、江西、福建一線，右翼的陝西、甘肅、四川一線。

其次、剿撫並用，政策寬大。宣布對於散處各地的吳三桂舊部，凡不參加叛亂者，一律寬宥不究；對殺死大學士、經略、尚書莫洛的陝西提督王輔臣，也極力爭取。派王輔臣之子王繼貞前往，告訴他不咎既往，反正之後，官仍原職。王投降後，還封他爲靖寇將軍，後在西苑瀛台賜宴、賞賜，表示不食言。尚之信反正後，命復其爵，令擊鄭經。尚之信、耿精忠反正，吳三桂更加孤立。吳三桂部將林興珠降清，封建義侯，回師敗三桂水師於洞庭湖君山。

第三、漢官漢兵，加以重用。他重用漢族官兵，特別是綠營官兵。在前方作戰中，滿洲八旗軍官腐敗，將領貪婪，兵士怕死。康熙帝採取了一項重大的決策，就是大膽起用漢將漢兵，如將張勇、王進寶、趙良棟、孫思克等封爲將軍、提督、侯爵等。

第四、懲治滿官，嚴肅軍紀。對於作戰不力的滿洲官員嚴肅處理，如將順承郡王、寧南靖寇大將軍勒爾錦，革去王爵，籍沒家產，加以圈禁；尚書察尼、鎮國公蘭布（敬謹親王尼堪之子，襲親王爵，後降鎮國公）、覺羅貝勒朱滿（守岳州）等，受到鞭責、革職、抄家等不同處分。簡親王喇布以行軍失律，奪爵。

第五、親自部署，親自指揮。康熙帝每日接軍報多達三、四百疏，手批口諭，調兵遣將，甚至深夜三更，坐待軍書。其心情是：「午夜迢迢刻漏長，每思戰士幾回腸。海東波浪何年靖，日望軍書奏凱章。」果然，凱書奏捷。

羽書告捷

康熙帝指揮平叛，運籌帷幄，精心謀劃。他對各戰場的指揮方略，常常先命前方將領、督撫提出意見，再命議政王大臣或九卿會議具奏。對一些重大戰役的指揮，他命前線主帥繪製敵我雙方軍事形勢圖進呈，經過反覆研究，決定作戰方略。時滿洲八旗，銳氣大減，官驕兵惰，攻城陷陣，或遷延不前，或不堪苦戰。他重用綠營，主攻湖南，東翼浙、閩，西翼陝、甘，剿撫並用，進取四川，終占雲南。

康熙十七年（一六七八）三月初一日，吳三桂在衡州稱帝，國號大周，年號昭武。來不及建造宮殿，將房瓦用油漆塗成黃色，結席場爲朝賀之地。儀式剛剛舉行，「舞蹈未畢，大風忽起，席場捲入雲中，俄而驟雨如注，逆黨草草卒事，識者早知其不可終矣！」（《平西王吳三桂傳》）吳三桂這一

■吳三桂稱帝後鑄行的「昭武通寶」錢

舉動，宣告了自己爲明朝復仇純屬謊言，暴露了狂妄的個人野心。同年八月十七日，吳三桂暴死，其孫世璠繼位。但大勢已去，衆叛親離。

康熙二十年（一六八一）十月二十八日，清軍進入雲南昆明。世璠自殺，傳首北京。吳三桂被掘墳析骸，刨棺戮屍。吳三桂的子孫也被斬盡殺絕。捷書傳到北京，康熙帝作《滇平》詩紀念：

> 洱海昆池道路難，捷書夜半到長安。
> 未矜干羽三苗格，乍喜征輸六詔寬。
> 天末遠收金馬隘，軍中新解鐵衣寒。
> 回思幾載焦勞意，此日方同萬國歡。（《康熙詩詞集注》）

吳三桂這個人，我在這裡不對他做全面評價，就人品而言，僅著重指出：明清松錦大戰身爲寧遠總兵而率先逃跑的是他，背明朝降李自成的是他，叛李自成降清朝的是他，勒死南明永曆帝的是他，身爲清平西王而起兵叛清的也是他！吳三桂一生有「三叛」——一叛明朝投降李自成，二叛李自成投降清朝，三叛清朝起兵反亂，反覆無常，孑孓小人。吳三桂與我下一節要講的清初江南士人，如黃宗羲、顧炎武、王夫之，以及山西傅山等，其人品，

■陳圓圓像

其氣節，龍蟻之分，天壤之別。

清朝人劉健在《庭聞錄》中講了一個故事：吳三桂在遼東的祖塋，風水「一脈三斷節」。吳氏一門除吳三桂以疾而終外，都死於非命，吳三桂落得斷子絕孫的悲劇結局。這當然是巧合。但吳三桂「一人三叛」，出爾反爾，毫無氣節，貳臣叛臣，兼而有之。吳三桂氣節之大虧，越千年而為人不齒。

很多人關心吳三桂死後陳圓圓的下場，所以這裡稍帶作一介紹。

圓圓疑案　吳三桂進京後，陳圓圓又到了吳三桂的家。吳三桂鎮守雲南，陳圓圓也在雲南。關於陳圓圓的結局，文獻、筆記有五種說法：

其一、**入為官婢說**。就是歸了清朝平定吳三桂有功的將領，如「諸姬紅粉皆官婢」所說的。細想起來，圓圓如果在世，已經年邁多病，不會被收作姬妾。再一細想，清朝更不會給吳三桂留下紅顏，定會將她處死。這一說法，很靠不住。

其二、**城破老死說**。《庭聞錄》記載：「城破，圓圓老死。」當時的政治氣候，不會讓陳圓圓自然老死的。

其三、**城陷自縊說**。《平吳錄》記載：「桂妻張氏前死，陳沅（圓）及偽后郭氏俱自縊。一云陳沅不食而死。」還有別的書也說陳圓圓自縊身亡。

其四、**出家為尼說**。《吳逆始末記》記載：「當吳逆將叛，圓圓以齒暮乞為女道士，於宏覺寺玉林大師座下薙度，法名寂靜。」還說她死於康熙十六年（一六七七），年八十。有學者對上述陳圓圓死的時間和年齡提出疑問。根據很簡單：吳三桂死於康熙十七年（一六七八），年六十七歲。陳圓圓比吳三桂大十四歲，根本是不可能的。

其五、爲尼病死說。認爲陳圓圓先出家，在吳三桂敗死前已病死。持這種說法的學者比較多。

總之，陳圓圓後來的身世、結果，史料不足，難以定論，只存疑案。

康熙帝經過八年的艱苦奮戰，平定三藩之亂，取得完全勝利。這裡，有什麼歷史經驗值得思考呢？

三、勝局淡定

康熙二十年十二月己亥（二十日），康熙帝在太和殿舉行大典，「宣捷中外」。平叛取得勝利，有幾點值得思考：

■《平定三逆方略》書影

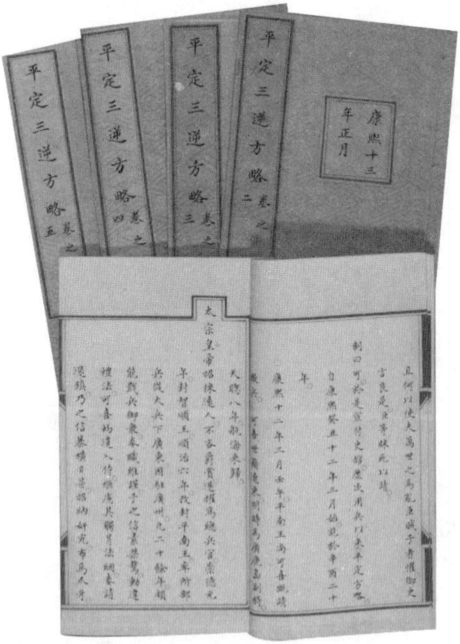

不留後患

康熙帝從三藩事件中認識到：不應保留三藩，應當撤除，加強集權。三藩的失敗，使中原某些人推翻清朝的幻想徹底破滅，清朝的統治更加鞏固。昆明收復後，康熙帝對於反正的福建耿精忠、廣東尙之信，採取措施：將耿精忠誘到北京，加以逮捕，後凌遲處死，其子斬首；部將中的骨幹分別作了處理，撤銷福建耿藩。對尙之信，康熙帝派人前往廣東，秘密擒拿。尙之信自殺（一說賜死），其弟之節等處死，家口還京師。康熙帝又命在昆明、廣州、福州、荊州等地設八旗駐防，派將軍、都統等鎮守。

事定反思

康熙帝經過八年平叛戰爭，取得削平三藩的勝利。但是，有學者提出：平定三藩之亂的戰爭也許可以避免，譬如說，康熙帝採取分化瓦解、區別對待的策略。就是先撤尙可喜一藩，穩住吳、耿兩藩；然後，再撤耿氏一藩，穩住吳三桂；最後，撤吳三桂，如果反叛，舉兵滅之。康熙帝年輕，血氣方剛，思慮不周。這種意見，屬於事後諸葛亮。

應當看到，三藩已經坐大，並形成既得利益集團，其利益不容任何人侵犯，很難加以控制。康熙帝看清了鐵一樣的事實：「三桂等蓄謀久，不早除之，將養癰成患。今日撤亦反，不撤亦反，不若先發。」

但是，從策略學考慮：康熙帝的撤藩，的確可以有多種選擇。不管哪種選擇，結果會是如何，卻不可預料。

不上尊號

康熙帝取得平定三藩的完全勝利之後，舉國上下，一片歡騰。這時，群臣請上尊號。什麼叫「上尊號」呢？就是給康熙大帝尊加榮譽稱號。康熙帝如何對待呢？四個字：嚴辭拒絕！他說：「自逆賊倡亂，荸民響應，師旅疲於徵調，閭閻敝於轉輸。加以水旱頻仍，災異疊見。此皆朕躬不德所致。賴宗社之靈，削平庶孽。方當登進賢良，與民休息，而乃侈然自足，爲無謂之潤色，能勿恧乎！其勿行！」（《清史稿》卷六〈聖祖本紀一〉）他自責道：三藩之亂緣起，皆因朕德之薄。而經過八年戰火，生民塗炭，更應該務實，切戒虛名。所以，上尊號一事，斷不可行！不久，蒙古王、貝勒也請上尊號，仍不許。後來乾隆帝御書〈弘德殿銘〉，其中有句：「求全之毀，吉德也；不虞之譽，凶德也。」就是說，逆言爲吉，諛言爲凶——這是一條樸素的眞理。總之，康熙帝拒絕臣民給自己上尊號，這表現出一位帝王謙尊而光的品格。

他後來自述平生說：「八齡踐祚，迄今五十七年，從不許人言禎符瑞應，如史冊所載景星、慶雲、麟鳳、芝草之賀，及焚珠玉於殿前，天書降於承天。此皆虛文，朕所不敢。惟日用平常，以實心行實政而已。」（《清聖祖實錄》卷二七五）

康熙帝的自述，應該算是實事求是。作爲一個封建帝王，有這樣的見識，並且終身行之，實屬不易。這與康熙帝善於學習各種文化，善於借鑒歷史上的經驗教訓分不開。除了以武力平定軍事反叛外，康熙帝還執行了較好的文化政策，使得一大批漢族知識分子對清朝統治的態度，由對立到認同。

chapter 07

第柒講

收攬士心

「治天下在得民心，士爲秀民，士心得，則民心得矣！」
（《清史列傳》卷五〈范文程〉）
士爲四民之首，要治天下，在得民眾之心，在得士人之心，尤在得名士之心。

■康熙帝便服像

上一講我講了「削平三藩」。吳三桂等三藩發動叛亂，並不孤立，數月之間，江南烽火，燃及九省。部分綠營官兵投靠「三藩」，還有眾多漢族士子——或內心嚮往，或待機而動。這說明，自努爾哈赤明萬曆十一年（一五八三）建州起兵，到康熙十二年（一六七三）吳三桂反叛，整九十年，康熙帝之前的「三祖一宗」三代，雖已征服中原土地，卻未征服中原人心。康熙帝看到了這一點，因此，在平定「三藩之亂」的過程中，他同時採用兩種手段：一是軍事手段，即弓馬騎射；一是文化手段，即儒家思想。康熙帝的目的，不僅要武力征服，而且要收攬民心，尤其是士人之心、名士之心。下分三目，加以介紹。

一、
一道難題

在中國歷史上，每當改朝換代時，總有一些人，尤其是士人，不願同新朝合作。伯夷、叔齊在周武王滅商後，隱居首陽山不食周粟而死，就是突出例子。

少數民族政權入主中原，更是如此。元朝初年，有的宋朝遺臣和文人應召做了新朝的官吏，內心卻矛盾、懷舊；有的以隱居表示不與新朝合作，又彷徨、苦悶。

清遷都北京後，既江山易主，又以夷制夏，再推行「剃髮、易服、圈地、占房、投充、捕逃」等「六大弊政」，中原地區漢人，特別是士人，內心深處，多不認同。於是，當時的士人分化爲三類：

第一類士人，投靠清朝。

例如馮銓（一五九五—一六七二年），今河北涿州人，十九歲中進士，其父被東林黨彈劾罷官，他隨同在家賦閑。天啓四年（一六二四）魏忠賢到涿州進香，馮銓跪在道旁，哭訴父親遭東林黨彈劾丟官事，被魏忠賢注意。馮銓很快被魏忠賢重用，官禮部尙書、文淵閣大學士。魏忠賢垮臺後，馮銓被罷官回家。崇禎自縊，順治入關，馮銓率先投靠清朝：「舉家男婦，皆效滿裝。」投靠新主，受到重用。他對多爾袞說：「一心可以事二主，二心不可侍一君。」多爾袞聽後很高興。馮銓降清後，官做到尙書、大學士。後來修清史，他被列爲「貳臣」（清朝官修「貳臣傳」，正傳一二〇人、附傳五人，共一二五人）。

第二類士人，反抗清朝。

例如張煌言（一六二〇—一六六四年），字蒼水，浙江鄞縣（今寧波）人，就是寫《建夷宮詞》影射孝莊太后下嫁多爾袞的那位先生。他和一些人在明亡之後，或者參加南明朝廷，或者舉旗武裝抗清。張煌言等後來退到舟山，進行海上抗清。最後失敗，到懸嶴（今懸山島）。僅餘數人，結草棚居。清浙江提督張傑探知其住處，派人化裝爲普陀和尙，深夜乘舟，突然潛入。張煌言被捕。在押解路上，有人以瓦礫寫詩，投向張煌言：「此行莫作黃冠想，靜聽先生正氣歌。」被押解到杭州後，清總督趙士麟勸降，答應給原官大司馬（兵部尙書）。張煌言正色答曰：「二十年前窮海孤臣，豈至今日忽改節耶！」康熙三年（一六六四）九月初七日，張煌言臨刑前作《絕命詩》云：「我生適五九，更逢九月七。大廈已不支，成仁萬事畢。」或作：「我年四十五，今朝九月七。含笑從文山，一死萬事畢！」葬於杭州岳飛墳、于謙墓之間，被譽為「西湖三傑」。

第三類士人，不予合作。

他們不降清、不抗清（或抗清失敗），也不與清合作，不參加科舉，不出仕做官。他們有諸多表現——或削髮為僧，如盧象晉，江蘇宜興人，明總督宣大山西軍務、督師盧象升（一六〇〇—一六三九年）之弟，拒不剃髮，入獄後被捆縛剃髮，釋放後為僧。或佯裝瘋癲，如歸莊（一六一三—一六七三年），江蘇崑山人，清初文學家，先改僧裝亡命，後在崑山祖墳旁建茅舍，從此裝瘋終生。或隱遁不出，如李顒（一六二七—一七〇五年），字中孚，號二曲，陝西盩厔（今周至）人，關中大儒；清廷請他出山，他以病為由，八次上書，誓不合作，「舁床至省，水漿不入」，絕食抗旨。或潛心著述，如傅山（一六〇七—一六八四年），字青主，山西太原人，明亡後，穿朱衣，居土穴，康熙帝舉博學鴻詞科時，被抬到京，拒不應試，又被送回，著書立說。

為使士人馴從，在士人精英的聚集地江南，清廷連續以「奏銷案」、「明史案」、「科場案」等進行打擊。這裡簡單介紹一下所謂「奏銷案」。其實就是以「拖欠錢糧」為名，將今江蘇蘇州、常州、松江、鎮江四府縉紳一三五〇〇多人，或革職、或鞭打、或枷號。如探花葉方藹家只欠一錢銀而被革職，遂有「探花不值一文錢」的民謠。

這種單純的打壓政策，不僅不能服眾，反而激起更大不滿。

其實，早在蒙元時，丘處機與成吉思汗就討論過類似的問題。道教全眞派首領丘處機，入穴居住，乞食度日，行攜一蓑，精心求道，稱長春眞人。蒙古太祖十七年（一二二二），丘處機在阿姆河畔營帳裡，會見了成吉思汗。成吉思汗和丘處機論道三日，並請他講授治國與長生之術。丘處機針對蒙古軍的屠殺和焚掠，講述治國和養生之道：「爲治之方，以敬天愛民爲本；長生之道，以清心寡欲爲要。」成吉思汗深爲讚許，賜號「神仙」，命他掌管天下道教。後成吉思汗命丘處機住持道觀太極宮（今北京西便門外白雲觀）。

這個故事又一次說明，要想做到對一個地區的眞正征服，單靠武力鎭壓不行，更關鍵的是要做到使人心悅誠服。

怎樣收攬民心？清初，大學士范文程諫言皇太極：「治天下在得民心，士爲秀民，士心得，則民心得矣！」（《清史列傳》卷五〈范文程〉）士爲「四民」（士農工商）之首，收攬了士心，也就等於收攬了民心。康熙帝深明此道，特別關注收攬士人之心，尤其是名士之心。反過來說，吳三桂叛亂沒有得到一位江南名士的支持，這是他失敗的原因之一。

面對士人不合作的情況，康熙帝採取了多種措施，我今天只講其中一種。

二、一項舉措

康熙帝爭取民衆之心、士人之心、名士之心的這項重要措施，就是開博學鴻詞科。什麼是博學鴻詞科呢？它與科舉考試又有什麼不同？

它始於唐玄宗開元年間，稱作「博學宏詞」。唐宋兩代，入此科者，人數很少。康熙十七年（一六七八）正月，康熙帝說：「自古一代之興，必有博學鴻儒，振起文運，闡發經史，潤色詞章，以備顧問著作之選。朕萬幾餘暇，游心文翰，思得博學之士，用資典學……凡有學行兼優、文詞卓越之士，不論已仕未仕，令在京三品以上，及科道官員，在外督撫布按，各舉所知，朕將親試錄用。」（《清聖祖實錄》卷七二）這就是清朝開博學鴻詞科的緣起。

清朝博學鴻詞科的特點：一是科試高端，雖是科舉取士的一種，卻在進士之上；二是嚴格靈活，不定期，規格高，標準嚴，錄取寬；三是薦考結合，規定在京三品以上、在外督撫等官員推薦，然後在京參加考試。經大學士李霨等官員薦舉，各地名流、學者等陸續到京，準備應試。因天氣寒冷，康熙帝將考試時間改為來年三月，並命從十一月起，每人給俸銀三兩、米三斗，直到考試結束為止，以使他們不為飢寒所擾，專心研讀詞賦。

康熙十八年（一六七九）三月初一日，被薦舉的一四三人，齊集太和殿，向康熙帝行三跪九叩禮，賜宴後，赴體仁閣應試。考試結束後，吏部收卷，翰林院總封，進呈給康熙帝。康熙帝在保和殿御試並宣布錄取博學鴻儒彭孫遹等五十人，其中一等二十名，二等三十名。江蘇被錄取最多，為二十三人；其次是浙江，為十三人。江浙兩省被錄取者占總數的百分之七十二。

在薦舉與考試過程中，有人在試卷中出現「清彝（夷）」字樣，觸犯了清廷忌諱；還有人如嚴繩孫（前明尚書嚴一鵬之孫），藉口眼睛不好而僅賦詩一首等，康熙帝則採取包容態度，加以錄取。對以年老體弱為藉口，拒絕參加考試而被遣回原籍的，像傅山等九人，也都賞給內閣中書舍人（七品）職。對於黃宗羲、顧炎武等大儒，雖被推薦，而不赴試，康熙帝亦加容忍。

這次博學鴻詞科取士，其政治與文化意義在於對人心的爭取。康熙帝透過此次考試，向天下人表明了他重視和優待漢族知識分子的態度，以及他尊儒重道的文化政策。他的寬大胸懷及關切士人的良苦用心，獲得漢族士大夫的好評。如黃宗羲所希望：「庶幾同學之士，共起講堂，以贊右文之治。」（黃宗羲，〈董在中墓誌銘〉）從而緩解了博學鴻儒與清朝對立的心結。明末清初三大思想家的態度說明了這一點。

顧炎武（一六一三—一六八二年），字寧人，號亭林，江蘇崑山人，著有《日知錄》、《天下郡國利病書》等。「天下興亡，匹夫有責」、「經世致用」是他的名言。他參加武裝抗清失敗後，弟弟遭殺害、生母被砍斷臂膀、嗣母立意絕食。他以「生無一錐土，常有四海心」的抱負，用兩馬兩騾馱著書卷北上遊學。他不接受康熙帝接見、不參加博學鴻詞科、不出來做官，說要是逼迫，就「以身殉之」。但顧炎武的弟子潘耒參加博學鴻儒考試，與修《明史》，他的三位外甥徐乾學（一甲三名）、徐秉義（一甲三名）、徐元文（一甲一名）參加科舉考試，稱「三鼎甲」，在朝做高官。他都給予理解與支持。

黃宗羲（一六一〇—一六九五年），浙江餘姚人，學問淵博，氣節高亢。這裡我講一個故事。黃宗羲的父親黃遵素，爲人正直，受閹黨陷害而死。崇禎帝登極後雖處死魏忠賢，但其爪牙許顯純等仍逍遙法外。黃宗羲持訴狀，攜鐵錐，到京上訴。崇禎帝命在刑部大堂審理許顯純等，讓黃宗羲出庭作證。在審訊中，黃宗羲突然撲向許顯純，掏出鐵錐，猛刺過去。後許顯純被正法。明亡清興，黃宗羲拒不出山。康熙帝舉行博學鴻詞科，他也不應試。康熙帝派總督、巡撫帶著重禮聘他修《明史》，他以年老推辭，沒有到北京「明史館」工作，但同意讓兒子黃百家應聘入館，

■顧炎武像（右圖）
■黃宗羲像（左圖）

還同意朝廷官員抄錄其有關的明史著述，並將其父黃遵素所集《大事記》和《三史鈔》等重要史料允「明史館」用，還推薦弟子萬斯同參加編修《明史》。

■王夫之像

王夫之（一六一九—一六九二年），湖南衡陽人，著有《船山遺書》等，爲躲干擾，自稱瑤人，避身瑤洞，或住茅屋，不出林莽，治學不輟，達四十年。吳三桂要稱帝，有人推薦王夫之寫「勸進表」，他加以拒絕。

故明士人，特別是名士反清態度的轉變，表明清王朝的統治已逐漸爲廣大漢族士子所接受，康熙帝籠絡人才的措施產生了良好的效果。清史大家孟森先生稱此舉爲康熙帝「定天下之大計」。

這次舉辦博學鴻詞科，網羅到不少人才，如朱彝尊、汪琬、潘耒、毛奇齡、王頊齡、高士奇（後賜）等，都是很有學問的人。這不僅充實了清政府的力量，而且顯示了朝廷收攬江南士人的誠意，於那些氣節之士也有所觸動。對入選的博學鴻儒，從優分別授以侍讀、侍講、編修、檢討等官職，並命他們入「明史館」纂修《明史》。《明史》以翰林院掌院學士徐元文、學士葉方藹、庶子張玉書爲總裁官。說到修《明史》，附帶說一下王鴻緒。

王鴻緒（一六四五—一七二三年），原名度心，字季友，自號横雲山人，江南婁縣（今上海松江）人。出生於官宦之家，自幼聰慧，熟讀經史。十九歲便中榜眼，從此步入仕途，並深得康熙帝的垂青。先後充任日講起居注官、翰林院侍講、內閣學士兼禮部侍郎、左都御史等職。康熙三十三年（一六九四），爲張玉書等推薦，以特旨起用爲《明史》總裁，與陳廷敬、張玉書等人共同負責《明史稿》的修改工作。王鴻緒負責「列傳」，盡心校正和修改，得到康熙帝的信任和重用。康熙三十七年（一六九八），他再度入直南書房，次年升爲工部尚書，後爲戶部尚書。此間還兩次扈從康熙帝南巡。康熙帝的重用使王鴻緒感激涕零，因此不斷地密奏朝廷政事，成爲康熙帝的心腹耳目。在康熙後期諸皇子的儲位爭奪中，王鴻緒依附皇八子胤禩，並於

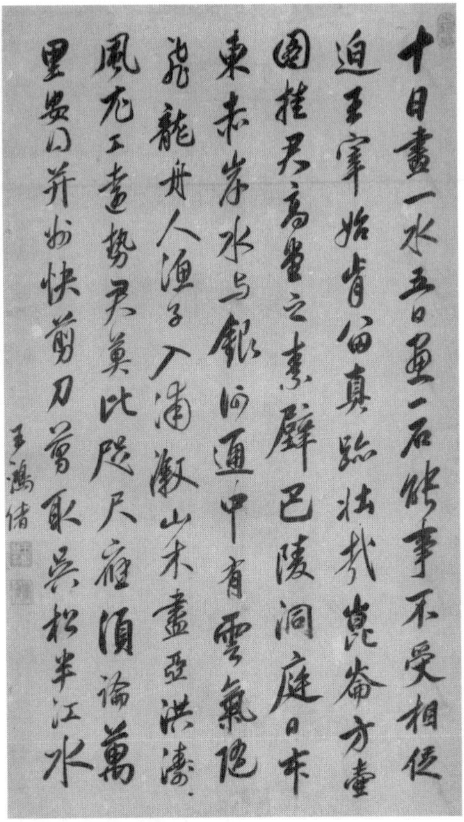

■王鴻緒行書杜甫詩

康熙四十七年（一七〇八）同朝廷大臣揆敘等人密謀保薦胤禩爲皇太子，事情敗露，遭到康熙帝訓斥。次年，解任回籍。歸鄉後，他沒有放棄《明史》總裁的職責，繼續對「列傳」部分進行修訂考校。先後進行了五次修改，並對相關內容重新編次整理。康熙五十三年（一七一四），「列傳」稿成二〇八卷，交「明史館」收

存。五十四年（一七一五），王鴻緒再次被起用，奉特詔還朝。時《明史》總裁陳廷敬和張玉書都已去世，王鴻緒獨自負起《明史》全稿的編纂，最後將紀、志、表、傳彙爲一編，成《明史稿》三一〇卷，於雍正元年（一七二三）六月進呈。八月，王鴻緒卒，終年七十九歲。王鴻緒一生爲官不清，政績不明，結黨營私，招權納賄，名聲不佳。但他擅長詩文，精研書法，很有才氣，特別是對《明史》的撰修做出了貢獻。

在這裡附帶回答觀衆問：電視劇《康熙王朝》說康熙帝喬裝參加科舉考試並輕鬆地得了個探花，有這回事嗎？我肯定地回答：史無此事，純屬編造。

三、一個平臺

康熙帝籠絡士人，攻心儒生，需要有一個機構、建一個平臺，這就是南書房。康熙帝說：「朕願得文學之臣，朝夕置左右，惟經史講誦。」事實上南書房的效果還不止於此。它成為了當時滿漢文化交流與融合的一個平臺，特別是康熙帝接受漢文化的平臺。

康熙十六年（一六七七）十一月，開始在康熙帝早年讀書處的南齋，設立南書房。南書房位於乾清門內遁西廡房，北向，因在乾清宮南面而得名。現建築完好，但原狀無存。開始由侍講學士張英、中書高士奇等入直。南書房的官員，人員、品級不定，有中書（七品）、學士（五品）、侍郎（三品）、尚書（二品）、大學士（一品）等。康熙九年（一六七〇）一甲一名蔡啓僔、二名孫在豐、三名徐乾學，

■清宮南書房

於當年召對弘德殿賦詩，後命同直南書房。南書房還有天文算法、機械製造家戴梓，武進士湯愷等。

南書房值班的時間：自辰（辰正八時）而入，終戌（戌正二十時）而退。特殊情況例外。如高士奇每日「報籌而入，迻燭而歸」。有時草擬密詔，已經漏下三刻，就是深更半夜，特命宮中禁門不關，待高士奇離去後再上鎖。

南書房官員同康熙帝的關係，可以說是亦師、亦友、亦臣、亦奴。

一說亦師。

南書房官員的一個職責是進講經史。如康熙十九年（一六八〇）四月，命南書房翰林，每日進講《通鑑》。康熙帝說張英「每日進講，啓導朕心，甚有裨益」。南書房官員值班，以備顧問。沈荃教康熙帝書法，後來康熙帝回憶自己初學書法時說：「每下筆都指其病，兼析所由。至今每作書，未嘗不思荃之功也。」

二說亦友。

南書房官員的一個職責是文學侍從，就是同康熙帝切磋詩文、書畫。在切磋時，相互討論，逐字推敲。他們吃飯、喝茶，都由御膳房、御茶房供應；特別恩寵者，「賜第連中禁，分餐出御廚」。還有賞賜：張英葬親南還，特賜銀五百兩，錦緞二十匹。一次元旦，康熙帝賞南書房翰林宴，宴會後，派內侍以佳餚果品兩席，分迻給各家。賞給李光地細鱗魚、鹿肉條，每日由其家人帶回玉泉山水。賜查愼行高麗米粽子。康熙帝很賞識高士奇，同他「朝夕談論，無異友生」。

三說亦臣。

南書房官員負責起草詔書、潤色詩文、代筆書法等。康熙十九年，命翰林院、詹事府、國子監，每日輪四員，到南書房值班，隨時諮詢，觀察考核，以備擢用。方苞在康熙五十二年（一七一三）因「南山集案」出獄，以白衣入南書房，撰碑文、論詩賦，參與編修樂律、曆算等書。

四說亦奴。

南書房的官員雖很榮幸，但地位卑下。有書記載：咫尺天顏，垂手侍立，久之則氣血下注，十指欲腫。若派寫進呈書籍，則終日伏案而坐，兩腳不得屈伸。如王圖炳（大學士王頊齡之子）直南書房，奉命書寫《華嚴經》全部，出語人曰：「伺候時立得腳痛，抄錄時寫得手痛。」（參見《清宮述聞》）

南書房官員張英和高士奇有兩段佳話。

張　英（一六三七—一七〇八年），安徽桐城人，進士出身，通滿文，在南書房任職，被賜宅西安門內。「辰入暮出」，隨侍左右達二十五年。在講筵時，「凡生民利病，四方水旱，知無不言，造膝前席，多社稷大計」。書房自書對聯：「讀不盡架上古書，卻要時時努力；做不盡世間好事，必須刻刻存心。」（姚元之，《竹葉亭雜記》卷六）後官做到文華殿大學士、禮部尚書。居官四起四落，或被革職，或降五級，以白酒一盅，清琴一曲，淡然處之，沉而復起。他與子張廷玉、張廷瓚、張廷璐，孫張若靄、張若澄，一門三代入直南書房，歷康熙、雍正、乾隆三朝，凡數十年。康熙帝對張廷

■高士奇像

玉每年元旦（一段時間）賜佳餚、好酒到其家。張英家被譽爲「三世得謚」、「六代翰林」。

高士奇（一六四五—一七〇三年），字澹人，號江村，浙江錢塘（今杭州）人，一生頗富傳奇色彩。高士奇爲江南才子，杭州鄉試，名落孫山。自挑衣被，進廣寧門（今廣安門），到北京後，再次落第。衣食無著，流落街頭，在報國寺，擺攤賣字。後入明珠府。一次被命寫宮中關帝廟的門楣（橫幅）。時值高士奇的生日，他感慨萬千，乘酒興揮寫「天子重英豪」五個大字。康熙帝經筵講義，常由高士奇謄寫。高士奇聰明伶俐，語言幽默，善解帝意，屢屢高升。這位曾經悲歌燕市的窮儒，被賜居西安門內，成爲朝中的頭面人物，下班時胡同車馬如織，就連大學士明珠也要向他探訪內廷消息。他每日上朝時，荷囊裝滿金豆，太監每報一事，給金豆一顆酬謝。如康熙帝正在讀某書，他知道後就仔細閱讀，帝有所問，對答如流（趙翼，《簷曝雜記》卷二）。隨著職位的升高，高士奇的權力欲望也膨脹起來，他與徐乾學兄弟、王鴻緒等人組成江浙朋黨，影響朝政。時學士不是三家門徒，不爲世人所重。康熙帝對他們格外眷顧。據說康熙帝曾特旨將御膳房八寶豆腐名菜的配方賜給大學士徐乾學，作爲其年老回鄉後的享用。當徐派人往御膳房取配方時，還被御廚們藉「道喜」之名，敲詐千兩銀子。這個配方後被徐的門生王樓村所得，並傳給孫子王太守。這種豆腐流傳民間，因而留下了「王太守八寶豆腐」這道名菜。康熙帝的確是清代帝王中善於協調君臣關係的明君。高士奇後因納賄受到彈劾，休致回籍。高士奇返鄉後，康熙帝對其恩寵不減，接連召他入直南書房，命他主持編纂《平定朔漠方略》。南巡之際，令高士奇扈從返京，恩寵有加。他的《扈從東巡日錄》、《松亭行紀》等書記載了東北、西北邊陲地區的地理風貌、民俗物產，具有重要的史料價值。

康熙帝舉博學鴻詞科和設立南書房，主要是鞏固清朝的統治，但同時也促進了滿漢文化的融合，有利於民族團結與文化發展。這個貢獻應當肯定。

康熙帝優容信用漢族儒生、名士，但並不是無條件的，他有條底線，這就是不容觸犯清廷的、滿洲的根本利益。

我在這裡講一個孔尚任與侯方域的故事。

侯方域（一六一八—一六五五年），字朝宗，河南商丘人，父侯恂曾是建議破格提拔袁崇煥的人，後官戶部尚書。侯方域有才氣，在南京秦淮河結識多才多藝、俠骨琴心的名妓李香君，但侯方域參加清朝科舉考試，李香君對其輕蔑而分手。後孔尚任以侯李故事爲題材，創作了《桃花扇》。

孔尚任（一六四八—一七一八年），字聘之，號東塘，是孔子的第六十四代孫，因科舉不順，受衍聖公之邀料理孔府事務。康熙二十三年（一六八四），康熙帝南巡，回鑾途中拜謁孔廟，並舉行經筵日講，孔尚任被選爲御前講書官，進講《大學》首章，並爲嚮導覽孔子遺跡，給康熙帝留下了深刻的印象。他也因此而被從優授爲國子監博士，

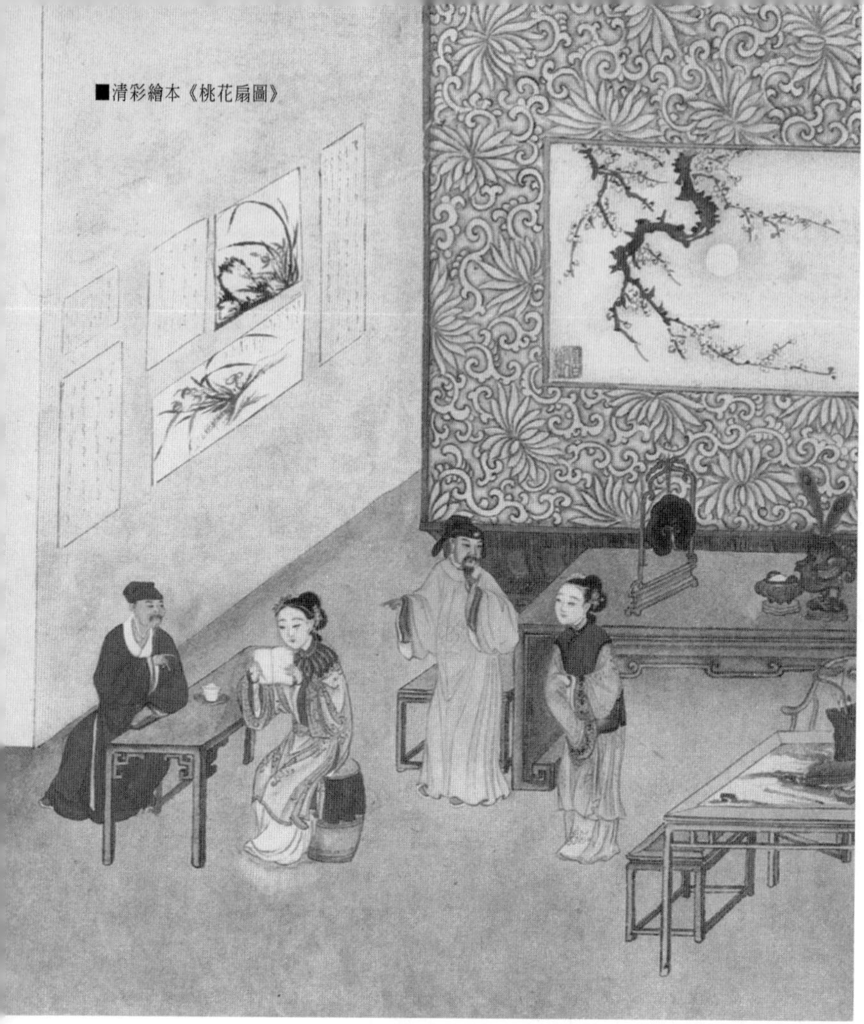
■清彩繪本《桃花扇圖》

進京任職。後他開始了《桃花扇》的創作，康熙三十八年（一六九九）完成。《桃花扇》寫江南名士侯方域與秦淮歌妓李香君的愛情悲劇故事，「藉兒女之情，寫興亡之感」，也就是藉這個愛情故事寫明亡清興，其中寄寓了濃重的感傷情調。此書問世，獲得成功，競相傳抄，搬上舞臺。《桃花扇》在正陽門外茶樓（劇場）演出時，歲無虛日，座無虛席，掩袂拭淚，轟動京師。《桃花扇》劇作被朝廷索要，孔尚任被解職。

chapter 08

第捌講 統一臺灣

金甌完整，國家一統，是國君的第一要務。康熙帝能抓住時機，征撫並用，恩威兼施，實現了對臺灣的統一。玄燁之所以被稱爲康熙大帝，此爲重要的標尺。

■《康熙帝南巡圖》之「校場閱武」

康熙帝的一大歷史功績是統一臺灣。康熙帝統一臺灣，正值他三十而立之年。這時，他親政已經十六年，特別是經過長期刻苦的學習，八年艱難平定三藩的磨練，他更加成熟，更加堅定，也更加睿智。康熙帝的人格魅力和智慧韜略，在統一臺灣的實踐中，得到了淋漓盡致的表現。康熙帝統一臺灣，可稱之爲三個「善」：一是善抓時機，二是善於用人，三是善定制度。下面具體講說。

一、善抓時機

康熙帝為了抓住合適時機統一臺灣，整整等待了二十年。事情要從鄭成功收復臺灣說起。

■鄭成功與元配夫人董氏像

鄭氏臺灣

鄭成功（一六二四—一六六二年），隆武二年即順治三年（一六四六），反對其父鄭芝龍降清，在南澳（今廣東境內）起兵。他被南明的皇帝賜姓朱，稱作「國姓爺」，還被封爲延平郡王。勢力強大時，曾率領水師，駛入長江，進攻南京。後來失利，退居海上，以金門、廈門爲根據地，是明末清初在東南沿海抗清的一支重要力量。

早在明天啓四年即天命九年（一六二四），荷蘭殖民者侵入臺灣，占領臺灣南部的赤崁；兩年

■鄭經像

後，西班牙殖民者侵占臺灣北部的基隆。後來荷蘭人趕走西班牙人，獨占臺灣。

順治十八年（一六六一），鄭成功率領水師，從臺灣鹿耳門（今臺南境）登陸，進攻荷蘭總督所在地赤崁城。荷蘭人求和，願以十萬兩銀犒軍。鄭成功則聲言：「臺灣者，中國之土地也。」鄭成功先後奮戰八個月，於順治十八年十二月十三日（一六六二年二月一日），逼迫荷蘭總督揆一投降。鄭成功驅逐荷蘭殖民者，結束了荷蘭人在臺灣三十八年的統治。鄭成功是中國歷史上第一位反抗西方殖民侵略的偉大民族英雄。收復臺灣後，鄭成功治理與開發臺灣，發展經濟，頗有建樹。但他在收復臺灣五個月後病死，享年三十九歲。他的兒子鄭經嗣立，爲南明延平郡王。

有一個歷史的巧合：康熙元年和鄭經繼位，恰好是在同一年，這年康熙帝九歲，鄭經二十歲。

鄭經（一六四三—一六八一年）繼位以後，繼續割據臺灣，並占據廈門、金門等東南沿海重要島嶼，奉南明正朔，與清朝對抗。從康熙帝和鄭經先後登上歷史舞臺，就開始了雙方的交鋒。這個階段，持續了二十年，直到鄭經病死。

無論是在四大臣輔政期間，還是康熙帝親政以後，清朝對臺灣的政策是一貫的，這就是：以撫爲主，征撫兼施。

從康熙元年（一六六二）到康熙二十年（一六八一），清廷對鄭氏，以撫爲主，雙方先後有十二次談判。康熙初年，朝廷派出官員同鄭經代表會談，謀求統一。但鄭經提出：照朝鮮例，不剃髮（江日昇，《臺灣外紀》卷六）。清廷見談判不成，便於康熙二年（一六六三）發動軍事攻勢，攻占金門、廈門。鄭經往銅山。康熙三年（一六六四），清軍攻銅山。鄭經不敵，退到臺灣。清廷命施琅率軍進攻臺灣，因遇颱風，無功而返。

康熙八年（一六六九），康熙帝五月清除鰲拜集團，六月便派刑部尚書明珠前往福建泉州議撫，並派員持皇帝詔書到臺灣，同鄭經談判，鄭經不接詔書，只派官員談判。清朝要求鄭經：剃髮歸命，自當藩封，永爲柱石。鄭經仍堅持以前主張，提出：「臺灣遠在海外，不屬於中國版圖。」（連横，《臺灣通史》卷二）康熙帝在敕諭中說：「朝鮮係從來所有之外國，鄭經乃中國之人。」（《明清史料》丁編第三本〈敕諭明珠等鄭經比例朝鮮不便允從〉）後他又明確指出：臺灣皆閩人，不得與琉球、高麗（朝鮮）相比（《清聖祖實錄》卷一〇九）。就是說，朝鮮爲外國，鄭經乃是中國人，不能援引朝鮮爲例。明珠見鄭經沒有誠意，中止談判，回到北京。

在三藩之亂期間，鄭經支持福建的耿精忠叛清，並趁亂進攻大陸。如康熙十四年（一六七五），鄭經軍攻陷福建漳州，清海澄公黃芳度死之；康熙十六年（一六七七），鄭經派大將劉國軒攻打廣東東莞；康熙十七年（一六七八），鄭經又派大將劉國軒進攻福建泉州等。

■康熙帝，〈整飭海疆硃諭〉

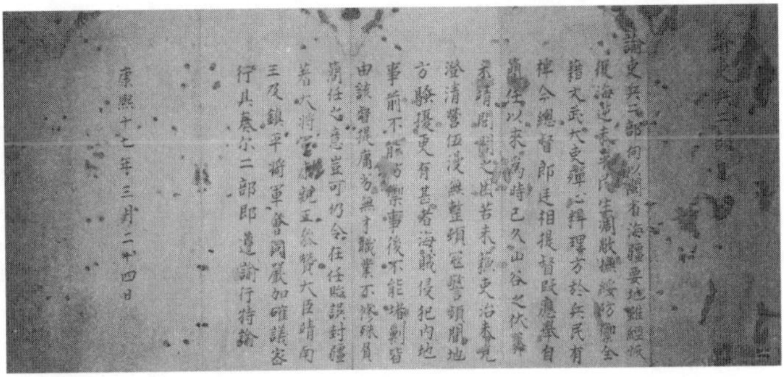
諭吏兵二部向以閩省海疆要地雖經恢
復海逆未靖民生凋敝撫綏防禦全
藉文武大吏殫心料理方於兵民有
裨今總督郎廷相提督段應舉自
蒞任以來為時已久山谷之伏莽
未靖閭閻之困苦未蘇吏治未見
澄清營伍漫無整頓寇警頻聞地
方騷擾更有甚者海賊侵犯內地
事前不能[illegible]禦事後不能剿
由該督提庸劣無才職業不修殊負
委任之意豈可仍令在任貽誤封疆
著大將軍康親王公贊大臣酌量
三及鎮平將軍會同嚴加確議密
行具奏爾二部即遵諭行特諭
康熙十七年三月二十四日

清朝在東南沿海實行海禁政策，沿海居民遷徙，寸板不許下海。這是一把雙刃劍，雖然限制並打擊了鄭經集團，但是同樣不利於大陸沿海居民。解決的唯一辦法，是海峽兩岸統一。終於，一個解決臺灣問題的時機到了。

善抓時機

康熙二十年，在位二十年的鄭經在臺灣病故。延平郡王的王位，傳給長子鄭克𡒉。兩天後，鄭克𡒉竟然被受鄭經寵信的馮錫範所殺。馮錫範擁立自己的女婿、鄭經次子鄭克塽繼位。鄭克塽只有十二歲，襲爲延平郡王。因鄭克塽年幼，大權旁落，內政落在馮錫範、外事落在劉國軒等手中。

鄭經的死，對於延平郡王的命運，可能是悲劇；而對康熙帝來說，必定是喜劇！因爲歷史給康熙帝提供了統一臺灣的良機。

這是爲什麼呢？內外原因有五：

其一、三藩戰爭結束，中原大地統一，可以集中力量處理臺灣問題；

其二、臺灣政局變動，鄭經死後，諸子相爭，官員內訌，文武解體；

其三、臺灣內部，官兵離心——康熙初，投誠官員三九八五員、兵四〇九六二名、歸農官弁兵民六四二三〇名口（《清聖祖實錄》卷一二）；

其四、臺灣水旱災害嚴重，「人民飢死甚多」（阮旻錫，《海上見聞錄》卷二），民衆對臺灣鄭氏政權不滿；

其五、荷蘭等殖民者勢力衰弱，無力干預，國際環境有利。

康熙帝抓住這個等待了二十年的有利時機，當機立斷，決定興師，統一臺灣。有廷臣諫言：「海洋險遠，風濤莫測，長驅致勝，計難萬全。」這表明朝臣中有人對武力統一臺灣持反對意見。康熙帝不為所動，做出收服臺灣的決策。

解決臺灣問題，關鍵在於選帥。康熙帝善於用人，但選誰任主帥呢？

二、善於用人

慎重選帥

康熙帝決定起用施琅為福建水師提督、總兵官。但是對於這一任命，朝廷有爭議，主要是對施琅政治上不信任，軍事上不放心。如果說康熙帝用了二十年等待進兵臺灣的時機，那麼，他爲了選用施琅這員主帥也是準備了二十年。施琅究竟是怎樣的一個人呢？

施琅（一六二一—一六九六年），字尊侯，號琢公，福建晉江人，原爲明總兵鄭芝龍部下左衝鋒。施琅長期轉戰於東南沿海，熟悉海上作戰，積累了豐富的實戰經驗。而且，他喜讀經書，熟悉兵法，精曉陣法，尤善水師，是一名有勇有謀的帥才。鄭芝龍的兒子鄭成功海上抗清，招徠施琅，施琅便跟隨鄭成功抗清。後來鄭、施失和，鄭成功抓捕施琅及其眷屬。施琅用計逃脫，但其父、弟及子侄等都被鄭成功殺害。施琅於順治八年（一六五一）背鄭降清。

康熙元年，康熙帝起用已經「賦閑」十年的施琅任福建水師提督，負責征討臺灣的水師軍務。他受命先後兩次出海，因遭颶風，無功而返。因此，朝廷上一些大臣說他與鄭氏舊恩未斷，疑其「貳心」。再加上總兵孔元章赴臺談判傳回臺方離間施琅的話，於是施琅被解除兵權，調回京師，任內大臣。

因爲有前面發生的這一系列事件，康熙帝此次選任攻臺主帥，非常慎重：

其一、廣聽衆議，找人推薦。他問李光地，誰能擔此任？李光地經過考察後，推薦施琅。

其二、親自找施琅談話，徵詢進取臺灣的方略。

■福建東山縣九仙山下的施琅水師指揮台

其三、力排衆議，起用施琅。

其四、風信之爭——是南風進兵還是北風進兵，相信施琅。

其五、事權專一——爲避免「一山二虎」，從施琅奏請，調總督姚啓聖管後勤，避免總督與總兵責任不清，互相掣肘。

其六、「斷自朕衷，特加擢用」，就是施琅任內大臣十二年，康熙帝信任他，決定任用他爲福建水師提督。

康熙帝經過愼重的調查研究，起用原鄭成功部將施琅爲福建水師提督，造艦練兵，做實戰準備。剛要進兵，有人疏言：彗星見，緩進剿。康熙帝破除迷信，決心進兵——從施琅議，遇信風，即進取。

臺灣方面，也在準備：其一、劉國軒負責戰事；其二、在臺灣門戶——澎湖進行防守；其三、水軍主力集中到澎湖海域。

巧用兵略

康熙二十二年（一六八三）六月，福建水師提督施琅率清朝水師，向澎湖進發。澎湖海戰，一觸即發。

第一回合。

康熙二十二年六月十四日，施琅率水師兩萬人，

■施琅石雕像

戰船二三〇餘艘，出其不意，向澎湖進發；此舉出乎劉國軒之所料，他沒有想到懂得海上風候的施琅，會選擇大風大浪的季節進攻澎湖，因事發突然而措手不及。

十六日，兩軍對峙於海面，發生激烈海戰。在這裡我講一個藍理的故事：施琅發起進攻前，問諸將：誰敢爲先鋒？諸將互視，無人回答。藍理挺身響應。施琅命藍理爲先鋒，並命在其戰船帆篷上，書寫兩丈長的兩個大字——藍理。戰起，藍理率七艘戰船衝入敵陣。雙方展開激戰。鄭軍劉國軒初戰失利。但風向突轉，對清軍不利。鄭軍乘機進攻，包圍清軍指揮戰船，施放火器，施琅右臉被燒傷，衆官兵驚慌。這時，藍理督率戰船衝向鄭船，負傷十餘處；又被敵砲轟倒，肚破腸流，非常嚴重。有人喊：「藍理死矣！」藍理忍痛跳起來喊道：「藍理在！」他的部下把藍理破肚流出的腸子裝到腹中，四弟給他穿上衣服，五弟用布把他的腹部包裹起來。藍理重整衣甲，繼續指揮戰鬥。官兵深受感動，更加奮勇作戰。鄭軍敗退。後康熙帝譽稱他爲「破肚將軍」（陳康祺，《郎潛紀聞三筆》卷四）。

第二回合。

二十二日，清軍與鄭軍在澎湖海域進行決戰。清軍船艦分作三隊：左翼以五十艘進攻雞籠嶼，右翼以五十艘進攻牛心灣；主力由施琅率領，分作前後兩隊——前隊五十六艘居中，後隊八十艘分作兩股，既左右策應，又前後援應。鄭軍將領劉國軒率軍全力以赴。從早上七時到下午四時，雙方海戰，異常激烈。施琅指揮清軍，靠近敵船，用火罐、火筒、火砲、火銃等，射向、抛向鄭船。霎時間，鄭船焚燒，一片火海。鄭船二十餘艘，沉入海中。劉國軒見勢不妙，乘小船逃往臺灣。鄭軍

■鄭克塽像

見主帥逃走，大勢已去，五千餘名官兵向清軍投降。此戰，鄭軍死傷一萬多人，清軍總兵朱天貴等三百餘人戰死，清軍取得了海戰的勝利。

清軍取得澎湖海戰大捷，打開了通向臺灣的海上門戶。鄭氏失去屏障，官兵解體，風聲鶴唳，無力再戰。這時，臺灣流傳施琅會乘勝進入臺灣，燒殺搶掠，爲父報仇。施琅鄭重宣布：仇人只鄭成功一人，鄭成功已死，絕不報復其他任何人。

鄭克塽召集官員議商對策，有人主張逃往呂宋（今菲律賓），有人主張投降。鄭克塽同意投降，並派人到施琅軍前。施琅表示：「夙昔結怨，盡與捐除！」過去恩怨，一筆勾銷。但是兵部不允。康熙帝高瞻遠矚，特旨允降。康熙帝已經事先作了部署，對鄭氏及其官員進行妥善安排。

康熙二十二年八月十一日（一六八三年十月一日），施琅率領清軍前往臺灣受降。

鄭克塽率領官員列隊恭迎。雙方在天妃宮會見，施琅「握手開誠，矢不宿怨」。事後，施琅親自前往鄭成功廟進行祭奠，表現了一位傑出政治家、軍事家的博大胸懷。是年施琅六十三歲。康熙帝重用施琅，臺灣一統。這正好應了鄭成功的一句話，當年他得知施琅逃走時後悔地說：「吾不幸結此禍胎，貽將來一大患！」

施琅的捷報傳到康熙帝御前，正好是八月仲秋之夜。康熙帝高興地作《中秋日聞海上捷音》七律一首：

萬里扶桑早掛弓，水犀軍指島門空。
來庭豈爲修文德，柔遠初非黷武功。
牙帳受降秋色外，羽林奏捷月明中。
海隅久念蒼生困，耕鑿從今九壤同。（《康熙詩詞集注》）

他還揮筆寫下五言絕句：

明月中秋節，馳書海外來。
自今天漢上，萬里煙雲開。（《康熙詩詞集注》）

第一、設府置縣。

臺灣統一之後，如何進行管理，棄留兩議，廷爭未決。康熙帝也在徵求一些大臣的意見：

康熙帝問：「然則棄之乎？」

李光地答：「應棄！」

三、善定制度

康熙帝統一臺灣之後，沒有像漢武帝打匈奴、唐太宗戰突厥那樣，戰勝即走，得而復失。康熙帝對鄭克塽等以往之罪，盡行赦免，並從優敘錄，加恩安插，封鄭克塽為公、馮錫範為伯、劉國軒為天津總兵官，俱隸上三旗。他採取若干重大措施，特別是加以制度化。

■清人繪《臺灣風俗圖》

康熙帝問：「如何棄法？」

李光地答：「空其地，任夷人居之，而納款通貢，即爲賀蘭（荷蘭）所有，亦聽之。」

（李光地，《榕村續語錄》卷一一）

李光地等人爲「得其地不足以耕，得其人不足以臣」，而主張「遷其人，棄其地」，就是將島上兵民遷到內地，而將島上土地給荷蘭人。靖海將軍施琅認爲不可棄地、不能遷民。他認爲：「慮事計其久遠，防患在圖於未然。」（《清史列傳》卷九〈施琅〉）他上〈恭陳臺灣棄留疏〉說：

臺灣地方，北連吳會，南接粵嶠，延袤數千里，山川峻峭，港道紆回，乃江、浙、閩、粵四省之左護；隔離澎湖一大洋，水道三更餘遙……棄留之際，利害攸關。臣思棄之必釀成大禍，留之誠永固邊圉。（施琅，《靖海紀事》下卷）

經過在福建官員會議、朝廷會議討論，康熙帝從施琅議，命在臺灣設一府三縣——臺灣府，臺灣（今臺南）、鳳山（今高雄）、諸羅（今嘉義）縣。臺灣府隸屬福建省。爾後，光緒十一年（一八八五）九月，清朝「改福建巡撫爲臺灣巡撫」，正式建立臺灣行省，劉銘傳爲第一任臺灣巡撫。

第二、駐紮軍隊。

設總兵官一員、副將一員、參將兩員，率兵八千，駐防臺灣；設澎湖副將一員、兵兩千，鎮守其地。

第三、開放海禁。

清初海上反清活動很多，曾下禁海令：寸板不許下海；又下遷界令：東南近海居民內遷五十里，房屋棄毀。統一臺灣後，康熙帝又從施琅建議，開海禁，通貿易。海禁一度開放。

第四、建設臺灣。

康熙時開始在臺灣府建府學，在臺灣、鳳山、諸羅三縣分建縣學，在番民中建社學，鑄康熙錢。康熙朝纂修《康熙臺灣府志》、《康熙臺灣縣志》、《康熙鳳山縣志》和《康熙諸羅縣志》。臺灣人始參加福建鄉試。泉州人陳賴章與番民簽約，開始在臺北墾荒種田。康熙四十四年（一七〇五）冬，臺灣鬧饑荒，康熙帝命蠲免臺灣、鳳山、諸羅三縣糧米。康熙帝還將宮苑內的西瓜籽賜到臺灣種植。在康熙朝臺灣重歸版圖的近四十年間，臺灣的經濟、貿易、社會、文化、教育，都得到很大的發展。

康熙大帝統一臺灣，做得乾淨、利索、漂亮、成功。康熙帝統一臺灣的歷史經驗：一是時機抓得好，二是主帥用得好，三是善後制度好。康熙帝統一臺灣表明，他已經是一位成熟的政治家。

下一講，我講康熙帝指揮抗擊沙俄侵略的雅克薩之戰，從中可以看到他的軍事指揮才能。

附錄一：關於鄭成功收復臺灣的時間

《辭海》「鄭成功」條說：「康熙元年（一六六二）二月一日，荷蘭總督揆一投降，臺灣重回祖國懷抱。」這種說法有欠缺：其一，二月一日應是陽曆，而不是陰曆；其二，一六六二年二月一日，實際上是順治十八年十二月十三日。康熙元年正月初一日應是西元一六六二年二月十八日。事情雖發生在西元一六六二年二月一日，卻是順治十八年十二月十三日，本月末爲二十九日，這時距康熙元年元旦還有十六天。因此，從帝王紀年方面，說鄭成功收復臺灣在順治十八年（一六六一）可以，說鄭成功收復臺灣在康熙元年（一六六二）不可以；從西元紀年方面，說鄭成功收復臺灣在一六六二年可以，說鄭成功收復臺灣在一六六一年不可以。

附錄二：關於「破肚將軍」的記載

康熙間，澎湖之戰，漳浦藍軍門實爲前茅。賊艦蔽江，迎敵，砲中過腹，腸出矣，血淋漓。公族子法爲掬而納諸腹中，四弟瑗傅以衣，五弟珠持匹練連腹背交裹之。公大呼殺賊，不暇顧也。有紅毛醫能治之，卒無恙。臺灣平後，公入都，抵趙北口，遇聖駕出水圍，馬凝立不及避，乃舍騎，步入梁園中。駕至，遣侍衛問誰騎。公乃出曰：「臣藍理從福建來者。」上問：「是征澎湖時拖腸血戰之藍理邪？」公奏曰：「是。」召至前，問血戰狀，解衣視之，爲撫摩傷處，嗟歎良久。嗣專閫吾浙，每遇南巡，迎謁聖駕，見公輒語諸王公以拖腸血戰狀。又引見皇太后曰：「此破肚將軍也！」（陳康祺，《郎潛紀聞三筆》卷四）

chapter 09

第玖講

抗俄簽約

領土主權，必須保衛；
國家尊嚴，必須維護。
康熙帝以其頑強意志，依恃強盛國力，
調動各族民眾，抵禦外來侵略，
保衛了領土完整，維護了國家尊嚴，
得到歷史肯定，受到後世讚揚。

康熙帝自十四歲御門聽政以來，平定三藩之亂後，在東南，統一臺灣；在東北，抗俄簽約。今天講康熙帝反擊沙俄入侵，簽訂中俄和約，分三個題目：北疆告急；兩次激戰；簽訂和約。

一、北疆告急

明末清初，清太祖努爾哈赤、太宗皇太極父子兩代，經過六十年的奮爭，接管了原明奴兒干都司、遼東都司等轄區，重新統一了東北地區，包括東自庫頁島（今薩哈林島），西到貝加爾湖，北達外興安嶺，南臨長城的廣袤地域。

那麼，爲什麼又出現北疆告急的局勢呢？這有內外兩個方面的原因。

先說**內**因。

■康熙帝像（西方銅版畫）

■1613年，羅曼諾夫被選舉爲沙皇（十九世紀俄國掛毯）

自秦統一六國而成爲中央集權帝國後，中國北部的匈奴、契丹、蒙古、女眞等民族向內地的擾犯，都是中國內部的民族問題。在東北地區，只有邊防，而無國防。從萬曆年間開始，明朝走向衰弱，後金崛起東北，明與後金在東北地區的戰爭持續了二十八年。順治元年（一六四四）清軍入關以後，順治帝在位十八年，中原戰爭，連綿不斷。康熙帝即位後，統一臺灣之前，二十二年間，也不安寧。總算起來，先後長達四十年。於是，東北地區，特別是外興安嶺以南的黑龍江地區，軍力南下，防務空虛。這就給俄國入侵，提供了可乘之機。

次說外因。

北疆告急，敵自何來？來自沙皇俄國。俄國原是一個歐洲國家，和中國並不接壤。俄羅斯的東部疆界在烏拉爾山以西。到十六世紀後期，俄國勢力擴張到西伯利亞。明萬曆十年（一五八二），以葉爾馬克爲首的哥薩克越過烏拉爾山，進入西伯利亞地帶。翌年就發生古勒寨之戰，努爾哈赤的祖、父死難。爾後，俄國的擴張勢力東逼。明萬曆十五年（一五八七），俄國建托博爾斯克，後來成爲他們在西伯利亞的中心。明萬曆四十一年（一六一三），羅曼諾夫爲沙皇，從而創建羅曼諾夫王朝，更加緊了對西伯利亞的擴張。明崇禎五年即天聰六年（一六三二），俄國在勒拿河畔建立勒拿堡（今俄羅斯雅庫次克）。崇禎十一年即崇德三年（一六三八），哥薩克人聽到達斡爾、索倫（鄂溫克）、鄂倫春人說有一條黑龍江。崇禎十六年即崇德八年（一六四三），俄人波雅科夫帶軍到了精奇里江（今俄羅斯境內結雅河），侵入達斡爾地區，是爲俄軍首次侵入黑龍江流域。順治七年（一六五〇），哈巴羅夫帶領七十多人，翻越外興安嶺，侵入黑龍江地方，初占領頭人阿爾巴西住地雅克薩（今俄羅斯阿爾巴津）。第二年，哈巴羅夫侵占索倫頭人托爾加的住地。托爾加是清太宗皇太極額駙巴爾達齊的親戚。順治十五年（一六五八），俄軍重新占領了尼布楚河與石勒喀河匯流處的尼布楚（今俄羅斯涅爾琴斯克）。

俄人搶掠黑龍江地域索倫、赫哲、鄂倫春等部民的財物和婦女，「子女參貂，搶掠殆盡」。俄人哈巴羅夫還將托爾加城主，殘酷折磨，施以酷刑，「放在火上燒，用鞭子抽打」，後將托爾加城付之一炬。他們在一場掠奪中，殺死部民一〇八八人，馬匹牛羊被洗劫一空。又誘索倫捕貂人「額提兒克等二十人入室，盡行焚死」（《清聖祖實錄》卷一一二）。他們捕捉人質，擄掠婦女，劫奪貂皮，無惡不作。

康熙帝作爲一代雄主，不能容忍國土被侵占，臣民遭塗炭。康熙帝嘗言：「朕親政之後，即留意於此。」（《清聖祖實錄》卷一二一）就是留意於東北的邊事。康熙帝削平三藩、統一臺灣後，戰略目光，轉注北疆。

康熙二十年，康熙帝再次派官到雅克薩，與俄方交涉，但無結果。於是，康熙帝一面繼續運用外交談判手段，一面進行軍事反擊準備。

第一、三次東巡。康熙帝東巡，為的是了解敵情，制定方略。有一次，他泛舟松花江上，觸景生情，揮筆作詩，略曰：

松花江，江水清，夜來雨過春濤生，浪花疊錦繡縠明。

……

松花江，江水清，浩浩瀚瀚衝波行，雲霞萬里開澄泓。

詩中洋溢著輕鬆愉悅的情懷和氣充六合的氣概。

第二、增設將軍。在卜魁（今黑龍江省齊齊哈爾市）設立黑龍江將軍，任薩布素為首任黑龍江將軍，為黑龍江地區的最高軍政長官。又建黑龍江城（今愛輝），並設立驛站。

第三、建立船廠。在烏拉（今吉林省吉林市）大量製造船隻，準備溯水而戰。並鑄造戰砲，準備糧食。

第四、偵察敵情。有一個故事，康熙帝派蒙古副都統、公彭春（朋春），以捕鹿為名，從墨爾根（今黑龍江省嫩江市），行十六天，直到雅克薩城下，進行偵察。抓回六名「舌頭」，探明敵軍的居址、地形、兵力、交通，為清軍收復雅克薩提供了重要的軍事情報。還派人測量江水的深度、流速，並繪製地圖。

第五、精心部署。康熙帝手中有一張黑龍江流域的地圖，畫有「整個西伯利亞地區，標明了所有的城堡」（《一六八九年的中俄尼布楚條約》）。康熙帝讓官員「觀圖詳議」，對照地圖，制定作戰計畫。

「征剿羅剎，衆皆難之」。遠途奔襲，人地兩生，再加上傳聞沙俄兇殘，很多官員對反擊沙俄作戰，有畏難情緒。康熙帝不循衆見，決意出師，先後進行兩次雅克薩自衛反擊戰。

二、兩次激戰

首次自衛反擊戰

康熙二十四年（一六八五）四月二十八日，康熙帝派都統彭春、副都統郎坦（郎談）、黑龍江將軍薩布素、建義侯林興珠等，統領滿、蒙、漢、達斡爾、索倫、鄂倫春人組成的軍隊兩千餘人，分爲水陸兩軍——陸路，馬蹄疾馳，塵埃飛揚；水路，帆檣纖纜，溯江直上——向雅克薩城進發。當地各族部民，積極配合清軍，爭作嚮導，探報敵情，運糧送砲，爭取勝利。清軍主力得到支援，抵達雅克薩的城外。

雅克薩城平面呈矩形，三面臨江，一面靠陸地——有圍牆、壕塹，牆上建塔樓。城裡有糧食、彈藥、商店、教堂等。城內俄軍頭目托爾布津，帶領四百餘人守城。

五月二十二日，清軍到達雅克薩城下。活捉「舌頭」，了解信息。俄軍全部收縮到城內。

二十三日，水陸列陣，實施包圍。清軍都統彭春向托爾布津發出康熙帝在他們行前御定用滿、蒙、俄三種文字書寫的咨文。大意是：速回雅庫次克，勿入內地侵犯，互相交還逃人，彼此貿易安居；如執迷不悟，仍然拒命，大兵必攻破雅克薩！但托爾布津對咨文置若罔聞。清軍先禮後兵，勸降不聽，只有動武。

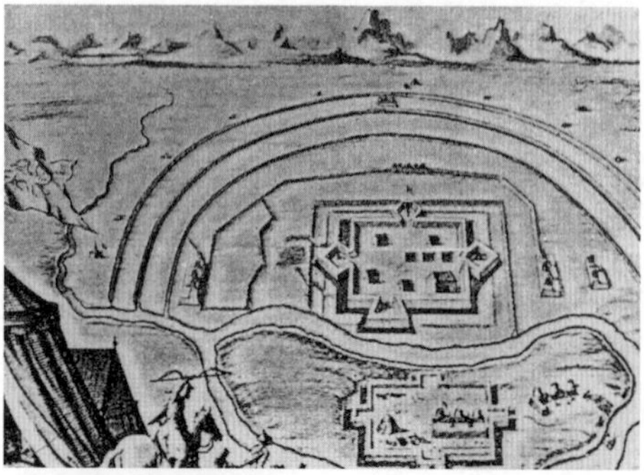

■雅克薩城圖（上圖）
■清軍使用的藤牌圖（下圖）

二十四日，一隊增援的哥薩克乘筏順黑龍江而下，在城外江邊受到清軍水師的截擊。原屬臺灣鄭氏後歸降的林興珠，率領福建藤牌兵奮勇殺敵：衆水兵頭頂藤牌，游於江中；筏上俄兵火器用不上，槍矢不管用。藤牌兵躍到筏上，拚搏砍殺，俄兵驚呼「大帽韃子」，死傷大半，餘兵逃遁。

當日夜，清軍開始攻城。黑龍江將軍薩布素從城南進兵，設擋牌、發矢鏃；副都統溫岱等從城北進攻，放紅衣砲，猛烈轟擊，砲聲震天地；其他兩翼，配合攻擊；都督何佑等在江面巡邏打援，並防敵竄。經過鏖戰，雅克薩城內百餘人被擊斃，塔樓、城堡被轟毀，鐘樓、糧倉被燒毀。城裡的神父額摩爾金，手捧十字架，禱告上帝，爲敗軍打氣，也無濟於事。

二十五日，郎坦令在雅克薩城下，堆積柴禾，準備焚城。托爾布津見城內糧食被燒，火藥告罄，軍心渙散，走投無路，派員到清軍大營「稽顙乞降」，就是叩頭請降。都統彭春遵照康熙帝「勿殺一人，俾還故土」（《清聖祖實錄》卷一二一）的諭旨，給予降人寬大處理：城內駐軍可攜帶武器、行李撤退，並供給其馬匹和食物。願意居留清朝的二十五人，後來被編爲俄羅斯佐領，編入上三旗。城內被擄掠的一百多名達斡爾人也獲釋回歸。

有人問：清朝軍隊長途奔襲，糧食如何解決？主要有這樣幾種途徑：先行屯墾，種地打糧；各族牧民，支援牛羊；還不夠，有天助——「忽有鹿數萬，自山趨下。騎者馳射，步者梃擊，及駕船筏於江中，截獲者計五千有餘」（《清聖祖實錄》卷一二一）。

雅克薩被俄軍侵踞二十餘年，終於得到光復。但清軍沒有派兵駐守，也沒有收割田間莊稼，僅毀城堡後，便回軍黑龍江城。是爲第一次雅克薩之戰。

再次自衛反擊戰

清軍取得雅克薩自衛反擊戰勝利的捷音，奏報到康熙帝的行宮。康熙帝指示：「雅克薩城雖已克取，防禦絕不可疏。」（《清聖祖實錄》卷一二一）但是，彭春等沒有留軍駐守雅克薩城，而是毀城撤軍。

俄軍撤到尼布楚後，派人前來偵察，得知清軍撤走。同年六月，托爾布津帶領七百餘人，攜帶大砲和彈藥，重新侵踞雅克薩。他們重建被毀的雅克薩城，城上架砲，城外挖壕，壕外豎柵，直到江邊。當地的奇勒爾人、達斡爾人、索倫人等將沙俄軍重踞雅克薩的消息，馳騎報告到黑龍江將軍衙門。黑龍江將軍薩布素奏報康熙帝：「鄂羅斯復來城雅克薩之地！」康熙帝以薩布素所奏，並非派人親抵雅克薩偵取的確切音信，而是道聽傳聞之言，因命確探實情以聞。在查實沙俄侵略軍竄踞雅克薩城之後，康熙二十五年（一六八六）二月，康熙帝頒發諭旨：

> 今羅剎復回雅克薩，築城盤踞，若不速行撲剿，勢必積糧堅守，圖之不易。其令將軍薩布素等……止率所部二千人，攻取雅克薩城。（《清聖祖實錄》卷一二四）

康熙二十五年五月二十八日，黑龍江將軍薩布素等率軍兩千餘人，分水陸兩路，會師查克丹，進逼雅克薩城。托爾布津下令焚毀關廂，「退進要塞，挖洞穴居」（涅維爾科伊，《俄國海軍軍官在俄國遠東的功勳》中譯本），頑守城堡。薩布素要求托爾布津投降，不答。清軍到達雅克薩後，圍城，攻打。

六月初四日夜，清軍攻城：副都統郎坦率兵從城北用紅衣

■清軍在雅克薩之戰中使用的「神威無敵大將軍」砲

砲轟擊；副都統班達爾沙率步、騎兵從城南攻擊——清軍施放砲火，奮勇仰攻，自夜至旦，予敵重創。七月十四日，清軍又發動猛烈攻城戰，但城內俄軍藏在地穴裡躲避清軍砲火的攻擊。敵軍先後五次出城逆戰，均被清軍擊敗。清軍每天都向城內發砲轟擊，俄軍死傷數目，也在逐日加增。八月中，俄軍頭目托爾布津被清軍砲彈擊中，右腿齊膝被炸斷，血肉橫飛，呻吟不止，四天後傷重斃命（拉文斯坦，《俄國人在黑龍江上》中譯本）。拜頓繼任爲統領。清軍在城西要地設立營寨，控制江面，切斷從尼布楚方向援敵的通道。城內無井，飲水全靠通向黑龍江的水道。清軍激戰四晝夜，斷其水道，緊密圍城。到十月中，嚴冬逼臨，俄軍困守孤城，一缺飲水，二缺糧食，三缺柴薪，四缺子彈，五缺棉衣，六缺醫藥。堡內俄軍住在陰暗潮濕的地窖裡，壞血病蔓延，死者枕藉。在七三六名俄軍中，大部分戰死、病死，只剩下一一五人。清軍料到城中俄軍的困境，便將勸降書綁在箭上射入城內，允其投降後，可自由撤回；拜頓拒絕投降。此後城內情況繼續惡化，官兵不斷死亡，至來年春，「懷敦（拜頓）已病危，唯餘二十餘人，亦皆羸病」。雅克薩的侵略軍水斷糧絕，死傷殆盡，孤立窮竭，無力拒守，圍城旦夕可下。

■俄軍馬刀

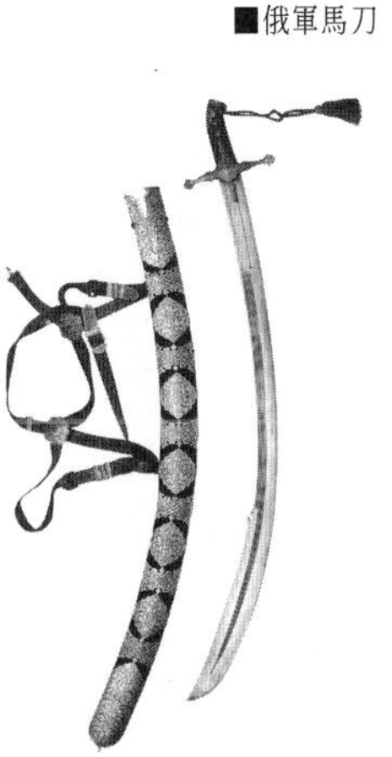

康熙帝在清軍兵迫雅克薩城的同時，再次表現出和平談判解決兩國邊境問題的願望。康熙大帝給沙皇彼得和伊凡發去咨文：

> 我領兵大臣命鄂羅斯降人伊凡・米海羅莫洛多依，持書送尼布楚、雅克薩頭目，令其悔

改，撤回本地。詎彼等仍收我逃人，拒不撤至伊界，朕乃進兵圍雅克薩城。其鄂羅斯人，俱行投降，未戮一人，悉行放回，並再三曉諭，令其撤至伊界，毋復來犯。今鄂羅斯人乘我班師之隙，竟復占雅克薩，將我人員俱行殺害……惟雖經屢次宣諭，鄂羅斯人竟不撤回，而死守尼布楚、雅克薩地方。今仍望察漢汗撤回屬民，以雅庫等某地爲界，各於界內打牲，彼此和睦相處。（〈兵部爲俄應撤回侵兵並於雅庫立界事致俄皇咨文〉，康熙二十五年七月三十日）

兩次雅克薩自衛反擊戰的勝利，在中華民族反對外國侵略的鬥爭史上有重要的歷史意義。其一、雅克薩之戰表現了中國各族人民不甘屈服於外來民族侵略的反抗精神和英雄氣概。其二、雅克薩之戰是清俄關係史上的一個轉捩點。它沉重地打擊了沙俄侵略者，遏止了沙俄對我國東北地區的進一步侵略，維護了中國的領土主權和民族尊嚴，使東北邊疆獲得了比較長久的安寧。其三、雅克薩之戰促成了康熙二十八年（一六八九）中俄尼布楚談判的舉行，並簽訂「中俄尼布楚條約」。

三、與俄締約

清廷和平談判的咨文和雅克薩俄軍的敗報，在沙皇彼得大帝政府中產生強烈反響。

■尼布楚教堂（木版畫）

彼得大帝鑑於俄軍在雅克薩城下失利，而其戰略重點在西方，雅克薩離莫斯科遼遠，接受了康熙帝的談判建議。

其實，談判經過了複雜的過程。早在康熙五年（一六六六），清政府就派人進行交涉，要求俄國送還逃人根特木兒，俄方拒不交出。八年（一六六九）、九年（一六七〇），清朝派沙拉岱等兩次前往尼布楚交涉，並邀俄方代表到北京談判。俄方代表到北京後，康熙帝接見，並賜予「豐盛的賞賜」（拉文斯坦，《俄國人在黑龍江上》）。隨後，康熙帝派團前往尼布楚，帶去給沙皇的敕諭，但俄方不予答覆。康熙十四年（一六七五），俄國派尼果賴率一百五十餘人的代表團前來，康熙帝派官前去迎接。第二年，尼果賴一行到達北京。康熙帝在保和殿接見尼果賴等，「請他與自己同桌進餐」（雅可夫列娃，《一六八九年第一個俄中條約》），但康熙帝認為俄國使臣是來朝貢的，而大加賞賜。雙方爭議，沒有解決。康熙二十年（一六八一），康熙帝再派官到雅克薩，與俄方交涉，但仍無結果。

康熙二十五年，文紐科夫（魏牛高）和法沃羅夫（法俄羅瓦）為先遣使前來北京。俄國先遣使於九月二十五日到京。二十七日，康熙帝接受他們帶來沙皇伊凡和彼得的信，要求和平談判、議定邊界，並「乞撤雅克薩之圍」（《平定羅刹方略》三）。康熙帝即允其所請，於同月二十八日，令黑龍江將軍薩布素等「撤回雅克薩之兵，收集一所，近戰艦立營，並曉諭城內羅刹，聽其出入，毋得妄行擄奪；俟鄂羅斯後使至日定議」（《清聖祖實錄》卷一二七）。康熙帝派侍衛馬武到雅克薩，傳達停止攻城的諭旨。十月十五日，薩布素根據馬武傳達的旨意，宣布停止攻城，軍隊後撤安營。其時，雅克薩城內薪斷糧竭，「羅刹酋長懷敦（拜頓）遣人來求飲食」，薩布素和郎坦即予惠濟。第二年正月，康熙帝派太醫攜藥往雅克薩為清軍患者治病。他諭示薩布素說：「至於羅刹，雖與我兵對壘，但我兵攻雅克薩城，從來未戮其人。如城中有患疾之羅刹，亦應聽其就醫，使還彼國。」同年三月二十五日，清軍從城堡外後撤，停止對雅克薩的封鎖，允許城內俄軍出入，並准許其同尼布楚聯繫。《哥薩克在黑龍江上》一書於此寫道：「殘餘的筋疲力盡的防軍，得到了出城尋找食物，與涅爾琴斯克（尼布楚）取得聯繫，甚至從那裡求得援助的機會。中國指揮部不僅沒有對此加以阻撓，相反，對敵人表現出非常溫文爾雅的殷勤態度。」（巴赫魯申，《哥薩克在黑龍江上》中譯本）

康熙帝在得到俄國談判代表到達邊境的奏報後，於康熙二十六年（一六八七年）七月十二日，命「薩布素等統率官兵，乘天時未寒，還至黑龍江城、墨爾根城，修整器械，休息馬匹，以度隆冬。仍於要地，嚴設斥堠」。同月二十三日，黑龍江將軍薩布素奉旨率領全部清軍撤離雅克薩，回駐黑龍江城和墨爾根城。歷時一年零兩個月的第二次雅克薩自衛反擊戰至此宣告結束，並為行將在尼布楚舉行的中俄邊界談判創造了有利條件。

■徐日昇墓碑（拓片）

康熙二十五年，俄國沙皇派費奧多爾・阿列克謝耶維奇・戈洛文為全權大使，從莫斯科出發，有兩千多人的戰鬥隊護衛，來與清朝談判。康熙帝則派領侍衛內大臣索額圖為欽差大臣、首席代表，還有領侍衛內大臣、國舅佟國綱等，耶穌會士法國人張誠、義大利人徐日昇為翻譯。康熙二十七年（一六八八）五月，索額圖等行前，康熙帝指示：「尼布潮、雅克薩，黑龍江上下，及通此江之一河一溪，皆我所屬之地，不可少棄之於鄂羅斯。」（《清聖祖實錄》卷一三五）因此，承認上述條件、歸還逃人根特木兒，可以劃定疆界、通使貿易，否則「爾等即還」。使團出發不久，因噶爾丹進攻喀爾喀，潰卒瀰漫山谷，行五日夜不絕，使團無法行進。經奏准，使團回京，並告俄方。

康熙二十八年四月，索額圖一行前往尼布楚。行前，索額圖奏請劃界是否仍按前意，康熙帝又

■清人繪《廣輿勝覽圖》之「鄂羅斯夷人」

指示：「爾等初議時，仍當以尼布潮爲界，彼使者若懇求尼布潮，可即以額爾古納河爲界。」（《清聖祖實錄》卷一四〇）顯然是做出了讓步，其原因是噶爾丹騷擾形勢不利。

索額圖使團經過四十九天行程，到達尼布楚。以河（石勒喀河）爲界，雙方大營，分列兩岸。中國使團，隊伍龐大。《張誠日記》記載：使團駱駝約四千頭、馬約一萬五千匹，其中索額圖有三百頭駱駝、一千五百匹馬、一百個僕從，佟國綱有一百五十頭駱駝、三百匹馬、八十個僕從。後勤補給怎麼辦？民諺云：棒打獐子瓢舀魚，野雞掉在飯鍋裡。使團路途中，帶網捕魚，驅趕牛羊，以便充飢。湖裡的魚，密密麻麻，像煮餃子，一網下去，拉不上來。

俄國使團首席代表戈洛文到達後，與中國使團隔河紮帳。會談的會場設在野外，位於尼布楚城與河岸的正中，雙方距離相等。

七月八日，談判開始。戈洛文提出：清兵製造流血事件；索額圖指出：俄軍無端侵略，殺人擄掠。雙方唇槍舌戰，辯論激烈。經協商：不談過去事，著重談劃界。戈洛文提出：以黑龍江爲界，江北歸俄國；索額圖提出：以雅庫次克爲界，尼布楚歸中國。雙方爭論，更爲激烈。第二天，再討論：戈洛文趾高氣揚，得寸進尺；索額圖欲談判不成，打道回府。經過會上爭論，會下磋商，二十四日（九月七日），索額圖按照康熙帝旨意，做出最後讓步，雙方劃定中俄東段邊界。條約分別爲拉丁文、滿文、俄文三種文本。雙方代表在拉丁文本（正本）上簽字，滿文本、俄文本爲副本。條約共六條，主要是劃定中俄東段邊界。

「中俄尼布楚條約」規定：格爾必齊河、額爾古納河以東至海，外興安嶺以南，整個黑龍江流域、烏蘇里江流域（包括庫頁島）土地，歸中國所有。此外雅克薩地方俄人所建城堡須盡行拆毀；以後雙方不得收納對方逃亡人口，拿獲後即遣返；雙方進行貿易互市；兩國永敦邦誼等。這是中國歷史上第一個同外國簽訂的平等條約，表明康熙帝獨立自主外交的勝利。爾後，清朝在格爾必齊河口、額爾古納河口，豎立用滿、漢、蒙、俄、拉丁五種文字鐫刻的石碑，又沿邊設卡倫，定期巡查，歸屬黑龍江將軍管轄。清朝加強了對黑龍江地區的管轄，初步奠定了後來黑龍江等行省的規模。中國東北邊疆得到一百七十餘年的安定。

雅克薩之戰勝利和「尼布楚條約」簽訂，是康熙帝禦外政策成功的兩個史例。

康熙二十八年「中俄尼布楚條約」簽訂後，俄軍從中國領土上撤走，雅克薩重新回到祖國的懷抱。康熙帝又著手解決北方蒙古的難題。

chapter 10

第拾講

北疆長城

「昔秦興土石之工，修築長城。
我朝施恩於喀爾喀，使之防備朔方，較長城更為堅固。」
匈奴、蒙古等游牧民族南擾，
歷來是中原農耕民族北邊的麻煩事。
清朝經過幾代人的努力，基本解決了蒙古難題。
這是一筆寶貴的文化財富。

■康熙帝出巡圖

中國一個特有的文化現象，就是萬里長城。有人把它作爲農耕與游牧的經濟與民族的分界線。清朝以前，修築長城，防備朔方。秦始皇爲什麼修長城？爲了防匈奴；戚繼光爲什麼在長城上建敵樓？爲了防蒙古。清朝怎麼辦？康熙帝又怎麼辦？清朝以來，實行滿蒙聯盟，將「長城防禦北方蒙古」，變作「蒙古成爲北疆長城」。清朝北部的「長城防線」，推到庫頁島、外興安嶺、貝加爾湖、巴爾喀什湖一線。從而建立起新的、堅固的北疆長城。康熙帝在處理北部蒙古難題、建立北疆長城時，主要做了三件事：一是統籌蒙古，表現了雄才大略；二是多倫會盟，表現了雄圖高遠；三是三次親征，表現了雄心壯志。

一、蒙古地圖

打開中國地圖，蒙古分布，可以看出：明末清初，在戈壁大漠的南面、北面和西面，蒙古主要分爲三大部：漠南蒙古（內蒙古），又稱察哈爾蒙古；漠北蒙古（外蒙古），又稱喀爾喀蒙古；漠西蒙古（西蒙古），又稱厄魯特蒙古。

在中國中原農耕經濟北部，游牧民族的南擾，先是匈奴，後是蒙古，這個難題，秦始皇以來，兩千多年，沒有解決；明太祖以來，近三百年，也沒有解決。清朝經過「三祖三宗」——太祖努爾

■康熙內府蒙文抄本《蒙古源流》書影

哈赤、世祖順治、聖祖康熙、太宗皇太極、世宗雍正、高宗乾隆，共六代、一百多年的時間，才算解決了清代的蒙古問題。

漠南蒙古（內蒙古）問題在努爾哈赤和皇太極時期已經解決。清太祖、太宗實行滿蒙聯盟政策，透過聯姻、編旗、封賞、重教、朝貢等措施，漠南蒙古即內蒙古的問題，可以說是解決了。蒙古族的孝莊太后，身歷天命、天聰、崇德、順治、康熙五朝，兩輔幼帝，就是明證。康熙帝親政後，面臨的不是漠南蒙古（內蒙古）的問題，而是漠北喀爾喀蒙古（外蒙古）和漠西厄魯特蒙古（西蒙古）的問題。

漠北喀爾喀蒙古（外蒙古）分為三大部：車臣汗部（東部）、土謝圖汗部（中部）、札薩克圖汗部（西部）。他們都是成吉思汗的後裔。他們早在皇太極時期，已經進「九白之貢」，表示臣服。那麼，為什麼在康熙朝又出現漠北蒙古（外蒙古）的問題呢？這要從一樁血案說起。

兩部血仇

土謝圖汗與札薩克圖汗，祖先本是兄弟，彼此相鄰友善，後來卻發生兩部大汗的血案。事情是這樣的：康熙元年，札薩克圖汗旺舒克因私怨被部屬所殺，發生內亂。許多部民，為避戰禍，逃到土謝圖汗部。事後，康熙帝命旺舒克之弟成袞承襲其兄為札薩克圖汗。後札薩克圖汗沙喇要求土謝圖汗察琿多爾濟，歸還其收留的本部逃亡部民，土謝圖汗拖延不辦。札薩克圖汗多次上疏康熙帝，要求土謝圖汗歸還部民。康熙帝進行調解，並指出：「生事互殺，交相戰爭，兵戎一起，姑不論人民困苦，即兩汗豈能並存？」（《平定朔漠方略》卷二）土謝圖汗仍然遲遲不還。統一臺灣後的翌年，康熙二十三年（一六八四），康熙帝派大臣會同達賴喇嘛官員，到喀爾喀蒙古共同調解兩部的紛爭。康熙帝強調：「恐兩部不和，必致有攻戰之患。」所以，要盡釋舊怨，言歸於好。於是，札薩克圖汗與土謝圖汗，懸掛佛像，共同盟誓：「自今以往，當永遠和協。」但是，由於噶爾丹插手，利用兩部不和，拉攏札薩克圖汗，以達到吞併土謝圖汗部的目的。札薩克圖汗背盟，與噶爾丹會兵。土謝圖汗以此為由，準備用計殺之。康熙二十六年，土謝圖汗派人誘騙札薩克圖汗沙喇及其台吉等，到固爾班黑爾格，加以殺害。又殺死噶爾丹之弟多爾齊扎卜。噶爾丹之弟被殺，事情就鬧大了。

那麼噶爾丹是怎麼回事呢？這就要了解草原梟雄噶爾丹。

草原梟雄

厄魯特蒙古分為四部：和碩特部、杜爾伯特部、土爾扈特部和準噶爾部。其實，早在皇太極時期，厄魯特蒙古已經臣服於清。清太宗皇太極說過：「嗣位以來，蒙天眷佑，自東北海濱，迄西北海濱，其間使犬、使鹿之邦，及產黑狐、黑貂之地，不事耕種、漁獵為生之俗，厄魯特部落，以至斡難河源，遠邇諸國，在在臣服。」（《清太宗實錄》卷六一）

準噶爾部游牧於天山以北、伊犁河流域。噶爾丹是厄魯特蒙古四部之一準噶爾部的首領。然而，噶爾丹是怎樣當上準噶爾部首領的呢？

原來準噶爾首領是巴圖爾渾台吉。巴圖爾渾台吉死後，由噶爾丹的同父異母兄僧格繼立。這時噶爾丹在西藏為僧。達賴喇嘛很賞識噶爾丹，授予他呼圖克圖（大活佛）名號。噶爾丹身披袈裟，不用功學佛經，卻好耍槍弄棒，廣泛結交西藏上層人物。康熙十年（一六七一）僧格被殺，內部大亂，噶爾丹在達賴喇嘛等支持下，回到本部，取得大權。這年他約二十八歲。噶爾丹既有呼圖克圖名號，又有準噶爾汗的權位，政治野心膨脹。

噶爾丹聰明狡黠，嫻熟弓馬，長於謀略。這時，中原地區發生八年「平定三藩之亂」的戰爭。他利用這個時機，一是向康熙帝進貢、貿易表示恭順，二是取得達賴喇嘛支持，三是同沙俄聯絡，四是不斷擴張勢力。噶爾丹殘暴兇惡，縱橫捭闔，征戰連綿，大肆擴張。

噶爾丹之兄僧格被殺時，他的侄子策妄阿拉布坦年幼。噶爾丹藉機將策妄阿拉布坦的未婚妻（噶爾丹之妻妹）霸占，策妄阿拉布坦被逼率兵五千騎而逃，叔侄結下不解之仇。噶爾丹的上臺，靠了叔叔的軍事支持，他戰敗侄子策妄阿拉布坦取得汗位後，向幫助過自己的叔叔開戰。作戰失利，又借助他岳父的力量，打擊自己的叔叔，並大獲全勝。噶爾丹反過手來，又向幫助過自己的岳父開戰，再大獲全勝。他岳父的部落戰敗逃往青海。爾後，噶爾丹再舉兵指向喀爾喀蒙古，引發了一系列動亂。

■清人繪《厄魯特蒙古圖》

噶爾丹不斷地發動戰爭，四處攻掠，勢力膨脹。他基本統一了厄魯特蒙古各部。又於康熙十九年（一六八〇），派十二萬騎兵，進入喀什噶爾（今喀什），控制南疆。其威令範圍：西接哈薩克，南臨西藏，東到青海，東北到喀爾喀蒙古，西北接俄羅斯。噶爾丹的擴張，造成兩個嚴重後果：一是，被其戰敗的厄魯特蒙古部落，「廬帳千餘」，由西往東，湧向青海，進入甘肅，直接威脅中原；二是，受其危害的喀爾喀蒙古，「廬帳萬餘」，由北往南，逼近長城，威脅京師。

康熙二十七年，噶爾丹率領三萬勁旅東進，突襲喀爾喀蒙古，土謝圖汗不敵，部衆或遭俘殺、或逃散，宗教領袖哲布尊丹巴呼圖克圖（土謝圖汗之弟）的居帳也遭洗劫。土謝圖汗率部敗退，潰卒部民，瀰漫山谷，晝夜不絕。哲布尊丹巴呼圖克圖也隨部東潰。清朝赴尼布楚談判代表團翻譯張誠在日記中寫道：「喀爾喀韃靼人攜帶家眷和牲畜逃難。」（《張誠日記》，商務印書館本）這時，土謝圖汗與哲布尊丹巴呼圖克圖商量：是投奔俄國，還是投奔清朝？哲布尊丹巴呼圖克圖說，清朝皇帝遵奉喇嘛教，又同喀爾喀友善，投清朝！土謝圖汗向清廷告急求援，康熙帝聞訊震怒，於是遣使責問噶爾丹。噶爾丹禮遇清使，但將戰爭責任全推到土謝圖汗身上，調停沒有結果。於是，土謝圖汗部、哲布尊丹巴呼圖克圖所屬等，奔向內蒙古，到了長城邊外。噶爾丹也藉口追趕土謝圖汗，而到達今內蒙古克什克騰旗境的烏蘭布通（蒙古語，意爲紅山）。

噶爾丹這次發動東侵喀爾喀的戰爭，也是同俄羅斯勾結，受到沙俄暗中驅使的，以此干擾中俄尼布楚談判，直接影響邊界劃定——清廷原本要與俄國在外蒙古地方，談判雅克薩戰後簽約問題；但因此次戰爭而使得道路受阻，無法談判，以致改在尼布楚會商，讓清廷改變態度，損失不少領土。所以，調解喀爾喀蒙古內部糾紛，是康熙帝的一項緊迫課題。

康熙帝解決喀爾喀蒙古問題，按常規可以選擇四種辦法：第一、「支弱打強」，就是支持札薩克圖汗部，打擊土謝圖汗部；第二、「支強打弱」，就是支持土謝圖汗部，打擊札薩克圖汗部；第三、「雙拳出擊」，就是不分青紅皀白，同時打擊札薩克圖汗部與土謝圖汗部；第四、「養癰貽患」，就是將哲布尊丹巴呼圖克圖和土謝圖汗交給噶爾丹。康熙帝沒有採用以上四種辦法，那他怎麼辦呢？

康熙帝是一位善於把握時機、善於運用策略、講求實效的君主。他抓住取得烏蘭布通勝利、擊退噶爾丹內犯之後的有利時機，利用喀爾喀蒙古內部的紛爭，採取會盟的高招，來解決喀爾喀蒙古的難題。

二、多倫會盟

喀爾喀蒙古各部紛爭，牽扯到俄國干涉和噶爾丹插手，事情相當複雜。喀爾喀內部紛爭，不能訴諸武力，只能協商調解。

於是，康熙帝要親自調解其內部的矛盾與紛爭：親臨塞外，主持會盟。

康熙三十年（一六九一）四月，康熙帝親率官兵到達距北京八百里的多倫諾爾（今內蒙古錫林郭勒盟多倫縣）駐營。「多倫」，蒙古語意思是七，「諾爾」蒙古語意思是泊，就是附近有七個小湖泊的意思。喀爾喀蒙古三大部、內蒙古四十九旗王公貴族的營帳，以康熙帝大營爲中心，眾星捧月，四面環繞。從五月初一日到初六日，會盟過程，按天講述：

■盟長銀馬牌

CAMHI
KAYSER IN CHINA
Und der
OST=TARTAREY,
Geboren 1654. Gecrönt 1661.
Stirbt 1722. Alt 68. Iahr

■西方人繪製的康熙皇帝像（國立故宮博物院藏品）

■ 清人繪《康熙帝萬壽圖》（局部）

■《康熙帝南巡圖》之「濟南免賦」

康熙帝戎裝像

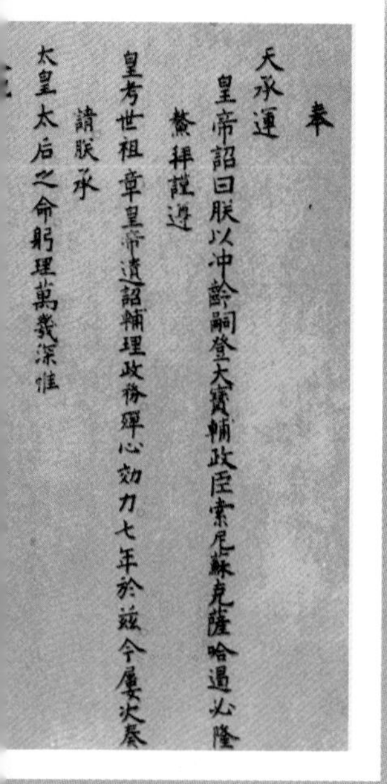
奉
天承運
皇帝詔曰朕以沖齡嗣登大寶輔政臣索尼蘇克薩哈遏必隆
鰲拜誓遵
皇考世祖章皇帝遺詔輔理政務殫心効力七年於茲今屢次奏
請朕承
太皇太后之命躬理萬幾深惟

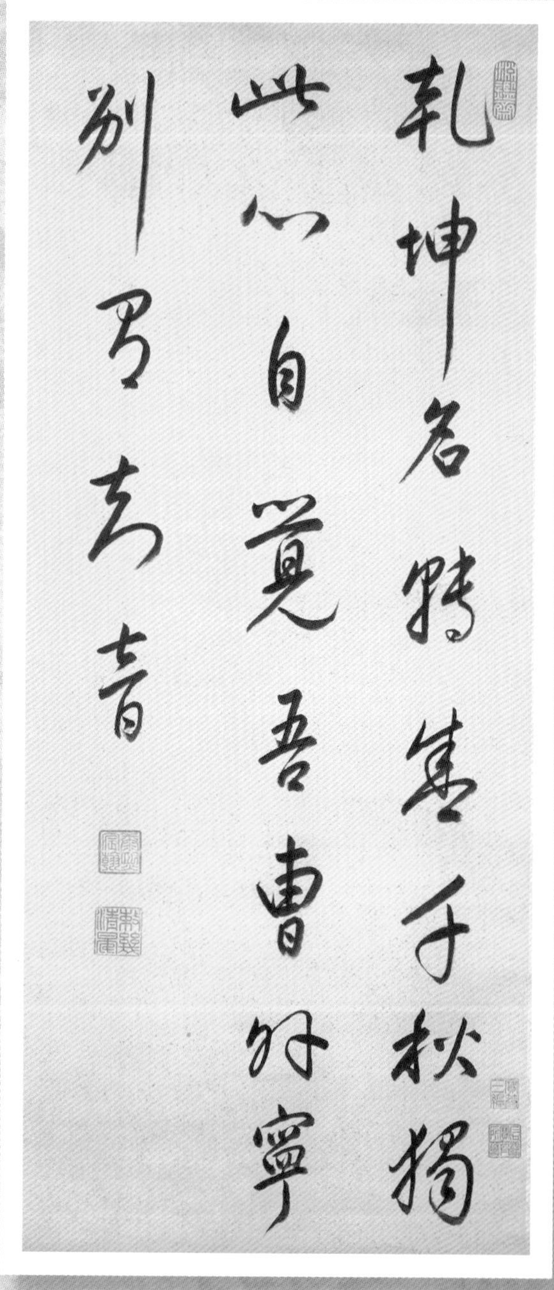

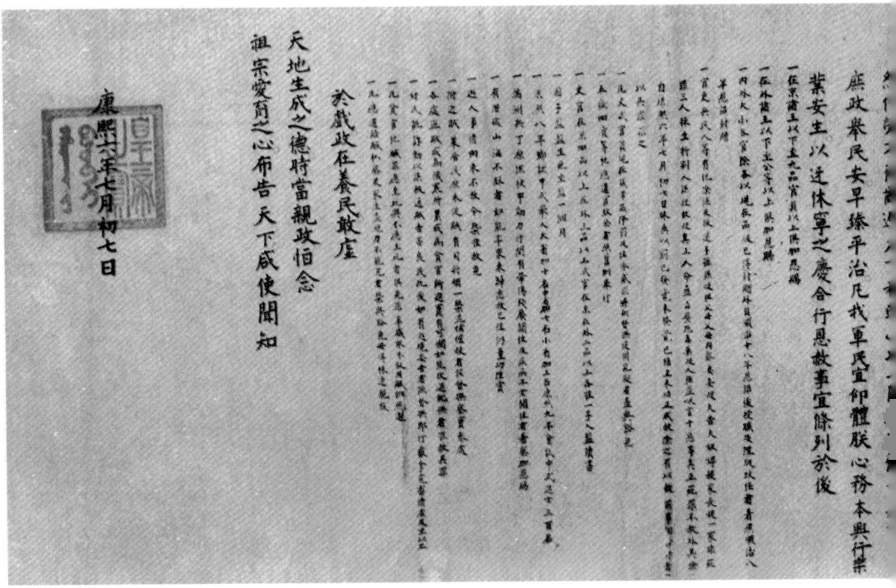

康熙帝親政詔書（左圖）
康熙帝行書五言詩（右圖）

■謝遂《職貢圖》之「諸羅縣內山阿里等社歸化生番」

焦秉貞《耕織圖》之「耕圖」（上圖）
焦秉貞《耕織圖》之「採桑圖」（下圖）

清代《布庫圖》

貢賞圖（壁畫，局部）

反映陳廷敬辦公情景的《楮窗圖》

揚州高旻寺行宮

■康熙帝寫字像

初一日，準備。

先是派內大臣索額圖等傳達諭旨：土謝圖汗對殺死札薩克圖汗寫出認罪書，承認「擾害生靈，實臣等之罪」。將其「認罪書」發給與盟的各部首領，以求取得札薩克圖汗弟策妄扎布等的諒解與各部首領的寬容。

初二日，會盟。

在御營外搭起黃色御帳篷。御帳篷南向兩側，設紫紅色長帳篷，這是爲參加會盟的大臣、蒙古王公而設的。正對御座有一帳篷，帳內桌上擺滿了金銀器、酒杯等用具。在皇帝御帳兩側的長桌上，擺滿了豐盛的食物。其中有特意從北京帶來的四頭大象，裝飾華麗，象徵祥和。哲布尊丹巴呼圖克圖、土謝圖汗、札薩克圖汗弟策妄扎布、車臣汗四人坐在第一排。其他官員按序列座。喀爾喀總計近千人。八旗禁軍佩帶武器肅立。清晨，康熙帝著朝服在御營升座，鼓樂齊鳴。喀爾喀王公貴族行三跪九叩禮。然後進行三項議程：

第一、**赦免**。康熙帝宣布赦免土謝圖汗之罪，將冊文和汗印授予土謝圖汗。

第二、**承襲**。封被土謝圖汗殺害的札薩克圖汗親弟策妄扎布承襲其兄爲札薩克圖汗。

第三、**編旗**。康熙帝應允喀爾喀貴族請求，宣布「將爾等與朕四十九旗一例編設，其名號亦與四十九旗同」。分喀爾喀爲三十四旗，下設參領、佐領，從行政建制上與內蒙古各旗劃一。

第四、賜宴。康熙帝主持約兩百桌的盛大宴會，親手把酒遞給哲布尊丹巴，然後是三位喀爾喀親王，再次給二十位主要台吉。他們都跪著接酒，一手持杯，同時叩首，以示對他們特殊恩寵的感激。在宴會過程中，有各種雜技、木偶演出助興。喀爾喀人從來沒有見過如此莊嚴隆重、聲勢浩大、氣氛熱烈、情感融洽的場面與表演，既非常高興，又十分驚異。他們也拜觴起舞，歡欣雀躍，以致很多人都忘記了吃酒席。

會盟典儀至此結束。

初三日，冊封。

第一、賞賜。對哲布尊丹巴、三部汗各賞銀千兩，蟒緞、彩緞各十五匹。他們匍匐於「聖主深仁」的「洪恩」之下而感激莫名，山呼萬歲。

第二、賜宴。康熙帝再次召見哲布尊丹巴、土謝圖汗、策妄扎布、車臣汗等共三十五人賜宴。康熙帝用蒙古語與他們邊吃邊談，氣氛親切，情感融洽。土謝圖汗、車臣汗等奏曰：「聖主如此深仁，臣等恨歸順之晚耳！惟願聖壽萬年，俾臣等仰沐洪恩，長享太平之福。」（《清聖祖實錄》卷一五一）

第三、封號。分別封為親王、郡王、貝勒、貝子、公、台吉，在爵位上完成了「皆執臣禮」的等級序列，實行清朝封爵制度和法律制度。

初四日，大閱。

康熙帝身著戎裝，頭戴鑲有貂皮的頭盔，佩帶胯刀和弓箭，騎馬繞場一周，回來下馬，親自彎射，十矢九中。衆蒙古王公貴族觀射後，震驚地感歎稱：「神武也！」隨後閱兵。受檢閱的部隊，按八旗序列，有騎兵、步兵、砲兵等，據隨行的耶穌會士張誠統計，約一萬名騎兵和一千兩百名步兵，排列長約十里。步兵和砲兵在行列中間，騎兵分列兩翼。康熙帝乘馬由中間透過檢閱部隊，然後登上一座小山包。在這裡安設御帳，四周侍衛林立。康熙帝命喀爾喀王公來到帳前站列於右，八旗大臣、都統站列於左，演習隨即開始。響亮的號角吹響後，先是步兵列隊前進，角鳴聲停，行進也停，如此反覆，三進三停。突然號角聲大作，所有騎兵，大呼前進，萬馬奔騰，聲動山谷。隨之，漢軍火器營，槍砲齊射，聲震大地。演習部隊奔馳到康熙帝所在地的附近，戛然而止，整好隊形。演習完畢，喀爾喀王公對於強大軍容、莊嚴軍威、嚴肅軍紀、新式軍械，感到驚異。砲兵又進行了出色的打靶表演。土謝圖汗等悚懼失態，幾乎躲避。多倫諾爾草原上空前的大閱，喀爾喀人爲之震驚，爲之懾服。

初五日，建寺。

康熙帝敕建匯宗寺。爲什麼寺名「匯宗」呢？他解釋說「有如江河之歸於大海」之意，就是江河入海、萬川歸一的意思。後來乾隆帝詮釋說：「昔我皇祖之定喀爾喀也，建匯宗寺於多倫，以一衆志。」康熙帝還巡視了喀爾喀營地，對窮困者賞以銀幣，對喀爾喀貴族賞給大批牛羊。匯宗寺成爲居住在內蒙喀爾喀人朝拜的宗教中心。

初六日，回鑾。

康熙帝再一次單獨會見哲布尊丹巴、土謝圖汗，並賞賜御用帳幕和金盤、瓷碗等物。喀爾喀王公貴族列隊跪送皇帝車駕回京（參見《清聖祖實錄》卷一五一）。

在多倫會盟過程中，康熙帝顯示出一位政治家的雄才大略。透過請罪、衆議、赦免、賜宴、封賞、大閱、建寺、編旗等形式，平息喀爾喀兩部的積怨與紛爭；推行清朝的編旗、封爵和法律制度，穩定喀爾喀蒙古社會秩序，加強了中央集權，使之「感懷帝德，咸傾心臣服，願列藩屬」。這是康熙帝爲國家統一大業建立的又一大歷史功績。

對喀爾喀蒙古用「會盟」，對噶爾丹的擾犯呢？康熙帝決定御駕親征。

■多倫匯宗寺舊影

三、三次親征

噶爾丹公然向康熙帝提出：「聖上（康熙帝）君南方，我長北方。」（《平定朔漠方略》卷七）這種狂妄野心，這種分裂國家的舉動，是康熙帝斷然不能允許的。康熙帝爲了和平解決同噶爾丹的矛盾，恩撫爲主，平亂爲次。反覆宣諭，耐心說服，均不奏效。事端擴大，威脅京師。康熙帝以噶爾丹「一日不滅，則邊陲一日不寧」（《清聖祖實錄》卷一七三），而三次御駕親征。

第一次親征：烏蘭布通之戰。

康熙二十九年（一六九〇）五月，噶爾丹自科布多起兵，沿克魯倫河東行，轉而南下，長驅直

■康熙帝親征時御用甲冑

■烏蘭布通古戰場

入。六月，噶爾丹已逾呼倫貝爾草原向南深入，直抵距京師三五〇公里的烏蘭布通。康熙帝了解噶爾丹無意和解，便決定親征。七月初二日，康熙帝命其兄和碩裕親王福全爲撫遠大將軍，率清軍主力出古北口爲西路。命其弟和碩恭親王常寧爲安北大將軍，率軍出喜峰口爲東路。康熙帝自統大軍爲中路。另命康親王傑書率師進駐歸化城（今內蒙古呼和浩特），以斷噶爾丹歸路；又命內大臣索額圖、都統蘇怒率所部同赴巴林（今屬內蒙古），繞至噶爾丹側後；再命盛京（今瀋陽）、烏拉、科爾沁諸部，會師合擊之。康熙帝發布軍令，嚴申軍紀，雖王、貝勒，違者絕不稍貸。初六日，撫遠大將軍福全率師啓行，在太和殿舉行隆重的出師典儀。康熙帝臨太和門頒敕曰：「厄魯特噶爾丹，陽順陰違，反侵我部屬，掠烏珠穆秦四佐領，茲因發大兵，聲罪致討……務將厄魯特殲剿廓清，安靜邊圉，斯稱委任。」福全跪受敕畢，率隊啓行。康熙帝送至東直門外。十四日，康熙帝率禁軍啓行，繼福全之後，出古北口，親臨視師。

噶爾丹揚言：不怕十萬八旗大軍！

時福全率大軍駐於烏蘭布通附近。噶爾丹率軍向南進逼，兩軍在烏蘭布通遭遇。福全先致書噶爾丹，雙方進行談判。噶爾丹一面備戰，一面虛應。噶爾丹堅持要將土謝圖汗和哲布尊丹巴交給他。大戰一觸即發。不巧的是康熙帝染病，高燒不退。諸大臣環跪懇請皇帝回鑾調養。不允，諸臣長跪不起。康熙帝垂涕曰：「朕來此地，欲克期剿滅噶爾丹，以靖沙漠。今以朕躬抱疾，實難支撐，不獲滅此賊，甚爲可恨！」邊諭邊哭，淚流滿面，下令回鑾。

八月初一日，中午，兩軍相接。先是，噶爾丹率兩萬騎，屯兵於烏蘭布通。噶爾丹駐帳峰頂，在峰前河畔叢林沼澤布陣，將駱駝萬千縛蹄臥地，背負箱垛，蒙以濕氈，排列如柵，名爲「駝城」。士卒則伏於「駝城」後。福全軍則與之對壘，設營盤四十座，連營六十里，首尾聯絡，屹立如山。未時，清軍分左、右翼，發起進攻，鹿角槍砲，列兵徐進。噶爾丹軍駝城結陣嚴密，有林淖掩護，前又阻於河。清軍先隔河施放槍砲，轟擊駝城，隨後步兵攻擊。噶爾丹軍「萬軍齊射」，猛烈拒守，清軍失利。黃昏，清國舅、都統佟國綱與其弟國維率左翼兵，繞過湖泊，沿河衝鋒，臨陣激勵所部：「今正男兒揚名報國之秋！」身先士卒，衝擊駝城。但不幸被噶爾丹軍以俄國滑膛槍擊中，歿於陣。其弟佟國維分領的左翼兵由山腰疾馳衝入，砲擊臥駝，駝驚陣亂，步騎陷陣，大敗敵衆。噶爾丹兵奔往山頂大營。時天已晚，清軍收兵。但是，福全沒有貫徹康熙帝殲滅噶爾丹軍的作戰意圖，乘勝進擊，而令「將士暫息」，給噶爾丹以喘息的機會。噶爾丹於當夜逃遁；同時又派人議和，麻痹福全。福全中計，令各路領兵大臣如遇噶爾丹移駐，「暫止追擊」。當噶爾丹率部分軍隊奔逃，過盛京、烏拉等地時，因有「暫止追擊」之命，竟不邀擊，縱之使去。

■康熙帝親征時使用的龍紋腰刀

康熙帝部署嚴密，準備充分，戰術得當，但福全誤中敵計，坐失戰機，沒有達到全殲之目的。噶爾丹逃跑，康熙帝決定再次親征。

第二次親征：昭莫多之戰

康熙帝第二次率軍親征噶爾丹，康熙三十五年（一六九六）二月三十日離京出發，六月初九日回京，共九十八天。兵分三路：康熙帝親率京師八旗兵及火器營兵，共三萬餘人爲中路，出獨石口（今河北赤城北）北上；由黑龍江將軍薩布素統領盛京（今瀋陽）、寧古塔（今黑龍江寧安）、黑龍江（今愛輝）、科爾沁兵，共九千餘人爲東路，出興安嶺沿克魯倫河西進，堵住噶爾丹東進道路；命費揚古爲撫遠大將軍，率軍四萬餘人爲西路，分別自歸化（今呼和浩特）、寧夏（今銀川）北上，斷其歸路，相機殲敵；先設糧台，糧草先行，改車運爲駝運。三路大軍約定日期，分進合攻。西路軍所經之地，青草被噶爾丹燒荒盡焚。噶爾丹得知御駕親征，登山遙望，極爲驚慌。噶爾丹原以爲俄國與西藏都會派兵來援，結果成爲夢幻。西路軍按康熙帝預設之策，且戰且卻，將噶爾丹誘至昭莫多（今烏蘭巴托迤南）。昭莫多北依肯特嶺，東峙丘陵，西臨河水。布陣剛完，噶爾

■反映清軍後勤保障的《北征督運圖》

■滿文《親征平定朔漠方略》書影

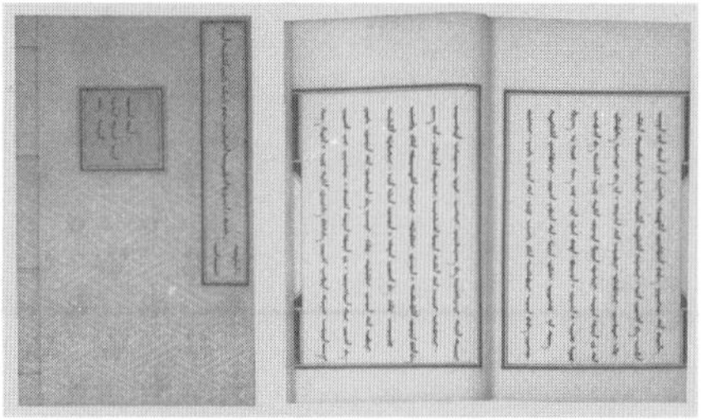

丹率兩千餘騎被誘至陣前，費揚古按康熙帝預授「下馬步戰」之策，指揮所部下馬迎戰，集中火力，猛攻山頭。噶爾丹及其妻阿奴也捨騎冒失而戰。清軍用火器、弓箭猛烈還擊。自中午至黃昏，雙方激戰，難分難解。清軍調整戰術，分兵爲四：一路爲伏兵，沿河設伏；一路爲主兵，從山上呼奔而下衝擊；另設兩路奇兵——其一橫衝入陣，其一襲其後隊輜重。四路清軍，分路猛衝。噶爾丹軍大亂陣腳，奪路先逃，餘衆瓦解。清軍在月下追殺三十餘里。此戰，清軍斬噶爾丹妻阿奴並斬兩千級、降兩千人、獲馬駝牛羊廬帳器械無數，噶爾丹丟棄佛像、經卷，僅率二十餘騎逃脫（《清聖祖實錄》卷一七五）。史稱「昭莫多大捷」。噶爾丹精銳喪失殆盡，成爲大漠遊魂。但噶爾丹不甘心失敗，繼續製造麻煩，於是有康熙帝再次親征。

第三次親征：不戰而班師。

康熙三十六年（一六九七），康熙帝親征到達克魯倫河北岸的托諾山（今蒙古國境內）地方。噶爾丹在衆叛親離下死於逃亡途中。康熙帝聞報噶爾丹兵敗身死，即不戰班師回京。

康熙帝在三次御駕親征中，不論是武器、兵力、糧餉、情報等，他都親自籌劃，周詳部署，預料彼己，謀定而戰，用望遠鏡觀察，製造火砲隨行，顯示其豐富的軍事知識，聰穎謀略智慧。且不怕大漠沙磧，不懼沙俄威脅，長途跋涉，時陷絕境，山窮水盡，不避辛苦，不怕艱險，充滿信心，絕路逢生，表現出了他過人的膽識、耐力、體魄與意志。

康熙帝說：「昔秦興土石之工，修築長城。我朝施恩於喀爾喀，使之防備朔方，較長城更爲堅固。」（《清聖祖實錄》卷一五一）處理蒙古問題，康熙帝表現出三個「雄」字：第一、在處理整個蒙古事件中，展現一代帝王的雄才大略；第二、在處理喀爾喀蒙古事件中，展現出一代帝王的雄圖遠謀；第三、在處理準噶爾蒙古事件中，展現出一代帝王的雄偉氣魄。

chapter 11

第拾壹講

進兵安藏

西藏在元朝已歸中央政府管轄。
康熙帝在處理民族關係時，
既繼承乃祖、乃父的遺訓，又做出重大的創新。
康熙帝對西藏，尊其教、重其俗，
善待其政教首領達賴喇嘛和班禪額爾德尼，
進兵安藏，排除騷擾，
大臣駐藏，駐紮軍隊，是其一大文治武功。

■康熙帝半身像

中國是一個統一的多民族國家，民族紛爭是歷朝漢族皇帝最爲棘手的一個難題。康熙帝是滿族人，他在處理民族關係時，既繼承乃祖、乃父的遺訓，又做出重大的創新。康熙帝對西藏尊重其信奉喇嘛教習俗，善待其政教首領達賴喇嘛和班禪額爾德尼，並派兵進拉薩，消除策妄阿拉布坦蒙古貴族勢力的騷擾，治藏之策，卓有成效。

一、事情起因

西藏舊稱吐蕃，自從元朝的蒙古貴族們崇奉喇嘛教之後，賦予喇嘛對吐蕃的統治權。

■顧實汗像

喇嘛教分不同教派：寧瑪派僧侶穿著紅色衣帽，俗稱紅教；噶舉派僧侶穿著白色衣帽，俗稱白教；格魯派僧侶穿著黃色衣帽，俗稱黃教等。黃教為明朝初年宗喀巴所創。當時黃、紅兩教派勢力較大，各以前後藏為基地。宗喀巴圓寂後，他的弟子克珠節（即第一世班禪），另一弟子根敦朱巴（即第一世達賴）傳承。後實行「靈童轉世」相承的制度。紅教為了恢復原有地位，在宗喀巴死後，聯絡喀爾喀蒙古到青海一帶掃除黃教勢力。黃教為了生存，便向厄魯特蒙古尋求支持。厄魯特蒙古分為和碩特、準噶爾等部，和碩特部首領顧實汗（又作固始汗，意思是大國師），便移帳青

■五世達賴像

海，與支持紅教的喀爾喀蒙古卻圖汗大戰，結果顧實汗勝利。這時正是清太宗皇太極時期。

早在崇禎十二年即崇德四年（一六三九）十月，清太宗皇太極就遣使致書西藏的汗和「掌佛教大喇嘛」。信中說：「朕不忍古來經典泯滅不傳，故特遣使，延致高僧，宣揚佛法，利益衆生。」（《清太宗實錄》卷四九）表達了友好聘請之意。同期，顧實汗聯絡達賴、班禪及第巴（執事官）藏巴汗，共同遣使朝貢。使者伊拉古克三呼圖克圖（即賽青曲結）等，歷經千辛萬苦，經不毛之地，過仇敵之部，長達數年，於崇德七年（一六四二）十月抵達瀋陽，誦經、獻禮、致書。皇太極親自迎接、設宴、還禮（《清太宗實錄》卷六三）。

崇禎十四年即崇德六年（一六四一），顧實汗受五世達賴和四世班禪的密招，率兵入藏。翌年，顧實汗推翻噶瑪政權，殺死藏巴汗。從此，黃教勢力大興。五世達賴羅桑嘉措（一六一七—一六八二年）遂在顧實汗支持下，自任西藏法王，下設第巴（西藏稱爲藏王）一人，總理政事。達賴執政前，歷代達賴住哲蚌寺的噶丹頗章。當時拉薩不是西藏的首城。五世達賴命第巴桑結加措在拉薩大修布達拉宮，先後興建白宮、紅宮及上下經殿房舍，遂有今日的規模。五世達賴移駐布達拉宮，拉薩成爲西藏首城（牙含章，《達賴喇嘛傳》）。達賴雖取得西藏地方政權，但顧實汗也不離開西藏，實際上控制著那裡的軍政要務。

順治九年（一六五二）十月，五世達賴羅桑嘉措率領班禪，及顧實汗的代表一行藏官侍衆三千人，到北京覲見順治皇帝。順治帝在南苑行宮禮遇五世達賴，又在太和殿賜宴。達賴喇嘛等下榻在北京安定門外專門爲其建造的黃寺裡。翌年，達賴喇嘛等辭行返西藏。順治帝賜冊封達賴刻有滿、漢、蒙、藏四種文字的金冊金印，金印的印文爲：「西天大善自在佛所領天下釋教普通瓦赤喇怛喇達賴喇嘛之印。」（《清世祖實錄》卷七四）文中的「達賴」是蒙語大海的意思，「喇嘛」是藏語上師的意思。這就給予五世達賴以國師的地位。從此開始了達賴喇嘛由中央政府冊封的制度，達賴喇嘛在西藏的政治地位才正式確定下來。今布達拉宮壁畫順治皇帝像，是這一段歷史的畫證。順治帝還賜金印給顧實汗，敕諭他「益矢忠誠，廣宣聲教」。

到康熙初年，青海蒙古因放牧事與清軍發生衝突。在三藩之亂期間，吳三桂曾派人尋求達賴喇嘛與顧實

■順治帝禮遇五世達賴（壁畫）

汗的支持。青海諸蒙古貴族中，曾有人乘機而支持吳三桂，甚至發生康熙十四年（一六七五）進攻甘肅清軍的事件。康熙帝對青海、西藏方面與吳三桂的交往非常重視，諭令達賴喇嘛等要「約束部落，毋爲邊患」，並希望他們出兵協助清廷進軍雲、貴、川。達賴喇嘛表面應付，沒有行動。他還爲吳三桂請求：「若吳三桂力窮，乞免其死罪。萬一鴟張，莫若裂土罷兵。」康熙帝則斷然諭道：「朕乃天下人民之主，豈容裂土罷兵！」（《清聖祖實錄》卷五四）康熙帝雖然拒絕了達賴喇嘛的請求，但爲顧全大局，仍以茶馬互市曲意籠絡。康熙二十年，康熙帝平定了三藩之亂後，諭達賴喇嘛歸還在吳三桂兵亂期間擅自割劃的土地，表示了對其在吳三桂叛亂期間態度的不滿。

西藏內部，矛盾複雜。先是，五世達賴對桑結嘉措有特殊的鍾愛，在他剛八歲時，召進布達拉宮，親自培養教育。桑結嘉措學識淵博，舉止不凡。康熙十八年（一六七九），經五世達賴推薦與任命，在三大寺僧衆的誦經聲中，二十六歲的桑結嘉措登上第巴寶座。五世達賴喇嘛晚年專心著述經典，不大過問政事，第巴桑結嘉措主持政務，但他野心很大。時顧實汗已死，桑結嘉措同顧實汗的子孫發生矛盾，要驅除顧實汗子孫在西藏的勢力。但是，噶爾丹的崛起使清廷與西藏、西藏與蒙古、達賴與第巴之間的關係發生了變化。

第巴桑結嘉措反對和碩特部顧實汗子孫對西藏的監督控制，又反對與清朝建立密切關係，爲此與噶爾丹暗中勾結，策劃趕走和碩特部的勢力。在康熙帝第一次親征噶爾丹時，烏蘭布通之戰噶爾丹兵敗，桑結嘉措派遣濟隆呼圖克圖至噶爾丹軍中誦經；及噶爾丹敗，又以講和爲辭拖延時間，使噶爾丹得以遠遁。在這期間，發生眞假達賴的故事。

二、真假達賴

康熙二十一年（1682），五世達賴喇嘛圓寂。

■桑結嘉措像

第巴桑結嘉措秘不發喪，而選擇與五世達賴相貌類似的帕崩喀寺的喇嘛江陽扎巴，穿起達賴服裝，坐在布達拉宮的寶座上，佯裝五世達賴，但不與外人接觸；僞言：「達賴入定，居高閣不見人，凡事傳達賴之命以行之。」這樣，一切事務由第巴桑結嘉措代達、代行，他事實上成了西藏的政教首領。一直到康熙三十五年（一六九六），康熙帝第二次親征噶爾丹時，才從降俘蒙古人的口中，知道達賴身故已久的事。這時五世達賴已經圓寂十五年。五世達賴圓寂後，曾出現三個六世達賴喇嘛，發生了眞假達賴之爭。

其一、倉央嘉措（一六八三—一七〇六年）。

第巴桑結嘉措在康熙三十六年（一六九七）公布五世達賴去世消息，同時私自宣布轉世靈童倉央嘉措已經找到，這位轉世靈童在康熙二十二年（一六八三）降生，年已十五歲。同年，正式迎倉央嘉措到布達拉宮坐床，是爲六世達賴喇嘛。康熙帝授給印信、冊文，予以承認。然而，第巴桑結嘉措的政敵拉藏汗卻表示反對，視倉央嘉措爲假達賴喇嘛。拉藏汗與第巴桑結嘉措關係日益惡化，發生了軍事衝突。康熙四十四年（一七〇五），拉藏汗以青海蒙古騎兵，執殺了第巴桑結嘉措。拉藏汗另立隆素爲第巴，向康熙帝「陳奏假達賴喇嘛情由」及事件經過（《清聖祖實錄》卷二二七），說倉央嘉措不是眞達賴靈童，耽於酒色，不守清規，請予「廢立」（牙含章，《達賴喇嘛傳》）。難題擺到康熙帝御前。康熙帝鑑於第巴桑結嘉措在吳三桂叛亂、噶爾丹騷亂期間的種種表現，承認拉藏汗殺桑結嘉措的事實，並遣使冊封拉藏汗爲翊法恭順汗，賜金印。假達賴喇嘛倉央嘉措如何處置？一種意見是將其拘送到京，另一種意見是原地處置。康熙帝解釋說：「朕意以衆蒙古俱傾心皈向達賴喇嘛。此雖係假達賴喇嘛，而有達賴喇嘛之名，衆蒙古皆服之，倘不以朝命遣人往擒，若爲策妄阿拉布坦迎去，則西域、蒙古皆向策妄阿拉布坦矣。」（《清聖祖實錄》卷二二七）於是，拉藏汗便起解假達賴喇嘛倉央嘉措等赴京，但他在途中出現了問題——一說行到西

■倉央嘉措像

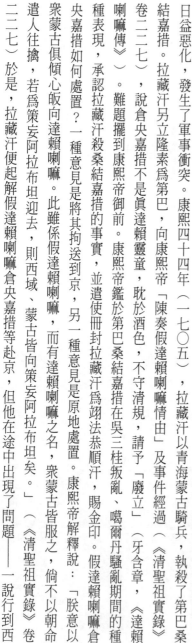

寧口外病故，一說途中被害，一說到五臺山為僧，一說「捨棄名位，決然遁去」，雲遊四方。

其二、伊喜嘉措（一六八三—一七一七年）。

康熙四十六年（一七〇七），拉藏汗又與新任命的第巴隆素，選立波克塔（又作博克達）山的呼必爾汗伊喜嘉措，並迎到布達拉宮坐床，為六世達賴喇嘛。康熙帝諭旨：拉藏汗所立達賴喇嘛，經問班禪胡圖克圖，確知眞實，應無庸議，予以承認。康熙四十九年（一七一〇）三月，康熙帝冊封伊喜嘉措為達賴喇嘛，給予金冊、金印（《清聖祖實錄》卷二四一）。但事情又出了麻煩。拉藏汗新選出的六世達賴喇嘛伊喜嘉措，不被西藏多數僧侶以及青海諸蒙古所承認，並指其為假達賴。此後十年之久，西藏未予承認。青海衆蒙古台吉與拉藏汗的矛盾依然尖銳。後在變亂中拉藏汗被殺。拉藏汗所立達賴喇嘛伊喜嘉措，被囚於拉薩藥王山。

其三、噶桑嘉措（一七〇八—一七五七年）。

青海衆蒙古台吉不相信六世達賴喇嘛伊喜嘉措，而另奉裡塘的噶桑嘉措為六世達賴喇嘛之呼必爾汗，彼此爭論，互相訐奏。康熙五十三年（一七一四），青海貝勒戴青等奏稱：「裡塘地方新出胡必爾汗，實係達賴喇嘛轉世，懇求冊封。其從前班禪胡土克圖及拉藏汗題請安置禪榻之胡必爾汗是假。」康熙帝如何解決這個眞假達賴的矛盾呢？第一、康熙帝認為青海衆台吉和拉藏汗都是顧實汗的子孫，「令其永遠和睦」，採取調和態度，促進各部團結，穩定青海局勢。第二、派官前往班禪處，問這個呼必爾汗是眞、還是假。第二年，取回班禪印文，認定「裡塘胡必爾汗是假」。第

三、命侍衛阿齊圖傳集青海兩翼諸貝勒、台吉等會盟，當衆宣示皇上仁愛之意及班禪送來印文，「令將胡必爾汗送至紅山寺居住」（《清聖祖實錄》卷二六三）。第四、爲避免以武力送呼必爾汗往西藏，強行登上達賴喇嘛禪榻，而引發動亂，諭令將裡塘之呼必爾汗送至西寧口內寺廟居住，置於清軍武力控制之下。康熙五十五年（一七一六）三月，主動將呼必爾汗送至宗喀巴寺居住。宗喀巴寺，就是塔爾寺，位於西寧城西南四十里的塔山。第五、進行軍事部署，選拔駐紮西寧的西安滿洲兵五百名，令侍衛阿齊圖、護軍參領欽第由，率往青海西北形勝要地噶斯口防守，以防策妄阿拉布坦派人侵擾青海，搶奪新出的呼必爾汗。第六、呼必爾汗被清軍護送到拉薩布達拉宮坐床（後文敘述）。

總之，各種勢力和派別，都力圖擁立自己選定的達賴喇嘛，爲己所用，增己實力，爭取僧衆，強過對手。康熙帝爲穩定邊疆局勢，防止策妄阿拉布坦乘隙而入，對青藏各派之間的鬥爭基本採取調解態度，盡一切可能消除矛盾，至少不使事態擴大；原則上承認既成事實，支持一切忠於朝廷的派別，體現了封建君主所共有的是非標準；對於達賴喇嘛，能維護則盡量不替換。

但青藏形勢比較複雜，不久，又發生了策妄阿拉布坦侵犯西藏事件。一場戰爭爆發。有兩件事情，做簡單交代。

■噶桑嘉措像

一是，設立駐藏大臣。

康熙帝鑑於青海台吉與拉藏汗不睦，西藏的事務，不便其獨理，特設官員，「協同拉藏辦理事務」（《清聖祖實錄》卷二三六）。清廷設置駐藏大臣自此始。

二是，正式冊封班禪。

康熙五十二年（一七一三）正月，康熙帝以五世班禪呼圖克圖羅桑益希，「爲人安靜，熟諳經典，勤修貢職，初終不倦」，決定「照封達賴喇嘛之例，給以印冊，封爲班禪額爾德尼」（《清聖祖實錄》卷二五三）。班禪的名號，從四世班禪羅桑卻吉堅贊爲始。「班禪」意爲智德深廣，「額爾德尼」意爲珍寶。「班禪額爾德尼」的封號自此始。此後，歷世班禪額爾德尼「轉世」，必經清廷冊封。康熙帝以冊封達賴之例冊封班禪，以提高班禪的地位，班禪與達賴共主，協助拉藏汗管理西藏地方事務，安撫西藏人心，穩定藏區形勢。

■康熙帝冊封五世班禪諭旨（藏文）

三、進兵安藏

康熙三十六年（1697），康熙帝第三次親征，自京出發，行兵寧夏。

此行主要目的是剿滅噶爾丹，同時乘便對青海和西藏起到威懾作用。出發的第三日，即二月初八日，接到理藩院主事保住從西藏回至莊浪（今甘肅永登）發來之奏疏，得知第巴接到康熙帝先已發出的諭旨，誠惶誠恐，態度恭順，上諭四事，逐條應允。

康熙帝囑咐保住：此次進藏，對第巴態度：「宜加和婉。授敕畢，爾等仍前作禮進幣。」並令保住轉告第巴說：「皇上統領大兵，已臨寧夏，因前事四款，爾皆遵旨，皇上大悅，故不進兵。」（《清聖祖實錄》卷一八一）總之，在處理第巴問題上，康熙帝恩威並施，策略靈活。

康熙帝寬宥第巴的正確政策，促進了青海問題的順利解決。最初青海諸台吉聽說皇帝親自出師寧夏，盡皆震動，移營而去。後得知第巴效忠朝廷，皇帝寬宥其罪，遂解除疑慮，紛紛求見，請求歸順。康熙三十六年（一六九七）十一月二十七日，康熙帝在保和殿接見來朝的顧實汗之子青海扎什巴圖爾台吉等，盛情款待，充分肯定顧實汗和扎什巴圖爾對清廷的忠誠。十二月，皇帝閱兵玉泉山，特邀扎什巴圖爾往觀，以使其親睹天朝兵威。次年正月，詔封扎什巴圖爾台吉爲親王，分別封其他台吉爲貝勒、貝子，並令隨駕巡遊五臺山。爾後，賞賜馬駝，派官護送返回青海。

拉藏汗執殺桑結嘉措之後，桑結的餘黨逃到了天山伊犁，鼓動蒙古準噶爾部首領策妄阿拉布坦進取西藏。策妄阿拉布坦一面暗中做侵藏準備，一面與拉藏汗結爲兒女親家，以減少拉藏汗的疑慮。

康熙五十六年（一七一七），策妄阿拉布坦以護送拉藏汗之子夫婦回藏爲名，派策零敦多布率領六千騎兵，爲免清廷注意，繞道荒涼地區，向西藏進發。經過長途跋涉，準噶爾大軍攻陷拉薩，殺害拉藏汗，控制了西藏，拘禁達賴和班禪（《清史稿》卷八〈聖祖本紀三〉）。準噶爾軍原想乘勝打到青海，搶劫裡塘人噶桑嘉措，進一步控制黃教；但被清軍及時發現，並予擊潰，使策妄阿拉布坦的野心未能得逞。

康熙帝爲安定西藏，先後兩次用兵：

第一次進兵。

先是，策妄阿拉布坦派軍已侵入西藏，並在西藏大行屠殺，搶劫財物，非黃教寺院被毀壞的

■立於拉薩的康熙帝平定西藏御碑

有五百多所。清廷接到奏報後，於康熙帝五十七年（一七一八）五月，派侍衛色楞統率大軍入藏，征剿準噶爾部。準噶爾兵自色楞等入藏之日，即佯敗佯退，誘其深入，精兵設伏，等待時機。色楞有勇無謀，輕敵冒進，不知敵情，不適氣候，遭遇伏兵，突圍不成，相持月餘，彈盡糧絕，於九月中全軍覆沒，色楞等陣亡（魏源，《聖武記》卷五）。這次因輕敵而失敗，爲清軍再次進藏，提供教訓。

第二次進兵。

清軍敗報傳到北京，滿朝上下，大爲驚震。怎麼辦？朝臣多不主張用兵。「王大臣懲前敗，亦皆言藏地險遠，不宜進兵，聖祖以西藏屏蔽青海、滇、蜀，苟準夷盜據，將邊無寧日」（《西藏通覽》，轉引自牙含章，《達拉喇嘛傳》）。康熙五十九年（一七二〇）正月，康熙帝不顧一些人的反對，毅然決定：派皇十四子胤禎（後改名允禵）爲撫遠大將軍王，統率三路兵馬，動員號稱三十六萬之眾，進軍青海，指向西藏，希望一舉解決西藏問題。清軍兵鋒強盛，準噶爾軍勢大衰，加上藏人對準部殘虐的不滿——「父子分散，夫婦離別，擄掠諸物，以致凍餒」，策妄阿拉布坦所遣將領策零敦多布等力竭勢窮，僅餘數百人，狼狽逃回伊犁。拉薩僧俗歡迎清軍的到來——「男女老幼，襁負來迎。見我大兵，群擁環繞，鼓奏各種樂器」（《清聖祖實錄》卷二九一）。清軍平定西藏的動亂，並護送被認爲是眞達賴的噶桑嘉措，從青海入藏坐床；滿漢大臣、蒙古各部首領、西藏黃教上層喇嘛、貴族，齊集布達拉宮，爲噶桑嘉措舉行了隆重的坐床典禮，是爲七世達賴喇嘛。這也解決了達賴化身轉世承襲的問題。

西藏問題，極爲複雜。西藏內部黃教與紅教、達賴與第巴、達賴與班禪，外部西藏與新疆、西藏與青海、西藏與外蒙等，問題交織，盤根錯節。康熙帝對西藏問題的解決，統籌兼顧，恩威並施，卓有成效，開拓局面：

其一、**喀爾喀蒙古歸順**。康熙帝透過多倫會盟等措施，又給喀爾喀蒙古王公封爵，穩定了喀爾喀蒙古社會秩序。

其二、**平定噶爾丹之亂**。消滅噶爾丹，使清朝在天山以西、以北，擴大與鞏固了邊疆管理，廓清了西藏同厄魯特的關係。

其三、**平定了三藩之亂**。在西南地區，平定叛亂，加強中央集權，並爲解決西藏問題，打開通道，準備條件。

其四、**顯示出高明策略**。康熙帝依據時勢變化，及時冊封噶桑嘉措爲第六世達賴喇嘛，派滿、蒙、漢、藏官兵護送其入藏，蒙藏僧俗普遍相望（《清聖祖實錄》卷二八五）。他還善於處理準噶爾、喀爾喀和西藏的關係。一位西方人評論道：「中國皇帝在獲取西藏人同情、離間他們同準噶爾人的關係這一著上，顯露出他的明智。」（《清代西人見聞錄》）

其五、**對西藏政策正確**。康熙中期，尊崇、冊封達賴喇嘛，冊封四大活佛；康熙末年，康熙帝兩度派兵討準保藏，強化對西藏的管理權。康熙帝在西藏設置駐藏大臣、督理政務，駐紮軍隊、鞏固邊防，冊封班禪、穩定局面，後以「金瓶掣簽」制度認定繼任達賴喇嘛、班禪額爾德尼的「轉世」靈童、〈欽定藏內善後章程〉的頒布等大事，都是在康熙帝所建立基礎上逐步完成的。沒有康熙帝對青海、新疆、喀爾喀、西藏地區的這些有益耕耘，就沒有雍正、乾隆兩朝對西藏管理結下的碩果。因此，清代中央對西藏統治權的確定與加強，康熙帝確實做出了開拓性的貢獻。

附錄一：一至七世達賴世系

一世達賴根敦朱巴（一三九一—一四七四年），二世達賴根敦嘉措（一四七五—一五四二年），三世達賴索南嘉措（一五四三—一五八八年），四世達賴雲丹嘉措（一五八九—一六一六年），五世達賴羅桑嘉措（一六一七—一六八二年），六世達賴倉央嘉措（一六八三—一七〇六年），七世達賴噶桑嘉措（一七〇八—一七五七年）。（牙含章，《達賴喇嘛傳》）

附錄二：蒙古和碩特部顧實汗位世系

顧實汗死（順治十一年），其子丹增多吉繼承汗位，是爲達顏汗；達顏汗死（康熙七年），其子丹增達賴繼承汗位，是爲達賴汗；達賴汗死（康熙四十年），其子拉藏汗繼位，是爲拉藏汗。

chapter 12

第拾貳講

以農為本

國以民為本，民以食為天。
史云：農事傷，則飢之本也；女紅害，則寒之源也。
古人有言：「衣帛當思織女之寒，食粟當念農夫之苦。」
康熙帝說：「朕惓惓於此，至深且切也。」
康熙帝對農業、對農民的期待是：
寰宇之內，亦勤亦儉，衣食豐饒，安和富壽。

明朝滅亡的根本原因是，廣大農民沒有飯吃。於是他們揭竿而起，逼得崇禎帝自縊。明清更替，戰亂不已，社會動盪，耕地荒蕪，水旱頻仍，食不果腹。康熙帝面臨一個大難題，就是解決農民的吃飯問題。爲此，根本的事情，就是抓農桑。康熙帝以農爲本，敬農、重農、憫農、恤農、愛農、務農，採取了許多措施：如停止圈地、獎勵墾荒、蠲免田賦、免除丁銀、懲治貪官、興修水利、勸課農桑、賑濟災荒、郊外觀稼、奏晴雨摺、改良品種、關切豐歉等。康熙帝在位六十一年間，蠲免稅糧、丁銀、欠賦達五四五次之多，尤以普免全國錢糧總計約一・五億兩，其數量之大，亙古所無。康熙帝自詡此「乃古今第一仁政」。

我在這裡著重講康熙帝以農爲本所做的三件事：一、行親耕禮；二、繪《耕織圖》；三、種試驗田。

一、行親耕禮

康熙帝敬農、重農的一個表現是行親耕禮。他行親耕禮的場所是先農壇，就是祭祀先農的壇廟。

先農，一般認爲是炎帝神農氏。《周易・繫辭》：「包犧氏沒，神農作，斫木爲耜，揉木爲耒，耒耨之利，以教天下。」中國古代以農立國，敬農、重農的傳統源遠流長。早在商周時期，就有天子祭拜先農、行耕耤禮的制度。《禮記・月令》記載：「天子親載耒耜……躬耕帝藉。」禮制規定：「天子三推，三公五推，卿諸侯九推。」推，就是掌犁推行，一推爲一個來回。皇帝親耕，皇后親蠶。親蠶，祭祀黃帝的元妃嫘祖。明永樂帝營造北京宮殿時，於皇宮外建了五座皇家壇廟，分別是天壇、地壇、日壇、月壇，還有一座先農壇。按照禮制，皇帝每年春天，或親自、或遣官前往先農壇祭祀先農，並行耕耤禮。

■先農壇太歲殿

北京先農壇坐落在紫禁城南三公里處，與天壇東、西相對，占地約一二〇公頃，有壇牆。其中，除有祭祀先農之神的先農壇外，還有配套的神廚、神庫、水井亭、宰牲亭等。建築造型莊重，頗具皇家氣派。明清兩代皇帝祭祀先農，都在先農壇舉行。先農壇裡還有一組與耕耤禮相關的建築。皇帝更衣盥洗在具服殿，親耕耤田在「一畝三分地」（民間常說「一畝三分地」，可能是從這裡來的），觀看王公大臣耕耤在觀耕台，休息和宴賞在慶成宮，打下糧食貯存在神倉。明清兩代五百多年間，先後有二十位皇帝或親自、或遣官，到先農壇祀神耕耤。先農壇現爲國家級文物保護單位，建立了北京古代建築博物館。

康熙帝耕耤前一日，在皇宮中和殿，審閱祭先農的祝版，然後閱視耕耤使用的農具等。這些農具、種子進獻到康熙帝面前，頗費一番功夫。首先，順天府用三頂龍亭，裝載皇帝躬耕使用的耒耜、牛鞭、稻種；用四頂彩亭，裝載諸王從耕使用的麥種、穀種，九卿從耕使用的豆種、黍種，運到午門外放下。然後，順天府官員奉耒耜、種箱陳設於太和殿石階下，再由戶部官員奉入中和殿陳設。康熙帝閱視完畢後，戶部官把這些工具、種子奉出太和殿下，交給順天府官員，奉出午門，放回到各亭內，送到先農壇皇帝行耕耤禮的地方。

■清朝皇帝親耕圖（銅版畫）

康熙十一年（一六七二），十九歲的康熙帝，第一次親自到先農壇祀神耤田。二月二十日（丙申），康熙帝身著禮服，辰時（辰正八時）從紫禁城，出正陽門，到先農壇。先到具服殿，更換龍袍。王以下文武各官更換蟒袍、補服。巳時（巳正十時），祭祀先農之神。未時（未正十四時），行耕耤禮。屆時，導駕官同太常卿引導康熙帝走到親耕的位置，面南而立，從耕的康親王傑書（代善之孫）、裕親王福全（玄燁之兄）、簡親王喇布（濟爾哈朗之孫）和九卿等各就耕位站立。鴻臚寺官喊道：「進耒耜！」戶部尚書米思翰跪進耒耜。贊：「進鞭！」順天府尹紀振疆跪下進鞭。接著，禮部、鑾儀衛和太常寺堂官協助康熙帝秉耒，耕地三推。順天府丞奉稻種青箱（播種用具），戶部侍郎播種，耆老隨後覆土。其間，教坊司樂工唱三十六禾辭。現在能看到雍正二年（一七二四）的三十六禾辭，其中前四句是：「光華日月開青陽，房星晨正呈農祥。帝念民依重農桑，肇新千耤考典章。」（《光緒大清會典事例》卷五三四）康熙帝耕完後，鴻臚寺官喊：「受耒耜。」戶部尚書跪著從康熙帝手裡接過耒耜；又喊：「受鞭！」順天府尹跪著接過牛鞭，放回到龍亭裡。禮部、太常寺堂官導引康熙帝登上觀耕台，面南而坐。這時的觀耕台還是用木頭搭建的，比較簡陋。後乾隆皇帝把觀耕台改建成漢白玉圍欄、磚石壇台。

康熙帝還命康親王傑書、裕親王福全、簡親王喇布，吏部左侍郎王清、戶部尚書米思翰、禮部尚書哈爾哈齊、兵部尚書明珠、刑部尚書莫洛、工部尚書王熙、都察院左都御史多諾、通政使司左通政任克溥、大理寺卿王胤祚等，按順序耕地：三位親王各耕五推，九卿各耕九推。順天府屬官執青箱播種，耆老隨後覆土。康熙帝在耕耤禮結束後回宮（《康熙起居注冊》康熙十一年二月二十日）。

康熙帝親自到先農壇，祀先農神、行耕耤禮，是他一生中唯一的一次。但他在位六十一年，先後五十五次遣官到先農壇祭祀先農。可見他對祀先農神、行耕耤禮是非常重視的。就是在巡視京畿地區到東安縣時，他也特派官祭祀先農之神（《清聖祖實錄》卷一五四）。

清代敬祀先農制度一直堅持到宣統三年（一九一一）。這裡我講一個與此有關的故事。

嘉慶二十年（一八一五）三月初一日，嘉慶帝來到先農壇躬耕，但順天府所備耕牛不馴服，耕不下去。更換耕牛之後，仍不馴服。結果御前侍衛十餘人勉強驅駕，耕了三個來回。嘉慶帝雖然完成禮儀，但仍很惱火。接著，嘉慶帝上觀耕台，命睿親王瑞恩、克勤郡王尙格、慶郡王永璘各耕五個來回；吏部右侍郎佛住、戶部右侍郎成格、禮部尚書穆克登額、兵部右侍郎恩寧、刑部右侍郎熙昌、工部右侍郎普恭、都察院左副都御史李宗瀚、通政使司通政使張鵬展、大理寺卿慶明各耕九個來回。結果三王九卿所用的耕牛，也是都不馴服，甚至還有耕牛奔逸，「殊不足以肅觀瞻」，實在是太不嚴肅，也太不吉祥了。

■《雍正帝祭先農壇圖》（局部）

當天嘉慶帝諭內閣：「耕耤爲劭農大典，順天府供備牛隻，平時不勤加演習，玩忽從事。著將專司供辦之大興縣知縣沈守恆、宛平縣知縣張治俱先行革去頂帶，交部嚴加議處；順天府府尹費錫章係專轄之員，著交部嚴加議處……所有此次一切例賞，概行停給。」（《清仁宗實錄》卷三〇四）

康熙帝不僅會耕地，而且還掌握得比較熟練。康熙四十一年（一七〇二），康熙帝到京畿南博野（今河北省博野縣）視察農耕，了解農情，路經一塊田地，康熙帝親自執犁，耕地一畝，觀者萬人。陪同的直隸巡撫李光地專門爲文勒石，以紀其盛（《養吉齋叢錄》卷五）。這件事說明康熙帝重視農桑，也說明他會幹一點農活。這對一個帝王來說是難能可貴的。

親耕對大部分皇帝來說，都要提前練習。光緒帝就曾經先後五次在豐澤園（今中南海）演習耕耤禮。他在十七、十八、十九歲時，連續三年先到豐澤園練習，然後才去先農壇。到二十三歲和二十五歲時，他又在豐澤園練習了兩次。可見光緒帝對這件事很重視，也說明他對農事比較陌生。

實際上，透過皇帝祀神耕耤這個側面，也可以考察皇帝。現在可以看到的史料，記載最早親耕的皇帝是漢文帝，他在前元二年（西元前一七八年）下詔說：「農，天下之本，其開籍田，朕親率耕，以給宗廟粢盛。」（《史記》卷一〇〈孝文本紀〉）此事距今已經兩千多年。元代皇帝「雖議耕耤，竟不親行」，就是說元帝沒有親自舉行過耕耤之禮。明太祖朱元璋登極當年，就諭定「來春舉行耕耤禮」（《明史》卷四九〈禮志三〉）。明成祖朱棣遷都北京，不僅參照南京建造先農壇，而且規定皇帝登極之初必須行耕耤禮（《明會典》卷五一）。但他的後代萬曆皇帝在位四十八年，竟然一次都沒有踏進先農壇，甚至都沒有遣官去先農壇祭祀先農之神。康熙帝的兒子雍正帝在位只有十三年，但親自到先農壇共十二次。

康熙帝以自己親臨先農壇行禮，和先後五十五次派遣大臣到先農壇行禮的實際行動，彰示自己敬重農神、重視農業、以農爲本的思想。

二、繪《耕織圖》

康熙帝恤農、憫農的一個重要表現是繪《耕織圖》。康熙帝御製《耕織圖》是怎麼回事呢？

康熙二十八年（一六八九）康熙帝第二次南巡時，有江南人向他進獻了一部《耕織圖》。這部《耕織圖》是南宋紹興年間（一一三一—一一六二年）以詩畫並茂形式介紹耕織技術的著作。作者是樓璹，字壽玉、國器，浙江於潛縣（今臨安市）令。據其侄樓鑰記述：「伯父時爲臨安於潛令。篤意民事，慨念農夫蠶婦之作苦；究訪始末，爲耕、織兩圖。耕自浸種以至入倉，凡二十一事；織自浴蠶以至剪帛，凡二十四事，事爲之圖。係以五言詩一章，章八句，農桑之務，曲盡情狀。」（《攻媿先生文集》卷七四）當時朝廷曾遣使持《耕織圖》巡行各郡邑，以推廣耕織技術。所以這本圖冊對於推動南宋稻作、蠶桑的發展起過一定作用。

康熙帝得到這本《耕織圖》後，非常喜歡，仔細觀覽，感慨萬端。他認爲：「念生民之本，以衣食爲天。嘗讀〈豳風〉、〈無逸〉諸篇，其言稼穡蠶桑，纖悉具備。昔人以此被之管弦，列於典誥，有天下國家者，洵不可不留連三復於其際也。」那麼，眼前的這本《耕織圖》，正好就是他求之不得的好教材，可以利用這本圖冊教育官吏重農愛農，也可以教育官吏學習基本的農桑知識。比起把農桑之事配樂演唱和列入典制，繪製《耕織圖》更形象直觀。

回京後，康熙帝命宮廷畫師焦秉貞重繪《耕織圖》。焦秉貞，字爾正，山東濟寧人，任欽天監五官正（六品）、供奉內廷充書畫譜館待詔，是耶穌會士湯若望的門生。通天文地理，會測算，又擅長畫人物、樓觀，畫法以工筆重彩爲主，兼用西洋畫法，講求明暗與透視等技巧（《清史稿》卷五〇四〈焦秉貞傳〉）。焦秉貞參考宋代樓璹的《耕織圖》，重新創作，到康熙三十五年（一六九六）二月社日（二十二日），繪成《耕織圖》（《國朝畫徵錄》）。這本《耕織圖》，繪畫耕圖二十三幅，織圖二十三幅，共四十六幅。其耕圖二十三幅是：浸種、耕、耙耨、耖、碌碡、布秧、初秧、淤蔭、拔秧、插秧、一耘、二耘、三耘、灌溉、收刈、登場、持穗、舂碓、簏、簸揚、礱、入倉、祭神。其織圖二十三幅是：浴蠶、二眠、三眠、大起、捉績、分箔、採桑、上簇、炙箔、下簇、擇繭、窖繭、練絲、蠶蛾、祀神、緯、織、絡絲、經、染色、攀花、剪帛、成衣。這四十六幅圖畫，「田家景物，曲盡其致；蠶室機杼，精妙無窮」（《康熙御製耕織圖・嚴虞惇呈進書》），生動形象地描繪了稻作和蠶桑的生產過程，再現了生產工具的使用，是一部生動直觀普及農桑知識的教科書。

康熙帝爲《耕織圖》作序，寫道：「古人有言：衣帛當思織女之寒，食粟當念農夫之苦。朕惓惓於此，至深且切也。爰繪耕、織圖各二十三幅，朕於每幅製詩一章，以吟詠其勤苦，而書之於圖。自始事迄終事，農人胼手胝足之勞，蠶女繭絲機杼之瘁，咸備其情狀。復命鏤板流傳，用以示子孫臣庶，俾知粒食維艱，授衣匪易。」原本有康熙帝御書「一犁杏雨」和「三徑桑雲」。其摹本序首鈐蓋「佩文齋」朱印，序後鈐蓋「康熙宸翰」陽文朱方大印和「稽古右文之章」陰文朱方大印。

■《雍親王耕織圖》之「灌溉圖」

康熙帝還爲每一幅圖配詩一首，每首詩都是七言四句。在詩文中，康熙帝並沒有用筆墨更多地介紹農桑知識，而是感慨農夫織女的萬般辛勞，告誡人們「須知白粲流匙滑，費盡農夫百種心」（《耕織圖》耕圖二十），「自昔宮廷多浣濯，總憐蠶織重勞人」（《耕織圖》織圖二十三），流露出康熙帝對農民、農業的關心、愛惜和憐憫。康熙帝對《耕織圖》如此用心，是要把自己關心和愛護農民，發展農業，解決農民吃飯問題的愛心和雄心，傳達給王公大臣。康熙帝透過《耕織圖》勸課農桑，普及農業知識，推廣耕作技術，促進農業發展，應當說是做了一件好事。

康熙帝御製《耕織圖》有原本、摹本、刻本

（黑白刻本和彩色刻本）三種。康熙帝御製《耕織圖》原本，四十六幅，冊頁，絹底，設色，手繪，現藏美國國會圖書館。美國國會圖書館亞洲部學術研究主任居蜜博士提供的《耕織圖》，大家可以一覽。摹本是焦秉貞弟子冷枚等據原本彩色臨摹的。刻本是由朱圭、梅裕鳳鐫版印刷的，由康熙帝頒賜臣工，後來流傳很廣。甚至在日本、韓國都有不同版本。

《耕織圖》有多種流傳形式，有的被燒製在瓷器上。景德鎮生產的耕織圖瓷器，成爲康熙時期瓷器的一個獨特品種，當時就成爲貢品，現在更是收藏家珍藏的寶物。有些故宮博物院收藏的瓷盤，圖案題材就取自《耕織圖》。有的瓷瓶，圖案也取自《耕織圖》。在承德避暑山莊澹泊敬誠殿寶座後面，有一套紫檀圍屏，上面雕刻的圖案，也是男耕女織的景象。

康熙帝晚年，皇四子雍親王胤禛特命宮廷畫師精心繪製一套《耕織圖》進獻給皇父康熙帝。《雍親王耕織圖》現藏中國國家圖書館。圖中的農夫以他自己爲原型，農婦以自己的福晉爲原型。畫中的雍親王，扶犁躬耕，彎腰插秧，揮鐮割稻，敞懷赤腳，辛苦耕作，虔誠祭神，以此來表示自己不辜負皇父以農桑爲本的期望。胤禛繼位後的確非常重視發展農業。

康熙帝的孫子乾隆皇帝乾脆將《耕織圖》中的美景復原在清漪園（今頤和園）裡，將雕刻著《耕織圖》的石板鑲嵌在遊廊裡，映現在清漪園的湖光山色中。乾隆帝有這樣的詩句：「玉帶橋邊耕織圖，織雲耕雨肖東吳。」近年，頤和園重建了耕織圖園。

康熙帝恤農、憫農的思想，我們已經從《耕織圖》中領略到了。下面再舉一個賑災的例子。

康熙三十年（一六九一），陝西西安、鳳翔等地旱災，大批災民流落他鄉。康熙帝得知後，立即派學士布喀前往災區。十二月，康熙帝下令動支正項錢糧二十萬兩，由戶部侍郎阿山、內閣學士德珠負責，賑濟災民。三十一年（一六九二）二月，康熙帝將賑災不力的戶部侍郎阿山及其他隱瞞災情、防救不力的官員一律解職，除了繼續利用本地財力賑災外，又「撥給別省錢糧，刻期運送，務使均沾實惠，人獲更生」（《清聖祖實錄》卷一五四）；康熙帝要求各省督撫賑濟流落到本省的飢民；提供路費，使流民回原籍者更好。四月，爲了吸引流民回籍，康熙帝動支戶部庫銀一百萬兩，送陝西供軍需和賑濟。在陝西災情仍未好轉的情況下，康熙帝寢食不安，停止元旦筵宴。康熙三十二年（一六九三）正月，康熙帝批准四川陝西總督佛倫的請求，將西安、鳳翔兩府額銷鹽引暫減一半。三月，康熙帝又以陝西旱荒，遣皇子胤禔攜御製祭文代祭華山。胤禔祭畢回京後，奏報陝西已經風調雨順，麥苗長勢很好，流民回原籍者甚多。康熙帝略得安慰。七月，佛倫等人奏報，西安、鳳翔的情況已大爲好轉，雨雪霑足，麥豆豐收，秋禾茂盛，流民回籍者已有二十餘萬。康熙皇帝這才如釋重負。不久，康熙帝又批准了陝西巡撫吳赫的請求，在陝西招徠流民，有地者給與牛、種，無地者依例給銀安插。這樣，終於度過一連數年的陝西旱災。

三、種試驗田

康熙帝愛農、務農的一個重要表現是種試驗田。

■豐澤園菊香書屋舊影

他每到一地巡視，都注意收集當地的民風歌謠，喜歡觀察當地的農事。凡是「南北土疆之性，黍稌播種之宜，節候早晚之殊，蝗蝻捕治之法」（〈康熙御製耕織圖序〉），都特別喜歡諮詢和了解，對這些情況都掌握得非常清楚。在聽政時，康熙帝總要「與諸臣工言之」（〈康熙御製耕織圖序〉）。難能可貴的是，康熙帝還創造條件親自耕田、養蠶。

大家都知道，西苑（今中南海和北海）從金代開始就是皇家苑囿。康熙帝在西苑建立了豐澤園，園中開闢皇帝的試驗田。「豐澤園」今見是兩組四合院式建築。一組主建築是崇雅殿，後名頤年堂，曾是中央開會的場所；另一組主體建築是菊香書屋，毛澤東曾在這裡居住過。當年，康熙帝在這裡藏書、讀書、聽大臣進講等。而豐澤園旁，有稻田十畝一分，內演耕地一畝三分。這裡有康熙帝的「試驗田」和蠶房。園外耕種，園內讀書，正體現了古代「詩書傳家，農耕爲本」的儒家修身、齊家、治國的思想。

康熙帝在「豐澤園之側，治田數畦，環以溪水，阡陌井然在目，桔槔之聲盈耳，歲收嘉禾數十鍾」（〈康熙御製耕織圖序〉）。他利用這塊農田培育稻子的優良品種，先後種植的稻子有幾十個品種。這樣就發生了「御稻米」的故事。康熙帝記述了這個故事：有一天，康熙帝發現豐澤園稻田裡，有一棵稻稈高出許多，別的稻子剛秀穗，而這棵稻穗已經成熟。康熙帝很是驚奇，就把這棵稻穗收做種子。第二年種下，果然又在六月就成熟了。於是，一年復一年，終於培育出早熟新稻種，因爲它生長在御苑田裡，所以名「御稻米」。御稻米顏色微紅，米粒長，氣味香，口感好，且早熟。既適合在北方種植，又可以在南方一年兩熟。四十多年以來，內膳所進，都是此米。「朕每飯時，嘗願與天下群黎共此嘉穀也。」（《康熙幾暇格物編》下編）

康熙帝還有一首《早御稻》詩記其事：

紫芒半頃綠陰陰，最愛先時御稻深。

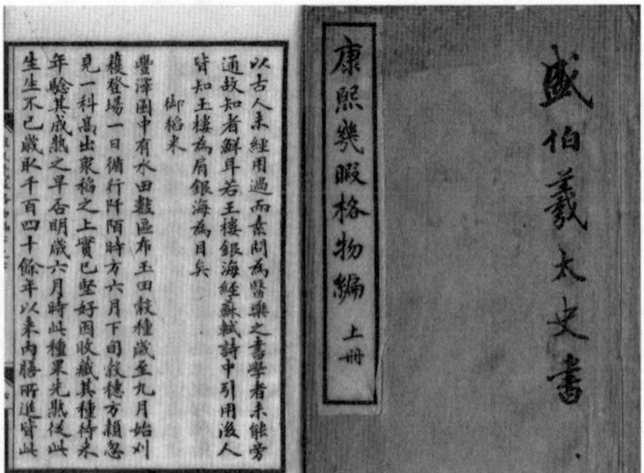

■康熙帝撰，《康熙幾暇格物編》之「御稻米」

若使炎方多廣布，可能兩次見秧針。（《康熙御製文集》四集卷三六）

乾隆帝在〈御製豐澤園記〉中悟出了康熙帝的良苦用心。他寫道：「西苑皆元明舊址，惟豐澤園爲康熙年間新建之所……園內殿宇制度惟樸，不尚華麗。聞之老監云：皇祖萬幾餘暇則於此勸課農桑，或親御耒耜。」乾隆帝詩詠中還提到康熙帝曾在豐澤園種植葫蘆。

■避暑山莊甫田叢樾亭

康熙四十二年（一七〇三），康熙帝建承德避暑山莊，在山莊甫田叢樾亭旁開闢了御瓜圃和御稻田，就是皇帝的「菜園」和「稻田」。御瓜圃裡種瓜豆菜蔬，御稻田又是試驗莊稼田。康熙帝自己也說：「北方性種穈、桑、稗、稷等類，總不知種別樣之穀。」「山莊苑內，麥、穀、黍、稻皆需焉。」「口外種稻至白露以後數天不能成熟，惟有此種可以白露前收割。故山莊稻田所收，每當避暑用之，尚有盈餘。」康熙帝在避暑山莊吃的稻米就是在試驗田裡種植的。

康熙四十三年（一七〇四），康熙帝看到早御稻在避暑山莊試種成功，便頒旨准許在北京玉泉山等地推廣種植。先是，康熙三十九年（一七〇〇），時任直隸巡撫的李光地得知康熙帝在西苑豐澤園試種出了早熟醇香的御稻，就提出在天津一帶種植水稻。後在澎湖海戰中獲康熙帝讚譽的「破肚將軍」藍理，任天津總兵時，在天津、豐潤、寶坻「召募閩中農民二百餘人」和「江南等處無業之民」，「開爲水田栽稻」。試驗成功後，在天津等地推廣。他報告說，當地「有窪地五十頃，被水浸，不便耕種。又有高地五十頃，不宜種稻。其可作水田種稻者，止五十頃」。康熙帝即指導工匠導河修渠，並親自繪製水閘、水車圖形，使得一五〇頃水田全部種上了水稻。至康熙四十八年（一七〇九），這一五〇頃水稻獲得高產，從而結束了長城內外沿線不種水稻的歷史。後人爲了紀念藍理的功德，稱這一萬五千畝稻田爲「藍田」。津郊的水稻，在清朝得到大的發展，至今仍是北方重要的水稻產地。後天津小站地區出產的稻米稱「小站稻」。而京郊玉泉山一帶種植優質稻米的傳統，一直流傳到現在。康熙帝說過：「自幼喜歡稼穡，所得各方五穀菜蔬之種，必種之，以觀其收穫。」

康熙五十三年（一七一四），康熙帝把一石御稻種發給蘇州織造李煦，令他推廣，同時試種雙季連作，改變長江兩岸一季糯一季稻的種植傳統。兩年以後，御稻種迅速傳播到江蘇、浙江、安徽、兩淮及江西等地，糧食產量大幅度提高。

除了種水稻，康熙帝還親自養蠶。他在豐澤園稻田旁種植桑樹，搭蓋蠶舍，還「浴繭繅絲，恍然如茅簷蔀屋」（〈康熙御製耕織圖序〉）。在蠶舍旁建造了「知稼軒」和「秋雲亭」，康熙帝經常在這裡觀看勞作。雍正帝繼位後，在北京的北郊建先蠶祠。乾隆帝在西苑東北角（今北海公園北門內）建先蠶壇，內有先蠶壇、觀桑台、親蠶門、親蠶殿、浴蠶池、先蠶神殿、蠶所等，兼有祭祀蠶神和養蠶示範的功能。

從豐澤園到御瓜圃，從御旱稻到養蠶桑，康熙帝透過親歷農桑的實踐，掌握了農桑的全過程和基本常識。康熙帝重視與關心農業的興趣，常年一貫，至老不減。他在〈刈麥記〉一文中說：「朕念切民依，恫瘝一體，年近七旬，精力漸衰。扶杖而閱耕種，臨畦而觀刈獲，遇雨暘時若，則收割之際，蒼顏野老，共慶有秋，黃口稚子，無愁乏食。此朕一時之眞樂也。」這是他重農重桑、務農務桑，以農爲本的眞情流露。

先農壇、耕織圖、豐澤園和御瓜圃，曾經是清代農耕文明輝煌發展的推進器，康熙帝繼承中國幾千年的傳統，把中國帶向農耕文明的最高境界。雍正帝、乾隆帝繼承父祖之業，使中國走上「康雍乾盛世」的頂峰。但是，他們領導的中國一直沒能跨出農耕文明的圈子，而與工業文明失之交臂。這時的歐洲，已經跨進近代工業文明的門檻。

與康熙皇帝幾乎同時代的俄國沙皇彼得一世，於一六八九年（康熙二十八年）推翻攝政的姊姊索菲婭掌握實權，八年後，一六九七年（康熙三十六年）他化名秘密出國，到西歐考察學習。次年回國，將西歐先進的管理方法和科學技術應用於本國建設，興辦工廠，發展貿易，建立正規陸海軍隊。一七〇〇年（康熙三十九年）以戰爭手段奪取波羅的海出海口，使落後的農奴制俄國逐步走向近代化，爲沙皇俄國的崛起奠定基礎。對比俄國沙皇彼得一世，我們不能不對康熙帝表現的缺憾而深感惋惜。

附錄一：康熙御製耕織圖序

朕早夜勤毖，研求治理。念生民之本，以衣食爲天。嘗讀〈豳風〉、〈無逸〉諸篇，其言稼穡蠶桑，纖悉具備。昔人以此被之管弦，列於典誥，有天下國家者，洵不可不留連三復於其際也。西漢詔令，最爲近古，其言曰：農事傷，則飢之本也；女紅害，則寒之源也。又曰：老耆以壽終，幼孤得遂長。欲臻斯理者，舍本務其曷以奉。朕每巡省風謠，樂觀農事。於南北土疆之性，黍稌播種之宜，節候早晚之殊，蝗蝻捕治之法，素愛諮詢，知此甚晰，聽政時恆與諸臣工言之。於豐澤園之側，治田數畦，環以溪水，阡陌井然在目，桔槔之聲盈耳，歲收嘉禾數十鍾。隴畔樹桑，傍列蠶舍，浴繭繅絲，恍然如茅簷蔀屋。因構「知稼軒」、「秋雲亭」以臨觀之。古人有言：衣帛當思織女之寒，食粟當念農夫之苦。朕惓惓於此，至深且切也。爰繪耕、織圖各二十三幅，朕於每幅製詩一章，以吟詠其勤苦，而書之於圖。自始事迄終事，農人胼手胝足之勞，蠶女繭絲機杼之瘁，咸備其情狀。復命鏤板流傳，用以示子孫臣庶，俾知粒食維艱，授衣匪易。《書》曰：惟土物愛厥心臧。庶於斯圖有所感發焉。且欲令寰宇之內，皆敦崇本業，勤以徠之，儉以積之，衣食豐饒，以共躋於安和富壽之域，斯則朕嘉畫元元之至意也夫。

康熙三十五年春二月社日題並書

附錄二：關於「御稻米」的記載

豐澤園中有水田數區，布玉田穀種，歲至九月，始刈獲登場。一日，循行阡陌，時方六月下旬，穀穗方穎，忽見一科，高出眾稻之上，實已堅好，因收藏其種，待來年驗其成熟之早否。明歲六月時，此種果先熟。從此生生不已，歲取千百。四十餘年以來，內膳所進，皆此米也。其米色微紅而粒長，氣香而味腴，以其生自苑田，故名「御稻米」。一歲兩種，亦能成兩熟。口外種至白露以後不能成熟，惟此種可以白露前收割。故山莊稻田所收，每歲避暑用之，尚有贏餘。曾頒給其種與江浙督撫、織造，令民間種之。聞兩省頗有此米，惜未廣也。南方氣暖，其熟必早於北地。當夏秋之交，麥禾不接，得此早稻，利民非小。若更一歲兩種，則畝有倍石之收。將來蓋藏，漸可收藏矣。昔宋仁宗聞占城有早熟稻，遣使由福建而往，以珍物易其禾種，給江淮、兩浙，即今南方所謂黑穀米也。粒細而硬，又結實甚稀，故種者絕少。今御稻米不待遠求，生於禁苑，與古之「雀銜天」，兩者無異。朕每飯時，嘗願與天下群黎共此嘉穀也。（《康熙幾暇格物編》下編）

chapter 13

第拾叁講

治理黃河

水利是農業的命脈。
黃河、淮河、運河的治理
不僅是農業的命脈，而且是清廷的命脈。
康熙帝親政後要處理的三藩、河務、漕運三件大事，
治河與漕運占其二。
可見問題之嚴重、事情之急切。

■《康熙帝南巡圖》中皇帝臨河情形

康熙大帝康熙帝親政後，「以三藩及河務、漕運爲三大事，夙夜廑念，曾書而懸之宮中柱上」（《清聖祖實錄》卷一五四）。這三件大事，對康熙帝來說，不是座右銘，而是柱右銘。上述三件大事中的「三藩」，前面講過，已經平息。而「河務」與「漕運」看起來是兩件事，實際上是互相聯繫的一件事。因爲「天庾玉粒」、八旗糧餉、京師民需等，主要是靠京杭大運河運輸。京杭大運河如人體的大動脈，動脈栓塞，運輸不暢，牽動京師，事關重大。從明朝遷都北京以來，中原的三條大河——黃河、淮河、運河有交匯，黃河或淮河出了問題，會直接影響到運河的通航，也就是河務直接影響到漕運。因此，通漕首先要治河，治河重點是黃河。康熙帝是怎樣做的呢？下面介紹，分作三目：一、重視治河；二、重用靳輔；三、重要經驗。

一、重視治河

黃河是中華民族的一條母親河，為什麼會發生河患呢？既有其自然原因，也有其社會原因。

黃河爲害的自然原因之一是，黃河的河水從上游夾帶大量泥沙，而泥沙淤積，河床升高，容易潰堤；逢到雨水過大，河水漫溢，河堤潰決。就遼金以來的黃河來說，既有水利，更有水患。

黃河爲害的社會因素，又加重了黃河水患。金初攻宋，決黃河豫北段，河道南移，生民遭殃。蒙古滅金，與南宋爭開封，決寸金澱，黃河氾濫。明朝末年，決開封黃河堤，水灌開封城，死人十萬以上（《黃河水利史論叢》）。

元、明、清三代的黃河水患，屢決大堤，爲害一方。元代，黃河「潰溢不時，至正中，受害尤甚，濟寧、曹、鄆間，漂沒千餘里」（《明史》卷八三〈河渠志一〉）。明朝遷都北京後，治河與保運相聯繫，每年漕運北京的糧食多達五百萬石，河務更爲重要。但是，明朝後期，治河不力，局面嚴重：「河決而塞，塞而復決，決無寧日，遂止弗塞，聽其崩潰，河患極矣！」（鄭肇經，《中國水利史》）所以，有明一代：「河患與明相終始，豈非人事哉！」就是說，明朝的河患，既有自然因素，而更多的是社會因素、人爲因素。

那麼，到了清初呢？大家知道，自清太祖遼左起兵，至康熙帝統一臺灣，關內關外，百年戰爭，中州大地，人死田荒。執政者將主要精力、物力、財力、軍力集中到中原地區皇權的一統，而沒有專注於河務的治理。康熙帝親政後，特別是平定三藩之亂、統一臺灣之後，作爲一位有作爲的興國之君，擺在他面前的經濟與民生的最重要課題是：興修水利，通導運河，發展農業，惠及民生。

一九六六年，我騎自行車，從北京出發，沿京杭大運河，進行考察。行程三千五百里，途經八個省市，歷時一個月，最後到達杭州。在江蘇省淮陰

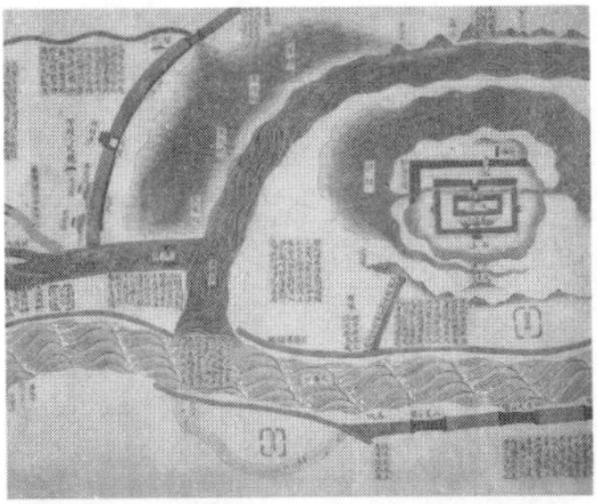

■明萬曆《河防一覽圖》（潘季馴繪）

■清人繪《潞河督運圖》（局部），描繪了大運河通州段的繁忙景象

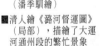

市境，看到黃河、淮河、運河的交匯處，清朝叫「清口」。康熙帝治河、通漕的一個關節點，就在清口。清朝所謂「河務」、「漕運」，首先要保證漕運通暢，所以康熙帝治理黃河是以保漕利運爲主。

順治十六年（一六五九）到康熙十六年（一六七七）間，蘇北地區黃河、淮河等連年潰決，決口百餘處，海口淤塞，水災嚴重，運河斷航，大礙漕運。後康熙帝賦詩道：

淮揚罹水災，流波常浩浩。
龍艦偶經過，一望類洲島。
田畝盡沉淪，舍廬半傾倒。
煢煢赤子民，栖栖臥深潦。

面對嚴重水災，河道總督王光裕被解職勘問，以安徽巡撫靳輔爲河道總督。

我在這裡介紹一下河道總督。明朝以都御史總督河道，不設專職河道總督。清朝開始設專職河道總督，俗稱河台，主管黃河、運河、淮河的堤防疏浚等事宜。雍正定制，分工管理——江南一人，稱南河總督，駐清江浦（今江蘇省淮安市）；山東一人，稱東河總督，駐濟寧州（今山東省濟寧市）；直隸一人，稱北河總督（時間較短），由直隸總督兼，駐保定府（今河北省保定市）。靳輔任河道總督時，河道總督只一人。所以，職任重要，任務繁巨。

康熙帝要治河，首要是選人、派官。康熙朝河道總督共十二人，我重點介紹靳輔，從中反映康熙帝治河的決心、政策、運籌、智慧和風範。

二、重用靳輔

■靳輔撰《治河方略》

靳輔（一六三三—一六九二年），字紫垣，今遼寧遼陽人，隸漢軍鑲黃旗。他的父親隨清軍入關。靳輔在順治中由官學生經過考試，官授國史院編修，後任學士（五品）、禮部侍郎（三品）。康熙十年（一六七一），任安徽巡撫（二品）。靳輔在離京赴任途經邯鄲時，因呂翁祠詩，結識了陳潢。

陳潢（一六三七—一六八八年），字天一，浙江錢塘（今杭州）人。陳潢爲人聰穎，懷才不遇，屢試不中，落魄京華。他飽讀治河之書，研究治水，顚沛流離，暫居邯鄲。一日，他在邯鄲呂翁祠的祠壁題詩：

> 四十年中公與侯，雖然是夢也風流。
> 我今落魄邯鄲道，要替先生借枕頭。

靳輔訪見陳潢，交談甚歡，相見恨晚，引爲幕友。康熙十六年（一六七七）二月，靳輔受命任河道總督，替代王光裕。官員們以河道總督爲畏途：「聞者心驚，見者膽落。」（《靳文襄公奏疏》卷八）靳輔自然也惶恐不安，想起前任王光裕因治河不力被革職的下場，猶豫不敢承命。但陳潢勸說靳輔，大丈夫要激流勇進，知難而上，說道：

> 盤根錯節以別利器，河失久治起而任之，膺斯任者，非公莫屬！

靳輔聽了陳潢的一席話，很受感動，決定上任。靳輔受命之後，同陳潢沿河考察，訪問耆老，日夜奔波。經過考察，靳輔胸有成竹，一天連上八封奏疏，陳述以往治河得失，建言治河之策。靳輔的治河方略是：統審全局，河運並治，浚河築堤，束水攻沙，多開引河，量入爲出。靳輔汲取

■清人繪《黃河築堤圖》（局部）

前人治河經驗，又得幕僚陳潢襄助，徵發民工，塞決口，築堤壩，使河水仍歸故道。他重點治理黃河、淮河、運河交匯的清口。

靳輔的治河，主要是三條：

其一、**束水攻沙**，就是繼承和運用前明潘季馴「以堤束水，以水攻沙」的經驗，築堤束水沖刷黃河水中夾帶的泥沙；

其二、**修築遙堤**，就是主堤（縷堤）外三、四里處築遙堤，加一道堤防，洪峰大時，河水在遙堤裡下瀉，避免其氾濫成災；

其三、**新開中河**，就是在前人基礎上，從江蘇的淮陰到邳縣，開闢三百里的運河。我在這裡說一下中河。原來漕船行到這裡，要借一段黃河，然後才能進入運河。這段黃河，風大浪險，水流湍急，每條船要增加二十多名縴夫，日行二、三十里。遇到淺灘還要起駁，就是將貨物搬到岸上，陸運過淺灘後，再重新裝船。開闢中河後，漕船避開黃河驚險，從中河透過，無風浪之憂，保障漕運順利通行。

靳輔的疏奏，多由陳潢起稿，施工也由陳潢監理。他們督率民工，日夜辛勤，治理河道，大有成效。

但是，靳輔卻受到朝廷大臣與地方豪紳的攻訐。於是，他先後遇到五次劫難。

第一劫：自請處分。

康熙二十年，靳輔治黃河三年，黃河未盡復故道，靳輔自劾，請求處分。部議靳輔革職，康熙帝命留任。

第二劫：遭到攻擊。

康熙二十一年（一六八二），候補布政使崔維雅上〈河防芻議〉，列舉二十四條，否定靳輔方案。康熙帝派遣尚書伊桑阿、侍郎宋文運前往調查，命崔維雅隨同前往。這時靳輔申辯：工程將要告竣，不應隨便變更。康熙帝命朝廷會議討論，並召靳輔到北京答辯。靳輔說：蕭家渡很快堵塞，崔維雅議不可行。康熙帝同意，命靳輔趕回工地。二十二年（一六八三）春，蕭家渡堵塞，黃河歸故道。康熙二十三年（一六八四），康熙帝南巡，閱視河工，賜詩讚美。

第三劫：靳于分歧。

康熙二十四年（一六八五），康熙帝命安徽按察使于成龍修治海口及下河工程，聽靳輔節制。于成龍（一六三八—一七〇〇年），字振甲，隸漢軍鑲紅旗，康熙初由蔭生授知縣，後升知府、直隸巡撫，康熙三十一年（一六九二），繼靳輔任河道總督。這裡說明一點：清康熙朝有兩位于成龍，另一位于成龍（一六一七—一六八四

■于成龍像

年），山西永寧人，字北溟，官知縣、知府、巡撫、總督，被康熙帝譽爲「清官第一」。

旋召靳輔和于成龍到北京集議。這時，于成龍與靳輔發生意見分歧——于成龍意見：力主開浚海口；靳輔意見：下河海口比內地高五尺，應當修築長堤，高一丈五尺，束水趨海。靳輔說：開海口雖可洩水，但有海水倒灌之憂；于成龍說：堤高一丈五尺，民居在其下，一旦河決，無數百姓，將飽魚腹。兩人意見不合怎麼辦？康熙帝命在朝廷會議上討論。朝廷臣議，各持一說。

康熙帝沒有立即做出結論，而是廣泛徵求意見。

其一、康熙帝先召問身邊經筵講官、江北人喬萊。喬萊說：靳輔意見不對。

其二、康熙帝又派尙書薩穆哈等到當地查議。薩穆哈回京說：開海口無益。

其三、江寧巡撫湯斌回京就任尙書，康熙帝垂詢。湯斌說：海口挖開，積水可洩，但高郵一帶民衆房屋、墳墓會毀掉，恐怕不便。

其四、康熙帝又召靳輔入京。這時于成龍任直隸巡撫，康熙帝將靳輔的奏疏給于成龍看，但于成龍仍堅持下河宜浚。事情仍不能決定。

其五、康熙帝再派尙書佛倫等往施工現場勘查商議，但佛倫支持靳輔意見。

第四劫：遭到免職。

康熙二十七年（一六八八），御史郭琇彈劾靳輔治河無績，內外臣工，群起上疏附議。康熙帝聽了兩方面的陳述，自己不做乾斷，而交九卿會議裁決：靳輔被罷官；陳潢被削職，逮京師，下獄之後，憂憤致死。友人張靄生將陳潢治河的著述和言論編纂成《河防述言》。靳輔將它收入自己的

《治河方略》裡，呈奏康熙皇帝（張含英，《歷代治河方略探討》）。陳潢通曉政事，留下《河防述言》、《天一遺書》傳世，爲一代奇才。

康熙帝命：停止修築重堤，免去靳輔河道總督，以閩浙總督王新命代之。

第五劫：因病而死。

康熙三十一年（一六九二），重新任命靳輔爲河道總督。當年冬，靳輔卒，年六十歲。靳輔是康熙朝治河的能臣、名臣、功臣、廉臣。靳輔治理河運，三十年無大災。有《靳文襄公奏疏》、《治河方略》傳世。靳輔治河十年，兢兢以築堤岸疏下流塞決口爲事，黃淮底定。及病篤，猶陳兩河善後之策及河工守成事宜，實心爲國，古今罕覯。靳輔以後司河者類能規隨成法，晏安數十年，無大變患（《中國水利史》）。

靳輔死後，重要的河道總督有張鵬翮。

張鵬翮（一六四九—一七二五年），字運青，四川遂寧人，康熙進士，康熙三十九年（一七〇〇）任河道總督。康熙四十五年（一七〇

■《康熙帝南巡圖》中的治河場景

六），為治理黃、淮、運三河，在方略、籌款等方面，康熙帝與九卿存在分歧，並在御門聽政時進行了多次爭論。康熙帝不同意九卿「河務重大，需餉繁浩，應開捐納條例」的疏奏，就是用賣官得的錢來治河的意見。康熙帝反覆勸諭：國庫銀錢充足，不必捐納增收。康熙帝還批評九卿「毫不諳練河務」。張鵬翮治河九年，治清口，塞六壩，修歸仁堤，成績顯著。後升刑部尚書。雍正時官至武英殿大學士。但他曾赴山西辦理賑災，敲詐勒索，當地輿情說：「其患更甚於旱災。」

三、重要經驗

康熙帝治河，有三點經驗。

■清人繪《星宿海河源圖》（局部）（上圖）
■清《永定河志》之「初修永定河示意圖」（下圖）

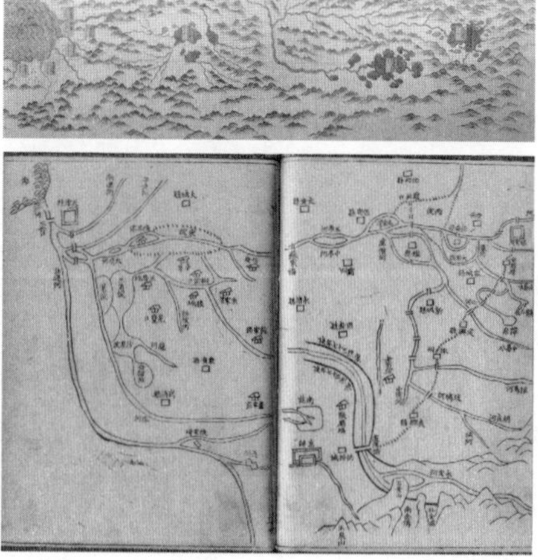

第一、親理河務。

治河是人治，關鍵在重視。康熙帝治河，貴在親自抓。抓什麼？樹有根，水有源，他爲治理黃河，首重了解河源。康熙帝曾派侍衛拉錫、侍讀舒蘭，往窮河源，到星宿海，往返萬餘里，並繪成輿圖。這是中國歷史上第一幅經過實際踏查而繪成的黃河圖。他六次南巡，巡視黃河，親自考察，閱讀方志，調查研究，訪問耆老，扯繩測量，指授方略。

康熙帝親理河務，治理永定河又是一例。永定河源出山西北部管涔山，上游爲桑乾河，懷來以下稱永定河。上游經大同合渾水東北流，穿黃土高原，含大量泥沙，河水渾濁，故有渾河之稱。《元史》名爲小黃河。下游淤淺，河道變遷，又稱無定河。康熙七年（一六六八），決盧溝橋堤。爾後，河道多次北移，沿河地域常受水災。三十七年（一六九八），河水時有氾濫，康熙帝親自臨視。他乘船考察，了解水勢，親自測量，隨駕的皇太子、皇四子、皇五子、皇八子、皇十四子、皇十五子、皇十七子等，也遵父命分釘木樁，運用儀器，進行丈量，記錄數據。他任用巡撫于成龍，實行疏築兼治。自北京良鄉老君堂舊河口起，經固安、永清、東安、霸州，達西沽入海，疏浚河一四五里，築南北堤一八〇里。康熙帝賜名爲「永定河」。從此，四十多年永定河沒有遷徙，京畿地區獲益很大。

康熙帝重視歷史經驗，查閱歷史文獻，了解治河措施，結合體驗，寫出論述。但是，他悉心治河數十年，河督張鵬翮疏請將治河諭旨編纂成書，以便永久遵行。他說：前代治河之書，無不翻閱，泛論雖易，實行則難。河水沒有定性，治河不可一法。今日治河之言，欲令後人遵行，斷不可行。這表現了康熙帝可貴的科學態度。

第二、慎重用人。

他用人得當，靳輔、陳潢是力證。河道總督靳輔與直隸巡撫于成龍，治河方略，意見相左。他不妄加論斷，而集雙方在御前辯論，各申己見，互相駁難。辯不能決，又命集鄉里瀕臨河工在京官員疏陳己見。最後經朝廷會議，提出方案。康熙帝集思廣益，幾經反覆，做出乾斷。

但是，康熙帝也有錯誤。他片面地支持于成龍的意見，而將靳輔罷官。然而，康熙帝可貴之處在於，不是沒有錯誤，而是有錯即改。如康熙二十八年（一六八九），康熙帝南巡，巡閱高家堰，見水勢回緩很高興。沿途聞江淮之民，都稱頌原任河道總督靳輔，感念不忘。回京後，六部九卿會議，侍郎博濟等疏稱：靳輔束水攻沙，獲得明顯效果。康熙帝說：「前革職屬過，可照原品致仕官例，復其從前銜級。」（《康熙起居注冊》康熙二十八年三月二十一日）於是，恢復靳輔官職，當年靳輔卒。康熙帝得到靳輔病死的奏報，臨軒歎息；命其靈柩，先入都城，再運回家。這是前所未有的殊榮。靳輔死後，命于成龍為河道總督。

康熙三十三年（一六九四），康熙帝召見于成龍，君臣有一段對話：

康熙帝曰：減水壩果然可以塞否？

于成龍曰：不宜塞，仍然按照靳輔的方案做。

康熙帝曰：如此，為何不早陳述呢？你排陷他人容易，身任河道總督則難，這不是明驗耶？

于成龍回答：臣那時妄言，現在也按照靳輔的辦法去做。

這是對靳輔治河最好的結論，也是康熙帝善於汲取教訓的一例。

第三、慎待爭議。

康熙帝對有爭論的問題，自己不輕易下結論，而是派人去調查，親自召大臣談話，令九卿等會議討論，甚至進行御前辯論。他經常在御門聽政時向啓奏的大臣們詢問各地水利工程情況，並利用六次南巡之機，多次視察河工。如對九卿會議提出「祈皇上親臨河上指授方略」的要求，加以斷然拒絕。而九卿一再堅持，申明利弊，說皇帝不親臨指示，就不敢動工，工程也不能善成。

康熙帝最終同意親自前往閱視。這場爭論，從正月初十日開始，到十二月二十七日結束，整整進行了一年。九卿或面奏，或遞摺，直陳己見，從而大大提高了中樞決策的準確程度，對於國務治理起到了良好的作用。

在治河的過程中，或康熙帝說服了九卿，自己的意見得以順利推行；或康熙帝發覺自己意見並不完全正確，而採納臣下意見改變決定。

以上三點，能爲其一，可謂明君，能爲其三，實屬不易。

總之，康熙帝治河，親自考察，重用能臣，反覆商討，愼重決策，使黃河治理大有改觀，出現了四十年安瀾的局面。

■清人繪《治淮圖》（局部）

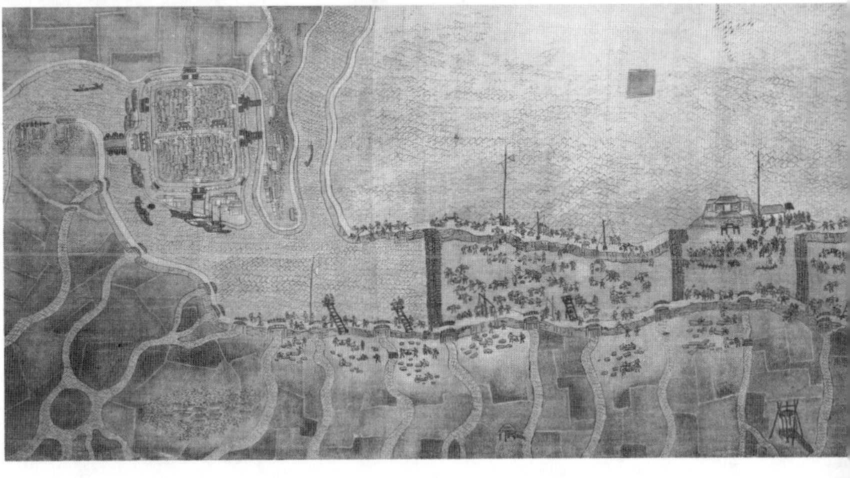

chapter 14

第拾肆講

六下江南

康熙帝六下江南，
其主要目的，是爲了治河，還是遊玩？
我想他的目的是多元的，
有治國，有治水，有考察，有巡視，有省耕，也有遊覽。
但康熙帝的旨趣是：「安當思危，治不忘亂。」
（《清聖祖實錄》卷一一七）

■《康熙帝南巡圖》之「御舟渡江」

康熙帝從康熙二十三年（一六八四）三十一歲，到四十六年（一七〇七）五十四歲，六下江南，共五二〇天。他是清朝十二位皇帝中，第一位航經運河、海河、黃河、淮河、長江、錢塘江六條大江河的皇帝，開創了清帝南巡的先例。其中第六次南巡時間最長，一一八天，達四個月。康熙帝的南巡，做了些什麼呢？概括來說，主要有四：一是視察河務與漕運，二是促進滿漢文化交融，三是宣揚皇威與督察臣工，四是省耕問俗與遊覽山水。治河之事，前已講過，不再重複。這一講主要介紹康熙帝南巡要解的三個結：一、解文化之結；二、解君臣之結；三、解君民之結。

一、解文化結

康熙帝在削平三藩、統一臺灣之後，進行六下江南的重大系列活動。

■曲阜孔廟大成殿內康熙帝御筆「萬世師表」匾額

大家知道，清朝太祖、太宗、世祖三帝，沒有一人的足跡跨過黃河。康熙帝爲什麼要六下江南呢？我認爲，康熙帝南巡，一個重要期待是：解滿漢文化之結。康熙帝從三代先祖手中接到的一個沉重歷史包袱是：滿漢文化衝突，整整一百年間，沒有完全化解。努爾哈赤的「屠殺漢儒」，皇太極的六掠中原，多爾袞的強令剃髮，使得中原漢人更強調「夷夏之辨」，對立情緒更強。

爲解開滿漢對立的這個文化死結，康熙帝主要做了四件事：

第一、祭孔子。

康熙帝從小讀《論語》，至少念一二〇遍，背誦一二〇遍，可謂滾瓜爛熟，瞭然於心。孔子，在他心目中是至聖先師。康熙帝第一次到曲阜，一定要到孔廟祭奠孔子。

在康熙帝到達之時，曲阜孔子後代，衍聖公孔毓圻率領博士孔毓埏等諸孔氏官員及其男性族人年滿十六以上者，都在曲阜東郊跪迎。這說明孔氏已經接納了康熙帝。而康熙帝到先師廟的藏書樓——奎文閣前降輦，屈帝王之尊，步入大成門，進入大成殿，在鼓樂齊作的隆重禮儀下，向孔子塑像和牌位行三跪九叩大禮。致祝辭曰：「仰惟先師，德侔元化，聖集大成。開萬世之文明，樹百王之儀範。永言光烈，莫不欽崇。」康熙帝還御書「萬世師表」四個大字，懸額殿中。並由孔子後裔、講書官孔尚任（後作《桃花扇》）進講被康熙帝視爲「聖經」的《大學》首章。舉人孔尚鉝進講《易經．繫辭》首章（《清聖祖實錄》卷一一七）。還參觀了杏壇、孔林（孔子及其後裔墓），在孔林行三叩禮。

第二、祭岱廟。

康熙帝到泰安，登泰山極頂，又東到秦觀峰，及孔子「小天下」處，東南到日觀峰，薄暮駐蹕行宮（《清聖祖實錄》卷一一七）。大家知道，泰山是五嶽之首。相傳炎帝、黃帝、堯、舜、禹、周公都封泰山。秦始皇登泰山，中途遇

■康熙帝御題明孝陵「治隆唐宋」碑

暴風雨，在大樹下避風雨。漢武帝也封禪泰山（《史記》卷二八〈封禪書〉）。然而，滿洲的「神山」為長白山，康熙帝能夠親詣岱廟，躬祀泰山之神，這表明他對漢族儒家傳統文化，認同景仰，頂禮膜拜。

第三、祭明陵。

康熙帝連續三次南巡，親祭明太祖孝陵。當年努爾哈赤、皇太極很看不起明太祖朱元璋，說「爾朱太祖，昔曾為僧」云云。康熙帝卻說：「明太祖，一代開創令主，功德並隆。」（《清聖祖實錄》卷一一七）他親謁明太祖孝陵。第三次南巡，書「治隆唐宋」四個大字匾額（《清聖祖實錄》卷一九三）。他見明故宮，昔者鳳闕巍峨，今則頹垣斷壁矣。慨然久之，且深思曰：「萬曆以後，政事漸弛，宦寺朋黨，交相構陷，門戶日分，而士氣澆薄，賦斂日繁，而民心渙散，闖賊以烏合之衆，唾手燕京。」（《清聖祖實錄》卷一一七）

第四、祭禹陵。

康熙帝第二次南巡，到了杭州。他說：禹陵離這裡很近，念大禹功德隆盛，應萬世永賴，當親自拜祭。於是，康熙帝從杭州渡錢塘江，船停泊在紹興會稽山麓。康熙帝下船，到大禹陵前，親撰祭文，祭奠禹陵，率領大臣，行三跪九叩禮。又登窆石亭，觀覽形勝。

康熙帝的「四祭」——祭孔子、祭岱廟、祭明陵、祭禹陵，就是向天下宣告：接受漢族儒家文化。

■《康熙帝南巡圖》之「拜謁大禹陵」

在南巡中，康熙帝御書「正誼明道」匾額，令懸於大儒董仲舒祠堂；御書「理明太極」匾額，令懸於大儒周敦頤祠堂。這是對儒學大師董仲舒、周敦頤的尊崇。又御書「忠藎永昭」匾額，令懸於宗澤祠堂；「忠節不磨」匾額，令懸於陸秀夫祠堂（《清聖祖實錄》卷二二〇）。領導岳飛抗金憂憤而死的宗澤（一〇六〇—一一二八年），在厓山（今屬廣東新會）背負才八歲的南宋末帝趙昺投海而死的陸秀夫（一二三六—一二七九年），康熙皇帝對這些漢族抗金、抗元的傑出人物賜贈匾額，進行表彰。曹寅也在揚州發起整修奉祀南宋抗金將領的旌忠廟。

康熙帝的「四匾」——給董仲舒、給周敦頤，特別是給宗澤、給陸秀夫，展現作爲一代帝王的博大胸懷，表明康熙帝不僅是滿洲令主，而且是天下共主。

康熙帝南巡途中，在行宮喜歡看演出。據《聖祖五幸江南全錄》記載，他第五次南巡時，在揚州住六天：初一日，進宴演戲；初二日，兩淮鹽商進宴演戲；初三日，觀看景致，進宴演戲；初四日，觀看燈船，進宴演戲；初五日，晚朝之後，進宴演戲；初六日，晚朝之後，進宴演戲。每天晚上，都吃宴會，觀看演戲。在蘇州、杭州、松江、南京、鎮江等，也是經常看戲。一次因下雨沒能

■《康熙帝南巡圖》中的演戲場景

演戲，「命女樂清唱，至二更安歇」（陳捷先，《康熙寫眞》）。

對於康熙帝在南巡途中看戲，過去多批評是帝王享樂奢侈，這是一面；另一面也應當看到：這是他接受漢文化濡染與薰陶的一種方式。

康熙帝還命人將江南名勝美景在北京暢春園、承德避暑山莊仿造，後對其孫乾隆帝影響很大。

康熙帝在學習漢文化的同時，並沒有忘記騎射。他在南京、杭州，都要到校場，並親自騎射。在南京校場，康熙帝「右發五矢，五中；左發五矢，四中。士民觀者，以數萬計，皆踴躍蹈舞，歡呼動地」（《清聖祖實錄》卷一一七）。他能左右挽射，弓馬嫻熟。一次，他騎馬奔射一個目標，突然坐騎橫竄，便急中生智，原要右手彎弓，改爲左手彎弓，一箭中的，衆人驚異（《清聖祖實錄》卷一九二）。

《南巡圖》是康熙帝南巡的圖畫紀錄。清朝承襲明制，設立宮廷畫院。紫禁城內的如意館，是清帝召喚畫師作畫之所。清順治帝福臨、康熙帝玄燁、雍正帝胤禛、乾隆帝弘曆等，不但喜歡賞畫，也能潑墨，帝王的愛好使得清代北京宮廷裡的繪畫盛況超過明代。清代宮廷繪畫的一個特點是，繪圖志功，規模宏大。康熙二十八年（一六八九），康熙帝第二次南巡回京後，詔畫《南巡圖》，以作紀念。繪圖由左副都御史宋駿業主持，宋以重金迎其師常熟人王翬至京合作，王翬帶弟子楊晉同行。繪畫之前，派遣副手至康熙帝南巡途經各處寫生，把有關景物與形勝做了詳細描繪。王翬「令衆分繪而總其成」（《清史稿》卷五〇四〈王翬傳〉），草圖畫成，分爲四片，計十二卷，經康熙帝御覽後，才正式落稿，名爲「康熙南巡圖」。全圖的繪製，歷時三年，絹本設色，氣勢宏大，色彩雅麗，繪畫人物兩萬餘，再現了康熙帝南巡的盛況。

二、解君臣結

康熙帝南巡，第二個期待是：解君臣隔膜之結。

康熙朝滿洲官員占主導地位，漢官常有不滿情緒。康熙帝透過南巡活動，盡量緩解滿漢官員之間的矛盾，對漢官採取如賜匾、賜字、賜宴、賜物、賜銀、賜食、賜見、賜官等許多懷柔、籠絡措施。

康熙帝賜致仕（退休）在籍大學士張英御書「謙益堂」匾，賜大學士陳廷敬、戶部尚書徐潮、禮部侍郎胡會恩、都察院左副都御史陳詵等御書。他們謝恩跪懇曰：「蒙恩浩蕩！」

將軍馬三奇、織造曹寅、中堂張玉書恭進御宴一百桌。又揚州府鹽商進古董六十件，又進皇太子四十件，其他地方官員也進皇太子古董、物件不等。康熙帝同漢族官員進行溝通，密切了君臣感情。

康熙帝南巡至德州，接見梅文鼎（一六三三—一七二一年）。康熙帝聽說安徽宣城貢生梅文鼎的天文數學造詣很深，向大學士李光地索取他的《曆學疑問》三卷。後帶回宮中仔細閱讀，親筆圈點塗抹並貼簽批註，認爲該書用力深厚、議論公允。康熙帝第五次南巡，將梅文鼎召到御舟上，「從容垂問，至於移時，如是者三日」，贊其爲「眞僅見也」（《清史稿》卷五〇六〈梅文鼎傳〉）！但因梅年老，不便到京，特賜御書、匾額等（《國朝先正事略》卷三三〈梅定九〉）。梅文鼎對曆法的見解是：「敬授人時，何論中西？」他認爲：凡是合天者，從之而已，就是主張曆法無國界。梅文鼎在數學方面的成就尤爲突出，不僅能吸收西方數學的成就，還對《明史・曆

■《康熙帝南巡圖》中的南京文廟與貢院

法志》正其誤、補其缺（《清史稿》卷五〇六〈梅文鼎傳〉）。他平生勤奮，手抄雜書不下數萬卷，年八十九而卒。

康熙帝南巡至江寧，發生了一個故事。江寧知府陳鵬年（一六六二—一七二三年）是個清官，下令將暗娼老窩端掉，改爲鄉約講堂，堂內張寫〈聖諭十六條〉，堂中懸掛「天語叮嚀」匾。有人告發他「不敬莫大焉」，就是對皇帝的大不敬。定罪「論斬」。正好康熙帝第五次南巡到江寧。江寧織造曹寅向康熙帝免冠叩頭，爲陳鵬年求情：階石有聲，至血被額。康熙帝最終將陳鵬年免死，到北京武英殿修書處效力。後來陳鵬年官蘇州知府，鎮江崖刻〈瘞鶴銘〉剝落江中，他命人打撈而出，今藏鎮江「瘞鶴銘博物館」，成爲文壇佳話。又官河道總督。黃河決口，「自請前往堵築，寢食俱廢，風雨不辭，積勞成疾，歿於工所。聞其家有八旬老母，室如懸磬」。雍正帝說：「此眞『鞠躬盡瘁，死而後已』之臣！」（《清史列傳》卷一三〈陳鵬年〉）

康熙帝透過南巡，消除同漢官，特別是江南漢官的隔膜，增進了君臣感情。這裡我講一個康熙帝同宋犖的故事。宋犖的父親宋權，河南商丘人，進士，任明朝順天巡撫，剛上任三天，崇禎帝吊死。他投降清朝，仍任原官。後上書給攝政睿親王多爾袞，提出三條建議：一是給崇禎帝發喪，二是

■宋犖像

免除明末加派糧餉，三是選賢任能，都被採納。後升任大學士，病故（《清史列傳》卷七八〈宋權〉）。他的兒子宋犖（一六三四—一七一三年），因父曾任內國史院大學士，十四歲得蔭三等侍衛。因經常出入宮掖，熟悉朝章典制。康熙朝歷官知府、布政使、巡撫、尚書等，幾與康熙一朝相始終。著作有《漫堂年譜》、《西陂類稿》、《筠廊偶筆》等。康熙帝與宋犖，君臣關係親近。康熙帝第三次南巡，正值宋犖任江蘇巡撫，君臣兩人有「碧螺春」的故事。

故事說：太湖洞庭東山有一座碧螺峰，峰的石壁縫裡，生長數株野茶。每年當地人提著竹筐來採茶，以供日用，數十年間，沒見異常。康熙某年，按季節採茶，有一人因採茶較多，筐裡裝不下，便揣在懷裡，茶得熱氣，發出異香，採茶人爭呼：「嚇殺人香！」「嚇殺人」是吳中的方言，於是就把這種茶叫「嚇殺人香」。從此以後，每到採茶時節，當地男女老幼，都要沐浴更衣，前來採茶。新茶不用筐裝，而是放在懷裡。有一人叫朱元正，獨精製法，尤稱妙品，每斤值銀三兩。康熙三十八年（一六九九），康熙帝第三次南巡，車駕到蘇州，巡撫宋犖特進獻當地色香味俱佳的名茶。康熙帝品茶後，問茶名，答「嚇殺人香」。康熙帝嫌這個茶名粗俗，以其春天產於碧螺峰，因賜名「碧螺春」。

康熙帝知道宋犖年老眼花，特賜眼鏡一副給他，還賜別物給他。康熙帝看到宋犖年紀大了，牙口不好，應該吃點軟的、有營養的食品，又以內府所製豆腐賜給宋犖，並派御廚到宋犖衙署廚房，向那裡的廚師傳授做法，作爲宋犖後半輩子食用。康熙皇帝不僅將自己喜歡吃的豆腐送給宋犖，還「全程服務」，宋犖感激涕零，以此爲殊榮，曾把這幾件事寫入自己的《漫堂年譜》裡。

康熙帝第四次南巡，賜江蘇巡撫宋犖御書「督撫箴」一副。第五次南巡，賜江蘇巡撫宋犖御書對聯、匾額，賜「福」、「壽」字，衣服一襲、帽子一頂、硯臺一方，又賜詩「久任封疆事，蘇台淨點塵」。宋犖三次接駕南巡，年老致仕回鄉，享年八十。

康熙帝與宋犖之間，不似君臣拘謹，而是交互往來，情誼日增。康熙帝六次南巡，廣泛接觸漢族官員，對增進君臣了解、消解君臣隔膜，起了不可估量的作用。

三、解君民結

康熙帝南巡，第三個期待是：解君民夷夏之結。

漢人、特別是江南漢人，對滿洲文化有一種隔膜，當時人叫做「夷夏之辨」。多爾袞時期，

■杭州靈隱寺，康熙帝南巡時題寫「雲林禪寺」匾額

「留髮不留頭，留頭不留髮」，「揚州十日」、「嘉定三屠」、「江陰抗清」，江南人民，刻骨銘心。康熙帝南巡一個期待是，籠絡士紳，維繫民心，化解歷史積怨，消解不滿情緒。

康熙帝到南京，經明故宮，往明孝陵，荊榛滿目，一片蒼涼，下令加以保護與修整。後曹寅奉旨與江蘇巡撫宋犖監修明陵。

他每到一地，都減免田賦。如第三次南巡，他說，「朕巡幸江南遍察地方疾苦，深知民間生計艱難，將通省積欠錢糧盡行蠲免」（《清聖祖實錄》卷一九三）。第五次南巡，入山東境，「山東紳衿軍民數十萬，執香跪迎道左，合奏山東連年饑饉，蒙皇上截留漕運，分疆散賑，動內帑數百萬兩，遣官四、五百員，分派各州縣賑濟，至地丁錢糧前後屢行蠲免，通省億萬民命始得復生，無不垂涕感激，御舟已過猶瞻仰不已焉」（《清聖祖實錄》卷二一九）。第六次南巡，山東紳衿士庶，數十萬衆，跪迎聖駕，爲蠲免通省舊欠錢糧，感戴歡呼，叩首謝恩（《清聖祖實錄》卷二二八）。

他每到一地，都關心民瘼。如第四次南巡，一日，「昨夜大風，南村失火，朕遣大臣侍衛撲滅之，小民遭此，深爲可憫，著傳諭巡撫、布政使，察明被災房數並議作何行賞之處」。後巡撫王國

昌等察明，並議定每被火燒房屋一間，賞銀三兩（《清聖祖實錄》卷二一一）。

他每到一地，都轟動輿情。

——到山東，第五次南巡，「夾岸黃童白叟，歡呼載道，感恩叩謝者，日有數十萬。扶老攜幼，日計數萬，隨舟擁道，歡聲洋溢，由中而發，非假飾也」（《清聖祖實錄》卷二一九）。

——到宿遷，過白洋河，居人老幼數千，跪迎堤畔，其年老貧寒者，各賜白金（《清聖祖實錄》卷一一七）。

——到南京，縉紳士民數十萬，於兩岸跪送，上停舟。

——到揚州，闔郡士民迎駕。民間張燈結綵，盈衢溢巷歡迎。一些人，不僅夾道跪迎，而

■康熙帝駐蹕杭州時所作的行書五言詩

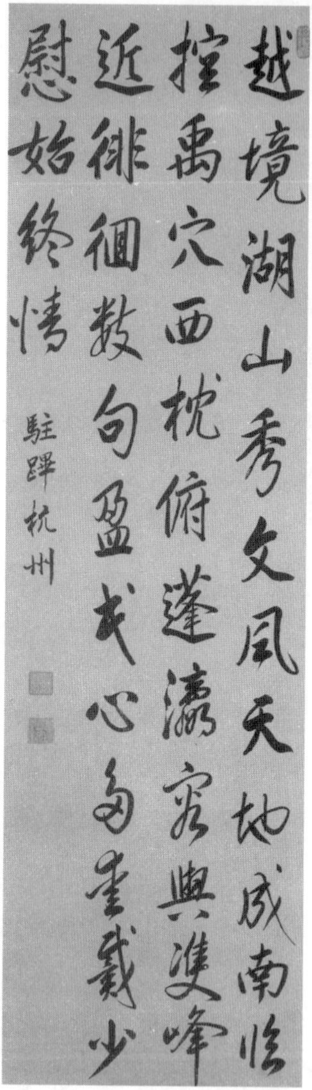

且隨船追趨（《清聖祖實錄》卷一三九）。

——到蘇州，闔郡士民迎駕（《清聖祖實錄》卷一三九）。

——到杭州，駐防官兵，闔郡紳衿，普通士庶，跪迎聖駕。

以上，難免有官員組織民衆夾道歡呼，以博得聖上喜歡；也難免有官方誇大輿情。但是，康熙帝六次南巡，畢竟在一定程度上起到了緩解君民心結的積極作用。

康熙帝六下江南，傳說故事很多。一些野史、小說、影視編出康熙帝微服私訪民間的故事。如：他曾偷偷地參加過京城的會試；他走訪農村初嘗鄉野平民菜肴的美味；他爲了辦案，願意戴枷坐牢並與黑道人士拚殺；他與青樓女子合力打擊犯罪行爲……情節生動，妙趣橫生。然而，這些都不是眞實的史事。

舉一個例子。有說康熙帝喬裝科考得中的事，發生在康熙三十三年（一六九四）。這不可能，因爲：

第一、所有的考生都必須具有舉人的資格，康熙帝從來沒有經過這些考試，如何取得舉人身分？

第二、參加會試舉子要經多道檢查、具保等嚴格手續，不可能蒙混。

第三、主考官們在朝廷上見過康熙帝，不可能在查核時認不出皇帝。

第四、康熙帝會試期間參加了很多活動，據《清聖祖實錄》和《康熙起居注冊》記載，康熙三十三年二月會試期間的活動：

■《康熙帝南巡圖》中的回京場景（局部）

初八日，康熙帝在乾清門聽政，其後又與大學士伊桑阿、阿蘭泰、王熙等人討論摺本，處理國事。

初九日，康熙帝先在保和殿視察社稷壇祝版，後來到乾清門聽政，稍後又與大學士等討論摺本，處理公務。

初十日，康熙帝到皇太后宮問安。

十一日，章皇后忌辰，爲盡哀思，沒有辦公。

十二日，出巡視察京城近郊，出午門、正陽門，駐蹕南苑紅門內舊宮。

十三日，駐蹕鳳河營，當地駐防武官防禦薩哈連、守備欒儀鳳等來朝見。

十四日，駐蹕河西務，武關營游擊聶達等來朝見。

十五日，駐蹕楊村，營守備何鋌等來朝見。

根據以上記載，可知康熙帝當時每日有事忙碌，朝廷辦公有大臣多人在一起議事，出巡也有文武官員隨行，他是無法偷偷地扮成舉子去應考的。以上皇帝的起居日記資料每天由專人寫記，並於篇末註明當日記註官的人名，是極爲可靠的第一手史料，所以康熙帝參加會試之說是不可信的。

第五、康熙帝一直不贊成人君微服出遊。他在晚年，還對都察院的左都御史徐元夢說過：「微行之事，斷乎不可。不但為人君者，即總督、巡撫亦不可。如朕在外微行，何人不識？此特古來開創帝王恐人作弊，昌言於外耳。書生信以為真，載於史冊矣。」康熙帝想做傳統儒家的聖賢君主，不可能冒大不韙而被後世人譏評成明武宗正德皇帝那樣的君主（參見陳捷先，《康熙寫真》）。

總之，所謂康熙帝參加會試、微服私訪，是沒有祖制、沒有理念、沒有機會、沒有時間、沒有必要、沒有可能、更沒有歷史依據的，因此，歷史上沒有這回事。

康熙帝六次南巡，前後跨度二十四年，巡期總共五二〇天，完成化解文化、君臣、君民三結的期待，達到預期目標，取得良好效果。但其鋪張浪費，亦不可忽視。

康熙皇帝每次南巡，不是輕車簡從的幾十人而已，往往是數千或上萬人，興師動眾，地方上接待費用極多，的確「苦累官民」。所謂「三叉河干築帝家，金銀濫用比泥沙」；「行宮寶塔上燈如龍，五色彩子鋪陳，古董詩畫無計其數，月夜如晝」。如《紅樓夢》中趙嬤嬤所言：「把銀子花的像淌海水似的」，「別講銀子成了土泥，憑是世上所有的，沒有不堆山塞海的」。

附錄一：康熙帝六次南巡的基本情況

(1)第一次南巡，康熙二十三年（一六八四）九月辛卯二十八日啓行，到十一月庚寅二十九日回京，共六十天。途經河間、濟南、泰安、曲阜、桃源、高郵、揚州、鎮江、蘇州、江寧（南京）等，登泰山，祭孔廟，親祭明孝陵等。

(2)第二次南巡，康熙二十八年（一六八九）正月丙子初八日啓行，到三月丙戌十九日還京，共七十一天。途經濟南、泰山、蘇州、杭州、紹興、江寧等，祭大禹陵，二次親祭明孝陵等。到高家堰，巡視中河、下河。

(3)第三次南巡，康熙三十八年（一六九九）二月癸卯初三日啓行，到五月乙酉十七日回京，共一〇三天。途經河西務、天津、濟南、高郵、寶應、揚州、鎮江、無錫、杭州、蘇州、江寧等。皇太后隨同。

(4)第四次南巡，康熙四十二年（一七〇三）正月壬戌十六日啓行，到三月庚申十五日回京，共五十九天。途經良鄉、德州、濟南、泰安（登泰山）、宿遷、淮安、揚州、蘇州、杭州、江寧、濟寧、天津等。

(5)第五次南巡，康熙四十四年（一七〇五）二月癸酉初九日啓行，到閏四月辛酉二十八日回京，共一〇九天。途經張家灣、天津、濟南、淮安、揚州、蘇州、松江、杭州、江寧等。閱視黃河中河南口改建工程，康熙帝說：「兩河告成，特來巡閱。」率皇子向明孝陵行禮。閱高家堰。

(6)第六次南巡，康熙四十六年（一七〇七）正月丙子二十二日啓行，到五月癸酉二十二日回京，共一一八天。途經東安、靜海、滄州、德州、濟寧、濟南、清口、江寧、蘇州、杭州等。進一步巡視治黃工程。

附錄二：關於「碧螺春」的記載

洞庭東山碧螺峰石壁，產野茶數株。每歲土人持竹筐採歸，以供日用，歷數十年如是，未見其異也。康熙某年，按候以採，而其葉較多，筐不勝貯，因置懷間，茶得熱氣，異香忽發，採茶者爭呼「嚇殺人香」。「嚇殺人」者，吳中方言也，因遂以名是茶云。自是以後，每值採茶，土人男女長幼，務必沐浴更衣，盡室而往，貯不用筐，悉置懷間。而土人朱元正，獨精製法，出自其家，尤稱妙品，每斤價值三兩。己卯歲（康熙三十八年），車駕幸太湖，宋公購此茶以進，上以其名不雅，題之曰「碧螺春」。自是地方大吏歲必採辦，而售者往往以僞亂眞。（王應奎，《柳南隨筆・續筆》卷二）

chapter 15

第拾伍講

御史彈相

君臨天下，首在馭相。
康熙在位六十一年，共有四十八相。
其中名相，一爲索額圖，另一爲明珠。
康熙帝怎樣平衡君與相、相與相之間的關係？
這確實是一門最高的領導藝術。

康熙朝的朝廷上發生了一次政治地震，這就是左僉都御史郭琇彈劾當朝大學士、權相明珠。郭琇爲什麼要彈劾明珠，康熙帝對此是怎樣的態度，郭琇彈劾明珠的後果如何？我先從康熙朝大學士索額圖與明珠的兩相爭雄講起。

■《康熙帝南巡圖》中的回京場景（局部）

一、
兩相爭雄

康熙朝最著名的兩位大學士（正一品），一位是索額圖，另一位是明珠。

索額圖（？—約一七〇三年），赫舍里氏，滿洲正黃旗人，出身於滿洲貴冑家庭，是皇太子黨的核心人物。索額圖之父索尼身歷天命、天聰、崇德、順治、康熙五朝，是康熙帝初政時首輔大臣。他的長兄噶布喇爲領侍衛內大臣、康熙帝的岳父。他又是康熙帝皇后（孝誠仁皇后）的叔叔。他還是皇太子胤礽的外叔祖父。他的弟弟法保襲一

■湯斌像

等公（超品）、爲內大臣（一品），另一弟弟心裕爲一等伯（超品）、鑾輿使（正二品）。而皇太子的老師湯斌、南書房師傅李光地等，都巴結索額圖。索額圖作爲索尼的第三子，由三等侍衛（正五品）升爲一等侍衛（正三品）。

索額圖發跡的機緣，是幫助康熙帝智擒鰲拜。在太皇太后支持下，少年康熙帝以弈棋爲名，召索額圖到御前，密商對付權相鰲拜的辦法。兩人秘密定下用「布庫」摔跤、角力的大計謀，以擒捕鰲拜。前面講過，智擒鰲拜，事情順利，圓滿成功。後來，康熙帝肯定索額圖擒捕鰲拜的功績，說：「卿首膺機密之重，素著輔弼之猷。」（《康熙御製文集》初集卷六）從此，索額圖官運亨通，青雲直上。康熙八年（一六六九），由頭等侍衛直升爲內國史院大學士。第二年，改內三院爲內閣，索額圖爲保和殿大學士。爾後，索額圖與康熙帝的矛盾，開始出現。

第一、撤藩的爭論。

在撤藩與平叛的問題上，索額圖持反對意見，而明珠主張撤藩平叛。索額圖與明珠的政見，針鋒相對，如同水火。如在吳三桂公然叛亂，局勢最爲艱難的時刻，索額圖提出因撤藩激變，應首誅建議撤藩之人。矛頭直指兵部尚書明珠。索額圖想借康熙帝之刀，來誅殺政敵明珠！康熙帝嚴正聲明，撤藩平叛出自己意，駁回了索額圖所奏。

第二、黨爭的激化。

索額圖是皇太子的外叔祖父，自然屬於皇太子黨。其中包括他的弟弟心裕、法保，皇太子的老師湯斌、南書房師傅李光地等人。明珠則另結成明珠黨。康熙十八年（一六七九），北京發生大地震。左都御史魏象樞藉地震來打擊索額圖，上疏道：索額圖怙權貪縱，請皇上嚴加譴責，以回「天意」。康熙帝召集大臣訓諭：「國法具在，絕不爾貸。」（《清史稿》卷二六九〈索額圖傳〉）直接警告索額圖。後康熙帝又警告索額圖「且索額圖巨富，通國莫及」云云。

第三、平衡的支點。

索額圖集團勢力過大，威脅皇權。康熙十九年（一六八〇），以索額圖有病為由，解除其內閣大學士職務（從康熙八年到十九年共十二年）。後命為議政大臣（正一品），於是，索額圖僅有議政權，而無行政權。

第四、太子的立廢。

索額圖捲入皇太子立廢的皇權核心衝突中。康熙帝斥道：「索額圖誠本朝第一罪人也！」（《清史列傳》卷八〈索額圖〉）索額圖為此而付出了慘重代價，後被交拘禁宗人府，不久死於禁所。

明珠，是康熙帝為著平衡朝廷權力集團的關係，而起用的一顆棋子。

明　珠（一六三五—一七〇八年），字端範，納喇氏，滿洲正黃旗人，比康熙帝年長十九歲。明珠沒有索額圖的家世資本，他出身葉赫部，曾祖父楊佳努、祖父金台什都是葉赫貝勒。葉赫部滅亡，明珠的父親尼雅哈投降努爾哈赤，後來立功，做了佐領，隨軍入關。明珠隨父入關後，初任侍衛，遷內務府郎中。明珠在內務府任職，精明強幹，敬業勤懇，康熙三年（一六六四）升爲內務府總管（二品）。康熙七年（一六六八）晉刑部尚書。康熙十年（一六七一），康熙帝擒鰲拜、掌朝綱後，明珠充任給皇帝講解經典的經筵講官，和康熙帝有較多的接觸。同年，又轉兵部尚書。這年，康熙帝在南苑大閱，就是舉行盛大閱兵及軍事演習，部伍整肅，秩序井然。康熙帝很高興，命以此爲例。不久，在撤藩平叛過程中，明珠力主撤藩、堅決平叛，受到康熙帝的信任。他擔任兵部尚書，每天處理緊急軍務，深得康熙帝的器重。康熙十四年（一六七五）轉吏部尚書。康熙十六年（一六七七），正當平叛高潮時，明珠爲武英殿大學士（從康熙十六年到二十七年共十二年），入閣辦事。明珠與索額圖，同朝柄政，共有四年。

■總管內務府印

明珠在滿洲上三旗貴族中，特別在正黃旗貴族中，爲人聰睿，勤奮讀書，文化涵養，可謂翹楚，曾充當《清世祖實錄》纂修副總裁。當時重要典籍如《清太祖實錄》、《清太宗實錄》、《平定三逆方略》、《大清會典》、《大清一統志》、《明史》等，明珠都擔任總裁官。後他們一夥擁戴皇八子胤禩，威脅皇權。

明珠廣泛結交漢族儒生、名士。他的兒子納蘭性德，被稱讚爲「滿洲第一詞人」。他的另一子揆敘官左都御史、翰林院掌院學士。南書房的徐乾學、高士奇、王鴻緒等都是明珠集團的人。而徐

■納蘭性德像

乾學兄弟三人又是「一狀元、二探花」，師生僚友，布滿朝廷。高士奇任禮部侍郎，頗受康熙帝的信賴。王鴻緒官左都御史，其兄王頊齡爲日講起居注官、禮部侍郎，頊齡之弟九齡官至左都御史。

明珠從區區宮廷侍衛，而升爲刑部尚書、兵部尚書、吏部尚書、內閣大學士，說明他才智非凡，但隨著職位的升高，他捲入了當時的政治漩渦之中，終因樹大招風，而被劾罷職。

二、郭琇彈相

明珠勢力膨脹，皇權受到影響。恰在這時，御史郭琇挺身而出，彈劾權相明珠。

郭琇（一六三八—一七一五年），字瑞甫，號華野，山東即墨人，出身於詩文之家。他九歲喪父，十歲喪繼母，幼年坎坷，曾在即墨城東四十里深山仙姑庵苦讀。庵在山中，高崖絕壑，榛莽滿布，樵牧之跡，也爲罕見。他居住茅舍三間，沒有圍牆。每當風雨之夜，狐嘯狼嚎，悲涼嚇人。郭琇卻夜以繼日，學習不輟，「宿火中宵，且泣且讀」。康熙八年（一六六九）考中舉人。第二年，中進士，年三十二。考中進士後，未分配工作，鄉居八年，讀書待仕。康熙十七年（一六七八），爲江南吳江縣（今江蘇吳江市）知縣。郭琇「居心恬淡，涖事精銳」，勵精圖治，關切民生，九年縣令，兩袖清風。後來康熙帝南巡時說：「郭琇前爲吳江縣令，居官甚善，百姓至今感頌。」（《清史列傳》卷一〇〈郭琇〉）康熙二十三年（一六八四）六月，皇太子師傅湯斌任江蘇巡撫，很欣賞縣令郭琇。康熙二十五年（一六八六），湯斌推薦，經過考試，部議駁覆，康熙帝特批，郭琇任江南道監察御史。後升左僉都御史。從此，郭琇開始了一生中最爲輝煌、最爲人們稱道的監察官員生涯。

郭琇彈劾明珠，恐奏章被攔截，反遭殺身之禍。有資料記載：一日，明珠壽誕，賓客滿堂。依慣例，御史不給當朝官長賀壽。這天，郭琇來到明珠相府。明珠格外高興，將郭琇迎到大堂。郭琇當衆從袖中取出彈章，示意要彈劾當朝大員，說完轉身而去。隨後立即奏上彈章。滿朝譁然，不便阻攔。

康熙二十七年（一六八八）二月，郭琇上〈糾大臣疏〉——大臣背公結黨、納賄營私、仰請乾斷、立賜嚴譴、以清政本一疏，彈劾大學士、權相明珠等，舉朝震驚。這是郭琇御史生涯中當時轟動、後人稱頌的大過人之處。郭琇彈劾明珠，疏文八條（詳見附錄），要點如下：

第一、把持閣務。

明珠指麾大學士余國柱秉承其意向，草擬聖旨。即有錯誤，同官不敢駁正。滿洲則佛倫、

■明珠家廟碑

葛思泰及其族侄傅臘塔、席柱等，漢人則余國柱等，結爲死黨，寄以腹心。凡會議、會推，他們把持，戴德私門。

第二、市恩立威。

明珠凡是奉到諭旨，或稱某人賢，就向彼說：「由我力薦。」或稱某人不善，則向彼說：「上意不喜，吾當從容挽救。」市恩立威，挾取賄賂。

第三、賣官鬻爵。

凡督、撫、藩、臬、學道缺出，按缺論價，輾轉賣官，任意派缺，無端索取，欲滿而止。賄賂公行，士風大壞。

第四、控制言路。

每日退朝後，出中左門，明珠同拱立以待的部院大臣及心腹密語多時，洩漏機密。明珠還與余國柱等交結，糜費河銀，大半分肥。

第五、內心陰毒。

明珠見人柔顏甘語，百般款曲，而陰行鷙害，意毒謀險。對上奏本章，必須先行請問；對參劾自己的人，借事排陷，聞者駭懼。

郭琇奏章上去之後，直聲振天下，人稱「鐵面御史」。不久，郭琇升爲都察院左都御史。

康熙帝得到郭琇彈劾明珠奏疏後，可以採取的辦法：一是，當衆公布；二是，大開殺戒；三是，置若罔聞。但康熙帝沒有這麼做，他舉重若輕，半年之間，做了處置：

第一、解除大學士。

當時有大學士七人，解職四人——明珠（滿洲正黃旗）革職，勒德洪（覺羅、滿洲正紅旗）革職，余國柱（戶部尚書遷）革職，李之芳（吏部尚書遷）退休回鄉。

第二、處置諸尚書。

革職或解職四位尚書、一位都御史——戶部尚書佛倫（滿洲正白旗）解任，吏部尚書科爾坤解任，刑部尚書徐乾學調職，工部尚書熊一瀟革職，左都御史徐元文調職。

第三、其他的大員。

有民謠：「五方寶物歸東海（徐乾學），萬國金珠貢澹人（高士奇）。」徐乾學已解任，其弟徐元文爲狀元、徐秉義爲探花；徐乾學與南書房師傅、禮部侍郎高士奇爲子女姻親；高

■高士奇像（左）

士奇與王頊齡結親，王頊齡與左都御史王鴻緒爲兄弟，王頊齡之弟王九齡爲日講起居注官、禮部侍郎；還牽扯地方大員，如湖廣巡撫張汧等。

這是一個盤根錯節、休戚與共的朝廷官僚集團。這個集團不僅影響皇權，而且事關皇位繼承。所以，康熙帝決定削弱明珠集團，以加強皇權。

三、冤冤相報

明珠不是一個人，而是一個集團；被郭琇打擊的，不是明珠一個人，而是明珠集團。因此，明珠集團必然反撲，也必然報復。

他們為打擊報復郭琇，先後製造了「三案」——「私書案」、「冒名案」和「錢糧案」。

第一案：私書案。

康熙二十八年（一六八九）九月，山西道御史張星法疏參山東巡撫錢珏貪黷劣跡，命錢珏明白回奏。錢珏大怒，反咬一口，說郭琇曾寫信給自己，囑薦關照山東知縣高上達等人；並揭發郭琇的私人信件，稱郭琇致書囑託推薦未遂，便銜恨唆使張星法誣劾自己。康熙帝命左都御史馬齊審理此案。馬齊嚴刑逼供，再三用夾棍審訊張星法，迫其供認「堂官郭某（郭琇）」指使。十月，郭琇上

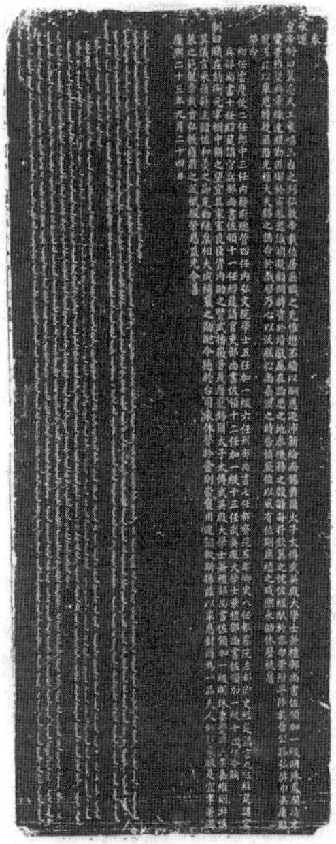
■明珠誥封碑（拓片）

疏抗辯，並指出這樣做，或爲若輩主使，或爲錢珏主使，目的是肆行羅織罪名，欲置臣於死地。

不久，刑部等衙門定擬題覆：都察院左都御史郭琇，爲教官劉奉家等曾寄書囑託山東巡撫錢珏，緣此不便自行糾彈，故囑御史張星法將錢珏題參，有玷大臣之職，應照例革職，杖一百，准其折贖。張星法既聽郭琇之言，將錢珏糾參，且多方巧辯，亦照例革職，杖一百，准折贖。知縣高上達等，央求郭琇等寄書錢珏，俱應革職。

康熙帝曰：郭琇本當依議處分，念其耿直敢言，屢經超擢，從寬免革職治罪，降五級調用。後郭琇被休致回鄉。張星法從寬免革職治罪，著降二級留任。凡官員理應各盡職業，不得扶同結黨，錢珏既接私書，彼時不行具題，今被糾參，始行舉出，殊屬不合，可以原品解任（《康熙起居注冊》康熙二十八年十月初十日）。

私書囑託有玷官箴，是郭琇獲咎之源。囑人糾劾事宜，雖自陳心跡，矢口否認，但部議仍作爲罪狀之一，尚難辨析。以郭琇的性格、名聲、地位，參一巡撫並非難事，毋需假手於人。但私書囑託，有隙可乘，確在情理之中。此案之定讞，不能排除明珠黨羽暗中左右之可能。因此，「私書案」成爲郭琇仕途中的重大轉捩點。這裡可以看出，作爲言官，疏參別人，必嚴律己。

第二案：冒名案。

郭琇既被降調，在京等待工作。時前明珠案內被參革職的戶部尚書佛倫，已改任山東巡撫。他對郭琇仍懷恨在心，尋找機會報復。康熙二十九年（一六九〇）五月，佛倫誣劾稱：郭琇的父親郭景昌，原名爾標，曾經在明末清初倡亂伏法，郭琇私改父名，冒請誥封。這是一個有欺君之罪的大罪名。疏入，禮部不待核實，就將誥命追奪。康熙帝接到佛倫揭發郭琇的奏章後，命大學士伊桑阿於無人之處，詢問郭琇實情。郭琇回答伊桑阿：是誣告。回答時邊流涕、邊述說：臣祖父耀橫，被爾標之亂挾仇謀害，指仇爲親，實屬羅織。康熙帝雖知道了實情，但誥封沒有發還。

十年後，郭琇以湖廣總督入京陛見，就冒名案，特上〈辨白冤誣疏〉云：

> 臣本生父郭景昌，係即墨縣學庠生。郭爾標乃隻身光棍，橫賭街坊，爲宗族之所不齒，並無妻室，何有子嗣？因而投充宗昌家僕，是闔邑之所共知者。當爾標甲申（順治元年）作亂之時……後爾標被柯永盛拿獲正法。臣父與臣順治三年始得回籍。時臣已九歲，臣伯父郭爾印乏子，過繼臣承嗣。本生父於是年九月內病故，過繼父於康熙十五年正月內病故，有丁艱呈詞可查。是事蹟之彰明較著者也。況臣生父與爾標，固係遠族；即臣過繼父與彼亦係遠堂，各有宗譜支派，又何能掩人耳目？（《郭華野先生疏稿》卷三）

郭琇內稱：伏祈皇上敕問佛倫，當日誣臣事件，或係訪聞，或係告發，必有其人，請提來臣與質對。事若有據，臣有欺君之罪；事若無稽，而罪在佛倫矣！

疏入，康熙帝詢問大學士佛倫，佛倫以舉報舛誤對，也就是把責任推到當年下面上報的情況有誤上。康熙帝決定重新頒發誥命。身爲大學士的佛倫，張冠李戴，無中生有，加罪郭琇，以洩私忿。

郭琇被誣，十年申冤。《郎潛紀聞》評論道：「設使人壽不及待，則其含負奇屈於地下者，當復何如！吁，直道難行，仕途荊棘。」（陳康祺，《郎潛紀聞二筆》卷三）

第三案：錢糧案。

康熙二十九年中，江寧巡撫洪之傑以吳江縣虧空漕項，事涉前任知縣郭琇，行文山東巡撫佛倫解送對質。佛倫派員押送郭琇起赴江寧，在上元縣看守，後進行訊問。事情的經過是：郭琇任吳江知縣時，縣丞趙炯經收康熙二十二、二十三等年漕米兩千三百石，雖具印結存，但暗中虧空。郭琇當時毫無覺察，在離任時具結移交署印官張綺梅。後因大計（每三年一次對地方官員的考核），趙炯降調，事遂暴露。郭琇聞之，即遣家人董起鳳等於康熙二十七年（一六八八）代買還倉。此案本易了結，但因江蘇按察使高承爵係高士奇同宗、明珠侄婿，而借之報復。

高承爵嚴刑夾訊張綺梅等人，逼迫他誣指郭琇虧空漕糧，然終未得逞。據稱，審訊時，高承爵在堂上，而明珠、高士奇私人「皆伏屏後竊聽，畫手躡足，群目眈眈，爭欲刑訊，以快夙憤」。江寧士民爲郭琇蒙冤憤憤不平，「皆眥裂髮指，袖瓦礫伺擊」。當高承爵刑訊張綺梅一無所獲，氣急敗壞，聲稱「上腦箍」時，郭琇憤怒地對張綺梅道：「若輩不過欲死我耳！何不誣承而自苦若是！」高承爵怒問郭琇：「爾不畏死耶？」郭琇笑曰：「我畏死不至此，畏死者方坐堂上。」（《華野郭公年譜》）時因康熙帝降旨，大臣不許擅刑，高承爵等不敢恣肆，便刪改群供，擬遣戍陝西。當郭琇遣戍陝西之訊傳到即墨時，其妻屈氏泣血草疏，即「率一僕婦，策蹇走京師」，就是騎著毛驢上北京申冤。疏將上，康熙帝特恩旨寬免，釋郭琇回鄉（郭廷翼，〈屈氏行述〉，雍正刻本）。

此案，郭琇固有失察之咎，但事後補齊，例有所據。明珠、高士奇、高承爵等對郭琇恨之入骨，故縱趙炯逍遙法外，而對張綺梅施以酷刑，企圖加罪郭琇。

以上三案中，「冒名案」純屬誣陷，「私書案」和「錢糧案」屬於小題大作，借題發揮。三案迭起，實由明珠等高官貴族興風作浪所致，必欲置郭琇於死地，以報「疏劾」之仇。面對接二連三的打擊報復，郭琇堅貞不屈，頑強抗爭。其〈剖明心跡雖死猶生疏〉云：

竊臣生性憨直，嫉惡如仇。去歲一疏兩疏，今歲又一疏，不避嫌怨，不畏報復，無非去當道之豺狼，而爲社稷生民計也。乃若輩之怨臣、恨臣，願得臣而甘心焉，蓋已久矣，特無隙可乘耳……惟得見皇上，剖明心事，使天下後世知臣之死，由於奸邪羅織、陰謀鍛鍊，則臣雖死猶生矣。（《郭華野先生疏稿》卷一）

郭琇面對邪惡，不屈不撓，高風亮節，矢志如一，視死如歸，確是一位堂堂正正、鼎鼎赫赫的監察名臣。

康熙帝在對待郭琇疏劾明珠集團案件中，有三點做法，很值得思考。

第一、「留中不下」。

康熙帝對郭琇彈劾明珠的奏章，沒有公開下發。清國史館修〈明珠傳〉時，找不到郭琇彈章的原件。後乾隆帝命將郭琇參劾明珠原疏，寫入〈明珠傳〉中。康熙帝爲什麼這樣做？主要是爲避免事情擴大化。

第二、保護郭琇。

明珠黨人，一而再，再而三，甚至不惜造謠陷害，以報復郭琇。康熙帝很有意思，如對「冒名案」，命大學士伊桑阿於無人處問郭琇，琇「以誣告對」。康熙帝心裡有了底數，處理起來，從容主動。如「私書案」，原擬革職、杖一百、准其折贖，康熙帝定降五級調用；「冒名案」，追奪誥命（後發還）；「錢糧案」原擬遣戍陝西，恩旨寬免。後命郭琇任湖廣總督。

第三、「執兩用中」。

郭琇與明珠，在彈劾與被彈劾的天平上，是對立的兩極。康熙帝既利用郭琇牽制明珠，制約明珠集團；又利用明珠牽制郭琇，限制郭琇勢力。後來，明珠任內大臣二十餘年，用其才能而殺其威

■檀香木「九有一心」璽，意爲「上相同德，萬衆一心」

勢；郭琇先在家閒居，後任湖廣總督，既保護其人，又不忘其功。所以，乾隆帝說：「我皇祖聖明英斷，刑賞持平，實爲執兩用中之極則。」（《清史列傳》卷八〈明珠〉）

總上，明君需要耿直之臣，郭琇應運而出；忠臣需要英明之君，康熙帝俯納劾疏。康熙帝、明珠、郭琇，君主、廷臣、言官，結成錯綜複雜的三角關係。康熙帝之於明珠，既委以朝廷重任，又借言官加以抑制；康熙帝之於郭琇，既納其參劾之疏，又加以籠絡保護。爲君難，爲臣難，爲言官尤難。幸遇康熙帝這樣的英明之君，郭琇尚不能善始善終，可見諫官難當，忠言難吐，劾章難上，直路難行。

附錄：郭琇劾大學士明珠的〈糾大臣疏〉

❖ 凡閣中票擬，俱由明珠指麾，輕重任意。余國柱承其風指，即有舛錯，同官莫敢駁正。皇上聖明，時有詰責，乃漫無省改。即如陳紫芝參劾張汧疏內，並請議處保舉之員，皇上面諭九卿，應一體嚴處，乃票擬竟不之及，則保舉張汧原屬指麾，即此可見矣。

❖ 明珠凡奉諭旨，或稱其賢，則向彼云：由我力薦；或稱其不善，則向彼云：上意不喜，吾當從容挽救。且任意增添，以市恩立威。因而要結群心，挾取貨賄。至於每日啓奏畢，出中左門，滿漢部院諸臣及其腹心，拱立以待，皆密語移時，上意無不宣露。部院衙門稍有關係之事，必請命而行。

❖ 明珠連結黨羽，滿洲則佛倫、葛思泰及其族侄傅臘塔、席柱等，漢人之總攬者則余國柱，結爲死黨，寄以腹心。向時，凡會議、會推，皆佛倫、葛思泰等把持，而國柱更爲之囊橐，惟命是聽，但知戴德私門。

❖ 凡督、撫、藩、臬缺出，余國柱等無不輾轉販鬻，必索及滿欲而後止。是以，督、撫等官愈事剝削，小民重困。今天下遭遇聖主，愛民如子，而民間猶有未給足者，皆債官搜索以奉私門之所致也。

❖ 康熙二十三年學道報滿之後，應升學道之人率往論價。九卿選擇時，公然承風，任意派缺，缺皆預定。由是，學道皆多端取賄，士風文教，因之大壞。

❖ 靳輔與明珠、余國柱交相固結，每年糜費河銀，大半分肥。所題用河官，多出指授，是以極力庇護。皇上試察，靳輔受任以來，請過錢糧幾何，通盤一算，則其弊可知矣。當下河初議開時，彼以爲必委任靳輔，欣然欲行，九卿亦無異辭。及皇上欲另委人，則以于成龍方沐聖眷，舉出必當上旨，而成龍官止臬司，可以統攝，於是議題奏仍屬靳輔。此時未有阻撓意也。及靳輔張大其事，與成龍議不合。於是，始一力阻撓。皆由倚託大臣，故敢於如此。天鑒甚明，當洞悉靳輔累累抗拒明詔，非無恃而然也。

❖ 科道官有內升、出差者，明珠、余國柱率皆居功要索。至於考選科道，即與之訂約：凡有本章，必須先行請問。由是，言官多受其牽制。

❖ 明珠自知罪戾，見人輒用柔顏甘語，百般款曲，而陰行鷙害，意毒謀險。最忌者言官，恐發其奸狀。當佛倫爲總憲時，見御史李時謙累奏稱旨，御史吳震方頗有參劾，即令借事排陷，聞者駭懼。（《郭華野先生疏稿》卷一，雍正刻本）

chapter 16

第拾陸講

康熙字典

康熙帝一生，不僅喜歡讀書、著書，
而且喜歡編書、刻書。
作爲一個滿洲人，
他對中國各民族文化的交流與融合，
對中華文化的傳承與發展，
做出了重大的貢獻。

康熙帝既愛書、讀書、藏書，又著書、編書、印書。康熙帝一生與書結下不解之緣，眞是一位視書爲第二生命的皇帝。他主持纂修了《康熙字典》、《古今圖書集成》、《律曆淵源》、《全唐詩》、《清文鑑》、《廣群芳譜》、《子史精華》、《皇輿全覽圖》等，總計六十餘種，兩萬餘卷。康熙時代是一個文化發展的時代。他一生著的書和編的書，成爲中華文化寶庫中的重要精神財富。今天要介紹的是康熙帝主持的三項文化工程，簡括爲「三編」：第一，編修《康熙字典》；第二，編輯《全唐詩》；第三，編纂《古今圖書集成》。

■康熙帝讀書像

一、編修字典

大家知道，讀書離不開字典。康熙帝喜歡讀書、作文、賦詩，更是離不開字典。

康熙帝懂滿文、蒙文、漢文，他編的字典，既有滿文字典，也有滿蒙文字典，更有漢文字典。清朝重視字典的編修，據統計，僅滿蒙文字典就有一六六種，其中有一體（滿語）、二體（滿蒙語合璧）、三體（滿蒙漢語合璧）、四體（滿蒙漢藏語合璧）、五體（滿蒙漢藏維語合璧）等。《大清全書》是清朝第一部滿文詞典，康熙二十二年（一六八三）刊印。《清文鑑》也是滿文字典。早在康熙十二年（一六七三），康熙帝就決定纂修滿文字典——《清文鑑》。他將這一任務交給翰林院學士、日講起居注官傅達禮，諭示：「宜詳愼爲之，務致永遠可傳。」（《康熙起居注冊》康

■《滿洲蒙古合璧清文鑑》（康熙內府刻本）書影

熙十二年四月十二日）不要急於求成，而要注重質量。參照漢文字彙，分類排纂編修，每日繕稿進呈，親自逐一審訂。到康熙四十七年（一七〇八）六月，歷時三十五年，全書告成，共二十一卷。賜王以下、內外文武大臣各一部。兩年後，又修《滿洲蒙古合璧清文鑑》，就是「滿蒙文辭典」。這樣做的好處，康熙帝說：「一邊寫滿洲字，一邊寫蒙古字，其引經處，俱行裁去。」（《康熙政要》卷一七）康熙朝的滿文詞典開始按字母音序排列，而不是按字詞義序排列。這是中國詞典學的一項創新（春花，《清代滿蒙文詞典研究》）。

《康熙字典》是漢文字典。字典是一個時代文化的重要標誌。以前的字典，漢朝《說文解字》、梁朝《玉篇》、唐朝《廣韻》、宋朝《集韻》、金朝《五音集韻》、元朝《韻會》、明朝《字彙》和《正字通》等，雖各具特色，卻各有不足。因此，需要編纂一部博採眾家之長，反映時代特點的新字典。

康熙四十九年（一七一〇）三月，康熙帝向南書房侍直大學士陳廷敬等提出要編修漢文字書——參考諸家所長，究心進行考證，「增《字彙》之闕遺，刪《正字通》之繁冗，勒爲成書，垂示永久」（《清聖祖實錄》卷二四一）。

陳廷敬（一六三八—一七一二年），今山西省晉城市陽城縣北留鎮皇城村人。順治十五年（一六五八）進士，改庶吉士。初名敬，因同科有同姓名者，奏改名廷敬，號午亭，學問淵博，文采優長。任日講起居注官、侍讀學士、內閣學士、經筵講官、翰林院掌院學士。康熙帝諭陳廷敬等曰：「爾等每日進講，啓迪朕心，甚有裨益，嗣後天氣漸寒，特賜爾等貂皮各五十張、表裡緞各二匹。」南書房成立的第二年（一六七八）七月，陳廷敬同侍讀學士葉方藹入值。康熙二十四年（一六八五）正月，疏言：「貪廉者治理之大關，奢儉者貪廉之根柢。欲教以廉，先使之儉。」（《清史列傳》卷九〈陳廷敬〉）康熙帝採納，訓誡官員要敦本務實，崇尚節儉。陳廷敬先後任左都御史、工部尚書、戶部尚書、吏部尚書、文淵閣大學士，居官五十五年，康熙帝對他的評價是：夙侍講幄，簡任綸扉，恪慎清勤，始終一節。他的《石榴詩》有句：「風霜歷後含苞實，只有丹心老不迷。」得到康熙帝的稱讚。陳廷敬爲《康熙字典》的編纂花費心血，《清史列傳》、《清史稿》本傳中卻未提及此事。陳廷敬的鄉里陽城縣皇城村，近年建立「中華字典博物館」，尚屬首創。陳廷敬還和張玉書主持修訂了大型文學工具書《佩文韻府》等，該書以字韻爲綱目，共四四四卷。

■《康熙字典》（康熙內府刻本）書影

康熙帝修書，認眞負責，實心任事，其「欽定」、「御製」、「敕撰」是名實相副的。纂修《康熙字典》時，他指出：不能「據一家之見，守一家之說」，而應博採衆說，態度持平，折中而取，務求精當。於是，設立編書館，任命張玉書、陳廷敬爲總閱官。第二年張玉書去世，陳廷敬負責字典的總纂。召選出二十七人爲纂修官，陳世倌爲纂修兼校刊官，組成編輯部，按組分排，各負其責，廣採博取，細緻考證。陳廷敬在纂修過程中，費盡心血，早夜兢兢，悉心推敲（陳廷敬，《午亭文編》）。歷時六年，至康熙五十五年（一七一六）告竣，初名《字典》，後御定名《康熙字典》，成爲一部傳世之作。

《康熙字典》達到中國歷代字書發展的高峰。編修過程中，不僅參閱諸家字書所長，而且參酌滿文、蒙古文、西洋文字「多從字母而來」的特點。《康熙字典》是集歷代字書大成之作，其突出特徵是：

第一、實際收字最多。

達四七〇三五字（古文字一九九五個未計），直到一九一五年《中華大字典》出版，才在字數上超過了它（漢許愼《說文解字》收九三五三字，南朝梁顧野王《玉篇》原本收一六九〇〇餘字、今本爲二二七〇〇餘字，宋司馬光《類篇》收三一三〇〇餘字，明梅膺祚《字彙》收三三〇〇〇多字。民國《中華大字典》收四八〇〇〇多字。中華人民共和國《中華字海》收八五〇〇〇多字）。

第二、每字義項完備。

所收每個字，在字形、字音、字義、例句等方面，都比以前字書完備、適用。於多音、多義字均逐一分別列出，字形有古體、俗體者，列在本字之下，篆體者則列在本字書眉上。

第三、引據最早古書。

每個字釋義的例子，既「參閱諸家、究心考證」，又引用最早出現的古書，從而更具有學術價值。

第四、查閱簡捷方便。

按部首分類，分二一四個部首，按筆劃排列單字，眉目清晰，查閱方便。它的體例也成爲後世出版字書的一個藍本。

近人張元濟先生說：「余自束髮受書，案頭置一《康熙字典》，遇有疑義，輒翻閱之。其於點畫之釐正，音切之辨析，足以裨益寫讀者，殊非淺鮮。後出諸書，陳義多所增益，然於形聲二字，終不能出其範圍，且搜羅之備，徵引之富，尤可謂集字書之大成。」（《康熙字典．小引》）我自己案頭有一部《康熙字典》，多年以來，受惠良多，時至今日，經常查閱。

《康熙字典》收字之多，我舉個例子。今河北省行唐縣獨羊崗鄉有個村，名叫「䴾𪍿」。《康熙字典》釋義：「地名，行唐縣北村名䴾𪍿。」簡明通俗扼要，沒有別的解釋。這兩個字，很多字典裡沒有，四十冊本《中文大辭典》裡沒有，「當今世界收漢字最多的字典」——《中華字海》裡也沒有，卻在《康熙字典》中能查到。這說

■《康熙字典》內頁

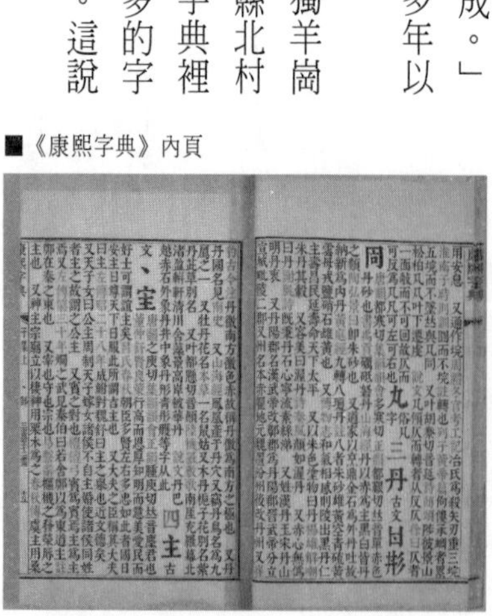

明《康熙字典》收的字多、收的字全。

康熙帝未曾想到的是，梵蒂岡圖書館也收藏有《康熙字典》康熙五十五年武英殿刻本。該字典於嘉慶十年（一八〇五）傳到義大利，後改裝成羊皮封面的七冊合訂本。更有意思的是，該書出版兩百年後，遠渡重洋，由美國駐華使節、傳教士和其他人，透過官方和民間途徑，納入美國國會圖書館（居蜜博士，《美國國會圖書館藏〈康熙字典〉和中美外交文化史》）。光緒三十年（一九〇四），美國聖路易斯博覽會，將《康熙字典》雍正後刻本一部，贈送美國國會圖書館。美國駐華外交官柔克義（William Woodville Rockhill），會英、法、德、藏、漢、梵文等六種語言文字，購買《康熙字典》內府重刻本一部，光緒三十二年（一九〇六）入藏美國國會圖書館。英國湛・約翰（John Chalmers）在光緒四年（一八七八），編《康熙字典撮要》，在廣東刻版印書。這是一個節要本。《康熙字典》的原刻本，就是康熙五十五年清內府刻本，十二集四十二卷，六函四十冊。原本很難覓見，王樹枏有藏本。王樹枏（一八五一—一九三六年），河北新城人，就讀於蓮池書院，進士出身，曾官新疆布政使，好讀書，喜收藏。王樹枏將收藏圖書一六五五種、二二一〇〇冊，以一萬美元賣給美國，後收藏於美國國會圖書館。這部《康熙字典》原刻本，灑金藍紙封面，包角裝，多鈐印，爲精品。以上四例，可以看出：《康熙字典》竟然成爲早期中美文化交流史上一個有趣的故事。

二、編《全唐詩》

康熙帝喜歡寫詩，現存詩1,147首；更欣賞唐詩，喜讀唐太宗、歐陽修的作品。

他在《講筵緒論》中說：「詩以吟詠性靈，如唐太宗諸篇，未有不以天下黎民爲念者。歐陽修〈憎蒼蠅賦〉，題雖小，喻讒人亂國，意極深長，每喜讀之。」（《康熙政要》卷一七）康熙帝想編纂一部全唐詩，這一項文化工程的實際主持者是曹寅。

曹寅（一六五八—一七一二年），字子清，號荔軒，內務府滿洲正白旗包衣（奴僕），《紅樓夢》作者曹雪芹的祖父。母孫氏，二十三歲入宮，爲皇子玄燁的保母。玄燁童年爲避痘又與孫氏等久居紫禁城西華門外，朝夕相處，關係特殊，這成爲曹寅後來備

■《全唐詩》（康熙四十六年揚州詩局刻本）書影

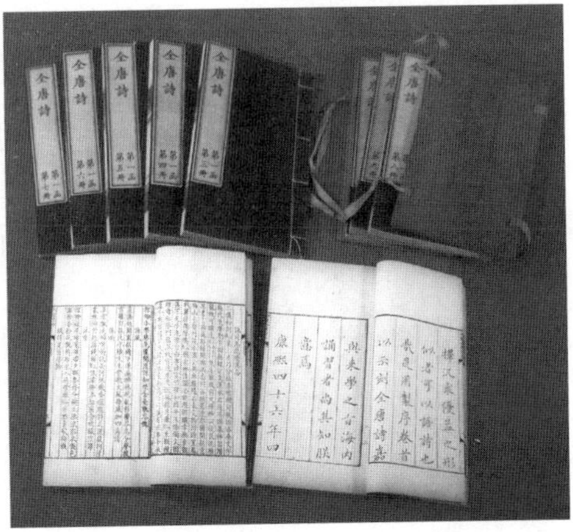

受榮寵的一大因素。曹寅幼年隨父曹璽，居南京任所。南京是人文薈萃之地，曹寅自幼與名士往來，受到文化薰陶。如著名文人周亮工，就時常將他抱於膝上，教他背誦古文、詩詞，指摘句讀，循循善誘。曹寅比康熙帝小四歲，少年被召入宮，做玄燁的伴讀。後充侍衛，二十一歲任鑾輿衛治儀正（正五品）。曹寅在京，與名士酬唱往來，小有名氣。康熙二十九年，曹寅任蘇州織造，並與李煦輪管鹽政多年。康熙帝六次南巡中他就有四次接駕。康熙帝第五次南巡，曹寅爲了逢迎皇上，召集官員與鹽商們，大興土木，建造行宮。現今揚州高旻寺中仍有康熙帝手書「敕建高旻寺」漢白玉石額一方。曹寅等進古董器物，康熙帝收玉杯一只、白玉鸚鵡一架。

曹寅自己是文人，詩文俱佳，身分特殊，以文學交結、籠絡士人，東南才士，咸遊其門，「知名人士，滿集幕下」，可謂盛極一時。他坐鎮江南，常密奏地方政事民情，充當康熙帝在江南的耳目。他自刻《楝亭五種》、《楝亭十二種》，朱彝尊譽其詩道：「無一字無熔鑄，無一語不矜奇。」僅爲其《楝亭圖》題詩作畫者就有數十人，其中有惲壽平、毛奇齡、尤侗、朱彝尊、金埴等名噪一時的文學名士。他熟習崑曲，家有戲班，「有時自傅粉，拍袒舞縱橫」。家中優伶演出尤侗的《李白登科記》，置酒高會，名流會聚，吟詩唱和，傳爲佳話。

曹寅從二十八歲起任內務府郎中，先後任蘇州織造兼江寧織造，或江寧織造兼蘇州織造，或

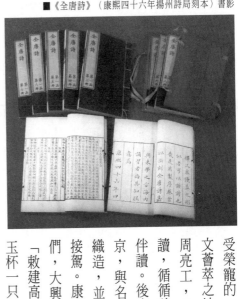

專任江寧織造。他在任期間，負責編刻《全唐詩》。康熙四十四年（一七〇五）三月，康熙帝諭旨曹寅刊刻《全唐詩》，命十名閒居江浙的翰林參與校訂。翌年五月，康熙帝命江寧織造曹寅在揚州天寧寺設立編刻《全唐詩》的書局，派庶吉士俞梅到揚州做籌備工作，旋派侍講彭定求、編修沈三曾、楊中訥、潘從律、汪士鋐、徐樹本、車鼎晉、汪繹、查嗣瑮等從事校訂編輯工作。從制定凡例、彙總分類、安排刻版，到印刷裝潢，事必躬親，並組織人力精寫、刻版、印刷、裝幀。曹寅上康熙帝奏摺說：「臣細計書寫之人，一樣筆跡者，甚是難得；僅擇其相近者，令其習成一家，再為繕寫。」編纂過程中，取內府所藏全唐詩集，又旁採殘碑斷碣、稗史雜書之所載，廣為彙集，補苴所遺，到康熙四十五年（一七〇六）十月，全書告竣。

《全唐詩》「凡得詩四八九〇〇餘首，作者二二〇〇餘人」（《四庫全書總目提要》卷一九〇）。全書共九百卷，收詩較全，編排有序，做了補正，查找方便。以楷書寫刻，書寫精美，一筆不苟，字跡秀麗，精美絕倫，「雕鏤之精，勝於宋版」，獲康熙帝「刻的書甚好」的讚譽，視為精品。這是一部絕非私人能力所能做好的文化工程，具有很大的文學與歷史、文獻與版本價值。當然，書中也有錯。

曹寅以自己的行為，贏得士人之心。講幾件事：

其一、捐資刻印施閏章《學餘全集》和朱彝尊《曝書亭集》，其人感恩不已。

其二、康熙四十三年（一七〇四）三月，曾因皇后喪期演出《長生

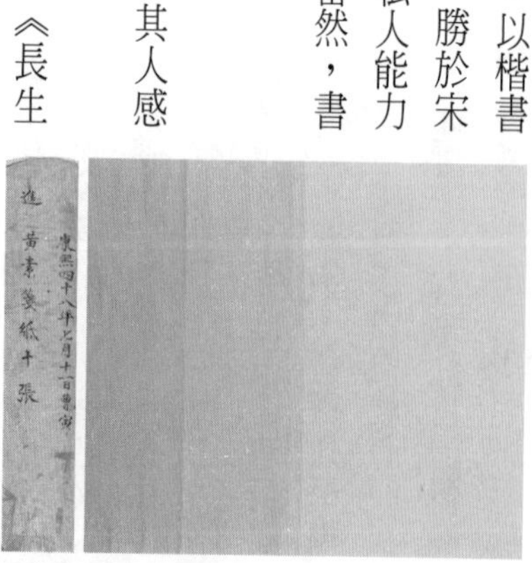

■曹寅進獻的黃素箋紙

殿》而「獲罪」的洪昇到金陵。曹寅支持其在江寧演出三天三夜，傳爲盛事，士林贊之。

其三、康熙四十七年（一七〇八），南京明孝陵塌方，街談巷議，紛亂不已。曹寅一面奏聞，一面開放陵園三天，許百姓參觀，謠言自破，閭巷安然。

曹寅家的境況眞是「烈火烹油，鮮花著錦」，盛極一時。但織造年俸銀僅一〇五兩、月支白米五斗，而支出龐大，入不敷出，後以此敗。不少學者認爲康熙帝南巡是曹寅日後虧空的主因，也是兩淮鹽課虛空的主要原因。

康熙五十一年（一七一二）七月，曹寅在揚州患瘧疾，康熙帝派人送金雞納，星夜趕送，限九日到，並在奏摺後連書四個「萬囑」。但「聖藥」未到，曹寅病故，年五十四歲。曹寅妻李氏是李煦的妹妹，生兩子，次子早殤，長子顒，繼任江寧織造，不久病故。康熙帝命曹寅侄子曹頫入嗣爲寅子襲職。學界有一種觀點認爲曹雪芹就是曹頫之子，也就是曹寅的孫子。

編纂《全唐詩》同時及以後，還編有《歷代題畫詩》、《四朝詩》（宋金元明）、《全金詩》、《御選唐詩》、《歷代賦彙》、《佩文齋詠物詩》等共二一三五卷（《四庫全書總目提要》卷一九〇）。此外，還有類書《古今圖書集成》。

三、編纂類書

類書就是按內容分專題而分門別類編纂的圖書。

《古今圖書集成》是康熙帝命皇三子胤祉與陳夢雷等人爲主，編纂的大型類書。《古今圖書集成》的實際主編是陳夢雷。

陳夢雷（一六五〇—約一七二四年後），字則震，號省齋，晚號松鶴老人，福建侯官（今福州市）人。聰明過人，才能罕見。康熙九年（一六七〇），中進士，才二十歲。選庶起士，通滿文。康熙十二年（一六七三），授編修。當年，請假送雙親南歸，到家不久，三藩亂起。靖南王耿精忠據福建叛亂，先逼陳夢雷爲官，陳夢雷實際未從，削髮入寺，託病不出。不久，同年，同鄉好友李光地也因回鄉探親滯留，與陳夢雷在福州相會。兩人深談三日，共同商討對策。李光地藉口父病北上，按陳夢雷所提供的情報向朝廷進蠟丸密疏，陳夢雷則設法保其全家百口安全。李光地說：「果能保全者，本朝恢復日，君之事予任之。」李光地獨上蠟丸密疏，未列陳夢雷之名。三藩事平，陳夢雷被誣從逆。自作詩云：「痛友誼之不終，古風掃地；望君門而獨遠，血淚呼天！」被捕入獄，擬判斬首。翰林院侍講學士徐乾學上疏營救，大學士明珠也爲他求情。奉康熙帝諭旨，從寬免死，發往瀋陽給披甲新滿洲爲奴（《清聖祖實錄》卷一〇〇）。陳夢雷和他的夫人被押上路，「兩人羈縶，起臥與俱，擊柝稽巡，若囚犬彘」。陳夢雷備受精神與肉體的摧殘，到戍所不久病倒，在一座僧寺養病，後被心月和尚關照住進瀋陽龍王廟。奉天府尹高爾位聘他主持纂修《盛京通志》，志書修成後卻沒有他的名字。他在瀋陽既修書，又讀書——所住草堂，「四壁圖書列，煙光一徑深」。不久，夫人逝世。

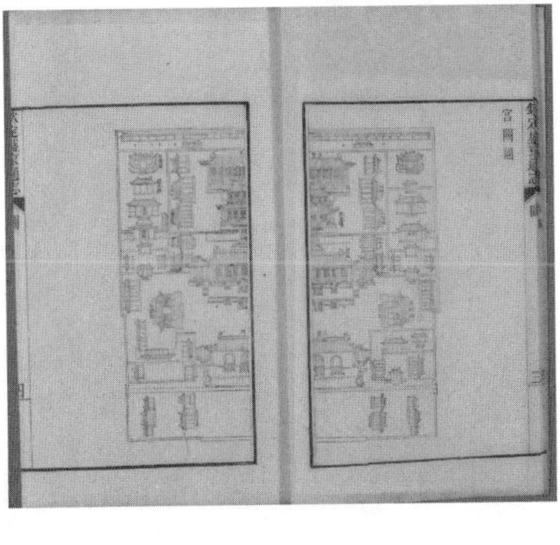

■《盛京通志》之「宮闕圖」

康熙三十七年（一六九八），康熙帝東巡謁陵。陳夢雷奔迎撫順地方，「匍伏道左」，御駕暫停，受到接見。康熙帝溫和地垂詢陳夢雷年紀，清書（滿文）是否還記得。起駕後，又命侍衛問陳夢雷居住何處，離城遠近，有無家口，如何度日，並問所隸屬的主人何旗、何名。陳夢雷一一奏答。康熙帝又在回鑾途中接見他。他御前獻詩，面覲陳情，並訴說了與李光地合謀進獻蠟丸密疏之事。當夜，他隨至御營，上諭赦免他回京，從而結束了十七年的流放生活（張玉興，《清代人物傳稿》上編卷七〈陳夢雷〉）。陳夢雷回京後，奉旨侍皇子胤祉讀書。

胤　祉（一六七七—一七三二年），康熙帝第三子，封誠郡王。皇三子胤祉學問淵博，尤精曆算，主持纂修《律曆淵源》，又廣攬博學之士編纂書籍，頗得康熙帝的讚賞。康熙三十八年（一六九九）六月，陳夢雷侍胤祉在北京北園讀書，並賜宅城北，安置家屬。他準備給王爺進講，便開始將古代書籍，分門別類，歸納整理。胤祉的二阿哥、皇太子胤礽曾稱讚陳夢雷道：「不知他胸中有幾萬卷書！」這時正值康熙帝有意彙編大型類書，胤祉奏報陳夢雷的淵博學問，便欽奉皇父之命，承攬編書。陳夢雷在〈進彙編啓〉中說：讀書五十載，涉獵萬餘卷，深恐上負慈恩，惟有掇拾簡編，以類相從，仰備顧問（陳夢雷，《松鶴山房文集》卷二〈進彙編啓〉）。這部書的特點是：汲取前人所長，補足前人所短，大小一貫，上下古今，類列部分，有綱有紀，勒成一書，以光大聖朝文治。胤祉在城西北購庭園一所，作爲修書之地。康熙帝除「指示訓誨，欽定條例」外，還親至陳夢雷齋中，將御書「松高枝葉茂，鶴老羽毛新」一聯相賜（《國朝耆獻類徵》初編卷一一六〈陳夢雷傳〉），又賜《御製詩集》，使他感到榮光和自豪。這年陳夢雷五十五歲，從此他以「松鶴」兩字爲齋名、詩文集名，並自

■武英殿建築群鳥瞰

號松鶴老人。

他在〈進彙編啓〉中寫道：「聞命踴躍，喜懼交並，自揣五十年來無他嗜好，惟有日抱遺編，今何幸大慰所懷。不揣蚊力負山，遂以一人獨肩斯任。謹於康熙四十年十月為始，領人雇人繕寫，蒙我王爺殿下，頒發協一堂所藏鴻編，合之雷家經、史、子、集，約計一萬五千餘卷，至此四十五年四月內，書得告成。」陳夢雷「目營手檢，無間晨夕」，編修勤奮，請人謄寫，夜以繼日，進展迅速。他同時提出校訂和修改辦法，請胤祉轉奏皇帝，委人修訂。

康熙帝對胤祉進呈的《彙編》極爲珍重，賜名《古今圖書集成》，並立即組織儒臣進行修訂、充實完善。《古今圖書集成》接近完成時，康熙帝幸胤祉邸園，爾後，「歲以爲常，或一歲再幸」（《清史稿》卷二二〇〈諸王傳六〉）。於是，命大臣開館輯《古今圖書集成》，召試諸生，重新校訂。康熙帝決定用最新印刷技術——銅活字印製該書，派人製造大量銅活字，貯於武英殿活字版處。武英殿在紫禁城三大殿的前面，與它相對的是文華殿。武

■《欽定古今圖書集成》（雍正四年內府活字印本）書影

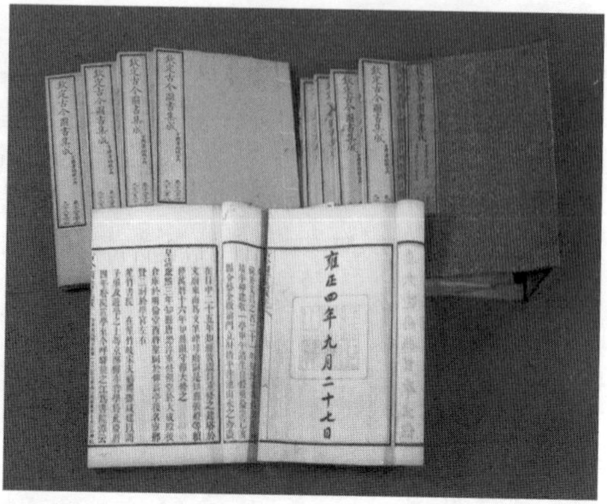

英殿修書處始設於康熙十九年（一六八〇），清代許多重要圖書都在這裡校刻，其版本稱爲「殿本」。武英殿本的印刷銅活字，後來積累到二十五萬個。清康乾時期武英殿刻本被譽爲「盡善盡美，跨越兩宋」（張秀民，《中國印刷史》）。由於該書規模宏偉，修訂繕校及刻鑄銅字等，均頗費工時，以及諸王黨爭，故使出版時間拖延。有學者分析，到康熙帝逝世時，大部已經印刷，只剩少量未印。

康熙帝去世，雍正帝即位。胤祉被貶守康熙帝景陵，後被禁景山死，年五十六。胤祉被禁，陳夢雷蒙難，《古今圖書集成》受到影響。雍正元年（一七二三）初，七十三歲的老翁陳夢雷被流放，後死於關外卜魁。雍正帝命戶部左侍郎蔣廷錫（雍正四年升戶部尚書）等「督承在館諸臣」，修訂《古今圖書集成》。蔣廷錫對該書僅作極少部分校訂，刪去修撰人陳夢雷姓名，所有康熙帝諭旨，從《清聖祖實錄》中刪除，雍正帝親自作序，完成《古今圖書集成》。

此書初名《彙編》，後定名爲《古今圖書集成》，始編於康熙四十年（一七〇一）十月，初稿完成於四十五年（一七〇六）四月。雍正六年（一七二八）刷印六十四部。《古今圖書集成》一書，有以下特點：

第一、集大成。

全書共計一萬卷，分訂五千冊，裝為五二二函，每函八至十冊，另目錄二十冊，總字數達一億。明初《永樂大典》兩萬餘卷、三億餘字，雖字數較多，卻檢索不便。且《永樂大典》僅有抄本兩部，正本早毀，副本亦散失，所存無幾。

第二、分類明。

全書分六編（曆象、方輿、明倫、博物、理學、經濟）、三十二典、六一〇九部。部下再分彙考、總論、圖表、列傳、藝文、選句、紀事、雜錄、外編等項。分門別類，便於翻檢。

第三、內容廣。

內容宏富，包羅萬象。陳夢雷在〈進彙編啓〉中說：「凡在六合之內，巨細畢舉。其在《十三經》、《二十一史》者，隻字不遺，其在稗史子集者，十亦只删一二。」

第四、價值大。

它是中國古代有名的大類書，保存了許多珍貴的文獻資料。梁章鉅評論此書價值道：「能貫穿古今，匯合經史，天文地理，皆有圖記，下至山川草木，百工製造，海西秘法，靡不備具，洵為典籍之大觀。」（梁章鉅，《歸田瑣記》卷四〈陳省齋〉）當然，限於時代條件，存在諸多不足。

總之，在康熙帝主持並參與下，康熙朝於史書、字書、類書、文學書、經書的編纂、整理、出版，成果豐碩，功績顯著。康熙帝對著述、出版的態度，積極嚴謹，多而不濫。他在大臣奏疏上硃批：「每日修書，不肯閑住，此朕最樂之事。」康熙帝視著述、修書爲樂事，爲中華文化的傳承，做出了自己的貢獻。

chapter 17

第拾柒講 愛好西學

康熙帝在中國皇朝史上，
廣泛學習西方科學技術，
既是空前的，也是最後的。
他的虛心、他的學習精神，令人敬佩；
他的局限、他的保守做法，則令人遺憾。

這一講介紹康熙帝愛好西學，分作三個題目：一、兩起案件——曆法之爭；二、一幅地圖——皇輿全圖；三、一點啓示：兩種愛好。

一、兩起案件

康熙帝小的時候，從他皇父順治帝和祖母孝莊太皇太后那裡，接觸到耶穌會士，可能受到西方科學的影響。

■康熙帝與天文學家（法國掛毯）

但眞正促使康熙帝學習西方科學的原因，還要從「湯若望案」與「楊光先案」講起。

先是，清攝政睿親王多爾袞於順治二年（一六四五）決定頒行崇禎時湯若望等制訂而未頒行的新曆，定名「時憲曆」。德國傳教士湯若望受到順治帝及孝莊太后的信任，被任命主掌欽天監。

但是，康熙三年（一六六四），欽天監漢官楊光先上書攻擊湯若望及其曆法，聲稱：「寧可使中夏無好曆法，不可使中夏有西洋人。」指責新曆只編兩百年，大清朝則要億萬年。輔政大臣鰲拜等支持楊光先，湯若望、南懷仁被下獄，欽天監的五名官員被處死。楊光先任欽天監監正，吳明烜爲監副，廢除「時憲曆」，恢復舊曆法。這就是「湯若望案」。受此案牽連的又一人是南懷仁。

南懷仁（一六二三—一六八八年），比利時人，耶穌會士，青年時曾學習數學和天文，順治七年（一六五〇）到北京，協助湯若望修訂曆法。

■南懷仁像

湯若望、南懷仁被下獄後，北京發生地震，兩人獲釋。康熙帝親政初，楊光先等進康熙八年曆書。康熙帝派人向南懷仁問詢意見。南懷仁指出：康熙八年的閏十二月，應在康熙九年正月，並指出其五條差誤。康熙帝讓楊光先、南懷仁進行辯論，各抒己見，沒有結果。又命大學士、六部九卿等親到觀象臺測驗，又在午門前測驗。先後三次測驗：「南懷仁所指，逐款皆符；吳明烜所稱，逐款不合。」（《清聖祖實錄》卷二八）南懷仁測驗準確，楊光先測驗錯誤。康熙帝令將楊光先革職（病死於回鄉途中），命南懷仁爲欽天監監副，管理監務，恢復使用「時憲曆」。

透過湯若望案與楊光先案，康熙帝深感作爲一國之君，應當通曉科學，否則無法決策。這促使他吸納西學，學習科學。他後來回憶說：「朕幼時，欽天監漢官與西洋人不睦，互相參劾，幾至大辟。楊光先、南懷仁於午門外九卿前當面賭測日影，奈九卿中無一知其法者。朕思己不知，焉能斷人之是非？因自憤而學焉。」（康熙，《庭訓格言》）在萬幾餘暇，專注學習天文曆法，一十餘載（《御製三角形推算法論》）。

康熙帝令南懷仁進講天文學、數學等，他是康熙帝的第一位外籍教師。南懷仁親自或主持製成儀器五十三件，有的專歸皇帝使用。儀器製作精細，被認爲是當時世界上最精確的儀器。設在觀象臺的，有測定天體黃道座標的黃道經緯儀、測定天體赤道座標的赤道經緯儀、測定天體地平座標的地平經儀和地平緯儀、測定兩個天體間角距離的紀限儀和表演天象的天球儀等，其中黃道經緯儀和赤道經緯儀是清朝以前沒有的。中國天文學家使用這些儀器兩百多年（席澤宗，《清代人物傳稿》上編卷八〈南懷仁〉）。其特點是：製作和安裝較精細，刻度盤上使用了游標，提高了讀數精度，黃道經緯儀上安裝了黃極軸和黃極圈等（《中國天文學史》）。有人評價說：「西人熟於幾何，故所製儀象極爲精審；蓋儀象精審則測量眞確，測量眞確則推步密合。西法之有驗於天，實儀象有以先之也。」（阮元，《疇人傳》卷四五）光緒二十六年（一九〇〇），有的儀器被德國人竊走，一九一九年德國作爲戰敗國，根據國際協定，又歸還中國。今北京建國門古觀象臺上，能看到這些儀器。

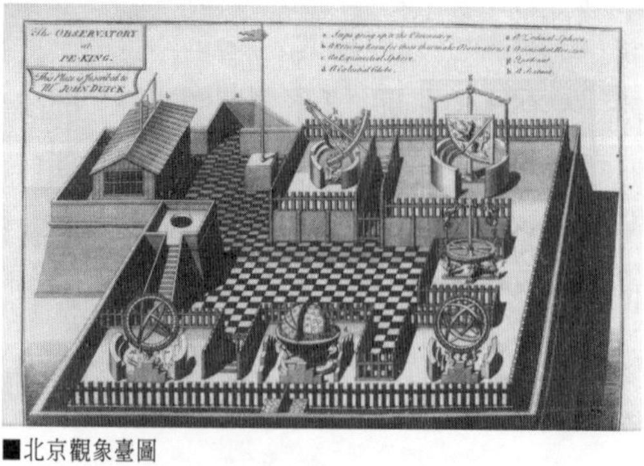

■北京觀象臺圖

南懷仁在康熙九年（一六七〇），做了一件漂亮的事。這年夏，爲修建順治帝孝陵，需將四塊巨石（兩塊爲碑石，每塊重七萬斤，另兩塊爲基石，每塊重十二萬斤）運過盧溝橋。盧溝橋年久失修，難以承受如此重壓，這成了工部的難題。有關人員提出兩個方案：一是用特製十六個輪子的特型大車，以三百匹馬牽引，運載巨石過橋，此需加固橋體；二是在河床上築路，從河上透過。康熙帝命工部官員向南懷仁徵求良策。南懷仁親赴現場考察，認爲不宜從橋下過河運輸；可以從橋上運輪，且不必加固橋體。他提出絕不可用馬牽引車輛運石，因爲數百匹馬的劇烈而有規律的震動，比巨石對橋的破壞力更大。那怎樣運呢？他設計的牽引系統是，用滑輪組和多絞盤，以十二組動滑輪和二十四條繩索，分散重量，起動絞盤，使巨石在橋上平緩移動，獲得成功。

在平定三藩之亂時，南懷仁製造出便於攜帶的輕巧火砲。康熙十四年（一六七五）五月，砲成，康熙帝親臨盧溝橋砲場檢驗，見砲身小，火力大，命中率高，運輸方便（可放在騾馬背上運行）。康熙帝稱讚說：「西洋砲甚利，且輕便易運。」（《清朝文獻通考》卷一九四）將士們稱之爲「得勝砲」。繼續製造出銅砲二四〇門。康熙帝爲表彰他的功績，加他工部右侍郎銜。

康熙二十七年（一六八八），南懷仁從馬上摔傷後死去，終年六十六歲，葬今北京車公莊大街六號院內。康熙帝命厚葬。一年後諡號勤敏。康熙帝還撰文說：「爾南懷仁，遠來海表，久掌星官，學擅觀天，克

■康熙帝學習數學的炕桌

驗四時之序，識通治曆，能符七政之占，非惟推步無差。」（《熙朝定案》）南懷仁出生地比利時貝當城中心廣場上，今豎立一九一三年塑造的南懷仁巨大銅像。

南懷仁去世後，耶穌會士張誠、白晉和徐日昇成爲康熙帝的西洋老師。

張　誠（一六五四—一七〇七年），法國人；白晉（一六五六—一七三〇年），法國人；徐日昇（一六四五—一七〇八年），葡萄牙人，在康熙帝身邊三十六年，一直到死。康熙二十六年（一六八七），張誠和白晉等以耶穌會士、「國王數學家」的身分，被法國國王路易十四派遣來華，供奉內廷，爲康熙帝進講天文曆法、數學、醫學、化學、藥學、人體解剖學等自然科學知識。他們博學多才，深受康熙帝賞識。現在故宮博物院還收藏著當年他們給康熙帝講歐幾里得《幾何原本》用滿文整理的講稿。

張誠、白晉到北京學習九個月滿語，將教材譯成滿文，並用滿語進講三角、幾何和代數，還介紹了比例規、算籌等計算工具。康熙帝認眞學習，反覆思考，運用儀器，親手操作。康熙帝使用過的一些計算工具，至今收藏在故宮博物院。白晉記述了康熙帝學習科學的情節：

> 皇上認眞聽講，反覆練習，親手繪圖，對不懂的地方，立刻提出問題，就這樣整整幾個小時和我們在一起學習。然後把文稿留在身邊，在內室裡反覆閱讀。同時，皇上還經常練習運算和儀器的用法，複習歐幾里得的主要定律，並努力記住其推理過程……有一天皇上說，他打算把這些定律從頭到尾閱讀十二遍以上……皇上使用這些儀器，有時測量某座山的高度，有時測量某個顯眼地方的距離。這些測量都是在隨駕朝臣面前進行的。（白晉，

康熙帝一向主張不論中國的還是西方的曆法，都要用科學實驗證明其準確性，並親自作測驗。康熙三十一年（一六九二）初，康熙帝召大學士、九卿至御前，命人取來日晷，用筆畫出正午時光影應在的位置，一行人一直在日頭下等到正午，以檢視皇帝的預測，果然吻合。大臣們聞所未聞，見所未見。

康熙帝透過親自使用儀器在皇宮中測驗日蝕，發現用西洋新法編制的曆書，在日蝕推算上，也出現了誤差（《清聖祖實錄》卷二一八）。又發現夏至的時間也有出入。康熙五十年（一七一一）十月，康熙帝對大學士等說：「天文曆法，朕素留心。西洋曆大端不誤，但分刻度數之間，久而不能無差。今年夏至，欽天監奏聞午正三刻，朕細測日影，是午初三刻九分。此時稍有舛錯，恐數十年後，所差愈多也。」（《清聖祖實錄》卷二四八）康熙帝的測驗比欽天監專家們的測驗更爲精確。

白晉和張誠曾向康熙帝講述西方醫藥，如燒傷藥的應用。他們還應康熙帝建議，於康熙二十九年（一六九〇），在宮中設立化學試驗室，用西法製藥。他們翻閱了當時法國藥物學家愛拉（一六一八－一六九八年）主編的《皇家藥典》，僅在三個月內，就製成多種丸散膏丹等藥品，康熙帝多次前來觀看。他們製的藥，不僅作御用，還分

■白晉、張誠撰寫的《西洋藥書》（滿文寫本）書影

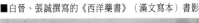

■《御製數理精蘊》（康熙內府銅活字印本）書影

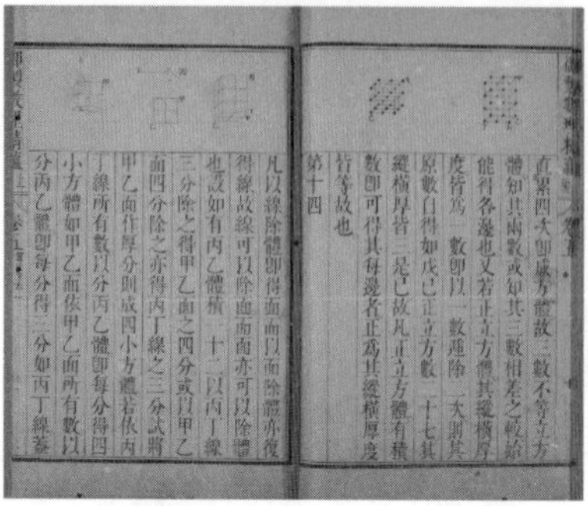

給官民。這是中國最先開辦的西藥製造坊。

值得一提的是，白晉和張誠曾經治癒康熙帝的病。康熙三十二年（一六九三）五月，康熙帝患瘧疾，太醫院御醫藥無效後，張誠、白晉便將洪若翰、劉應兩人帶來的金雞納（又名奎寧）獻上。連服藥數日，康熙帝病癒。皇帝賜給張誠、白晉白銀和衣服，還將西安門內一處被籍沒的王府撥給他們居住和傳教。以後康熙帝將金雞納視爲「聖藥」，賞賜給他的親屬和部下，並曉諭服食之方。康熙帝從此對西醫西藥發生了興趣，白晉、張誠就把自己知道的西藥的配方、療效和製作方法，用滿文寫成了三本小冊子，一共介紹了三十多種藥品。這三本小冊子現收藏在故宮博物院。這爲以後西醫西藥在中國的廣泛傳播奠定了基礎。

康熙帝曾派白晉等回歐洲招聘科技人才。白晉上書路易十四，對康熙帝和清朝加以介紹。後來此文以「康熙皇帝」爲名刊印，對於增進法國人士對中國社會的了解起了重要作用；同時，也爲後世保存了有關康熙帝的寶貴史料。

康熙五十二年（一七一三），康熙帝在暢春園創建了蒙養齋算學館。蒙養齋的任務是專門從事天文觀測，以及編纂《曆象考成》、《數理精蘊》等大型曆算著作。法國傳教士將它稱爲「皇家科學院」。《清史稿》對蒙養齋也有記載：「聖祖天縱神明，多能藝事，貫通中、西曆算之學，一時鴻碩，蔚成專家，國史疇之儒林之列。測繪地圖，鑄造槍砲，始仿西法。凡有一技之能者，往往召直蒙養齋。」康熙帝在實踐中看到了自然科學的重要。他選拔一些有培養前途的人，尤其是年輕人，集中到宮中進行培養。爲了傳續梅文鼎的家學，命其孫轂成入內廷學習。李光地推薦的蘇州府學教授陳厚耀精通天文曆算，康熙帝親試之後，「命入直內廷，授編修」（《康熙政要》卷一八）。其他還有何國宗、明安圖、成德等。康熙帝常將他們召至御座旁，教以幾何、數學，或互對議論，探討問題。

他還親自給皇子、皇孫們講授幾何學。其中以皇三子誠郡王胤祉成績優秀。康熙五十二年（一七一三）五月，康熙帝在蒙養齋纂修律呂、算法諸書，以皇三子胤祉及皇十五子胤禑、皇十六子胤祿，充纂修，何國宗、梅瑴成充彙編，陳厚耀、魏廷珍、王蘭生、方苞充分校。令將所纂之書每日進呈，他「親加改正」。至康熙五十三年（一七一四）論述算法的《數理精蘊》、論述曆法的《曆象考成》及論述樂理的《律呂正義》等書相繼完成。康熙帝合三書爲一部，賜名「律曆淵源」，共一百卷。這是一部反映當時中國自然科學最高水平帶有總結性的巨著，系統地收集、編排了明末清初傳入我國的西洋數學、幾何學、天文學及聲律學知識，也彙集了中國傳統的曆算及聲樂精華，頒行之後，影響很大。

康熙帝的一生都與天文曆法和數學結下不解之緣。他學習西方科學，應用西方科學，不僅使自己成爲博學的皇帝，而且成就了清朝科學的發展。

該圖採用投影作圖法，就是測量經緯度，以確定方位，這比中國傳統的方法要準確。西方世界地圖傳入中國，西方地理學知識和測繪技術也隨之傳來。

二、皇輿全圖

早在明萬曆年間，利瑪竇帶來了《坤輿萬國全圖》。這張世界地圖說明地球是球形的，海陸分布五大洲、四大洋，衝擊了中國「天圓地方」的傳統觀念。

■康熙年間製作的地球儀

康熙帝在出巡、治河、戰爭等軍政活動中，養成了透過地圖了解山川道路、形勝關隘的習慣。康熙二十二年（一六八三）八月初三日，康熙帝下令地方官將各省地圖，「繪送兵部，以備披覽。至塞外地名，或爲漢語所有，或爲漢語所無，應察明，編入《一統志》內」（《清聖祖實錄》卷一一一）。但中國傳統測繪地圖方法，主要有兩種：一種是「計里畫方法」，因爲不知道地球是球體，所以是以地平面爲基礎，採用矩形網格座標測繪；另一種是形象對景法，把具有方位意義的地物，如山脈等按照形象特徵測繪。這兩種測繪方法，沒有統一標度，也沒有精確比例。

康熙帝學習天文、曆算、幾何，掌握用經緯度的精確測繪技術，利用巡行、出兵之便，實地測量，爲繪製新地圖積累素材。在親征噶爾丹的行軍途中，他每到一地都親自進行實地測量，以明確部隊與京師的距離及其所在方位。康熙三十五年（一六九六）四月，他在喀倫用儀器測量出北極高度比京師高五度，便寫信告訴皇太子，「以此度之，里數乃一千二百五十里」（《康熙御製文集》二集卷一九）。次年閏三月初五日，在寧夏又以儀器進行測量，發現北極高度「較京師低一度二十分，東西相去二千一百五十里……自寧夏視京師，在正東而微北」。康熙帝感到需要採用西方測繪方法，重新測繪各省地圖。爲此，開始進行準備工作。

第一、制定方案。

確定用西法測繪，先測繪分省地圖，再總繪成皇輿全圖。

第二、派定人員。

任用張誠、白晉、雷孝思、杜德美等耶穌會士分成若干組，赴全國各地實測，調派滿漢官員和技術人員何國宗、明安圖等配合與監督。

第三、配置儀器。

購買、配置測繪儀器、工具。

■手搖計算器

第四、先行試點。

康熙四十六年（一七〇七）十二月，命張誠、白晉等對北京及鄰近地區進行試測，半年後繪出樣圖。康熙帝親自校勘後認爲西法測繪的地圖確比舊圖精確，於是全面鋪開《皇輿全覽圖》的測繪工程。

康熙四十七年（一七〇八），全國測繪工作正式開始。測繪組分批從北京出發，抵山海關後，沿長城西行，直到肅州。然後往西寧，返回北京。形成一幅長城地圖。這幅地圖現珍藏在梵蒂岡圖書館。爾後，測繪組從遼東入手，測繪東北地區，繪出《盛京全圖》、《烏蘇里江圖》、《黑龍江口圖》、《熱河圖》等。康熙帝又命他們重點測繪墨爾根城（今黑龍江省嫩江市）和卜魁城。其間，還測繪了北直隸地圖。

康熙五十年（一七一一），康熙帝命增加人員，分成兩隊：一隊測繪山東、山西、陝西、江西、兩廣地圖；另一隊測繪喀爾喀蒙古（今蒙古國）地圖。

康熙五十一年（一七一二），測繪河南、江南（今江蘇、安徽、上海）、浙江、福建地圖。

康熙五十三年（一七一四），測繪臺灣及鄰近島嶼地圖。

康熙五十四年（一七一五），測繪四川、雲南、貴州、湖廣地圖。

康熙五十六年（一七一七），康熙帝派在蒙養齋跟從傳教士學習數

■康熙年間的套裝繪圖儀器

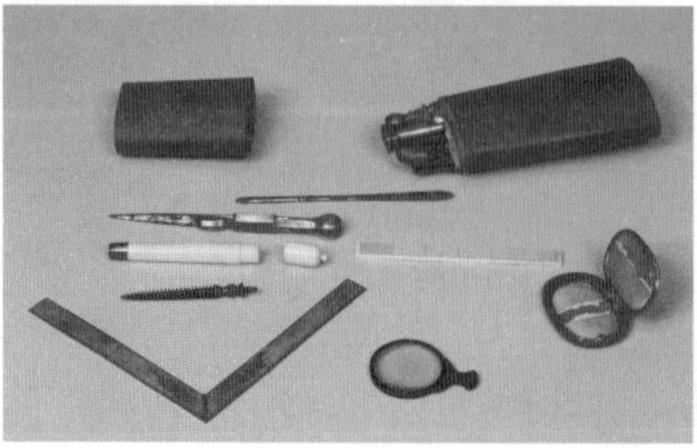

■《皇輿全覽圖》（局部）

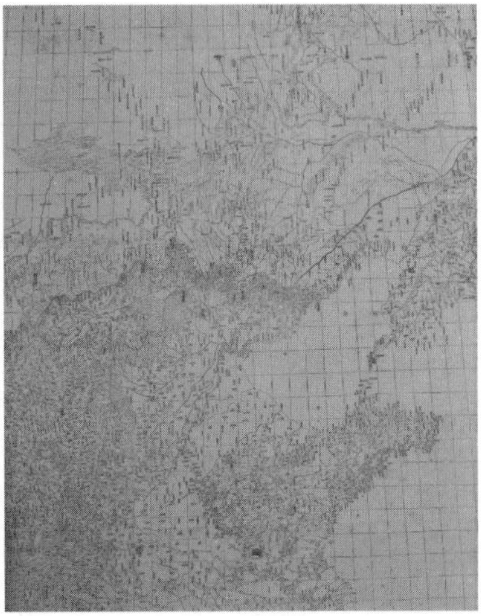

學和測量的兩名喇嘛，測繪西寧至拉薩地圖。至此，全國測繪工作基本結束。

康熙五十七年（一七一八），由傳教士杜德美以統一比例，將分省圖合輯手繪總圖一幅，分合凡三十二幅，成爲《皇輿全覽圖》，進呈康熙帝（《清史稿》卷二八三〈何國宗傳〉）。採用梯形投影法繪製，比例爲一百四十萬分之一。地圖所繪範圍東北至庫頁島，東南至臺灣，西至伊犁河，北至北海（貝加爾湖），南至崖州（今海南島）。新疆一帶至乾隆帝兩次遣專人詳查後，加以補全。

康熙帝命大學士蔣廷錫捧圖讓群臣觀看，並對他說：「《皇輿全覽圖》，朕費三十餘年心力，始得告成。山脈水道，俱與《禹貢》相合。爾將此全圖，並分省之圖，與九卿細看，倘有不合之處，九卿有知者，即便指出。」（《清聖祖實錄》卷二八三）可惜這三十二幅手繪圖現已不見。現能看到的《皇輿全覽圖》版本有：

第一種，木刻設色本，今故宮博物院藏，共二十八幅。

第二種，銅版圖印本，今瀋陽故宮博物院藏。康熙五十八年（一七一九），由馬國賢印行銅版圖。這種以經緯度分幅的方法在中國是第一次。文字記註，內地各省註漢字，東北和蒙藏地區註滿文，故又名爲《滿漢合璧清內府一統輿地秘圖》。詳繪有西藏和蒙古極西地方，在西藏邊境標註出朱母郎馬阿林（珠穆朗瑪峰）。前有總圖，後有各省分圖。除新疆外，其內十五省及關外滿蒙之地，皆經準確測定，詳細繪製，「關門塞口、海汛江防、村堡戍台、驛亭津鎮，其間扼衝據險，環衛交通，荒遠不遺，纖細畢載」（《清聖祖實錄》卷二八三）。這在中國地圖史上具有劃時代意義，直到民國初年，國內外出版的各種中國地圖基本上都源於此圖。

第三種，木刻設色印本，三十二幅，今故宮博物院藏，爲康熙六十年（一七二一）完成的第二次木刻版圖。西方傳教士把這套地圖傳到歐洲，德國、法國、荷蘭等國都出版過不同版本。

李約瑟在《中國科學技術史》中評價說：「《皇輿全覽圖》不但是亞洲當時所有的地圖中最好的一幅，而且比當時所有的歐洲地圖都更好、更精確。」（李約瑟，《中國科學技術史》第五卷第一分冊）

康熙帝任用西方傳教士，採用西方先進科學技術，除了修曆和測繪兩項科學工程外，在治河、機械製造、火器製造、地礦、氣象、生物、農學、中西醫藥學等方面，也都有所吸納。這些舉措，促進了清朝科技的發展。

《皇輿全覽圖》和《古今圖書集成》是康熙朝巨大文化工程的雙璧，也是中華文化的寶貴遺產。

三、兩種愛好

既然康熙帝如此重視學習西方科學，為什麼其後中國科技越來越落後於西方呢？

有人把它叫做「李約瑟難題」。今天我不回答這個問題，而講一個故事，幫助大家思考。

二○○五年，在故宮博物院午門舉辦了「太陽王路易十四——法國凡爾賽宮珍品特展」。展覽中有一幅名爲「天文學家」的巨幅掛毯，爲路易十四時期法國工廠織造的。這幅掛毯織繪康熙帝和法國傳教士在觀象臺觀測星象、探究天文的場景。這使我聯想到前面講過的康熙時代世界上的三傑——俄國彼得大帝、法國路易十四和中國康熙大帝。他們三人有驚人的相似之處，也各自開創了一個嶄新時代。前面我講過彼得大帝，在這裡我說一下路易十四。

法國波旁王朝國王路易十四（一六三八—一七一五年），一六四三—一七一五年在位。說到他，大家會想到三件事：

第一、凡爾賽宮。

路易十四的王宮——凡爾賽宮，既是法國君主制的象徵，又是當時歐洲文化藝術的中心。凡爾賽宮的鏡廳長七十五米，寬十米，有三七五面大鏡子，國王和貴族在此舉行舞會，極盡奢侈之能事。奧地利、普魯士國王都想以此爲榜樣重塑首都，俄國彼得大帝則興建了聖彼得堡。

第二、高跟鞋。

路易十四身高不足一米六〇，便穿上跟十五釐米高的鞋子。全國爭相效仿，後來風靡全世界。

第三、芭蕾舞。

路易十四從小就喜愛芭蕾舞，如癡如醉。十五歲時，他參加宮廷芭蕾《卡珊德拉》的演出，扮演太陽神阿波羅。他先後出現在二十一部芭蕾舞劇中。他下詔成立皇家舞蹈學院，至今芭蕾舞一些規則、術語，都出自於這所皇家舞蹈學院。

路易十四與康熙大帝人生經歷，驚人的相似，至少有五點：

第一、都幼年繼位。

康熙帝八歲繼位，路易十四是六歲繼位。

第二、都在位很久。

康熙帝在位六十一年，路易十四在位七十二年。

第三、都曾大權旁落。

康熙帝曾被權臣鰲拜輕慢。路易十四由母后攝政，首相馬扎然專權。母子曾兩次逃出法國，晚上以稻草爲枕睡覺。

第四、都勤於國事。

康熙帝勤政。路易十四每週工作六天，臥病在床也是如此。他做完肛漏切除手術當晚就主持參政院會議，痛得大汗淋漓。

第五、都大有作為。

康熙帝開創了康雍乾盛世；路易十四締造了路易十四時代，法國成爲歐洲新霸主。

康熙大帝和路易十四，這兩位東方和西方的巨人，曾經有過一次重要的聯繫。南懷仁給法王路易十四寫信，

■路易十四致康熙皇帝書信

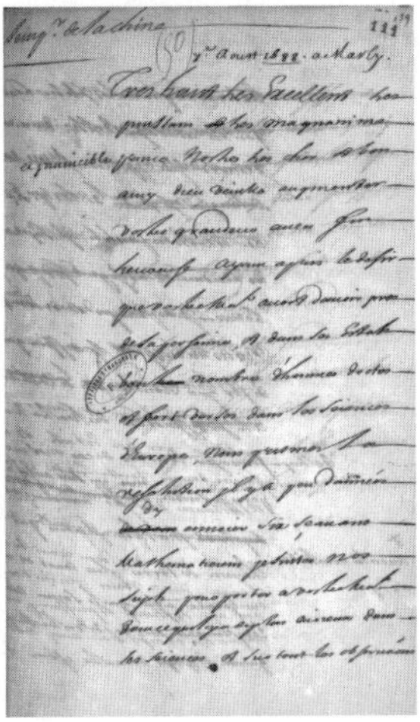

請求他派遣傳教使團來華。康熙二十六年（一六八七），路易十四向中國派遣一批耶穌會士，洪若翰、白晉、張誠和劉應帶來了渾天儀等三十箱科學儀器，作爲送給康熙帝的禮物。康熙帝見到這些禮物很高興，並將張誠和白晉留在宮廷。他們取了中國名字，學會了滿語、漢語，爲康熙帝講授西方科學。康熙三十二年（一六九三），白晉受康熙帝派遣，回法國招募更多的傳教士來華。他帶了三百多卷典冊，作爲給路易十四的禮物。路易十四和康熙帝的這次聯繫與科學有關，但兩人對待科學的態度卻大有差別。

路易十四熱中於芭蕾舞等文化藝術，對科學毫無興趣。「太陽王路易十四——法國凡爾賽宮珍品特展」中，有一幅路易十四視察法國科學院的珍貴畫品。這是他唯一的一次視察法國科學院。法國史學家評價他：「路易十四根本沒有興趣參與任何科學活動。」但路易十四卻重視國家的科學建設，一六六六年（康熙五年），成立了法蘭西科學院。科學家享受國王津貼，學術活動受到資助。

康熙帝注意吸納西學、重視科學，他沒有見過芭蕾舞，卻對西方科學如醉如癡。他的《幾暇格物編》收錄九十三篇論文，提出許多新見解、新論斷。從中可以看出，康熙帝是一位善於讀書、善於動手、善於觀察、善於思考、善於總結的具有學者氣質的皇帝。他曾經想「把西歐的全部科學移植到中國來，並使之在全國各地普及」（白晉，《康熙皇帝》），但沒有實現。康熙帝不會想到，一百多年以後，他的子孫身爲清朝君主竟然因爲落後而挨打。同樣，路易十四時代是一個崇尚文化、爭戰疆場的時代。對芭蕾舞如癡如醉的路易十四也不會想到，重視文化，促進覺醒，他成就了一個引領歐洲思潮的文化大國，爲法蘭西資產階級大革命思想的誕生和傳播提供了社會基礎，結果他的後繼者路易十六被大革命送上了斷頭臺。

中國古代科技曾經是先進的，爲什麼近代科學不在中國而在西歐？這個「李約瑟難題」，應當怎樣回答？留給讀者思考！

chapter 18

第拾捌講 樣式雷家

清代皇家宮殿、壇廟、園林、陵寢的建築，
達到了中國古典建築的高峰。
這是廣大工匠與技師的智慧與辛勞所凝聚的。
工匠與技師中的傑出人物，
雷發達及其匠藝家族繼承者，形成雷氏家族。
這在中國建築史上是空前絕後的，
在世界建築史上也是罕見的。

■《康熙帝出巡圖》（局部）

中國皇家宮殿園林，秦的阿房宮、漢的上林苑、唐的大明宮、宋的艮岳等，不勝枚舉，但皇家宮苑建築工匠、建築大師的資料，卻如鳳毛麟角。清皇家建築中，從康熙朝開始，傑出的建築匠師雷發達，子承父業，名傳八代，直到民國，史稱「樣式雷家」。「樣式」就是「式樣」——「圖樣」（圖紙）與「燙樣」（模型）。有了「燙樣」，如陵墓未開啓但能知其內幕，圓明園雖已被毀但能知其原貌。「樣式雷家」留下建築「圖樣」、「燙樣」和譜牒、檔案資料，僅中國國家圖書館和故宮博物院就達一萬六千餘件，中國第一歷史檔案館還有很多。這是極其罕見、極其珍貴的，已被列爲世界記憶遺產。

今天我先從一個故事說起。

一、一個故事

故事發生的地點在皇宮三大殿。

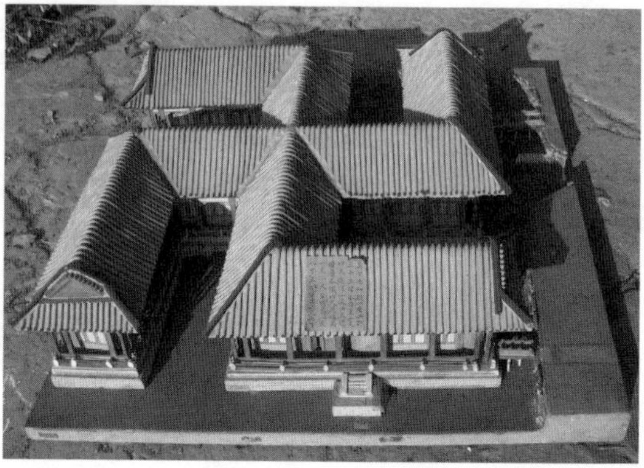

■圓明園「萬方安和」燙樣

清朝皇宮分為前殿與後宮：前殿主要是三大殿——太和殿、中和殿、保和殿，還有東西兩翼的文華殿和武英殿；後宮主要是三大宮——乾清宮、交泰殿、坤寧宮，還有東六宮和西六宮。

清朝民間流傳著一個雷發達太和殿上樑立功的傳奇故事：

康熙中葉，營建三殿大工，發達以南匠供役其間。故老傳聞云：「時太和殿缺大木，倉猝拆取明陵楠木樑充用。上樑之日，聖祖親臨行禮。金樑舉起，卯榫懸而不下，工部從官相顧愕然，惶恐失措。所司私畀發達冠服，袖斧猱升，斧落榫合。禮成，上大悅，面敕授工部營造所長班。」時人爲之語曰：「上有魯班，下有長班；紫微照命，金殿封官。」（朱啓鈐，《哲匠錄‧樣式雷考》）

上面故事說：北京皇宮修建太和殿，找不到合適的木料作大樑，便拆下明陵稜恩殿的楠木大樑充用。當舉行太和殿上樑大吉儀式的時候，康熙帝親臨現場。但是，大樑升起後，本應落在預設的卯榫裡，因尺寸微差，而沒有合轍。工部官員，面面相覷，手足無措。有一位工部官員，私自給雷發達穿上官服，讓他袖裡裝著斧頭，像猱猿一樣靈巧地爬到樑上，用斧一敲，樑落榫合。上樑大禮圓滿完成，康熙皇帝大悅，當面授雷發達爲工部營造所長班。當時有個民謠：古有魯班，今有長班。長班就是雷發達。長班，相當於現在的建築施工專案經理。

這個故事說的是重修太和殿。我先把太和殿的名稱演變和幾次重建介紹一下，回過頭來再說雷發達的故事。

明永樂十八年（一四二〇），北京皇宮三大殿建成，名爲奉天殿（今太和殿）、華蓋殿（今中和殿）、謹身殿（今保和殿）。新宮殿宏偉壯麗，金碧輝煌。永樂帝非常高興，召博士胡奫卜算吉凶。胡博士卜算後說，明年某月某日午時當毀。永樂帝大怒，命將胡博士囚禁起來，到時驗證，聽候處理。「至期，獄卒報：午過，無火。胡服毒死。則午正三刻也，殿果災。上甚惜之」（《日下舊聞考》卷三四引《明卓異記》）。就是說，獄卒報告午正（中午十二時）已過，三大殿沒有火災，胡博士便服毒自殺了。過了三刻，三大殿果然大火，全被焚毀。永樂帝對胡博士的死，深感惋惜。從永樂十九年（一四二一）正月初一日，舉行三大殿建成大典暨慶賀正旦，過了百天，皇宮三大殿便被雷火焚毀。到明英宗正統六年（一四四一）九月，第二次興建三大殿完工。明嘉靖三十六年（一五五七）四月，三大殿第二次遭雷火焚毀。嘉靖四十一年（一五六二）九月，第三次興建三大殿完工，改名奉天殿為皇極殿、華蓋殿為中極殿、謹身殿為建極殿。明萬曆二十五年（一五九七）六月，皇極殿等發生火災，白玉石燒成石灰。萬曆四十三年（一六一五）重修三大殿。明天啓七年（一六二七），第四次興建三大殿告成。但是，崇禎末，李自成臨退出北京前，在皇宮放火，焚毀宮殿，皇極殿（今太和殿）等受災。明朝紫禁城宮殿，多災多難，「四建四焚」，但基本保留下來。

到清朝，順治二年（一六四五），三大殿改名，皇極殿為太和殿、中極殿為中和殿、建極殿為保和殿。

在這裡補充一句話：皇宮金鑾殿第一次名奉天殿，突出「天」；第二次名皇極殿，突出「極」；第三次名太和殿，突出「和」——從突出「天神」，到突出「皇權」，再到突出「人和」，是一個歷史進步的過程。

清康熙八年（一六六九）重建太和殿，康熙十八年（一六七九）太和殿火災，康熙三十四年（一六九五）再建太和殿。其後三大殿的格局，沒

■太和殿

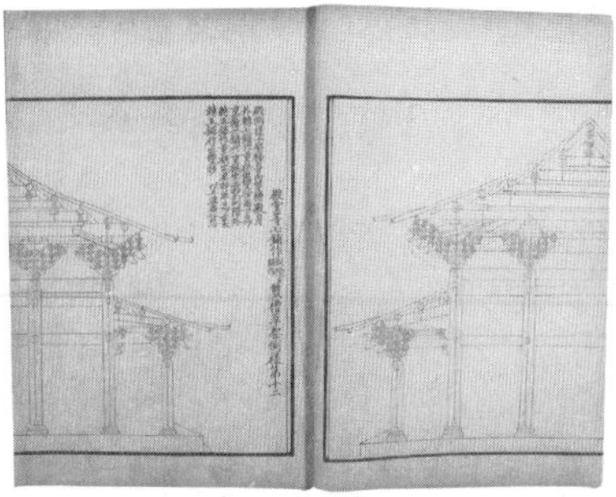

■清寫本《營造法式》內頁

有大變，延續至今。

現在回過頭來，再說雷發達修太和殿的故事。這個故事的主角是「樣式雷家」興起的始祖雷發達。雷發達（一六一九—一六九三年），祖籍江西建昌（今江西省永修縣），清初舉家遷往南京。康熙二十二年（一六八三），在平定三藩、收復臺灣之後，北京開始大規模地興建宮殿園林。康熙帝招募工匠，發給薪祿。木工技藝高超的雷發達於這年冬季，應募到北京供役清宮營建。

古代皇家工程，工匠實行「匠籍」制，就是世代爲工匠；民工則實行「徵發」制，就是徵發徭役。康熙帝實行工匠「招募」制，就是將各地的能工巧匠、技術人員「招募」到北京，發揮所長，發給薪祿。

雷發達因技藝優秀，應皇家招募來到北京，住在西直門外海澱槐樹街。後來他的兒子雷金玉入國子監讀書。雷家成爲既有工匠技藝，又有文化教養的家族。

康熙帝大修太和殿上樑的故事，後被引述，廣爲流傳，直至今日。主人公是雷發達嗎？學術界對此有兩種意見：一種意見認爲，確有其事，這是指康熙八年修太和殿上樑的故事。另一種意見認爲這個故事有眞，雷發達確有其人；也有假，子冠父戴。天津大學王其亨教授等，對這個故事的眞假做了考證（王其亨，〈雷發達太和殿上樑傳說的眞相〉），認爲：

第一、時間不合。故事的第一句話：「康熙中葉，營建三殿大工」，如果說這是指康熙三十四年太和殿重建的工程，則雷發達已經去世兩年，不可能參與。

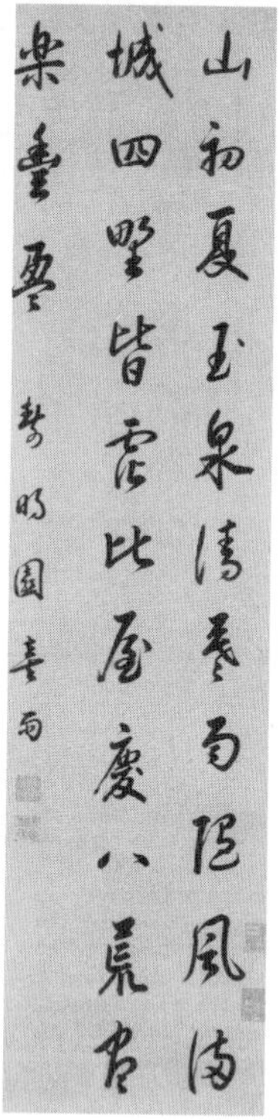

■康熙帝行書《靜明園喜雨》詩

第二、前後牴牾。有學者將雷發達太和殿上樑的故事，前移到康熙八年。這樣看起來，人物較吻合，時間較合理，但修正後的「康熙初年」又與故事中「康熙中葉」的記載不合。前後有牴牾，故事有矛盾。

第三、譜書闕載。雷發達受到康熙帝「紫微照命，金殿封官」，於發達個人，於雷氏家族，都是至上榮耀、無上崇光的事，雷氏家譜應當記載。但是，《雷氏遷居金陵述》、《雷氏族譜》、《雷氏支譜》及《精選擇善而從》等譜書，於雷發達的生平，僅載其生卒時間及葬地，其業績則載「行無考」，都沒有記載這件事。

第四、子冠父戴。這個故事究竟在哪裡出了岔呢？王其亨教授考證，《雷氏族譜》、〈雷金玉墓碑〉、《精選擇善而從》等史料，都有關於雷發達兒子雷金玉「因正殿上樑，得蒙皇恩」的記述。因此，這則「雷發達太和殿上樑」的故老傳聞，是把他兒子雷金玉在暢春園「九經三事殿」上樑的眞實業績，傳訛爲他父親的功勳。不過，雷發達參與了暢春園、其子孫參與了避暑山莊的工程建設。

二、
暢春之園

清朝康、雍、乾時期，大興土木，興建園林。為什麼呢？

因爲：一則，明末清初，一些皇家建築，毀於戰亂大火，如紫禁城的宮殿、明朝的陵寢等。二則，滿洲興起關外，春秋射獵、夏季避暑，都需要園林。三則，天下太平，財力雄厚，府庫充裕。四則，康熙帝樂巡遊，倡騎射，興修園林，視爲樂趣。五則，康熙帝南巡後，深感江南園林景色秀美，更促使他在北京大興皇家園林。清初在北京原有的御園外，大造皇家園林，使清代的皇家園林達到中國古典園林史上的高峰，而康熙帝是其經始者。那麼，康熙帝興建了哪些大的園林工程呢？

清朝皇家大的園林工程，京師主要是「三山五園」，就是香山靜宜園、玉泉山靜明園、萬壽山清漪園（後改名爲頤和園）和暢春園、圓明園。其中，圓明園主要是雍正和乾隆時期修建的，清漪

■暢春園圖

園（頤和園）主要是乾隆時期修建的。京師西郊的暢春園，京師以外的避暑山莊，康熙帝是其開創者。所以，我主要講康熙朝皇家園林中的暢春園和避暑山莊。

康熙二十三年，康熙帝第一次南巡回京後，傾慕江南的秀美景色和精美園林，決定建造清朝北京第一座規模宏大的皇家園林——暢春園。暢春園在今北京頤和園以東、北京大學以西的地方。《日下舊聞考》記載：

> 都城西直門外十二里曰海淀，淀有南有北。自萬泉莊，平地湧泉，奔流瀰瀰，彙於丹陵沜。沜之大以百頃，沃野平疇，澄波遠岫，綺合繡錯，蓋神皋之勝區也。朕臨御以來，日夕萬幾，罔自暇逸，久積辛劬，漸以滋疾。偶緣暇時，於茲遊憩，酌泉水而甘，顧而賞焉。清風徐引，煩痾乍除。爰稽前朝戚畹武清侯李偉，因茲形勝，構爲別墅。當時韋曲之壯麗，歷歷可考。圮廢之餘，遺址周環十里……爰詔內司，少加規度，依高爲阜，即卑成池。（〈康熙御製暢春園記〉）

康熙帝在〈御製暢春園記〉中說，西直門外十二里有海淀，分南淀、北淀。萬泉莊一帶，平地湧泉，碧濤滾滾。暢春園在南淀之北，原是明萬曆帝外祖父（李太后之父）、武清侯李偉的別墅（《明史》卷三〇〇〈李偉傳〉），周圍十里。康熙帝在其故址上改建，作爲避喧聽政之所，也爲幾暇遊治之區，賜名暢春園。

暢春園於康熙二十三年始建，二十六年（一六八七）初竣。康熙帝平日在乾清門御門聽政，夏季中期多在暢春園、後期多在避暑山莊聽政，寒暑不輟，無日間斷，僅過年期間等封印。

暢春園的建築與園林，分爲三路：

中路

大宮門懸掛康熙帝御書「暢春園」，門裡爲「九經三事殿」，以及其他建築。這裡「九經三事」的「九經」，取義儒家經典九部，即《周禮》、《儀禮》、《禮記》、《左傳》、《公羊傳》、《穀梁傳》、《周易》、《尚書》、《詩經》。「三事」，典出《尚書・大禹謨》：「正德、利用、厚生。」暢春園正殿以「九經三事」取名，充分表達了這正殿的地位至爲重要，乃是皇帝循經守禮、治理國政的地方。後來避暑山莊的「澹泊敬誠殿」、圓明園的「正大光明殿」、頤和園的「仁壽殿」，都仿照「九經三事殿」而建。

西路

有無逸齋，爲皇子讀書的場所。這裡還有買賣街，後來清漪園（頤和園）等處的買賣街就濫觴於此。園內的交通，有蹊徑——或行走、或乘馬、或坐輦；也有行船，船名吉祥舟、載月舫等。船從西直門外倚虹橋，沿長河，經暢春園，到清漪園（頤和園）。後來乾隆帝、慈禧太后到清漪園，水路都是這樣走的。乾隆帝詩云：「輕舸順流下，片時平渡湖。易輿行宛轉，前苑到斯須。」就是說，由清漪園乘船，順流而行，來到暢春園（因在圓明園南，又稱南苑），再改舟乘輿，到了行宮。今長河已經修整，可通航到頤和園。

東路

主要建築爲澹寧居。澹寧居前殿爲康熙帝御門聽政、接見臣工的殿堂，後殿爲康熙帝及其子孫讀書處。康熙帝晚年，養育十二歲的小孫子弘曆（乾隆帝）在澹寧居。後乾隆帝作詩說：「憶昔垂髫歲，賜居曰澹寧。」東路還有「淵鑑齋」、「佩文齋」，《淵鑑類涵》、《佩文韻府》的書名就是由此而來。園中有小溪，溪北的清溪書屋，爲康熙帝燕寢之所。康熙帝死在清溪書屋，這裡演繹出他臨終前接見皇子和隆科多以及雍正帝即位的歷史故事。康熙帝死後，雍正帝將清溪書屋改建爲恩佑寺，裡面懸掛康熙帝的影像（畫像），寺的山門東向。恩佑寺右爲恩慕寺。寺外山門，今存遺跡，就在今北京大學西牆外。這是今人所能看到的暢春園的唯一遺跡。

暢春園的興建，與樣式雷家有什麼關係呢？據有關碑文

■暢春園恩佑寺山門

記載：

恭遇康熙年間修建海澱園庭工程，我曾祖考領楠木作工程。因正殿上樑，得蒙皇恩召見奏對，蒙欽賜內務府總理欽工處掌□（案），賞七品官，食七品俸。

上文中的「海澱園庭工程」，當是暢春園工程。暢春園的楠木作工程，負責具體設計、施工、裝修的正是雷發達、雷金玉父子。雷金玉正値而立之年，技藝精湛，精力充沛，在暢春園工程中有突出事蹟：其一、受到康熙帝的召見；其二、因上樑而立功；其三、被賜爲內務府總理欽工處掌案（負責人）；其四、官七品（相當於知縣）。當時考中進士，爲做知縣的正途。一個木工，因貢獻突出，官封七品，實屬不易。

康熙帝善待工匠，對曾經主持和參加皇家工程的傑出工匠禮遇有加。雷發達年老壽終，歸葬江南金陵祖墳。他的兒子雷金玉，也因暢春園工程而蒙恩：「曾祖考（即雷金玉）七旬正壽，又得蒙皇恩欽賜，命皇太子書『古稀』二字匾額。此匾額供奉原籍大堂。」（〈雷金玉碑記〉）此外，如江南著名的造園疊山藝術家張南垣之子張然，負責暢春園的規劃設計，並主持疊山理水工程，園建成後，年老告歸。當時，張然年近七旬，「以年老，賜肩輿出入，人皆榮之」（戴名世，〈張翁家傳〉）。另一位江南著名的山水畫家兼造園疊山藝術家葉洮，負責工程設計與監造，後因病乞歸。

雍正帝興建圓明園工程，仍由內務府營造司鳩工經營。雷金玉爲內務府包衣匠人，供職圓明園楠木作樣式房掌案。時雷金玉年近古稀，仍參與其事，憑其出神入化的技藝，「領楠木作工程」，帶領樣式房諸樣子匠製畫樣、燙樣，爲圓明園的設計施工做出貢獻。現在仍能看到清代圓明園建築的部分燙樣。

康熙朝園林建設的另一重大工程爲避暑山莊。

三、避暑山莊

避暑山莊位於今河北省承德市，康熙四十二年（1703）開始興建，五十年（1711）宮殿區基本告成。

■康熙帝御筆「避暑山莊」匾額

初稱熱河行宮，康熙帝題寫「避暑山莊」門額，並撰〈避暑山莊記〉，遂以「避暑山莊」爲名。後經擴建，到乾隆四十五年（一七八〇）基本建成。嘉慶時期予以修整。前後百年，使得避

■冷枚，《避暑山莊圖》

暑山莊逐漸完善。避暑山莊圍牆二十里，分爲宮殿區和苑景區（包括湖區、林區、山區）兩部分，內有康熙三十六個景（每景四字命名）、乾隆三十六個景（每景三字命名），合稱「七十二景」。前者如：煙波致爽、芝徑雲堤、無暑清涼、水芳岩秀、萬壑松風、雲山勝地、錘峰落照、濠濮間想等。其中煙波致爽後演繹出咸豐遺命的故事。後者如：煙雨樓（仿浙江嘉興煙雨樓）、獅子林（仿蘇州獅子林）、滄浪嶼（仿蘇州滄浪亭）等。乾隆四十年（一七七五）在山莊內建成文津閣，貯藏《四庫全書》，稱文津閣本，今藏中國國家圖書館。康熙五十二年（一七一三），爲康熙帝六十壽辰，在避暑山莊外建溥仁寺、溥善寺（已毀），爲蒙古部落首領舉行朝賀的寺廟。乾隆年間陸續興建普寧寺、安遠廟、普樂寺、普陀宗乘之廟、殊像寺、須彌福壽之廟，加上溥仁寺、溥善寺，總稱爲「外八廟」。康熙帝先後五十三次到避暑山莊，死的當年還到過避暑山莊。

這裡講一下康熙帝《御製避暑山莊三十六景圖詩》。康熙帝爲紀念六十壽辰，命宮廷畫家沈喻繪製《避暑山莊三十六景圖》，由朱圭和梅裕鳳刻版，並配以《御製避暑山莊詩》。康熙五十二年完成，共兩卷，卷首有康熙帝序言。先由內府刻印朱墨套印本，又由馬國賢刻印成銅版畫（李曉丹、王其亨，《清康熙年間義大利傳教士馬國賢及避暑山莊銅版畫》）。馬國賢（一六八二—

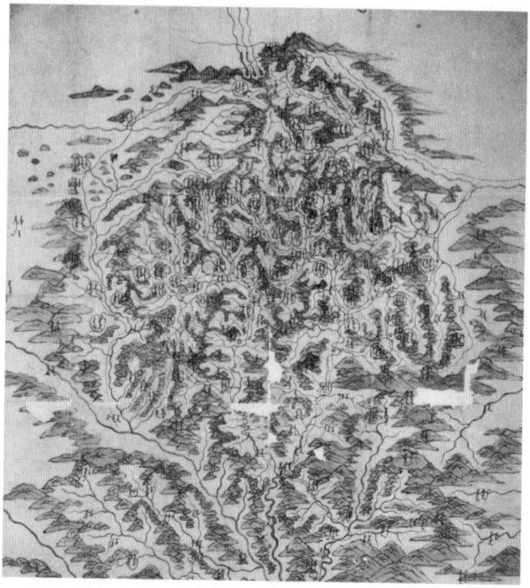

■清內務府《木蘭圖》。該圖主要反映清帝木蘭秋獮的北上路線，地名均用滿文標註。

一七四六），義大利人，二十三歲爲神父，受過短期中國語言、文化訓練，會點漢語。康熙四十八年（一七〇九）冬來中國，先到澳門，繼到廣州。康熙帝指示馬國賢先在廣州學漢語，並送幾幅畫到北京。馬國賢畫山水、人物畫各一幅，送到北京（《康熙朝滿文硃批奏摺全譯》）。康熙帝看了馬國賢的畫，並對他作了考察後，准其入京。第二年冬，馬國賢到了北京。在康熙帝接見時，他說自己懂點繪畫，還略通鏤刻銅版，康熙帝就命他刻印避暑山莊三十六景圖銅版畫。馬國賢在他的回憶錄中說，他每天進宮作畫，於一七一四年（康熙五十三年）四月二十四日完成了《御製避暑山莊三十六景圖詩》製版印刷。馬國賢印製的《御製避暑山莊三十六景圖詩》，是中國第一次印刷的大尺寸銅版畫。康熙帝看後很高興，稱這些銅版畫爲「寶貝」，並配上詩文。後滿文本、漢文本可能共有六十套，馬國賢手中可能還有三十套。馬國賢在北京宮廷服務十三年（一七一一—一七二三），雍正帝即位後，離開北京，回到歐洲，《避暑山莊三十六景圖》開始西傳。馬國賢見到英王喬治一世並贈送《避暑山莊三十六景圖》，此書後來成爲大英博物館的藏品。馬國賢寄給巴斯（Bussi）神父的一套《御製避暑山莊圖詩》暨信件，現保存在紐約市公共圖書館。《避暑山莊三十六景圖詩》在西方的收藏地有：倫敦大英博物館和大英圖書館、巴黎法國國家圖書館、德國德累斯頓國家藝術博物館、梵蒂岡圖書館（馬國賢一七二〇年送給主教的）、維也納奧地利國立圖書館、歐洲木版畫基金會、美國哈佛大學圖書館等（馮德堡，《清宮〈避暑山莊〉和紅票》）。北京故宮博物院、臺北故宮博物院、瀋陽故宮博物院有收藏。馬國賢印製的《御製避暑山莊三十六景圖詩》銅版畫，傳到西方，對十八世紀英國園林藝術的影響極大（余華，《梵蒂岡圖書館藏馬國賢避暑山莊銅版畫冊》）。

康熙帝還興建木蘭圍場，舉行秋獮。「木蘭」爲滿語，漢意爲「哨鹿」；秋季狩獵稱「秋獮」。康熙二十年（一六八一），康熙帝出巡塞外，會蒙古科爾沁、喀喇沁等王公貴族及八旗蒙古官兵。蒙古喀喇沁、敖漢等獻地，康熙帝決定在這裡興建木蘭圍場。木蘭圍場在今河北省圍場蒙古族滿族自治縣，周長千餘里，占地總面積一萬多平方公里，山巒起伏，森林密布，河水穿插，草原相間，飛禽走獸，繁盛孳衍。木蘭圍場先後設圍七十二處，滿、漢、蒙古王公大臣，內蒙古四十九旗、喀爾喀蒙古、厄魯特蒙古王公、台吉等，隨康熙帝入圍。康熙帝每年到木蘭圍場舉行秋獮，有時一年兩次，共達四十八次之多，直到康熙六十一年（一七二二），他以六十九歲的高齡，還最後一次到木蘭圍場，同年十一月逝世。

■木蘭秋獮圖

由康熙帝經始至乾隆帝完成的清代皇家園林，不僅是中國園林史上的佳作，而且在世界園林史上占有重要地位。

康熙帝興建的暢春園、避暑山莊和木蘭圍場，與清朝同興盛、同衰亡。其避暑與圍獵、政治與民族、軍事與文化、園林與藝術的價值，留下寶貴文化遺產，民衆也付出巨大代價。

辛亥鼎革，清朝覆亡。雷氏家族，傳了八代，其第八代傳人雷獻彩，雖娶兩房，卻也無後。失業的憂愁，無嗣的悲哀，家境衰落，聲名匿跡。但樣式雷燙樣被列爲世界記憶遺產（參閱王其亨教授指導，何蓓潔博士論文〈樣式雷世家研究〉）。康熙帝興建的暢春園雖然成爲歷史陳跡，避暑山莊則被列爲世界文化遺產，成爲世界歷史文化的一顆明珠。

附錄一：樣式雷世家

樣式雷第一代始祖爲雷發達（一六一九—一六九三年）。

樣式雷第二代傳人爲雷金玉（一六五九—一七二九年）。

樣式雷第三代傳人爲雷聲澂（一七二九—一七九二年），金玉第五子。先「承當掌班楠木作事務」，即樣式房差，繼爲楠木作樣式房掌案，後「掌總差事」。他開始定居北京。

樣式雷的第四代傳人爲雷家璽（一七六四—一八二五年），聲澂次子。繼承父業，在圓明園樣式房當差，承辦萬壽山、玉泉山、香山、避暑山莊等皇家園林的設計。

樣式雷的第五代傳人爲雷景修（一八〇三—一八六六年），家璽第三子。十六歲就在圓明園樣式房做事。父親病逝後任「世傳掌總差事」。曾參與或主持道光帝慕陵等多座工程。

樣式雷的第六代傳人爲雷思起（一八二六—一八七六年），景修長子。精於建築設計，並在承包皇家建築施工的天合局、三義局等私營廠商「坐櫃」多年。主持定陵、定東陵、惠陵和西苑（即北海及中南海）等工程，還有遼寧永陵等修繕及府邸、園林等建築設計。

樣式雷的第七代傳人爲雷廷昌（一八四五—一九〇七年），雷思起長子。未滿十三歲就開始師從父親學習，成年後協助父親承擔定陵、定東陵、惠陵和北海、中南海等大型工程的設計，以及重修圓明園的方案設計。父親去世後擔當樣式房掌案。

樣式雷的第八代傳人爲雷獻彩（一八七七—？年），幼年聰穎，顯露繪畫天賦。光緒二十三年（一八九七），重修圓明園，未滿二十歲的雷獻彩，任圓明園樣式房掌案。又同父親承擔了普陀峪定東陵重建，及被八國聯軍損毀的京城宮苑、壇廟、府邸等皇家建築的重建與修繕，以及新政期間新式洋房的設計等。

附錄二：避暑山莊康熙三十六景

康熙帝《御製避暑山莊三十六景詩並圖》二卷，玄燁撰，沈喻繪，揆敘等注，清康熙五十一年（一七一二）內府朱墨套印本。其避暑山莊三十六景爲：[1]煙波致爽，[2]芝徑雲堤，[3]無暑清涼，[4]延薰山館，[5]水芳岩秀，[6]萬壑松風，[7]松鶴清樾，[8]雲山勝地，[9]四面雲山，[10]北枕雙峰，[11]西嶺晨霞，[12]錘峰落照，[13]南山積雪，[14]梨花伴月，[15]曲水荷香，16風泉清聽，17濠濮間想，18天宇咸暢，19暖溜暄波，20泉源石壁，21青楓綠嶼，22鶯囀喬木，23香遠益清，24金蓮映日，25遠近泉聲，26雲帆月舫，27芳渚臨流，28雲容水態，29澄泉繞石，30澄波疊翠，31石磯觀魚，32鏡水雲岑，33雙湖夾鏡，34長虹飲練，35甫田叢樾，36水流雲在。

chapter 19

第拾玖講

文字之獄

文字之獄，古已有之。
每個朝代，各有不同。
清代文字獄的一個特點是，
除君主這個敏感點之外，
又多了一個民族的敏感點。
於是，辛亥鼎革，狂飆飛舞，
這個敏感的民族情結，一直影響到今天。

文字獄，就是因文字觸犯龍顏而被下監獄，遭到鎮壓。《辭海》「文字獄」條釋曰：「舊時統治者往往故意從文人的作品中摘取字句，羅織罪名，構成冤獄，以鎮壓知識分子，叫『文字獄』。」其實，文字之獄，古已有之。早在春秋時的齊國，齊莊公與大夫崔杼的妻子私通而被崔杼殺了，史官在史書上記載：「崔杼弒其君。」「殺」與「弒」有什麼不同呢？上殺下、君殺臣叫「殺」，下殺上、臣殺君叫「弒」。所以寫「崔杼弒其君」。崔杼發怒，殺了史官。史官之弟繼爲史官，照寫「崔杼弒其君」，也被殺。後繼者仍然秉筆直書。崔杼退讓，希望不要用「弒」字。史官答：臣子殺君王就是「弒」。這就是兩千年前的一樁文字獄。後世史官，以此爲榮。到了明代，明太祖朱元璋因做過和尚，忌諱「光」、「僧」、「亮」、「禿」等字，以及跟其諧音的字。有人竟然因爲在詩文中用「光」（會意禿）、「生」（諧音僧）等字而被殺頭。清代的文字獄則與前代不同，爲禍之烈，影響之深，都是中國歷史上少見的。清朝文字獄之先例，是從康熙朝開始的。

■《康熙帝南巡圖》中皇帝抵達紹興情形

今天我講兩個文字獄大案及其幾點思考。分作三個題目：一、「明史之獄」；二、《南山集》獄；三、歷史思考。

一、「明史之獄」

康熙朝最著名的文字獄，首先發生的是「明史獄」。

緣起

「明史之獄」的原委，史書記載：朱國楨，浙江湖州烏程南潯人，萬曆進士，天啓朝官文淵閣大學士、首輔，被魏忠賢排擠去職。他曾抄錄明朝史事及公卿奏疏草稿，數量很多，編著《明史》，未及刊行，崇禎五年（一六三二），離開人世。明朝覆亡，朱氏衰落，家藏稿本，以千金高價賣給莊氏。莊氏就是莊允城，浙江湖州烏程南潯人，在當地知書而又巨富。莊允城爲什麼要花重金買這些書稿呢？因爲他的兒子莊廷鑨，雖雙目失明，但有志於史，他買書稿是爲兒子廷鑨纂修明史用。古代有位盲人史學家，就是左丘明。司馬遷在〈報任安書〉中說：「左丘失明，厥有國語。」這句話對莊廷鑨影響很大。他也想做左丘明，失明修史，著書傳世。怎樣實現呢？一個辦法是自己刻苦努力，進行著述；另一個辦法是買部書稿，進行編輯加工，換上自己名字，雕版印刷出書。莊老先生允城，爲實現兒子的心願，就花銀千兩買了朱國楨所撰寫的明史書稿。然後，廷鑨延請文人學士十餘人，夜以繼日，整理資料，編輯修改，並增補了天啓朝、崇禎朝和南明諸朝的歷史，歷時五年，而告成書，名爲《明史輯略》，作爲自己的著作。但書未刊印而廷鑨病故，臨終之前，囑父刻印（張捷夫，《清代人物傳稿・莊廷鑨》）。書中有礙時諱的文字，如在述及南明史事時，仍奉南明弘光、隆武、永曆的年號，不用順治的年號，也就是不承認清朝的正統地位；並有指斥清朝的文句，書中直書清帝先人的名字，指斥明將降清者爲叛逆，觸犯禁忌。莊允城面對死去的兒子，悲傷地說：「吾哀其志，當先刻其書。」同鄉巨富朱佑明，出資助刊。書稿於順治十七年（一六六〇）刊行，請人作序吹捧。

■杭州放鶴亭

這件事被革職的知縣吳之榮告發，遂興起了一場文字大獄。康熙二年（一六六三），湖州歸安縣知縣吳之榮以貪贓問絞，後遇赦出獄。他以此書相要脅，向莊氏索賄，莊氏敷衍應付，拒不賄賂。吳之榮想藉此東山再起，將「明史」一事報告杭州將軍科魁。科魁移文浙江巡撫朱昌祚，朱又行文督學胡尚衡，但莊氏用重金賄賂得免。莊氏乃稍微改動原書某些違礙的話，重刊出版。吳之榮一計不成，又特購買《明史輯略》的初刊本，告到北京刑部，輔政大臣派官到浙江決斷此獄（《鮚埼亭外集記・莊廷鑨史禍》）。互相株連，輾轉抓人，杭州監獄多時在押兩千多人。

處理

「明史之獄」的處理，有以下特點：

第一、**莊氏蒙難**。時莊廷鑨已死，詔掘墓剖棺戮屍；其父莊允城被逮入京，死於刑部獄中，處以戮屍；其弟廷鉞處以凌遲；籍其家。其弟侄等並列名參閱者十八人，都論死。

第二、**株連廣泛**。參與該書編撰者、作序者、校閱者、列名者、刻印者、販賣者、藏書者、相關者，都被處死。如舊禮部侍郎李令晰曾作序被處死，並及其四個兒子——幼子年十六，法司令其減供一歲，則得免死充軍。回答：予見父兄死，不忍獨生。不改口供，毅然而死。吳之榮素恨富人朱佑明，因其與朱國楨同姓，事發後與便嫁禍於他。朱佑明被滿門抄斬。湖州知府譚希閔到任剛半個月，事發後與推官李煥，都被以隱匿罪處以絞刑。歸安、烏程兩縣的學官並坐斬。幕客程維藩，押赴京師，戮於燕市。

附帶講一個悲劇的故事。滸墅關（稅關）的主事李尚白，聽說閶門書坊有莊廷鑨的書，就派衙役前往購買。恰逢書商外出，該衙役坐在書店鄰居朱姓家裡等候，及書商返回店裡，朱老先生為其討價還價。結果：主事李尚白已經到北京，被以購逆書罪立斬；書商及李尚白派去購書的衙役，斬於杭州；鄰居朱老先生，因年逾七十免死，偕其妻發配極邊。

第三、震驚天下。此案共斬決七十餘人，其中凌遲處死者十八人。妻妾、女孫輩及子侄年十五以下者，被發邊為奴者數百人。有說被處死者二二一人，或言「莊史株連至七百家」。有據故老相傳：莊、朱家皆富人，書的卷首羅列諸名士，蓋欲藉以自重顯名者，達兩百餘人，其中多半沒有參與編纂，求名反被名所累！

第四、小人得逞。吳之榮以此被起用，並得到所籍沒朱佑明的財產，後官至右僉都御史（《清朝史料》卷三）。

莊廷鑨「明史」案，牽連之廣，前史罕見。清廷借莊氏「明史」案，開了打擊和鎮壓不同政見者與異端思想者的惡劣先例。

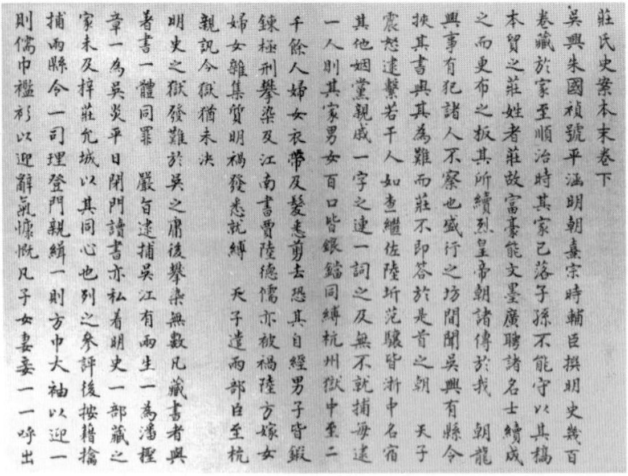
莊氏史案本末卷下
吳興朱國禎號平涵明朝熹宗時輔臣撰明史幾百
卷藏於家至順治時其家已落子孫不能守以其稿
本質之莊姓者莊故富豪能文墨廣聘諸名士續成
之而更布之板其所續烈皇帝朝諸傳於我　朝龍
興事有犯諸人不察也盛行之坊間閱吳興有縣令
挾其書與其為難而莊不即答於是首之朝　天子
震怒逮繫若干人如查繼佐陸圻范驤皆浙中名宿
其他姻黨親戚一字之連一詞之及無不就捕每逮
一人則其家男女百口皆鋃鐺同縛杭州獄中至二
千餘人婦女衣帶及髮悉剪去恐其自經男子皆鍛
鍊極刑攀染及江南書賈陸德儒亦被禍陸方嫁女
婦女雜集賀明禍發悉就縛　天子遣兩部白至杭
親訊今獄猶未決
明史之獄發難於吳之庸後攀染無數凡藏書者與
著書一體同罪　嚴旨逮捕吳江有兩生一為潘檉
章一為吳炎平日閉門讀書亦私看明史一部藏之
家未及捽莊允城以其同心也列之參評後按籍擒
捕兩縣令一司理登門親緝一則方巾大袖以迎一
則儒巾襴衫以迎辭氣慷慨凡子女妻妾一一呼出

■節庵，《莊氏史案本末》

二、《南山集》獄

康熙五十年（1711）發生了戴名世《南山集》的文字獄。

事情緣起

我先講戴名世，再講《南山集》。

戴名世（一六五三—一七一三年），字田有，號憂庵，安徽桐城人。他幼年雖「處窮極之遭，當敗壞之世」，卻聰明穎慧，貧困勤學，酷愛歷史，立志著述。他二十歲時做教書先生，二十八歲才應試補縣學生。順治初，以文行兼優，被送入國子監讀書。著有關明末安徽桐城地方史事的《孑遺錄》一書。他不齒於當時一班士子的「習剽竊之文，工側媚之貌，奔走形勢之途，周旋僕隸之際，以低首柔聲乞哀於公卿之門」（《戴名世集》卷五），「欲上下古今，貫穿馳騁，以成一家之言」。經常「極飲大醉，嘲詆罵譏」，而被視爲「狂士」。後因得到浙江學政姜橚資助，在原籍南山岡買房一所、田五十畝，遂遷居於此，世人稱其爲南山先生。他編文章，彙古文百餘篇，雕印自刊，以居住「南山」，取名《南山集》。

■戴名世，《南山集》書影

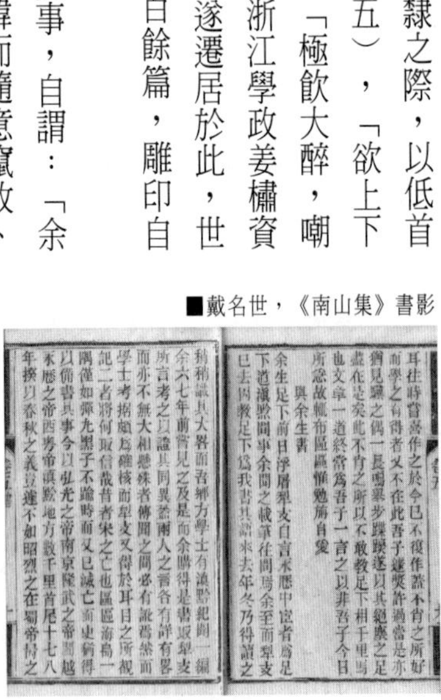

《南山集》的作者戴名世，歷來有志於研求明代史事，自謂：「余夙昔之志，於明史有深痛焉！」他對清廷爲避本朝忌諱而隨意竄改、歪曲歷史的做法頗爲不滿。他親訪遺老，考證史實，尤爲留意先朝文獻，二十年來，搜求遺編，記載下來。在此過程中，他曾參考過同鄉方孝標所著《滇黔紀聞》、《鈍齋文集》等書。康熙四十年（一七〇一），戴名世的學生尤雲鶚，將其所著書稿整理刊布，名爲「南山集偶鈔」，有方苞、朱書、尤雲鶚作序，其中尤序爲戴氏自作。與此同時，還刊刻《孑遺錄》，王源、汪灝、方正玉爲之作序。

康熙四十八年（一七〇九），戴名世中會試第一名，又中殿試一甲第二名（榜眼），年五十七歲。授翰林院編修，入明史館，與修《明史》。戴名世此時志滿意得，頗爲自負，以爲可展平生所學，完成修史夙願，兩年之間，積稿盈尺。康熙五十年（一七一一）十月，《南山集》案發，戴名世縲絏入獄。

■南明隆武帝像

戴名世自幼喜讀史書，要完成《明史》的修纂。有一次他給學生寫信說：「今以弘光之帝南京，隆武之帝閩越，永曆之帝兩粵、帝滇黔，地方數千里，首尾十七八年，揆以《春秋》之義，豈遽不如昭烈之在蜀，帝昺之在厓州！」（《清朝史料》）就是說，南明弘光帝在南京，隆武帝在福建、浙江，永曆帝在廣東、廣西、雲南、貴州，地方有數千里，前後有十七、八年，按照史書《春秋》的義理，難道還不如三國昭烈帝劉備、南宋末帝趙昺嗎？又在論修史體例時說：「本朝當以康熙壬寅（康熙元年）爲定鼎之始，世祖雖入關十八年，時三藩未平，明祀未絕。若循蜀漢之例，則順治不得爲正統。」這些言論以及他的老友方孝標的著作《鈍齋文集》、《滇黔紀聞》等書，都被他的學生一起刻印在爲他祝壽的《南山集》中。這些觀點被清廷視爲大逆不道。學生們原想以此作爲表達對老師尊敬的一份獻禮，但橫遭一場文字大獄。

■南明印璽

案件涉及的另一人是方孝標。孝標，原名玄成，因避康熙帝玄燁名諱，以字行。順治六年（一六四九）進士，歷官內弘文院侍讀學士，兩次充任會試同考官。但是，方孝標遇到兩次大不幸：一次在生前，一次在身後。

順治十四年（一六五七）江南丁酉鄉試科場案，

方孝標與其父方拱乾都受到牽連，流放寧古塔（今黑龍江省寧安市），後釋歸。他遊山玩水，剛到貴州，恰逢吳三桂叛亂，被拘留。方孝標乃假裝瘋癲，逃出虎口，披上袈裟，返回原籍。他將在雲貴的見聞，取名「滇黔紀聞」刻入自己的著作《鈍齋文集》。戴名世見其書，就在自己所著《南山集》中加以引用。案發時，方孝標已亡故，也被牽連。

案件發端

康熙五十年十月，左都御史趙申喬據《南山集偶鈔》中的文字，參奏道：「翰林院編修戴名世，妄竊文名，恃才放蕩。前爲諸生時，私刻文集，肆口遊談，倒置是非，語多狂悖……祈敕部嚴加議處，以爲狂悖不謹者戒。」（《清聖祖實錄》卷二四八）奉旨：該部嚴察，審明具奏。

經過六部九卿審查之後，認爲：「方孝標喪心狂道，倡作《滇黔紀聞》。以至戴名世摭飾其間，逞書流布，多屬悖亂之語，罔識君親大義，國法之所不宥，文理之所不容。」於是，刑部再參：戴名世所著《南山集》、《孑遺錄》內有大逆等語，應即行凌遲。已故方孝標所著《滇黔紀聞》內，亦有大逆等語，應剉其屍骸。汪灝、方苞爲戴名世作序，俱應立斬。朝中重臣張伯行、韓菼及庶吉士汪汾等三十二人，也因此禍而獲咎。

朝廷內外，人心惶懼。凡《南山集》書中列名

■方苞，《春秋通論》（康熙刻本）書影

王室伐救會盟 三章
周官大司馬之職及師大合軍以行禁令以救無辜伐有罪大合軍者方伯連帥各以其師至而大司馬監臨之召虎南征方叔北伐傳所稱天子之老請帥王賦元戎十乘以先啟行是也又曰若大師則掌其戒令詔王親在行則大司馬涖陣眡事而賞罰常武之詩王謂尹氏命程伯休父左右陳行戒我師旅是也司盟之職凡邦國有疑會同則掌其盟約之載蓋天子時巡諸侯會朝於方嶽其
春秋通論 卷一 一

者都被逮捕下獄，禍及三百餘人，遂釀成文字大獄。刑部大堂，夾訊之下，戴名世供稱：「《南山集》、《孑遺錄》方正玉刻的，《南山集偶鈔》係尤雲鶚刻的。雲鶚是我門生，我作了序，施他名字。汪灝、方苞、方正玉、朱書、王源〈序〉是他們自己作的，劉岩未有作序，我與餘生書內有方學士名，即方孝標。他作的《滇黔紀聞》內載永曆年號，我見此書即混寫悖亂之語，罪該萬死。」涉案諸人也都稱罪。此案審理三年，過程複雜，來回反覆，最後由康熙帝硃批定案。

處理反覆

康熙五十一年（一七一二）正月，刑部等衙門對此案議處極嚴：「察審戴名世所著《南山集》、《孑遺錄》，內有大逆等語，應即行凌遲。已故方孝標所著《滇黔紀聞》內，亦有大逆等語，應剉其屍骸……汪灝、方苞爲戴名世悖逆書作序，俱應立斬。方正玉、尤雲鶚聞拿自首，應將伊等妻子，一併發寧古塔安插。編修劉岩雖不曾作序，然不將書出首，亦應革職，僉妻流三千里。」（《清聖祖實錄》卷二四九）

上述刑部擬議中，還有一段參照「明史案」例而擴大化的意見：「戴名世、方孝標之祖父子孫兄弟及伯叔父兄弟之子，年十六歲以上者，俱查出解部，即行立斬。其母女妻妾姊妹，子之妻妾，十五歲以下子孫、伯叔父兄弟之子，亦俱查出，給功臣家爲奴……將方孝標同族人，不論服之已盡未盡，逐一嚴查，有職銜者，盡皆革退，除已嫁女外，子女一併即解到部，發與烏喇、寧古塔、白都納等處安插。」

康熙帝看了刑部擬判的報告書後「爲之惻然」，覺得涉及的人士太多。經過一年零一個月的研究、斟酌、反覆、核查，康熙帝才最後做出決定。

最後結論

康熙五十二年（一七一三）二月初七日，康熙帝諭定：戴名世從寬免凌遲，著即處斬。方孝標斫棺戮屍。其弟御史亨咸、孝標子工部主事方登嶧、登嶧子內閣中書方世濟等，俱從寬免死，並伊妻子發往黑龍江。此案內牽連人犯，俱從寬免治罪，著入旗（《清聖祖實錄》卷二五三）。孝標、名世所著書皆禁毀。旨下三日後，戴名世被綁赴刑場，親戚奴僕皆避匿，惟其好友楊三炯（字千木），「獨賃棧車與名世同載，捧其首而棺斂焉」。楊三炯的義舉，名動京師。名世弟戴輔世自京師扶櫬南歸，葬於鄉里南山。康熙帝對此案的處理，從事發到定案，先後十六個月，反覆醞釀，可謂慎重。

戴名世的著作，清廷嚴厲禁毀，但仍然流傳至今。

第一、事後進行反思。

清朝入關後第一代君主順治帝，初年因皇叔多爾袞攝政，同時又正值平息國內反清勢力，根本無暇也無法關注到知識分子的文字問題。康熙帝繼位後，中原地區，形勢穩定。四大臣輔政，政策有變化。「明史獄」發生，是一個標誌。康熙帝親政後，以崇儒重道爲國策，以文化作手段，表示尊重知識分子，對於一些懷有民族思想的遺老遺臣，基本上採取懷柔手段——親自祭拜孔子，詔舉山林隱逸，博學鴻儒取士，修纂《明史》等，以籠絡漢族名士、化解反清情緒。重視學校教育，發

三、歷史思考

康熙朝的文字獄，給後人一些什麼思考呢？

■《明史》（清武英殿本）書影

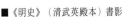

展文化事業，視士人爲社會中堅，從而使大多數漢族知識分子與其合作，入仕於清朝。

戴名世案的處理，與「明史」獄相比，既有不同——輕重大不相同；也有相同——文字興獄相同。戴名世案處理後，雍正帝尚在潛邸，他閱《滇黔紀聞》和《南山集》兩書及案卷後，看到書中有尊弘光、隆武、永曆等南明年號的字句，認爲：「雖皆非臣子之所宜言，實無悖逆之語，當時刑部復旨，亦未謂此外更有違礙之詞，故亦以爲冤。」雍親王即位後，雍正元年（一六二三）特詔：凡此案牽連隸旗籍者，盡得釋歸。但方登嶧未蒙赦，便與子方世濟先後鬱死於卜魁流放地。乾隆四年（一七三九），《明史》修成。後乾隆帝下令改修《明史》，特諭：「甲申以後存福王年號，丙戌以後存唐王年號，戊子以後存桂王年號。」由此看來，《南山集》是清朝一大冤案。

但是，康熙朝文字獄，雖其數量遠不及雍正、乾隆兩朝，但開了清朝文字獄的先例，使士人活躍的思想受到鉗制與打擊。

康熙、雍正、乾隆三朝的文字獄，既有相同的一面——進行思想與文字鉗制，以維護皇權統一；又有不同的一面——康熙朝的文字獄案都是因干犯正統意識或是影響到皇權穩固而興起的，與乾隆朝因隻言片語或瑣碎細故而小題大做很有不同。

第二、歷史縱橫比較。

從縱向與橫向兩個方面，對康熙朝文字獄進行思考。

先從縱向看。康熙朝發生兩起較大的文字獄。前一起「明史」案發生在康熙帝親政之前，他才十歲，由四大臣輔政，對文人思想異端的鎮壓是殘酷的，但康熙帝不負直接的政治責任；後一起

《南山集》案是在康熙帝親政後，且在六十大壽之年，在處理上既有情感因素，又有理性色彩。

其情感因素，主要表現在天子皇權獨尊，滿洲特權獨享。比如，此案牽扯到方孝標，方孝標因做過內弘文院侍讀學士，故稱方學士。此前有一個案子：吳三桂叛亂時方學詩受僞職，三桂失敗後，僞官皆伏法，惟學詩在逃。而此案刑部疏奏據《南山集》原文，稱方孝標爲方學士，北方「士」與「詩」同音，滿文又同爲一字，康熙帝覽閱滿文疏曰：是非漏網之方學詩邪？欲將方學士（方孝標）從重處理。

其理性色彩，康熙帝親自處理的《南山集》案，和四輔政大臣處理的「明史」案相比，略爲理性，略爲愼刑，體現了康熙帝爲政以寬、爲刑以愼的特點。這主要表現在漫長的處理過程，最後還是理勝於情、法勝於理，僅處死戴名世與方孝標（已死剉屍）兩個人。這樣一來，「得恩旨全活者三百餘人」。康熙末年的這件文字獄，比起初年的莊氏史案，實在「格外開恩」，處罰很輕了。康熙帝不想得罪更多的漢族知識分子，也藉以表現他個人的威中有恩。

再從橫向看。西方中世紀的布魯諾、伽利略、哥白尼等，都因觸犯宗教天條，而受到教會勢力的迫害。康熙朝的文字獄，自然也不能離開時代與文化的背景。

第三、學界存在分歧。

清史界對康熙朝的文字獄，主要有三種意見。

其一、**批判觀點**。認爲康熙朝文字獄開了清朝鎭壓知識分子的惡劣先例，後來演變爲雍正、乾隆的大興文字獄。其實莊廷鑨、戴名世兩人著作中，並沒有什麼嚴重詆毀清朝的「大逆」之語，只是方孝標的書中說到南明永曆政權不算是僞朝，戴名世的書中提到南明弘光帝及其年號，又揭露了康熙帝殺掉「明太子」的眞相；以傾向明朝的視角敍述了明末清初的抗清事件，對南明諸王寄予同情。

其二、**維護觀點**。認爲康熙帝對方孝標、戴名世的打擊、處理是正確的、必要的。一個政權存在了七十年，仍然不承認其合法性是不能允許的。無論是滿族祖先的謚號、廟號、年號，都得被尊重、被承認，戴名世犯了這些忌諱，當然應該受到處罰。

其三、**執中觀點**。認爲康熙帝對《南山集》案的處理，有醇有疵，體現了康熙帝的整體形象。康熙帝一生中的一大失誤，以文字罪人並予以嚴厲處理的文字獄案，僅此一起，同後來雍正、乾隆兩帝濫興文字獄比較起來，並不可等同看待。

■康熙帝的檀香木御押

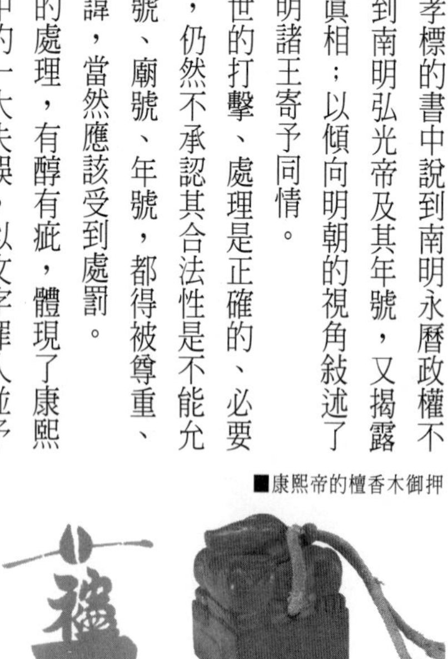

總之，康熙帝尊崇儒家文化的政策，產生了積極與消極兩個方面影響：積極方面，傳承中華傳統文化，有利於社會全體成員力量的凝聚，因爲大家都修身齊家，對穩定社會，促進國家經濟的發展、文化的弘揚，都起了積極的作用。消極方面，爲維護清帝自身皇權與滿洲貴族特權，又對漢族知識分子加以防範、打壓，抹殺了理學的哲學思辨光華，消磨了漢族的民族自尊精神，鉗制思想，限制輿論，日後惡果，值得深思。

總之，清朝的文字獄，貽禍之烈，懸垂久遠！

chapter 20

第貳拾講

讀書之道

康熙帝的言行事功表明，他有大過人之處；
他的言行之所以能大過人，
因爲他有大過人的思想；
他的思想之所以能大過人，
因爲他有大過人的學習。
「朝於斯，夕於斯」，終生學習，手不釋卷。
讀書學習，這是康熙大帝
養心、修身、治國、平天下的一件法寶。

康熙帝是一位讀書學習型的皇帝。他的《庭訓格言》即「康熙語錄」，共二四六條，其中有四十一條講讀書學習，占總條數的六分之一，就是例證。由此聯想到孔子的話：「好仁不好學，其蔽也愚；好知不好學，其蔽也蕩；好信不好學，其蔽也賊（敗壞）；好直不好學，其蔽也絞（迂）；好勇不好學，其蔽也亂；好剛不好學，其蔽也狂。」（《論語・陽貨》）由上可見：讀書學習，非常重要。我今天講康熙帝讀書之道，分作三個題目：一、四個階段，二、四種境界，三、四點經驗。

■康熙帝讀書像

一、四個階段

康熙帝的讀書學習，從五歲開始，到六十九歲故去，其間六十五年，經歷了四個階段——少年好學，中年苦學，盛年博學，老年通學。

少年好學

「好」是愛好、喜好，就是說康熙帝少年非常好學。《三字經》說：「子不學，非所宜。幼不學，老何爲？」兒童少年學習，對人的一生來說是很重要的。康熙帝小時候，由祖母、蘇麻喇姑、保母教他滿語、蒙語，由略通儒學的張、林兩太監，教他漢語文的識字、句讀。句讀是很重要的。《三字經》說：「凡訓蒙，須講究，詳訓詁，明句讀。」過去，小學啓蒙學習，主要是兩件事：一是識字，二是句讀。那麼，「句讀」是什麼意思呢？又爲什麼重要呢？古時候沒有標點符號，要靠老師教給斷句，就是教給句讀。這樣，既能識字，又會斷句，就有了閱讀的能力。

幼年玄燁，在祖母孝莊太皇太后和皇父訓教下，從五歲開始到書房讀書，漢人師傅教他讀「三百千」——《三字經》、《百家姓》、《千字文》，滿洲師傅教他滿語騎射（《清聖祖實錄》卷一）。他有時讀書癡迷，忘了玩耍，忘了寢食。祖母見他勤奮好學，打趣地說道：你貴爲天子，還要像生員科舉趕考那樣苦讀嗎？少年玄燁，勤奮好學，可以說是——「朝於斯，夕於斯」。

康熙帝讀書，史書記載：「粵自五齡，矢志讀書。當是之時，鞠育深宮，不離阿保，非有左右丞弼，而好學孜孜，出於天性，早夜讀誦，無間寒暑，至忘寢食。年十齡，益博綜群書，潛心好古，背誦不遺。雖皇上天姿敏妙，一見輒記憶，而必百倍其功。反覆乎簡編，沉潛乎理義，使書與心契，無少乖違。故於古人文字，隨舉一篇，皆口誦如流，不遺一字。」（《康熙起居注冊》康熙二十三年十一月十七日）這些話，既洋溢著讚美之詞，也反映了實際情況。

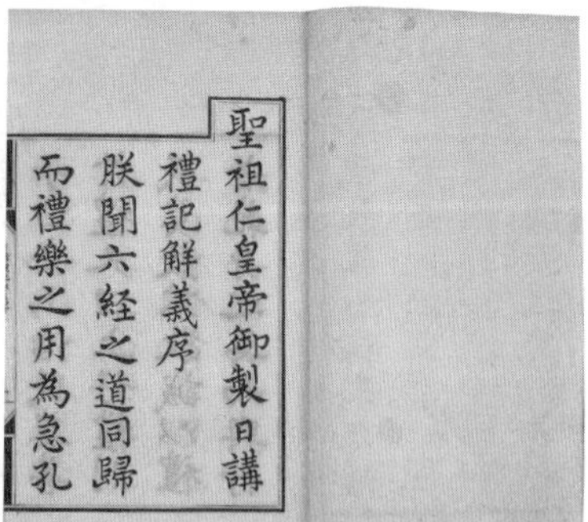
聖祖仁皇帝御製日講
禮記解義序
朕聞六經之道同歸
而禮樂之用為急孔
■《日講禮記解義》（康熙內府刻本）書影

康熙帝認爲，一個人幼年所讀的書，終身受益：「應須早學，勿失機會。朕七八歲所讀之經書，至今五六十年，猶不遺忘。至於二十以外所讀經書，數月不溫，即至荒疏矣。然人或有幼年，遭逢坎坷，失於早學，則於盛年，尤當勵志。蓋幼而學者，如日出之光；壯而學者，如炳燭之光。雖學之遲者，亦猶賢乎始終不學者也！」（康熙，《庭訓格言》）

他回憶少年好學時說：「逐日未理事前，五更即起誦讀，日暮

理事稍暇，復講論琢磨，竟至過勞，痰中帶血，亦未少輟。朕少年好學如此。」（康熙，《庭訓格言》）

■弘德殿

中年苦學

「苦」是刻苦、艱苦的「苦」，就是說康熙帝中年的讀書學習能夠勤奮刻苦，按照常規，循序漸進。《三字經》說：「爲學者，必有初，小學終，至四書。」「四書」就是《大學》、《中庸》、《論語》、《孟子》。在「《孝經》通，四書熟」之後，「如六經，始可讀」。「六經」就是《詩》、《書》、《易》、《禮》、《春秋》、《樂》（已佚）。康熙帝說：「八齡踐祚，輒以學、庸、訓詁，詢之左右，求得大意，而後愉快。日所讀者，必使字字成誦，從來不肯自欺。及『四子』之書，既已通貫，乃讀《尚書》，於『典謨』、『訓誥』之中，體會古帝王孜孜求治之意，期見之施行。及讀大《易》，觀象玩占，實覺義理悅心，故樂此不疲耳。」（《清聖祖實錄》卷一一七）就是說，他八歲繼位後，讀《大學》、《中庸》，後來讀《論語》、《孟子》等，再讀《尚書》、《易經》。康熙於「詩歌古辭，上薄風騷，下陵漢、魏、六朝，三唐以降，不足道也」（《康熙起居注冊》康熙二十三年十一月十七日）。康熙帝的讀書，每篇新書，都要念一二〇遍，背一二〇遍，篇篇成誦，意思融通。

康熙九年（一六七〇）十月，康熙帝年十七歲，舉行「經筵大典」，就是由講官給皇帝講解「四書」、「五經」等。此後，每日大清早，康熙帝到乾清宮弘德殿，聽講官進講，講畢，辰時（七—九時），到乾清門聽政，有時則先聽政而後進講，非特殊情況，從來不間斷。康熙十二年（一六七三）三月，因乾清宮楹柱損壞，遇雨滲漏，需要修葺，移駐瀛台，暫住幾天，也不廢講。夏日酷暑，奏請停講。他讓講官暫停數日，但「講章仍照常進呈」——師傅停講，他不停學。康熙帝認爲，學問之道，不可間斷，無論寒暑，不可廢學。他不滿足於隔日進講，命令大臣們「日侍講讀，闡發書旨，爲學之功，庶可無間」。經筵改爲每天舉行。在平定三藩之亂的緊張時刻，也乘間隙，進講經史。

康熙帝親政後，每日早朝，御門聽政，雖政務極爲紛繁，但必定抽時讀書，寒暑無間，樂此不疲。他說：「人心至靈，出入無響，一刻不親書冊，此心未免旁騖。朕在宮中，手不釋卷，正爲此也。」康熙帝讀書有樂趣，也有習慣，堅持不懈，一以貫之。在南巡途中的行殿（御舟）上，帶著書卷，經常到深夜。他南巡御舟到南京燕子磯，讀書至三更。南書房高士奇進言：南巡以來，行殿讀書寫字，每至夜分，誠恐聖躬過勞，宜少自節養。他仍然堅持博學群書，增長知識，修鍊心性，思考治道。他在親征噶爾丹時，晚上的時間，常常手不釋卷，張誠等給他講解幾何學及其他自然科學知識。

盛年博學

「博」是博大、博覽的「博」，就是說康熙帝在盛年的讀書學習能夠博覽衆取。《禮記・大學》：「致知在格物。」就是說，讀書的過程是格物致知的過程。什麼是「格物致知」呢？格物致知的「格」就是推究、探索，「物」就是事物、東西，「致」就是使到、得到，「知」就是知識、智慧，總之就是推究事物，得到知識。

康熙帝二十二歲時，即從康熙十四年（一六七五）四月二十三日開始，規定在講官進講之後，由他復講一遍，以求闡明義理，有裨知識貫通。諭曰：「日講原期有益身心，加進學問。今止講官進講，朕不復講，則但循舊例，漸至日久將成故事，不惟於學問之道無益，亦非所以爲法於後世。自後進講時，講官講畢，朕仍復講，如此互相講論，方可有裨於實學。」康熙帝讀書：讀書、講論、體驗、篤行——改變了以講官進講儒家經籍成規舊例，從而開創經筵大典的新局面。講是重要的學習，自己明白了，不一定能講明白。這一點我在「百家講壇」講課深有體會。有些問題，不講的時候以爲已經研究明白了，但是一講就發現還沒有眞正弄明白。非得眞明白，才能講明白。

康熙帝讀書，除儒家經典外，也涉獵史部的《史記》、《漢書》、《資治通鑑》等，還遍讀道、釋、醫、農以及諸子百家。他說過：「至若史、漢以及諸子百家、內典、道書，莫不涉獵，觸事猶能記憶。」還讀醫書、藥書、農書、地理書、治河書等，幾乎是無書不讀。並學習西方的天文、數學、物理、化學、地理、醫學、藥學、測繪、語言、音樂、繪畫、人體解剖等知識。康熙帝勤奮學習，使他成爲當時學貫中西的學者，值得稱道，也值得學習。

康熙帝讀書重點，一是經，二是史，讀經與治史，互相參證，相輔相成，從「經」中「探求治天下之大道」，闡發義理；從「史」中了解世運升降、君臣得失、治國之道。法國耶穌會士白晉說，康熙帝對《通鑑綱目》「整部內容豐富的歷史是如此精通，以致要指出一些他不能立刻回憶起

■康熙滿文抄本《四書講章》書影

來的史實是很困難的」。

康熙帝將經、史、子、集打通，汲取儒學的治道、歷史的治鑑、諸子的智慧、文學的涵養，以及西學的科技，陶冶自己的素養，提升治國的能力。

老年通學

「通」是融通、貫通的「通」，就是說康熙帝晚年的讀書學習能夠融會貫通。康熙帝在學習過程中，嗜學敏求，虛心傾聽，尋繹玩味，啓沃心路，是既通曉儒家的「帝王之學」、又熟悉歷史的封建君主。

康熙帝強調：「書不貴多而貴精，學必由博而致約。」說明他讀書學問，愈老愈純，愈老愈通。

他不像有的帝王那樣，或爲附庸風雅，或徒具虛名，或自我炫耀，或自欺欺人。在讀書中，他體驗了心靈樂趣與實用價値。「聖人扶陽抑陰，防微杜漸，垂世立教之精心，朕皆反覆探索，必心與理會，不使纖毫扞格。實覺義理悅心，故樂此不疲。」

康熙帝說：朕閒暇時，與熊賜履講論經史，有疑必問。他問熊賜履讀書切要之法。熊賜履答：凡讀書全要得古聖人立言之意。得立言意，中心默識，應事接物，方才得力。「博學篤志，切問近思，爲聖門求仁之方。」就是說，讀「聖賢之書」，要領會其立意，掌握其實質，並非死記紙上的字句。康熙帝說：「誠然。」他說：「人君講究學問，若不實心體認，徒應故事，講官進講之後，即置之度外，是務虛名，於心身何益？」

經常有人問我：應當怎樣學習？我認為康熙帝的讀書人生是很值得借鑑的。少年讀書，重在培養興趣，貴在養成習慣；青年讀書，重在打下基礎，貴在讀懂紮實；盛年讀書，重在博覽群書，貴在提高素養；老年讀書，重在回眸人生，貴在融會貫通。所以，康熙帝讀書，有普世意義。

二、四種境界

康熙帝讀書，有四種境界——欣然、憤然、敬然、陶然的境界。

■康熙御筆之寶

一是欣然境界。

欣，是欣喜。康熙帝讀書，有一種欣然的境界。玄燁小時候即以讀書爲樂。史書記載：「皇上沖齡讀書時，奉聖夫人（康熙帝保母孫氏）愛護聖躬，恐勤誦過苦，乃匿所讀書，冀得暫輟，皇上必索讀之不少休。」（《康熙起居注冊》康熙二十三年十一月十七日）

良心要實，學心要虛。讀書學習，必要虛心。他說：「人心虛則所學進，盈則所學退。朕生性好問，雖極粗鄙之夫，彼亦有中理之言，朕於此等，絕不遺棄，必搜其源而切記之。」（康熙《庭訓格言》）有了虛心，才能用功。康熙帝常對大臣說：「朕在宮中，手不釋卷。」「學問之道，宜無間斷。」（《清史稿》卷六〈聖祖本紀一〉）玄燁勤奮讀書，常常至於深夜：「五齡以後，好學不倦，丙夜披閱，每至宵分！」（《清聖祖實錄》卷一）他常深夜讀書，直至天快亮。祖母太皇太后擔心他因讀書累壞了身體，後來玄燁果眞苦讀累得吐血（《清聖祖實錄》卷一）！

二是憤然境界。

憤，是發憤。康熙帝讀書，有一種憤然的境界。《論語・述而》：「不憤不啓，不悱不發。」朱熹注釋：「憤者，心求通而未得之意。」我前面講過，中西曆法之爭，他深切地感到：自己不懂得，怎能定是非？於是，發憤讀書學習。我引述他講的一個故事：「朕幼年習射，耆舊人教射者，斷不以朕射爲善。諸人皆稱曰：善！彼獨以爲否，故朕能騎射精熟。爾等甚不可被虛意承順讚美之言所欺。諸凡學問，皆應以此，存心可也。」（康熙，《庭訓格言》）他的體會是：「凡事可論貴賤老少，惟讀書不問貴賤老少。讀書一卷，則有一卷之益；讀書一日，則有一日之益。此夫子所以發憤忘食，學如不及也！」（康熙，《庭訓格言》）「學如不及」也是心求通而未得的情態。就是在三藩之亂，局勢艱難，京師地震，官民驚恐，十分困難之際，康熙帝依舊堅持經筵進講不可廢誤。

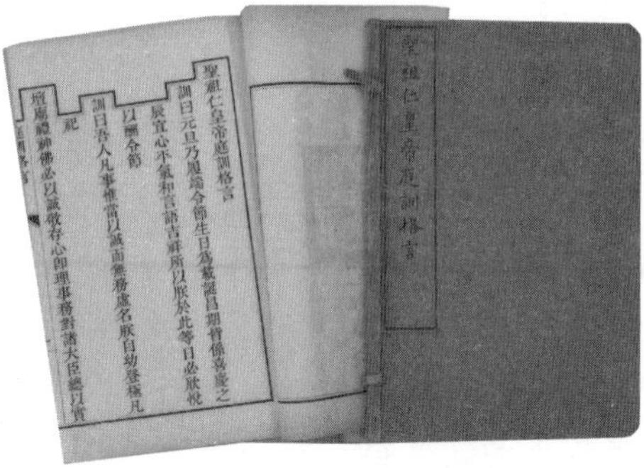

■《聖祖仁皇帝庭訓格言》（雍正內府刻本）書影

總之，康熙帝認爲：「凡人進德修業，事事從讀書起。多讀

書，則嗜欲淡；嗜欲淡，則費用省；費用省，則營求少；營求少，則立品高。」（康熙，《庭訓格言》）

三是敬然境界。

敬，是尊敬、恭敬。康熙帝讀書，有一種敬然的境界。在《庭訓格言》中，「敬」字出現四十一次。朱熹說：「為學之道，莫先於窮理。窮理之要，必在於讀書。讀書之法，莫貴於循序而致精。而致精之本，則又在於居敬而持志。」（《朱文公文集》卷一四〈甲寅行宮便殿奏札二〉）就是說，學習重在窮理，窮理重在讀書，讀書重在精通，精通重在「居敬」，精髓在於一個「敬」字。

有了敬心，才會好學：向智者學，向長者學。康熙帝說：「人多強不知以為知，乃大非善事。是故，孔子云：『知之為知之，不知為不知。』朕自幼即如此。每見高年人，必問其以往經歷之事，而切記於心，決不自以為知，而不訪於人也！」（康熙，《庭訓格言》）

四是陶然境界。

陶，是和樂。康熙帝讀書，有一種陶然的境界。《詩經．王風．君子陽陽》：「君子陶陶。」我借用《詩經》裡的「陶」字，說明康熙帝學習的陶然心境。他自己也說「讀書樂志」。如康熙二十四年（一六八五）三月，康熙帝在理政之餘，將《資治通鑑》、《資治通鑑綱目》、《綱目大全》三部編年體史書，仔細通讀，硃筆圈點，做出批註，達一〇七則。他在〈序文〉中說：「自元旦以至歲除，未嘗有一日之間，即巡幸所至，亦必以卷帙自隨。」（〈御製資治通鑑綱目序〉）《資治通鑑綱目》一書，他先後通讀、細讀了四遍（宋犖，《漫堂年譜》）。他將讀書學習看作是一種和悅的、快樂的事情，要讀到愉悅，讀到賞心，讀到快樂，也讀到幸福。

三、四點經驗

康熙帝讀書，有四點經驗——貴恆久、貴思悟、貴知行、貴著述。值得思考，值得借鑑。

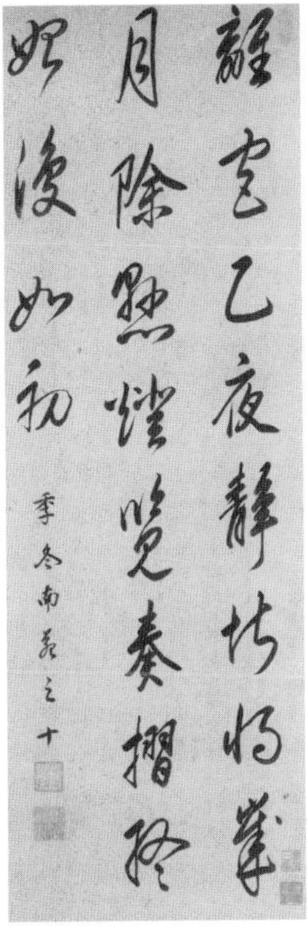

■康熙帝行書《季冬南苑》詩

第一、貴恆久。

康熙帝讀書，既重恆，又重久。一個人，讀點書並不難，難的是長久堅持；一個人，平時讀書並不難，難的是動盪時靜心堅持讀書。所以，一個人讀書的恆久，既表現爲平時堅持，更表現爲困難時堅持。康熙帝讀書有毅力，善堅持。在平定三藩之亂時，局勢緊張，不僅「每日軍報三四百疏，手批口諭，發縱指示」，還堅持讀書學習。

康熙帝學習之所以恆久，一以貫之，關鍵在毅力。以書法爲例，他說：「朕自幼嗜書法，凡見古人墨蹟，必臨一過，所臨之條幅、手卷將及萬餘，賞賜人者不下數千。天下有名廟宇禪林，無一處無朕御書匾額，約計其數亦有千餘。」（康熙，《庭訓格言》）康熙帝對書法，頗下功夫，「聽政之暇，無間寒暑，惟有讀書寫字而已」。他學明董其昌字體，翰林沈荃曾教他書法。他又向善於書法之人學習，用筆時輕重疏密，或疾或緩，各有體勢，因而有異於尋常人的書法。他說：「學書須臨古人法帖，宮中古法帖甚多，朕皆臨閱。有李北海書華山寺碑，字極大，臨摹雖難，朕不憚勞，必臨摹而後已。朕性好此，久歷年所，毫無間斷也。」（《清聖祖實錄》卷二一〇）宮中古法帖甚多，他都賞閱臨遍。在他五十初度後，曾向大臣們說：「朕自幼好臨池，每日寫千餘字，從無間斷，凡古名人之墨蹟、石刻，無不細心臨摹，積今三十餘年，實亦性之所好。」白晉在給法王路易十四的奏報中說：康熙皇帝「他寫得一手漂亮的滿文與漢文」。康熙帝的書法能不能躋身於書法名家之林？我認爲：完全可以。

第二、貴思悟。

康熙帝讀書，既重思，又重悟。康熙帝說：「讀書務求實學，若不詢問、復講，則進益與否，何由得知？」因而經筵講學，以皇帝聽講與親講相結合的方式進行。康熙十六年（一六七七）六月初五日，他親自講述，評論是：「講論精微，義理融貫。」

不讀死書，不信空文。康熙帝說：「凡看書不爲書所愚始善。即如董子（仲舒）所云『風不鳴條，雨不破塊』，謂之昇平世界。果使風不鳴條，則萬物何以鼓動發生？雨不破塊，則田畝如何耕作布種？以此觀之，俱係粉飾空文而已。似此者，皆不可信以爲眞也。」（康熙，《庭訓格言》）

玄燁讀書，追問根柢。他看到石魚即魚化石後，查閱《水經注》、《酉陽雜俎》、《池北偶談》等書有關記載後，發問：「其與魚俱生耶，抑魚之化？」是魚與石同時生的，還是魚化作石的呢？又如，對潮汐現象，他到山海關、天津、錢塘江等處觀察潮漲潮落，詢問當地人，並問西洋傳教士地中海的情況，還觀察泉、井水位的變化，命人做紀錄，最後得出同先賢一致的結論：「屬月之盈昃，其理甚明。」（《康熙幾暇格物編》）

讀書只有讀到不忍放下，才算眞正品出書中眞趣。玄燁讀書，達到了這個境界。他引述朱熹的話：「讀書須讀到不忍舍處，方是得書眞味。若讀之數過，略曉其義即厭之，欲別求書者，則是於此一卷書，猶未得趣也！」認爲此言極是。他說：「朕自幼亦嘗發憤讀書、看書，當其讀某一經之時，固講論而切記之。年來翻閱其中，復有宜詳解者。朱子斯言，凡讀書者，皆宜知之！」（康熙，《庭訓格言》）朱熹的意思是：書必須讀到廢寢忘食、不願意放下時，那才是體會到書中的眞正滋味。如果書讀了幾遍，知道了大意，就放棄它，再去尋找別的書來讀，那麼，對於這本書來說，就沒有得到它的旨趣。康熙帝說自己從小就曾經發憤讀書，刻苦學習。當讀到某一經典時，就一定要讀懂它，講論它，把它牢牢記住。近年，我翻閱以前讀過的書，又發現了一些地方應進一步深入理解。朱子的這些話，讀書的人，都應知道。

第三、貴知行。

康熙帝讀書，既重知，又重行。他說：「明理最是緊要，朕平日讀書窮理，總是要講求治道，見諸措施。故明理之後，必須實行。不行，徒空談耳。」又說：「讀書得之雖多，講論得之尤速，思慮得之最深，行事得之最實。」（康熙，《庭訓格言》）怎樣知行呢？在生活方面，南巡的船，他試坐多種，後親自參與設計、製作。在親征噶爾丹的行軍路上，運糧困難，「將士每日一餐，朕亦每日進膳一次」。

玄燁讀書，重視實驗。在讀書過程中，還演算題，搞測量，做試驗，在北京城頭占風、派人探測黃河源頭、解剖冬熊了解胃中食物等，都像專家做學術研究一樣。他讀書不爲表演，不徒虛名，而是對書中義理眞正有了興趣，想作深層探討。因此，他後來成爲一位學術造詣很深的君主。

康熙帝在《通鑑綱目》滿文譯本序文中說：「朝夕起居之時，循環披覽，手未釋卷，以是考前代君臣得失之故，世運升降之由，紀綱法度之所以立，人心風俗之所由純。事關乎典常，言有裨於治體，靡不竟委窮源，詳加論斷，如是者有年矣。」他引述朱熹的話：「朱子云：讀書之法，當循序而有常，致一而不懈，從容乎句讀文義之間，而體驗乎操守踐履之實，然後，心靜理明，漸見意味。不然，則雖廣求博取，日

■《御纂朱子全書》（康熙內府刻本）書影

■康熙，《御製詩第二集》（康熙內府刻本）書影

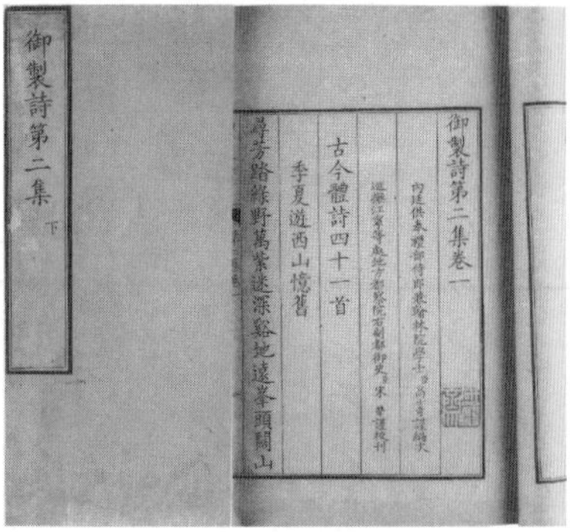

誦五車，亦奚益於學哉！此言乃讀書之至要也。人之讀書，本欲存諸心、體諸身，而求實得於己也。如不然，將泛然讀之，何用？凡讀書人，皆宜奉此以爲訓也！」（康熙，《庭訓格言》）就是說，讀書的方法，應當循序漸進，堅持不懈。從文字語義中，從容領會其眞意；在德行操守方面，力行而體驗。然後，做到心中平靜，道理明晰，從而體味出妙旨。否則，即使博覽群書，一天讀書五車，於治學無益。

他在〈御纂朱子全書序〉中說：「朕讀其書，察其理，非此不能知天人相與之奧，非此不能治萬邦於衽席，非此不能仁心仁政施於天下，非此不能外內爲一家。」因此，康熙帝崇尚理學的期待是：其一、爲了「天人合一」；其二、爲了統治萬邦；其三、爲了仁政治國；其四、爲了天下一家。這就是強調從思想文化方面鞏固清王朝的一統天下。

第四、貴著述。

康熙帝讀書，既重編，又重著。康熙帝認爲圖書的功能是：「能令古今人隔千百年覿面共語，能使天下士隔千萬里攜手談心，成人功名，佐人事業，開人識見，爲人憑據。」（康熙，《庭訓格言》）所以，他一方面親自組織、編纂了大量書籍，如《康熙字典》、《古今圖書集成》、《律曆淵源》等，既是古代典籍的整理，也是自身體驗的總結，形成了在中國版本史上極有影響的書品精良、版式美觀的「康版」；另一方面，他勤於筆耕，撰寫了詩文集。學習與著述，就像春蠶，讀書

如吃桑，著述則如吐絲。

康熙帝所著文，由臣下整理成《康熙御製文集》一至四集，共一七六卷，武英殿版，陸續雕印。康熙五十年（一七一一）以前的著述，爲一至三集，一四〇卷；康熙五十一年到六十一年（一七二二）的著述爲第四集，三十六卷。《康熙御製文集》中的大部分是他在世時親自主持，由大學士張英與詹事府詹事高士奇等人協助完成的。第四集則是在他身後由雍正帝刊行的。

康熙帝《御製詩集》收錄一一四七首七言與五言詩及少量詞，題材廣泛，內容豐富，是他親歷活動的紀錄，可補正史之不足，具有重要的史料價值。

■康熙帝撰，《幾暇格物編》

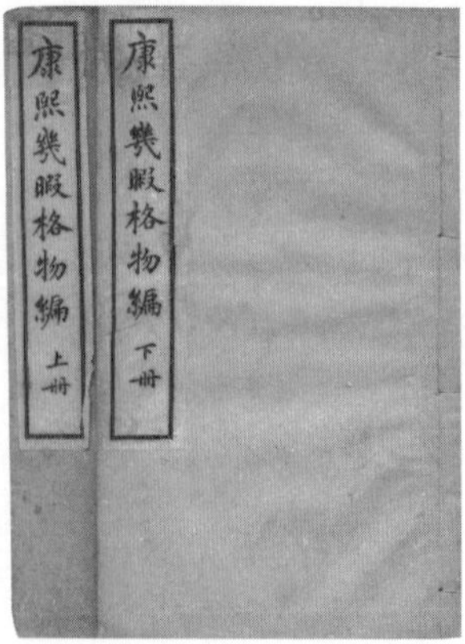

康熙帝《幾暇格物編》，共九十三篇文章。他喜愛讀書，留心考察，潛心研究，勤於著述。當他出師、行獵或巡視各地時，注意到各地的方言習俗、山川物產、動物蟲魚、藥材草木等的異同關係。如蝗蟲滋生的規律、各地農作物像水稻、小麥、西瓜、葡萄等等生產的情形。又因爲他學過西洋的科學知識，他對自然界的若干現象也有所論述，例如他注意到黑龍江西部察哈延山「噴焰吐火，氣息如煤」的奇特現象。他從瀚海的螺蚌殼，推知遠古蒙古大沙漠曾是水鄉澤國。他也曾在一次打獵後，命人將一隻冬眠熊解剖試驗。這是他學習西方解剖學後的一次親身實驗。康熙帝探討人體生理構造，命令西洋人把西文《人體解剖學》譯成滿文本（《張誠日記》）。但由於大臣反對，沒有雕梓印行。

康熙帝《庭訓格言》更值得一提。他晚年體弱多病，親自口述，由皇子或侍從筆錄，雍正帝繼位後出版。這本《庭訓格言》是以康熙帝一生體驗爲主，告訴後人一些有益的做人處事道理。全書二七四一九個字，共二四六條，講述養心、修身、齊家、治國、平天下的經驗與道理。其中多是《清實錄》與《聖訓》所闕，有重要價値。書中有六分之一條數是講讀書學習的。如康熙帝引述孔子「吾十有五而志於學」後論道：「聖人一生，只在志學一言，又實能學而不厭，此聖人之所以爲聖也！千古聖賢與我同類，人何爲甘於自棄而不學？苟志於學，希賢希聖，孰能御之？是故志學乃作聖之第一義也。」（康熙，《庭訓格言》）就是說，聖人不是高不可攀的，聖人之所以成爲聖人，其關鍵是兩個字——志學。如果一個人立志於學，一以貫之，成賢成聖，誰能阻擋？所以，「志學」是做聖人的第一要義。

康熙帝過分推崇儒家理學部分，作爲文化遺產，或許今天已不適用；他的讀書之道，今天卻仍可借鑑。康熙帝的讀書經驗，如讀書「四個階段」——少年好學、中年苦學、盛年博學、老年通學，「四種境界」——欣然境界、憤然境界、敬然境界、陶然境界，「四點經驗」——貴恆久、貴思悟、貴知行、貴著述，於今人，猶可鑑。

chapter 21

第貳壹講 養生之道

歷來皇帝求長生，長生皇帝無一人。
康熙帝的可貴之處是，
不求長生，而講養生。
康熙帝的養生，有一套方法和經驗
——飲食有節，起居有常，
既重養身，更重養心。
康熙帝的養生之道，研究一下，或有裨益。

■康熙帝半身像

中國歷史上有皇帝三四九位，其中生卒年有記載的二九〇位，平均年齡是四十一．七五歲。六十九歲以上者十二位，占皇帝總數的百分之三，平均近兩百年出一人。康熙帝六十九歲的壽齡在今天不算什麼，但在從遼到清的皇帝中，算是高壽。

康熙帝的養生之道，有成功的經驗，也有失敗的教訓。本講分作三個題目：一、飲食起居，二、弓馬騎射，三、養生理念。

一、
飲食起居

康熙帝平日的飲食起居是怎樣的呢？

一　說飲食

飲食分開來講，先講飲，再講食。

康熙帝認爲：「人之養身，飲食爲要，故所用之水最切。」他很重視飲水。康熙帝經常喝的是北京西山玉泉山的泉水，今天叫礦泉水。清朝每天運水的車，由玉泉山運出泉水，進西直門，到紫禁城。康熙帝把玉泉山的水，有時賜給大臣，表示君王關懷。康熙帝還喝蒸餾水。他說：「朕所經歷多矣，每將各地之水，稱其輕重，因知水最佳者，其分兩甚重。若遇不得好水之處，即蒸水以取其露，烹茶飲之。」（康熙，《庭訓格言》）他飲蒸餾水，是向哲布尊丹巴呼圖克圖（外蒙古蒙古藏傳佛教首領）學的，因爲多年以來，哲布尊丹巴呼圖克圖都是飲用「水蒸之露」，就是用蒸餾水。

康熙帝平日飲茶，沏茶的水也是玉泉山的泉水，或是蒸餾水。康熙帝南巡去杭州，當地官員送他西湖龍井茶；去蘇州，巡撫送他碧螺春茶。每年各地貢獻名茶有五十多種。

■北京玉泉山（上圖）
■康熙金彩釉小酒杯（下圖）

康熙帝是不是喝酒呢？他說自幼「不喜飲酒」，更不酗酒。他認爲酒不僅對人無益，而且可以亂人心志，或致疾病。但他平日膳後或年節筵宴，也飲一小杯酒。廢皇太子後他得了一場大病，傳教士請他喝葡萄酒。他說：「前者朕體違和，伊等跪奏：西洋上品葡萄酒，乃大補之物，高年飲此，如嬰兒服人乳之力。諄諄泣諫，求朕進此，必然有益。朕鑑其誠，即准所奏，每日進葡萄酒幾次，甚覺有益，飲膳亦加。今每日竟進數次，朕體已經大安。」（〈上諭〉康熙四十八年正月二十五日）可見，康熙帝爲治病而喝葡萄酒，每天喝幾次，效果還不錯。

葡萄酒傳到北京的時間，一般認爲在明末清初，由耶穌會士帶來或由西洋進貢。如康熙二十五年（一六八六），荷蘭進貢「葡萄酒兩桶」。湯若望確曾以西洋葡萄酒招待過北京達官貴人，因酒珍貴，沾舌即止。葡萄酒味道好，故有「紅毛之酒紅於血，色香異味三奇絕」的讚美詩句。康熙帝所喝葡萄酒的來源，主要是江南封疆大吏孝敬的。如江南總督邵穆布派人專程到北京進呈「在江寧天主堂西洋人林安恭備葡萄酒十一瓶」。廣東、福建、江西的總督、巡撫也紛紛進呈葡萄酒，江西巡撫郎廷極將收集的葡萄酒九十九瓶進呈。

清帝一天吃幾頓飯呢？民間傳說皇帝一天吃四餐，也有說吃五餐。康熙帝說過：「朕每日進膳二次，此外不食別物。」就是說康熙帝每天吃兩頓飯。兩頓飯之外，不再吃東西。每日兩餐，這個習俗，清帝沿襲，直到清末。

■坤寧宮祭神處

清朝皇帝為什麼每天只吃兩餐呢？我想，這同滿洲傳統習慣有關。滿洲先人女眞男人，早上吃飯後上山，或打獵，或採參，晚上回了家吃飯，於是養成一天兩餐的習俗。

清朝皇帝重視吃肉類，諸如豬肉、鹿肉、麅子肉、雞肉、鴨肉等。在坤寧宮，皇帝吃祭肉。什麼是祭肉呢？滿洲信奉薩滿教，有薩滿文化的習俗。薩滿習俗的一個表現就是祭神祭天。清朝宮廷，早在盛京清寧宮，就是莊妃的姑姑孝端皇后住的後宮，就有宰牲祭祀的傳統。順治帝定鼎北京後，這個習俗就沿襲到北京皇宮的坤寧宮。清初對明坤寧宮進行重大改建，如宮的正門不在當中，而在偏東；宮內砌成三面炕（俗稱萬字炕），西牆供奉祖宗板子，宮內安設三口大鍋，還有案板、殺豬工具等。每天要在坤寧宮宰兩頭豬，灌耳、殺豬、放血、剝皮、煮肉、祭祀、吃祭肉等。皇帝、皇后等在坤寧宮南炕上，圍坐吃祭肉。清朝皇帝愛吃肥豬肉。這是女眞先人居住在白山黑水的寒冷地帶生活的古老傳統。崇德帝、康熙帝、雍正帝、嘉慶帝的死，都同心腦血管病有關，而心腦血管病又同他們的飲食習慣有關。後來，太監將清宮祭肉偷出宮外賣，在今北京西四開了一家飯館，叫砂鍋居。「砂鍋居白肉」就成了老北京的一道名菜。

康熙帝的食譜怎樣？有人說：皇帝每頓飯有九十九道菜。我以某年除夕早膳爲例，看康熙帝都吃什麼？

黃米飯一品，燕窩掛爐鴨子、掛爐肉、野意熱鍋各一品，燕窩芙蓉鴨子熱鍋一品，萬年青酒燉鴨子熱鍋一品，八仙碗燕窩蘋果膾肥雞一品，青白玉碗托湯鴨子一品，青白玉碗額思克森鹿尾醬一品，金戧碗碎剽野雞一品，金戧碗清蒸鴨子、鹿尾攢盤各一品，金盤蒸肥鴨一品，金盤羊烏叉一品，金盤燒鹿肉一品，金盤燒野豬肉一品，金盤鹿尾一品，琺瑯盤竹節卷小饅首一品，琺瑯盤番薯一品，琺瑯盤年糕一品，琺瑯葵花盒小菜一品。（《故宮辭典》）

以上凡二十一品，其中主食四品，小菜一品，肉十六品，沒有蔬菜，也沒有水果。這樣的飲食結構，顯然是不夠合理、不夠科學的。

但是，康熙帝喜歡吃蔬菜、水果。他喜歡吃黃瓜、蘿蔔、茄子一類的蔬菜，尤其到晚年，他說：「朕每歲巡行臨幸處，居人各進本地所產菜蔬，嘗喜食之。高年人飲食宜淡薄，每兼菜食之則少病，於身有益。所以農夫身體強壯，至老猶健者，皆此故也。」（康熙，《庭訓格言》）他又說：「諸樣可食果品，於正當成熟之時食之，氣味甘美，亦且宜人。」（康熙，《庭訓格言》）他吃應季節的蔬菜、水果，認爲有益於養生。

太皇太后有病，康熙帝晝夜奉侍，衣不解帶，如糜粥之類，備有三十餘品（康熙，《庭訓格言》）。這從一個側面說明，康熙帝晚年喜歡喝粥。

康熙帝晚年，身體不太好。康熙二十八年，康熙帝時年三十六歲，他說自己「目力不能書寫細字」，就是說已經不便寫小字。到三十一年，三十九歲時，他又對大臣們說：「朕不寫字作文亦久矣！」

康熙四十七年九月，康熙帝時年五十五歲，在熱河的布爾哈蘇台，發生了一件於朝廷、於個人，都有極大震動的事——這就是康熙帝宣布廢皇太子胤礽。他「且諭且泣」，出現宣布完便「仆倒在地」的場面。廢皇太子胤礽對康熙帝的打擊眞是太大了。此後，他害了一場大病。眞是心力交瘁，爾後是「諸病時作」。輕則風寒感冒、心跳不寧、夜間不寐，重則頭暈腦脹、手腳浮腫、行動不便，嚴重到右手不能握筆寫字，甚至於走動都「須人扶掖」。他爲了治病養生，也喝起了西洋葡萄酒。

康熙帝說：「凡人飲食之類，當各擇其宜於身者，所好之物，不可多食。」（康熙，《庭訓格言》）就是說，喜歡吃的東西，不要多吃，更不要過量。

二說起居

康熙帝的作息時間，從史書記載來看，是比較有規律、有節制的。他經常早起、早睡。一般是早上寅時（三—五時）起床。

康熙帝居住有兩個特點：一是中年以後，大多時間住在郊外。春秋多在暢春園，夏季多在避暑山莊。康熙帝夏秋多在避暑山莊和木蘭圍場，這對他的健康是有利的。他說，每到避暑山莊，心境更好，飯食更增，睡眠更香，精神更爽。

三說衣著

康熙帝說：「凡人養身，重在衣食。古人云：『愼起居，節飲食。』然而衣服之繫於人者，亦爲最要。如朕冬月衣服，寧過於厚，卻不用火爐。所以然者，蓋爲近火則衣必薄，出外行走，必致感寒。與其感寒而加服，何如未寒而先進衣乎？」（康熙，《庭訓格言》）屋裡屋外，尤其冬季，溫度相差不要太多，預防感冒，有益健康。

四說保健

保健分坐湯、嗜好、補品、食補、氣功幾項內容來講。

坐湯。康熙帝保健的一個辦法是坐湯，就是洗溫泉浴。其實，早在清太祖努爾哈赤時，就經常坐湯。康熙帝相信坐湯能治很多疾病。孝莊太皇太后在世時，康熙帝常陪祖母去各地溫

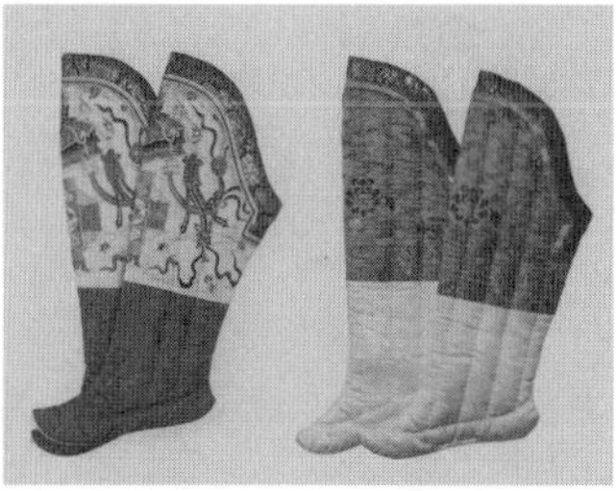

■御用棉襪

泉——如赤城湯泉、小湯山溫泉小住，爲祖母休養、治病。不少大臣也聽從他的話去坐湯。如李光地，年已七十歲，在康熙五十年三月，身患毒瘡，起坐困難，後餘毒大發，以致兩手硬腫，膿血多至數升，癢躁難忍，徹夜不寐，嚴重時竟不能動移數步。康熙帝叫他去坐湯治療，兼用海水泡洗，療效很好，「瘡毒已淨，惡疾漸除」。

不吸煙。康熙帝有個習慣，就是不吸煙、不飲酒。他認爲：「煙酒及檳榔等物，皆屬無用。」這自然是個好習慣。

我講一個康熙帝不抽煙的故事。溧陽史文靖（貽直，官至文淵閣大學士）、海寧陳文簡（元龍，官至文淵閣大學士）兩公，酷嗜淡巴菰（即煙草），不能釋手。康熙帝南巡，駐蹕德州，聽說史、陳兩臣嗜好抽煙，就賜給他們水晶煙管。他們剛呼吸，火焰上升，爆及唇際，差一點燒了嘴唇，兩人害怕，不敢使用。於是，康熙帝下令：禁天下吃煙。學士蔣陳錫詩記此事云：「瑤池宴罷雲屏敞，不許人間煙火來。」（《清宮遺聞》卷一）康熙帝厭惡抽煙，還有一個故事。康熙四十六年九月，行圍途中，御營邊失火，因膳房佛泰家人二格吃煙引起，命將二格耳鼻穿箭，遊營示衆；佛泰回京後，枷號三個月，鞭一百。

補品。中國人一向重視補品、補藥，病時固然要補，平時也要進補。西醫也強調營養對人體的重要。康熙帝於醫藥學貫中西，他對補品、補藥是怎樣看待呢？他是否喝人參湯呢？

這裡有一個故事。太醫孫斯百等，誤用人參，使得康熙帝頗爲煩躁。朝廷要對太醫孫斯百、孫徽百等俱擬斬。康熙帝批示：「著從寬免死，孫斯百等各責二十板，永不許行醫。」康熙帝在康熙三十二年患瘧疾，因服用人參等藥使病情加重。所以，康熙帝認爲：「南人最好服藥、服參，北人於參不合。朕從前不輕用藥，恐與病不投，無益有損。」

康熙帝勸人治病、自己養生，都反對用補品、補藥，尤其是服用人參。他認爲補品、補藥沒有益處，甚而有害。他說，好服補藥者，就像喜歡逢迎的人，世上豈有喜逢迎而能受益者乎？一次，他對日講起居注官揆敘說：「爾年幼不可漫服補藥，服補藥之人，斷無受益耳。」他對皇八子胤禩用補藥很不高興。他對官員們說：「服補藥無益。」他認爲：「凡人之性喜補劑，不知補中有損。」因爲補肝者，即不利脾；治心者，即不宜於腎。每見村野農人，終身未嘗服藥，然皆老而強健。富貴人動輒服溫補之藥，究竟爲藥所誤，而且不自知。

但是，康熙皇帝對於年老體衰的人，還是主張要服補藥的。他的祖母孝莊太皇太后身體違和時，他同意應「進滋補之劑」。曾任勇略將軍的趙良棟後來年老生病，皇帝特賜「人參以調攝」。皇帝曾賜人參給年高的宋犖與魏象樞等官員。康熙帝自己仍是「不輕用藥，恐與病不投，無益有損」。

食補。康熙帝認爲：病人大病初癒或是病中需增飲食，進行食補，有益健康。內務府官員赫世亨在夏天生病，得了痢疾，發冷發燒，不思飲食，經過診治，病情轉好。康熙帝在他下痢停止之後，派人送給他麅肉一大塊、黃雉兩隻，並降旨說：「病人食此麅肉後，痊癒者甚多，是亦朕之所見。朕非大夫，爾可食之看，黃雉亦用之看看。」赫世亨吃了康熙帝賞賜的食物之後，果然身體好了起來，「已能坐臥，且氣亦稍強」。康熙帝知道後很高興，遂又派人送去鯽魚十尾，叫他「少少食用，不得多食」，尤其不可因「心情喜悅，食之太過」。

氣功。氣功是道家的一種養生健身法，康熙帝對於道家的養生法、長生術是不大相信的。他對唐高祖以老子爲祖，建立道觀，至高宗、明皇，崇信不疑，很不以爲然。康熙帝認爲：金石性烈，烹煉益毒，從古以來，受害者衆，皆不可信。康熙帝晚年，身體多病，有人介紹氣功可以治病。他先派太監李興泰、馮堯仁等到道觀，向王眞人學習練功，「如法危坐，直至飢時，乃出靜候。食畢，略步一刻，即仍前坐」。康熙帝見了他們的奏報後，批了「再看」兩字，等到有明顯效應後，自己再決定是否做。後來他沒有修煉道家的這套功法。

總之，康熙帝認爲：「節飲食，愼起居，實卻病之良方也。」（康熙，《庭訓格言》）這個「節」字很重要，「起」、「居」、「飲」、「食」，都要講求一個「節」字，不足不好，過量也不好。不能貪，要有度。所以，「飲食有節，起居有常」，這是健身卻病、養生長壽的最好辦法。

二、弓馬騎射

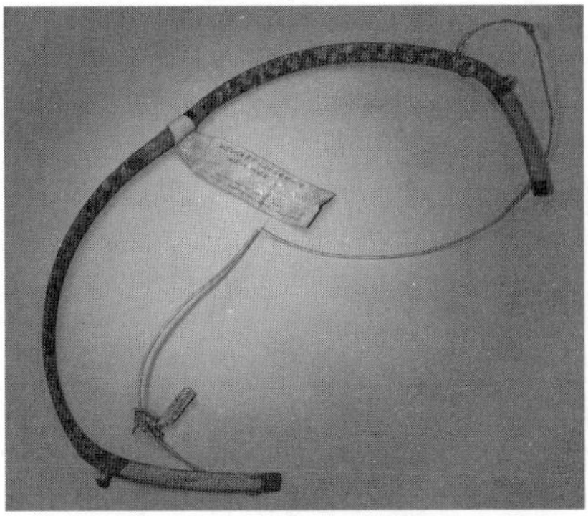

■康熙帝御用樺皮面弓

康熙帝身體很好，他說：「朕自幼強健，筋力頗佳，能挽十五力弓，發十三握箭，用兵臨戎之事，皆所優爲。」（《清聖祖實錄》卷二七五）重視巡守和騎射——東巡、西巡、南巡、北征，既是體育活動，也是娛樂活動，更是健身活動。

三次東巡

康熙帝的三次東巡，分別發生在康熙十年、康熙二十一年、康熙三十七年。從北京出發，過山海關，經瀋陽，到興京（今遼寧省新賓滿族自治縣），往返路程四千里。其中第二次東巡，遠到吉林烏拉（今吉林省吉林市），騎馬遠行，長途跋涉，顛簸筋骨，有益健康。康熙帝這次東巡，在山海關外六十七天，射虎三十九隻，最多一天射虎五隻（《清聖祖實錄》卷一〇〇）。他東巡祭祖，近者到遵化清東陵，遠者到關外三陵。

六次西巡

康熙二十二年（一六八三）二月和九月、康熙三十七年、康熙四十一年（一七〇二）、康熙四十二年（一七〇三）、康熙四十九年（一七一〇）。從北京出發，翻山越嶺，道路崎嶇，攀登五臺山，是一種很好的體育鍛鍊。

六次南巡

康熙二十三年（一六八四）、康熙二十八年、康熙三十八年、康熙四十二年、康熙四十四年、康熙四十六年，康熙帝六次南巡，一次往返約七千里，或騎馬，或乘船，或步行，或坐輦，開闊了心胸，陶冶了性情，刺激了情緒，愉悅了心境，對健康無疑是有利的。南巡中，在南京，在杭州，都要到校場，閱兵、習武。如第一次南巡到江寧校場，「上親射，右發五矢，五中；左發五矢，四中。士民觀者，以數萬計，皆踴躍蹈舞，歡呼動地」（《清聖祖實錄》卷一一七）。

塞外巡幸

從康熙二十年開始設立木蘭圍場，到康熙六十一年，除康熙二十一年準備同俄國進行雅克薩自衛反擊戰，康熙三十五年親征噶爾丹外，康熙帝每年都去木蘭圍場，共四十八次。他還到避暑山莊（前面講過），共五十三次。在避暑山莊約四個月。在木蘭圍場圍獵，一般是二十餘天。圍獵時，每天黎明之前，康熙帝率領皇子、大臣、官兵等，形成方圓數十里的大圈，將動物圍在圈裡，逐漸緊縮，適度範圍。哨鹿手吹響長哨，像雄鹿求偶的聲音，雌鹿群集，開始射獵。一天的行圍，像一天的戰鬥。晚間，點燃千百堆篝火，燒烤獵物，載歌載舞，飲酒歡歌。這既是戰鬥，又是體育，還是娛樂，更是親誼。顯然，夏秋季，離開炎熱的北京到涼爽的塞外避暑，壩上行圍，空氣清新，水草豐美，無暑清涼，雲山勝地，鹿鳴鳥叫，多麼愜意。

三次北征

親征噶爾丹——共三次，分別在康熙二十九年、康熙三十五年、康熙三十六年。

康熙帝在親征噶爾丹時，如康熙三十年四月，出古北口後，沿途圍獵而行。據《張誠日記》記載：有時「不扶轡繩，快馬疾馳，穿過山崗，滿弓發射，表現了驍勇動作及嫻熟技巧」。有一次，老虎突然躍起，發出吼聲，向騎士們衝去，一人被老虎咬死。此刻，放出一群獵犬，牠們狂吠著緊隨虎後，老虎爲防備獵犬，不再追趕獵手。這時，康熙帝連射三、四箭，因距離較遠，老虎受點輕

■皇帝行圍鈚比箭

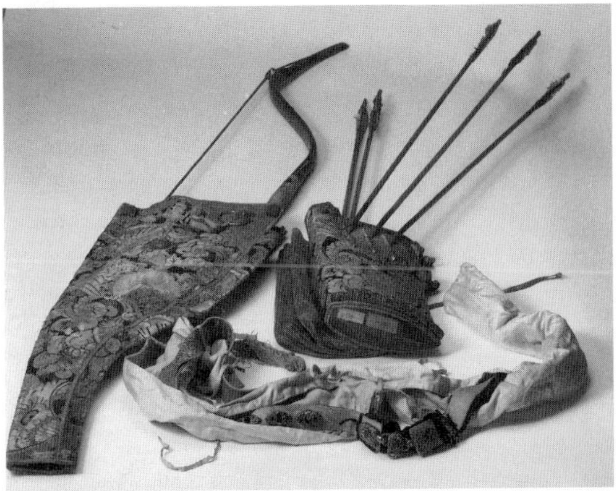

傷。獵手們高聲呼喊，用石塊、長槍轟趕藏身荊棘中的老虎，而老虎突然驚起，以極快速度向康熙帝所在地方衝來。後老虎突然掉轉方向，又逃到樹林中。康熙帝跨過山谷緊跟老虎，開槍射擊了兩次，把老虎打死。所有的朝廷大臣都過來觀看這隻大老虎，並對康熙帝表示欽佩。

康熙帝晚年，曾對近臣說：「朕自幼至老，凡用鳥槍、弓矢，獲虎一百三十五、熊二十、豹二十五、猞猁猻十、麋鹿十四、狼九十六、野豬一百三十二，哨獲之鹿凡數百，其餘射獲諸獸，不勝記矣。又於一日內，射兔三百一十八。」（《清宮遺聞》卷一）

這個數字，可以看出：康熙帝自幼至老，長於騎射，不斷運動。當時沒有保護野生動物的觀念，以射獵多爲榮。按我們今天的觀點，野生動物，應當保護。這是應當注意的。

三、養生理念

康熙帝的養生理念，既重視飲食起居，又重視弓馬騎射，更重視修心養性。

他的修心養性，主要包括：

養心要悅心

康熙帝說：「朕用膳後，必談好事，或寓目於所作珍玩器皿。如是則飲食易消，於身大有益也！」（康熙，《庭訓格言》）作爲帝王，也有衰老。衰老是必然的，只有善於對待。康熙帝晚年，牙齒不好。他說：「朕今年高，齒落殆半，諸凡食物，雖不能嚼，然朕所欲食者，則必烹爛，或作醯醬，以爲下飯，並無一念自怨衰老。」（康熙，《庭訓格言》）但是，他那些自幼跟隨身邊

■清人繪《康熙帝萬壽圖》（局部）

的近侍，有人時常以齒落身衰，行走不便，而在人前訴苦。康熙帝認爲，這都是不明事理，不能順其自然。

養心要寬心

康熙帝說，「養身者但寬其心」，就是說心要寬。他說：「天下未有過不去之事，忍耐一時便覺無事……孔子曰：『小不忍，則亂大謀。』聖人之言，至理存焉。」（康熙，《庭訓格言》）就是說，小事要忍耐，忍過去，便無事。他年近花甲時，臉上鬍鬚變白了，有人勸他用「烏鬚藥」，他說：「從古以來，有幾個白鬚皇帝？我若能鬚髮皓然，豈不爲萬世之美談乎？」康熙帝確實是一位樂天知命的人。

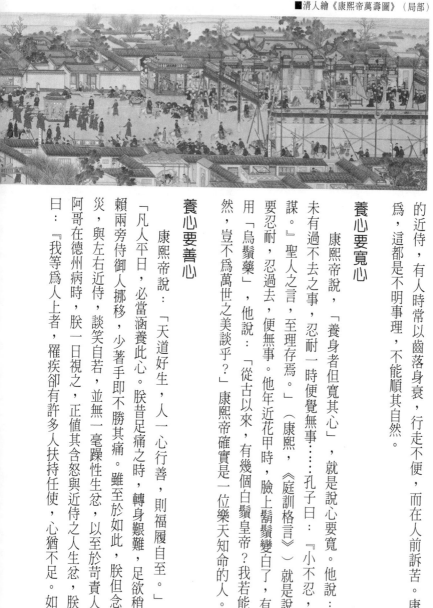

養心要善心

康熙帝說：「天道好生，人一心行善，則福履自至。」又說：「凡人平日，必當涵養此心。朕昔足痛之時，轉身艱難，足欲稍動，必賴兩旁侍御人挪移，少著手即不勝其痛。雖至於如此，朕但念自罹之災，與左右近侍，談笑自若，並無一毫躁性生忿，以至於苛責人也。二阿哥在德州病時，朕一日視之，正值其含怒與近侍之人生忿，朕寬解之曰：『我等爲人上者，罹疾卻有許多人扶持任使，心猶不足。如彼內監或是窮人，一遇疾病，誰為任使？雖有氣忿，向誰出耶？』彼時左右侍立之人，聽朕斯言，無有不流涕者。凡此等處，汝等宜切記於心。」（康熙，《庭訓格言》）要換位思考，應體諒他人。

養心要專心

康熙帝認為書法繪畫能養生。他說：「人果專心於一藝一技，則心不外馳，於身有益。朕所及明季人與我國之耆舊，善於書法者，俱壽考而身強健。復有能畫漢人或造器物匠役，其巧絕於人者，皆壽至七八十，身體強健，畫作如常。由是觀之，凡人之心志有所專，即是養身之道。」（康熙，《庭訓格言》）一個人，如心志專一，有益於健康。他所親見明末清初的老年人中，擅長書畫，或有專長者，壽數七、八十歲，身體還很強健。

養心要清心

康熙帝說：「凡人養生之道，無過於聖人所留之經書，故朕惟訓汝等，熟習『五經』、『四書』，性理誠以其中，凡存心養性立命之道，無所不具！」（康熙，《庭訓格言》）怎樣養生呢？一個重要經驗是讀書，他說：「學以養心，亦所以養身。蓋雜念不起，則靈府清明，血氣和平，疾莫之攖，善端油然而生，是內外交相養也。」（康熙，《庭訓格言》）就是說，讀書學習，以學養身，減少雜念，心境清靜，氣血平和，益於健康。康熙帝讀了很多醫書、藥書，而且學貫中西，被譽為「醫生天

■康熙「壽」字插屏

子」。這對他的保健是有好處的。

養心要敬心

康熙帝說：「人主勢位崇高，何求不得？但須有一段敬畏之意，自然不致差錯。便有差錯，也會省改。若任意率行，略不加謹，鮮有不失之縱佚者。朕每念及此，未嘗一刻敢暇逸也。」一放縱，便傷身。康熙帝提出「五不養生法」：「勤修不敢惰，制欲不敢縱，節樂不敢極，惜福不敢侈，守分不敢僭，是以身安而澤長也。」（康熙，《庭訓格言》）

康熙帝不講迷信。康熙二十八年，他第二次南巡，到明太祖孝陵。有一個叫王來熊的，獻《煉丹養身秘書》一冊給康熙帝。他看到後說：「朕於經史之餘，所閱載籍多矣。凡煉丹修養長生，及師巫自謂前知者，皆妄誕不足信，但可欺愚民而已。通經明理者，斷不為其所惑也。宋司馬光所論甚當，朕有取焉。此等事，朕素不信！」遂將《煉丹養身秘書》擲還給王來熊（《清聖祖實錄》卷一三九）。

他說：「每見道士，自誇修養得法，大言不慚。但多試幾年，究竟如常人，齒落鬢白，漸至老憊。觀此，凡世上之術士，俱欺誑人而已矣。神仙豈降臨塵世哉！又有一等術士，立地數十年，或坐小屋幾載，然能久坐者不能久立，能久立者不能久坐，可知其所以能此，乃邪魅之術耳。此皆朕歷試之，而知其妄者也。」（康熙，《庭訓格言》）

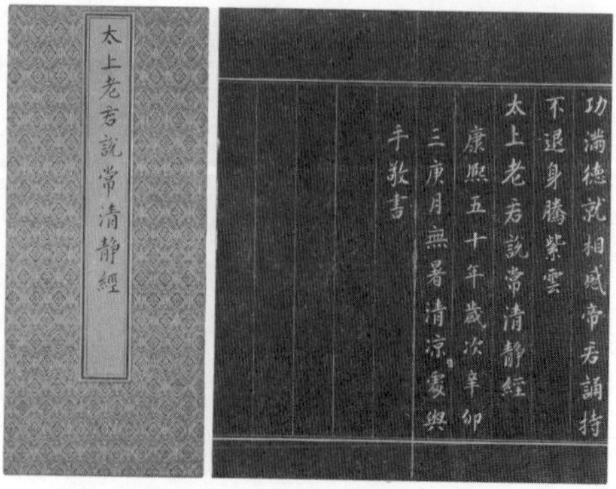

■康熙帝御筆《太上老君說常清靜經》

作爲帝王，都想長生。秦始皇、漢武帝，都派人求長生不老藥。明嘉靖皇帝也煉丹藥，求長生。康熙帝對於死，似乎看得很淡。他認爲：「人之有生必有死。如朱子之言，天地環境之理，如晝如夜。孔子云：『居易以俟。』皆聖賢之大道，何足懼乎？」這表現了康熙帝開朗樂觀的胸懷。

人的養生——寡嗜欲，以養精；寡言語，以養氣；寡思慮，以養神。但是，康熙帝也是人，也有七情六欲。他的七情六欲，影響了他的養精、養氣、養神，因而影響了他的壽命。

其一、**生活過奢**。康熙帝平日生活很簡單，費用也不大。但他一生先後娶后妃五十多人，實際上還多得多，到了晚年還不斷從江南挑選年輕女子，到宮中來做妃嬪。這些傷了他的精。

其二、**情感過重**。康熙帝的太皇太后、皇太后、皇后死後，他都不能以理制情，過於悲哀，大傷身體。這些傷了他的氣。

其三、**思慮過細**。皇太子的立廢，不能舉重若輕，不能拿得起放得下，太費心機，在當衆宣布廢太子時，且諭且泣，仆倒在地，不進飲食，害了大病。這些傷了他的神。

康熙帝的精、氣、神騷動，「欲與天地長久，非所聞也！」（司馬遷語）康熙帝因重視養生，他比歷史上許多皇帝更長壽；他過傷了精、氣、神，他有可能活過七十歲而只活了六十九歲，沒有活到他應該活到的壽命。可惜，可歎！

chapter 22

第貳貳講 後宮生活

康熙帝在處理與三代女人——
長輩祖母、同輩皇后和晚輩女兒的關係時，
對祖母孝愛、對皇后摯愛、對公主慈愛。
由於處理得當，
康熙帝的後宮生活，安定祥和，有序多彩。

康熙帝自幼生活在一個龐大的皇帝家庭裡，他成人後又營造了一個更加龐大的皇帝家庭。康熙帝的後宮家庭，是清朝諸帝中最大的家庭，也是當時中國最大的家庭。這個家庭有多大？共六代人，有太皇太后、太后太妃，皇后妃嬪五十五人，子女五十五人，孫、曾孫一五〇餘人，還有服務的太監、宮女。原明宮老太監跟康熙帝說，明宮有太監十萬人、宮女九千人。清宮比明宮太監、宮女人數少，但還是多得驚人。

■康熙帝像（西方傳教士繪）

透過康熙帝的後宮生活，來了解和接近康熙帝，更容易觸及到他的感情世界。康熙帝的後宮生活，錯綜複雜，多姿多采，幾頁稿紙，難以言盡。本講選取他同後宮三代女性——同祖母關係、同皇后關係、同女兒關係的片斷，以偏窺全，略加講述。

一、孝愛祖母

康熙帝童年痛失雙親，他對長輩中四個女人感情最深：祖母孝莊太皇太后及其使女蘇麻喇姑、姑母巴林固倫淑慧長公主（孝莊女）、嫡母孝惠皇太后（是父親的皇后而不是自己的生母），從小受到她們的關愛和照顧，也極盡晚輩之孝敬。《大學》曰：「爲人子，止於孝。」一般人對長輩或老人來說，做到孝順，順著老人，不算很難；做到孝敬，敬著老人，不算太難；做到孝愛，愛著老人，心靈相通，的確很難。我重點講康熙帝對祖母孝莊太皇太后的孝順、孝敬、孝愛，特別講孝愛。

■孝莊太皇太后便服像

在康熙帝心目中，最孝愛的人是太皇太后。他說：「朕自八齡，皇考世祖章皇帝賓天。十一歲，又遘皇妣章皇后崩逝。早失怙恃，未得久依膝下，於考妣音容，僅能彷彿，全賴聖祖母太皇太后撫育教訓。」玄燁將孫兒的親情和孝敬，與作爲兒子未能給予父母的回報，合在一起，給了祖母，三十餘年，拳拳孝愛。

孝在咨政

康熙帝的祖母孝莊太皇太后，身歷天命、天聰、崇德、順治、康熙五朝，閱歷豐富，見多識廣。玄燁十四歲親政，還是少年，他在政事方面，求教祖母。《康熙起居注冊》記載，康熙帝每日下朝後的第一件事，就是到慈寧宮向祖母請安。他在詩中說：「晨昏敬睹慈顏豫」——早晚問安，孝敬祖母，親睹慈顏，聖心歡快；「承歡祇領徽音訓」——面稟朝事，聆聽訓誨，承奉懿旨，以便資政。少年天子十分珍視每日與祖母的會面，這是他日理萬機生活中盡享親情的時刻，更是他以政事求教祖母的最好機會。處理好國家大事，使社稷長治久安，是對祖母最大的孝。

孝在順心

孝順、孝順，講孝必講順。順，首先要使祖母心情順暢。

其一、**孝順得長輩歡心**。康熙九年，十七歲的康熙帝奉祖母太皇太后、嫡母皇太后前往遵化昌瑞山，祭謁順治帝的孝陵，皇后赫舍里氏隨行。康熙帝原想獨自前往，先拜謁太祖、太宗山陵，再拜謁世祖山陵。但孝莊太皇太后以

「世祖升遐十年，未得一詣陵寢」爲由，說服孫子先去拜謁孝陵，並執意要自己和皇太后博爾濟吉特氏、皇后赫舍里氏同往。康熙帝欣然順應。像這樣，祖、媳、孫三代四人一起謁陵，有清一代，僅此一例。後來，康熙帝以自己的體會告誡兒孫們：「凡人盡孝道，欲得父母之歡心者，不在衣食之奉養也，惟持善心，行合道理，以慰父母，而得其歡心，斯可謂眞孝者矣。」（康熙，《庭訓格言》）

其二、奉祖母五臺之行。山西五臺山是我國四大佛教名山之一。元、明以來，大批蒙古信徒來到這裡，在菩薩頂的寺院，修建了多座喇嘛廟。清初皇家對五臺山喇嘛廟極爲重視。孝莊太皇太后自幼信奉喇嘛教，去五臺山菩薩頂禮佛，是她多年的夙願。

凡是祖母所想的，康熙帝總是千方百計地滿足。爲陪祖母到五臺山進香，他先往五臺山，抵達菩薩頂，住了四天。其間，道路、修廟、行宮、物資，親自安排，做了準備。

康熙二十二年九月，康熙帝陪同太皇太后前往五臺山。路上，康熙帝「特赴長城嶺，用輦親試」。果然，山勢過陡，抬轎之人，站立不穩，難以攀登。康熙帝返回後如實稟告祖母，但孝莊仍不願放棄多年的

■五臺山菩薩頂

願望，還是要去五臺山。康熙帝不願讓祖母失望，諭令抬轎校尉及隨侍內監等，勤加演習，小心扈行。屆日，起駕出發。行到長城嶺，因山路崎嶇，乘車不穩，改為暖轎，他本人侍從，前後扶掖，左右照顧。後來康熙帝回憶這段經歷說：「昔日太皇太后駕詣五臺，因山路難行，乘車不穩，朕命備八人暖轎。太皇太后天性仁慈，念及校尉請轎步履維艱，因欲易車。朕勸請再三，聖意不允，朕不得已，命轎近隨車行。行不數里，朕見聖躬乘車不甚安穩，因請乘轎。聖祖母云：『予已易車矣，未知轎在何處，為得即至？』朕奏曰：『轎即在後。』隨令進前。聖祖母喜極，拊朕之背，稱讚不已，曰：『車轎細事，且道途之間，汝誠意無不懇到，實為大孝。』蓋深愜聖懷而降是歡愛之旨也。可見凡為臣子者，誠敬存心，實心體貼，未有不得君親之歡心者也。」（康熙，《庭訓格言》）

道路愈走愈險，車駕難以行進。太皇太后終於對孫子說：「嶺路實險不可度，吾及此而止，積誠已盡，五臺諸寺應行虔禮者，皇帝代吾行之，猶吾親詣諸佛前也。」康熙帝令皇兄福全等扈從祖母先行返京，他本人擇日再到菩薩頂，遵慈旨「代禮諸寺」。七天後，祖孫平安抵京。雖然孝莊親至菩薩頂禮佛的夙願，最終未能實現，但她讓玄燁代為禮佛，一路上又備感孫兒的至誠體貼，這些都使自己內心的遺憾大為減輕。

其三、**時常到後宮看望**。康熙帝說：「自唐宋以來，人君往往疏於定省，有經年不一見者。獨不思朝夕承歡，自天子以至於庶人，家庭常禮出於天倫至性，何嘗以上下而有別也！」（康熙，《庭訓格言》）康熙帝經常到慈寧宮，看望祖母太皇太后。

康熙帝對祖母的回報，盡現在他三十多年「期盡孝養，朝夕事奉」的行動中。朝臣評述道：「我皇上至德純孝，奉事太皇太后三十餘年，極四海九洲之養，盡一日三朝之禮，無一時不盡敬，無一事不竭誠。居則視膳於寢門，出則親扶於雕輦。萬幾稍暇，則修溫清之儀；千里時巡，恆馳絡繹之使。此皇上事太皇太后於平日，誠自古帝王之未有也。」這些話，雖是頌揚之語，卻基本屬實。

孝在飲食

出巡時想著祖母。康熙帝每次出巡——東巡、西巡、南巡、北巡，都想念祖母，新的食品，地方風味，都不遠千里，送給祖母吃。一次，他駐蹕南苑，遣使為祖母恭送鮮果：「日永離宮節候新，薰風早已獻嘉珍。赤瑛盤內千鮮果，奉進瑤池第一人。」他在南巡途中捕得鮮魚，立即「馳進兩宮（太皇太后、皇太后），兼志思慕之情」：「千里難承玉陛歡，鮮鱗網得勸加餐。遙知長信開函日，定荷慈顏一笑看。」他行圍時獵獲的飛禽野獸，採集的山珍野味，也恭進祖母：「遣使呈鮮味，須令馬迅飛。」康熙帝時時事事處處，體現對祖母一片孝心。

康熙帝對嫡母孝惠皇太后也同樣如此。他後來回憶道：「朕事皇太后五十餘年，總以家庭常禮出乎天倫至性，遇有事奏啓，一日二三次進見者有之；或無事，即間數日者有之，至於萬壽誕辰，嘉時令節，朕備家宴，恭請臨幸，則自晨至暮，左右奉侍，豈止日覲數次？朕之巡狩江南，出獵塞北，也隨本報，三日一次，恭請聖安外，仍使近侍太監乘傳請安，並進所獲鹿麅、雉兔、鮮果、鮮魚之類。凡有所得，即令馳進，從不拘定日期。且朕侍皇太后，事家人禮數，惟以順適為安，自然

爲樂，並不以朝見日期限定禮法而稱孝也。」（康熙，《庭訓格言》）

孝在侍疾

康熙帝對祖母疾病的關切，竭誠盡意，無以復加。

其一、**奉祖母洗溫泉**。康熙帝陪祖母先後六次坐湯治病，一次去宣化赤城湯泉，兩次去昌平小湯山溫泉，三次去遵化福泉山溫泉。時間最長一次達七十三天，最短一次四十五天。如：康熙十一年正月，十九歲的康熙帝陪祖母去坐湯。途中進膳時，他親視祖母降輦，陪祖母一起到進膳處，親自安排。飯後，又到祖母行宮，侍祖母登上乘輿，並親扶轅駕，行走數十步，才上馬跟隨。過八達嶺時，康熙帝下馬，親手爲祖母「扶輦整轡」。太皇太后心疼孫子，幾次勸他說：「汝步行勞苦，其乘馬前行。」康熙帝執意不肯：「此處道險，必扶輦整轡，於心始安。」經過九天翻山過嶺，長途跋涉，終於抵達赤城溫泉。由於溫泉附近地方狹隘，康熙帝住在七里以外的地方。他每天前去請安，並陪伴祖母說話。回程過長安嶺時，大雨滂沱，康熙帝不顧祖母的勸阻，下馬步行，護持輦轅。

■小湯山溫泉行宮舊影

這次往返六十五天的行程中，康熙帝表現出對祖母的虔誠孝愛。

其二、風雨進香祈禱。一是白塔進香。康熙二十四年八月二十八日深夜，孝莊太皇太后突然中風，右肢痲木，舌頭發硬，言語不清。康熙帝爲祖母「親侍進藥，侍奉至夜半」。此後數日，康熙帝每日兩三次去祖母宮中問安。康熙帝決定前往白塔寺（位於北京阜成門內）進香爲祖母祈福，正準備從宮中動身時，突然電閃雷鳴，大雨如注。近侍請求等雨停後再去，康熙帝不允，毅然冒雨前往。二是天壇祈禱。康熙二十六年十二月初一日，祖母病重。隆冬凌晨，寒風刺骨，康熙帝率王公大臣從乾清宮出發，步禱天壇，前往致祭。康熙帝讀祝版時，跪在壇前，涕淚滿面，淚滴成冰。陪祀臣工，無不感泣。

其三、照料病重祖母。康熙二十六年十一月二十一日，孝莊太皇太后發病，康熙帝諭令：「非緊要事，勿得奏聞。」他在慈寧宮祖母的床邊，席地奉侍，晝夜不離，「衣不解帶，寢食俱廢」。孝莊太皇太后入睡後，康熙帝「隔幔靜候，席地危坐，一聞太皇太后聲息，即趨至榻前，凡有所需，手奉以進」。後來他回憶說：「昔

■孝莊文皇后謚冊

日，太皇太后聖躬不豫，朕侍湯藥三十五晝夜，衣不解帶，目不交睫，竭力盡心，惟恐聖祖母有所欲用而不能備，故凡坐臥所須，以及飲食肴饌，無不備具，如糜粥之類，備有三十餘品。其時聖祖母病勢漸增，實不思食，有時故意索未備之品，不意隨所欲用，一呼即至。」（康熙，《庭訓格言》）

孝在居喪

《中庸》曰：「愛其所親，事死如事生，事亡如事存，孝之至也。」孝敬長輩，既在生前，也在身後。康熙二十六年十二月二十五日，孝莊太皇太后病逝，享年七十五歲。康熙帝一連十餘晝夜，流涕嗚咽，號痛不止，居住圍帳，水漿不入，以致昏迷。他違背皇后大喪皇帝不割辮的祖制，毅然割辮；又將孝莊梓宮安放在慈寧宮內，直到翌年正月十一日發引，康熙帝晝夜不離。第二年過年，康熙帝堅持在慈寧宮爲祖母守喪。他「每念教育深恩，哀痛實難自禁」，慟哭不止。孝莊的梓宮被遷往朝陽門外殯宮，發引之時，康熙帝堅持步行；途中每次更換抬梓宮的杠夫時，也「必跪於道左痛哭，以至奉安處，刻不停聲」。祖母臨終前及病故後，他連續六十天衣不解帶，也不盥洗。到正月下旬，御門聽政時，還要人扶掖而出。康熙帝晚年的高血壓及心臟病等疾患，就是祖母大喪和廢皇太子憂傷而落下的病根。康熙帝從孝莊死到自己故去，其間三十五年，前往遵化祭謁暫安奉殿、孝陵共二十六次，時刻緬懷祖母的慈恩。

孝莊太皇太后臨終前，拊著孫兒康熙帝的後背，流著眼淚讚歎說：「因我老病，汝日夜焦勞，竭盡心思，諸凡服用，以及飲食之類，無所不備，我實不思食，適所欲用不過借此支吾，安慰汝心，誰知汝皆先令備在彼，如此竭誠體貼，肫肫懇至，孝之至也。惟願天下後世，人人法皇帝如此大孝可也。」（康熙，《庭訓格言》）史官評論康熙帝說：「天性純孝，古帝王未之有也！」

這裡，附帶講一個孝惠皇太后的故事。太后爲排解寂寞，將宜嬪郭囉羅氏生的皇五孫胤祺，從小養在自己宮中，由太監韓信專門負責服侍。康熙二十六年六月，康熙帝召諸皇子在大臣面前講誦經書，九歲的胤祺不能背誦漢文經書。康熙帝向儒臣解釋說：「皇五子向在皇太后宮中育養，皇太后愛之不令其讀漢書，止令其習清書（滿文）。今漢書雖未曾讀，已能通曉清書矣。」於是，命胤祺寫清書一篇。可見孝惠太后對孫輩胤祺的溺愛。胤祺自幼沒能像其他皇兄弟那樣，受到系統的儒家教育，而是被慣養在皇太后身邊，很少接觸外部世界，對新生事物也缺乏了解，從而眼界狹窄，學識淺薄，爲人平庸，未結黨羽。不過，事有不測，因短得福。雍正帝上臺後，原優秀與結黨的兄弟，或死或囚，胤祺以平庸而得終天年，是康熙帝年長諸子中最終得以保全的少數幾人之一。這或應驗《莊子》林木以其不材而免遭砍伐的寓言。

康熙帝對長輩如此孝順，對待三位皇后如何呢？

二、摯愛皇后

康熙帝的后妃在五十五人以上，是清朝諸帝中最多的。陪康熙帝入葬景陵的后妃五十五人，其中皇后四人、皇貴妃三人、貴妃一人、妃十一人、嬪八人、貴人十人、常在九人、答應九人。妃嬪中享年最高的是定嬪萬琉哈氏九十七歲，她比康熙帝小十八歲，康熙帝死後跟兒子、皇十二子胤祹過，又活了四十六年，爲清后妃中最高壽的。還有和妃瓜爾佳氏八十六歲、貴妃佟佳氏七十六歲。其他十八位妃嬪，大多得享高壽。康熙帝的后妃，有四對親姊妹——孝誠仁皇后赫舍里氏和妹妹、孝昭仁皇后鈕祜祿氏和妹妹、孝懿仁皇后佟佳氏和妹妹、宜妃郭囉羅氏和妹妹。後光緒帝載湉的瑾妃與珍妃也是一對姊妹。此外，孝恭仁皇后烏雅氏是胤禛生母，原爲德嬪、德妃，雍正帝即位，尊爲皇太后。

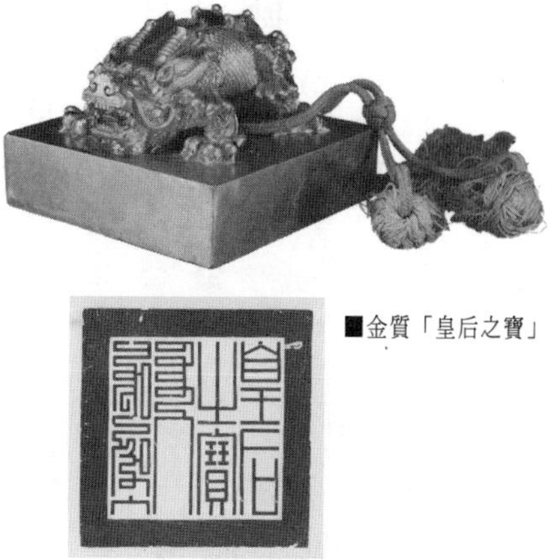

■金質「皇后之寶」

見。

在這裡，我介紹一下他的三位皇后——赫舍里氏、鈕祜祿氏、佟佳氏，她們相繼病故，史所罕見。

赫舍里氏

是輔政大臣索尼的孫女，康熙四年與康熙帝舉行了大婚典禮。時新郎十二歲（十一周歲零六個月），新娘十三歲（十一周歲零九個月），他們是清帝后大婚時年齡最小的。這對少年帝后的感情如何？他們有愛情嗎？一次我給外國駐華官員及其眷屬作報告，一位大使問：「清朝皇帝那麼多的后妃，他們有愛情嗎？」我回答說：「有！」我舉了清太宗皇太極同關雎宮宸妃、順治帝同董鄂妃的愛情故事。這位大使又問：「康熙皇帝那麼多的后妃，他有愛情嗎？」我回答說：「有！」舉的例子就是康熙帝同皇后赫舍里氏的愛情故事。

皇后赫舍里氏少年入宮，冊爲皇后，練達聰慧，性格寬柔，頗有心計，善於處理同太皇太后、皇太后、皇帝以及衆多妃嬪的關係。但是，康熙十三年（一六七四），赫舍里氏因難產在坤寧宮去世，享年才二十二歲。康熙帝得到噩耗，非常悲痛，輟朝五日，全國舉哀。赫舍里氏去世後第三天，康熙帝「遷送大行皇后梓宮於紫禁城西」。從這一日起直到第二十七日，他

■孝誠仁皇后（赫舍里氏）像

幾乎每天都去梓宮前舉哀。第二十七日上午，他親自將大行皇后梓宮送往京師北郊沙河地區的鞏華城。在梓宮安放處，康熙帝獨自默哀許久，直到晚上戌時（十九―二十一時）才返回皇宮。據《康熙起居注冊》統計，康熙十三年六月至十二月，康熙帝去鞏華城三十四次，平均每週一次多。十四年去二十四次，平均每月兩次，其中赫舍里氏去世周年的前一天，他提前趕到鞏華城，當晚留宿一夜，翌日親行致祭後返回。十五年（一六七六）去十五次。赫舍里氏死後，三年之內康熙帝沒有再立皇后，直至十六年八月，他才遵奉祖母之命冊立第二位皇后。十六年正月至七月，他仍舊去鞏華城七次，平均每月一次。據楊珍研究員統計，三年之間，康熙帝共去鞏華城八十次。這幾年每逢除夕前一日，康熙帝都去鞏華城陪伴亡靈，日暮方歸。朝鮮使者自清廷返回後向國王報告說：「（康熙帝）每往哭沙河宮殯后之所。」

康熙帝時當盛年，妃嬪衆多，又値平定三藩之亂的危難局勢，日理萬機，晝夜忙碌，卻多次往返祭奠亡后，非同尋常，難能可貴。康熙帝出於對亡后的愛，她生的兒子胤礽才兩歲就被立爲太子。

鈕祜祿氏

皇后赫舍里氏死後三年，康熙帝冊立鈕祜祿氏爲皇后。鈕祜祿氏是輔政大臣遏必隆的女兒，能讀書習文，「覽史披圖」。不幸的是，鈕祜祿氏只當了六個月皇后，便於康熙十七年二月二十六日，在坤寧宮去世，年約二十五歲。康熙帝親自將皇后鈕祜祿氏的梓宮，送到紫禁城武英殿安厝。在大行皇后二十七日的喪期內，康熙帝每天必去梓宮殿前舉哀，而且幾乎每次都是辰時往，申時

■孝昭仁皇后（鈕祜祿氏）像

還，在梓宮旁待上七、八個小時。喪期滿後，他親自將梓宮送至鞏華城，與孝仁皇后赫舍里氏同安於殿內。當晚，宿於鞏華城。一連四、五天，他每日都長時間地在鈕祜祿氏梓宮前舉哀。據楊珍研究員統計，康熙帝在大約三年的時間內，去鞏華城致哀四十八次，加上此前致祭赫舍里氏八十次，前後累計達一二八次。康熙帝親自去鞏華城爲故去的皇后哀悼，其次數之多，情感之篤，時間之久，往返之頻，路程之遠（五十華里），古往今來，實屬罕見。

康熙二十年二月，赫舍里氏和鈕祜祿氏兩位皇后的靈柩，遷往遵化景陵安葬。皇后赫舍里氏和鈕祜祿氏，比康熙帝早逝四十多年，但康熙帝對她們的追念哀思，一直持續到他生命的盡頭。

佟佳氏

是佟國維的女兒，是康熙帝生母孝康皇后的親侄女，所以康熙帝和佟佳氏是舅表親。佟佳氏是康熙帝的表妹。她先是被封爲貴妃，又被冊爲第三位皇后。佟佳氏的父親佟國維官內大臣、領侍衛內大臣、議政大臣，佟家在朝廷做官的很多，有「佟半朝」之稱。

佟佳氏曾親自撫養皇四子胤禛（雍正帝）。何以見得？雍正帝繼位後，宣諭：「朕奉皇太后懿旨：孝懿皇后曾親撫育爾躬。」（《清世宗實錄》卷二）雍正帝爲佟佳氏追加諡號冊文中說：「撫沖齡而顧復，備蒙鞠育之仁；溯十載之劬勞，莫報生成之德。」（《清世宗實錄》卷一一）乾隆元年（一七三六）加上謚號冊文說：「撫皇考於沖齡，十載劬勞，備荷生成之德；終天哀育，常懷高厚之恩。」就是說，胤禛出生不久，便由佟佳氏領養，直到十年後她去世。

用個民間的說法，康熙帝是不是「克后」呢？他的第一位皇后年僅二十二歲故去。第二位皇后冊封前十幾年內，一直安然無恙，但冊立爲皇后剛半年便故去。第三位皇后也過早地故去。不管康熙帝是不是這樣想的，他失去第三位皇后時，正值三十六歲的盛年，但此後未再冊后。至於第四位皇后烏雅氏，因爲是皇四子胤禛的生母，胤禛即皇帝位後，追封她爲康熙帝的皇后。

漢族妃子

康熙帝的妃子，有滿洲人，有蒙古人，也有漢人。妃子們的生活有哀怨，也有樂趣。上元節，吃元宵，抖空竹：「上元值宴玉照宮，歌舞朝朝樂事同。妃子自矜身手好，親來階下抖空竹。」清明節，去踏青，放風箏：「花朝才過又清明，天際游絲漾午晴。惆悵翠華臨別苑，玉階獨立放風箏。」（《清宮詞》）康熙帝後宮，確有漢族妃子。早在順治初年，孝莊太后諭：有以纏足女子入宮者，斬！相傳這道諭旨，懸於神武門裡。上文的「纏足女子」是指漢族女子，因爲滿、蒙兩族婦女是天足（大腳）。高士奇在暢春園，看到康熙帝的兩幅妃嬪畫像。康熙帝指著其中一幅對高士奇說：「此漢人也。」康熙帝後宮有漢族妃嬪，大約在他第一次南巡之後。《清宮詞》記載：「華風織巧束雙纏，妙舞爭誇貼地蓮。何似珠宮垂厲禁，防微早在入關年。」妃

■孝懿仁皇后（佟佳氏）謚寶

嬪中的高氏、陳氏、石氏、王氏等，都爲康熙帝生過兒子。據陳捷先教授考證，康熙帝五十五位后妃中至少有十位確屬漢人。

總之，康熙帝內心對后妃、特別是對皇后確有一定的眞實感情，其中有生理的需求、心靈的慰藉、情感的溝通、樸素的愛戀，也時有眞、善、美的流露。

三、慈愛女兒

康熙帝有二十個女兒，她們出自十六位母親。其中烏雅氏（就是雍正帝的生母）生下三男——皇四子胤禛、皇六子胤祚、皇十四子胤禵和三女——皇七女、皇九女、皇十二女，可謂多產。

《大學》曰：「爲人父，止於慈。」康熙帝對女兒是慈愛的。

康熙帝的二十位皇女，《清史稿・后妃傳》、《星源吉慶》中也不記她們的名字。本來，滿洲在關外，皇女是有名字的，如努爾哈赤三女名莽古濟，四女名穆庫什等。清入關後，受漢文化影響逐漸深化，女孩——包括金枝玉葉的公主，史書也不記載她們的名字。在提及她們的時候，或用排行（如皇長女、皇二女、皇三女），或用封號（如和碩榮憲公主即皇三女）來稱呼。

康熙帝二十位女兒，未成年死的十二位，其中年齡最小的皇十八女不滿一個月，而不滿一周歲死的有四位。康熙帝的皇女，平均壽齡爲十七・四五歲。

康熙帝皇女婚嫁的有八位：皇三女（二公主），十九歲結婚，享年五十六歲；皇五女（三公主），十九歲結婚，享年三十七歲；皇六女（四公主），十九歲結婚，享年五十七歲；皇九女（五公主），十八歲結婚，享年二十歲；皇十女（六公主），二十二歲結婚，享年二十六歲；皇十三女（八公主），二十歲結婚，享年二十三歲；皇十四女（九公主），十八歲結婚，享年四十八歲；皇十五女（十公主），十八歲結婚，享年十九歲。

■呼和浩特恪靖公主（皇六女）府

康熙帝的八位出嫁公主，他們的婚姻生活有什麼特點呢？

其一、**大多晚婚**。她們結婚的平均年齡爲十九・六歲，其中最大的爲二十二歲。這在當時來說，都算是晚婚。

其二、多嫁蒙古。八位出嫁公主中有六位嫁給蒙古王公子弟，一位嫁給滿洲鑲黃旗人，一位嫁給漢人。

其三、遠離他鄉。皇六女（四公主）指配給博爾濟吉特氏喀爾喀郡王敦多布多爾濟為妻，皇十女（六公主）指配給喀爾喀台吉策凌為妻。康熙四十六年（一七〇七）七月，康熙帝北巡，駐恪靖公主（皇六女）府（位於今內蒙古呼和浩特市）。

其四、去世過早。她們平均壽齡為三十五．七歲，壽齡最大的皇三女活了五十六歲。

其五、得父慈愛。康熙帝結婚時十二歲，皇后十三歲。為什麼他的女兒晚婚呢？可能是因為額駙難找，但更大的可能是康熙帝捨不得把女兒嫁出去。

康熙帝對祖母的孝愛，對皇后的摯愛，對公主的慈愛，是中華傳統文化美德的一例體現，值得後人細心思考。但是，康熙帝畢竟是帝王，他的後宮，后妃很多，如皇后、皇貴妃、貴妃、妃、嬪、貴人、常在、答應等。我們以「答應」為例，這種后妃位列貴人、常在之後，沒有定數（《國朝宮史》卷八）。康熙四十六年，宮內有大答應六十四人、小答應一〇四人、答應四十一人，共二〇九人（楊珍，《康熙皇帝一家》）。皇帝身邊女人伴，世間貧者鰥夫怨。這些后妃要有多少人供養她們呢！

立廢太子

第貳叁講

chapter 23

康熙帝一生最煩惱、最失算的一件事情，
就是皇太子的立而廢，
廢而復立，立而再廢。
他為此付出了沉重的代價——
大傷元氣，減損天壽；
皇子自訌，骨肉相殘。
這個難題的終極解決方案，
是以共和制替代君主制。

■康熙帝老年像

康熙帝六十一年皇帝生涯，遇到三次挑戰皇權的鬥爭。第一次，少年時期，皇權與相權的矛盾，他用「布庫」就是「遊戲兵」智擒鰲拜，親掌朝綱。第二次，青年時期，皇權與「藩王」的矛盾，他用武力討伐，經過八年戰爭，取得削平「三藩」的勝利。第三次，老年時期，皇權與儲君的矛盾，他動用皇威處置之，極爲痛苦，極爲艱難，也極爲傷心。康熙帝文治武功，英明一世；立廢太子，糊塗一時。立廢太子的問題，從隱到顯，從蓄到發，是一個漫長複雜、激烈殘酷的過程。這要從康熙帝一步錯棋講起。

一、
一步錯棋

康熙帝有三十五個兒子，分別由十八位后妃所出，平均壽齡32.8歲。在三十五個兒子中，排序的只有二十四位，其中除去夭折四人、出繼一人，還有十九人。

■「皇太子寶」

在這十九位皇子中，康熙帝臨終前未滿十六歲的有五人，可以考慮皇位繼承的只有十四人。康熙帝二十二歲立皇太子，五十五歲廢皇太子，五十六歲復立皇太子，五十九歲再廢皇太子，直到他去世，沒有公開明確指定皇位繼承人。

問題的發生，在棋錯一步。康熙帝爲什麼要在年富力強的二十二歲時立皇太子呢？

立儲原因

康熙帝之立儲，主要原因有四：

第一、滿洲歷史教訓。努爾哈赤、皇太極臨死之前都沒有確定並宣布皇位繼承人，因而引起大位爭奪的嚴重事件。如努爾哈赤死後，大妃阿巴亥被逼殉葬；皇太極死後，由親王、郡王貴族會議公推新君，幾乎在大清門前兵戎相見。清政權在皇位更迭之際，兩次瀕於分裂的險境。

第二、漢族歷史經驗。康熙帝學習並接受漢族儒家經典，研究中國歷朝統治經驗，深悉預立儲君有利於皇權的連續性與穩固性，是鞏固清皇朝統治的頭等政治大事。他開始接受歷代皇位繼承的經驗，特別是明朝嫡長制繼承皇位的歷史傳統，打算實行皇太子制度。

第三、平定叛亂所需。當時吳三桂等發動三藩之亂，形勢危急。康熙帝命殺掉吳三桂唯一的兒子、在北京做人質的額駙吳應熊，以喪其志，絕其望；同時，自己立皇太子，「以重萬年之統，以繫四海之心」（《清聖祖實錄》卷五八）。也就是以此穩定人心、表明決心、加強皇權、鞏固統治。

第四、還有特殊原因。皇太子胤礽的生母是皇后赫舍里氏，十三歲嫁給玄燁，但在生育胤礽時因難產而死，年僅二十二歲。康熙帝懷念這位早逝的皇后，在大喪期間幾乎每天都去舉哀；後梓宮移到昌平鞏華城，三年間每逢除夕前一天，他都去鞏華城陪伴亡靈。母因子死，子以母貴，康熙帝便立這位嫡長子爲皇太子。

首立太子

康熙十四年十二月十三日，康熙帝親御太和殿，參照漢族的「嫡長制」，冊立剛過一周歲的嫡長子胤礽爲皇太子。康熙帝對皇太子的教育傾注了心血。皇太子幼時，康熙帝就開始親自爲他授課：「上在宮中親爲東宮講授『四書』、『五經』，每日御門聽政之前，必令將前一日所授書背誦、復講一過，務精熟貫通乃已。」（章乃煒、王藹人編，《清宮述聞》）皇太子六歲入學讀書，天資聰穎，學業長進。史載：皇太子聰明好學，「通滿、漢文字，嫻騎射，從上行幸，賡詠斐然。」（《清史稿》卷二二〇〈允礽傳〉）而且身體健壯，眉清目秀，一表人才。康熙帝非常喜愛。

■胤礽的太子宮——毓慶宮院落

康熙帝爲培養皇太子，委以重任，進行鍛鍊。康熙三十五年、三十六年，康熙帝親征噶爾丹，先後有十多個月不在京城，他命皇太子胤礽坐鎮京師，處理朝政：「代行郊祀禮；各部院奏章，聽皇太子處理；事重要，諸大臣議定，啓皇太子。」（《清聖祖實錄》卷一七一）由於皇太子不負衆望，克盡厥職，「舉朝皆稱皇太子之善」（《清聖祖實錄》卷二三四）。康熙帝也很滿意，他給皇太子的硃批說：「皇太子所問，甚周密而詳盡，凡事皆欲明悉之意，正與朕心相同，朕不勝喜悅。且汝居京師，辦理政務，如泰山之固，故朕在邊外，心意舒暢，事無煩擾，多日優閑，冀此豈易得乎？朕之福澤，想由行善所致耶！朕在此凡所遇人，靡不告之。因汝之所以盡孝以事父，凡事皆誠懇惇切，朕亦願爾年齡遐遠，子孫亦若爾之如此盡孝，以敬事汝矣。因稔知爾諸事謹慎，故書此以寄。」（《宮中檔康熙朝奏摺》第八輯〈滿文諭摺〉）可見，康熙帝對皇太子，充分信任，寄予厚望。

■「毓慶宮」殿額

這時，康熙帝已進入中年，皇子們逐漸長大成人。康熙三十七年三月，康熙帝分別冊封成年諸皇子為郡王、貝勒，其中：封皇長子胤禔為多羅直郡王，皇三子胤祉為多羅誠郡王，皇四子胤禛、皇五子胤祺、皇七子胤祐、皇八子胤禩，俱為多羅貝勒（皇六子胤祚已死）。受封諸子參與國家政務，並分撥佐領，各有屬下之人。分封皇子，相對削弱了皇太子的力量，對皇太子是又一次考驗。同時，諸年長皇子有權有勢以後，加劇了與皇太子的矛盾。諸皇子及其黨羽覬覦儲君者，共同盯住並打擊的目標，是皇太子及皇太子黨。於是，在皇帝與儲君、皇太子與諸皇子之間的矛盾，錯綜複雜、日益加劇。

矛盾發生

康熙帝立胤礽為皇太子後，朝中就逐漸形成了擁護皇太子與反對皇太子的兩大政治勢力。皇太子黨首腦人物索額圖，是康熙帝幼年首席輔政大臣索尼之子、孝誠仁皇后叔父、皇太子外叔祖父、大學士、領侍衛內大臣。康熙二十八年，他擔任中俄議定邊界談判的中方首席代表，主張尼布楚、雅克薩兩地當歸清朝，同俄國首席代表戈洛文簽訂「中俄尼布楚條約」。索額圖對從小就失去母親的皇太子胤礽格外疼愛和關懷。但他後來陷入了康熙帝與皇太子矛盾的政治漩渦。康熙四十二年五月，康熙帝以索額圖「議論國事，結黨妄行」之罪，令宗人府將其拘禁。不久索額圖死於幽所。又命逮捕其諸子，交索額圖之弟心裕、法保拘禁，並命：「若別生事端，心裕、法保當族誅！」大臣麻爾圖、額庫禮、溫代、邵甘、佟寶等，也以黨附索額圖之罪，並被禁錮，「諸臣同祖子孫在部院者，皆奪官」（《清史稿》卷二六九〈索額圖傳〉）。

爲什麼要嚴懲索額圖？五年後廢皇太子時，康熙帝才做了解釋：「從前索額圖助伊潛謀大事，朕悉知其情，將索額圖處死。」（《清聖祖實錄》卷二三四）到第二次廢皇太子時，康熙帝更明確說皇太子問題根子在索額圖：「驕縱之漸，實由於此。索額圖誠本朝第一罪人也！」（《清聖祖實錄》卷二五三）就是說索額圖之罪，在於同皇太子結黨，驕縱皇太子，圖謀篡奪皇位。康熙帝嚴懲索額圖，打擊並削弱皇太子勢力，是殺雞給猴看，給皇太子敲警鐘。

康熙四十七年五月十一日，康熙帝巡幸塞外，命皇太子、皇長子、皇十三子、皇十四子、皇十五子、皇十六子、皇十七子、皇十八子隨駕。在巡幸期間，發生了幾件事，促使康熙帝與皇太子矛盾激化。

其一、皇長子胤禔等皇子，在康熙帝面前，向皇父說了皇太子的許多小話，如說他暴戾不仁，恣行捶撻諸王、貝勒、大臣，還有截

■皇十三子胤祥像

留蒙古貢品等不良表現。康熙帝對皇太子種種不仁的表現非常不滿。最重要的是，他認為儲權威脅皇權，皇太子「欲分朕威柄，以恣其行事也！」（《清聖祖實錄》卷二三三）

其二、康熙帝巡幸途中，因剛滿七歲的皇十八子胤祄患了急性病，心情十分焦慮，皇太子卻無動於衷。康熙帝由此回想起十多年來耿耿於懷的一件事：康熙二十九年七月，烏蘭布通之戰前夕，康熙帝出塞，途中生病，令皇太子與皇三子馳驛前迎。胤礽到行宮給皇父請安，看到天顏消瘦，竟沒有憂戚之意，也沒有良言寬慰。康熙帝對皇太子不滿，讓他先回北京（《清聖祖實錄》卷一四七）。胤礽當時只有十六歲，可能根本沒有意識到皇父的不滿。後來康熙帝在廢皇太子時說已包容了二十年，認為皇太子不忠不孝，不堪重用，就是以這件事作為起點。在胤祄病死的當天，康熙帝就下令拘執胤礽。

其三、在返京途中，康熙帝發現皇太子夜晚靠近他的帳篷，從縫隙向裡面窺視，便懷疑皇太子可能要「弒逆」，就是暗殺。這件事刺激康熙帝下決心要廢掉皇太子。

初廢太子

康熙四十七年九月初四日，康熙帝在巡視塞外返回途中，在布爾哈蘇台，召集諸王、大臣、侍衛、文武官員等於行宮前，垂淚宣布皇太子胤礽的罪狀：

第一、專擅威權，肆惡虐眾，將諸王、貝勒、大臣、官員恣行捶撻；

第二、窮奢極欲，遠過皇帝，吃穿所用，恣取國帑，猶不以為足；

第三、對親兄弟，無情無義，有將諸皇子不遺噍類之勢；

第四、朕躬起居，無不探聽，「伊每夜逼近布城，裂縫向內竊視」；第五、「朕未卜今日被鴆，明日遇害，晝夜戒慎不寧」（《清聖祖實錄》卷二三四）。

羅列太子罪狀之後，康熙帝說：不能讓這不仁不孝的人將來爲國君。康熙帝「且諭且泣，至於仆地」。諭畢，命將胤礽即行拘執（《清聖祖實錄》卷二三四）。同一天，康熙帝爲了打擊皇太子集團的勢力，命將索額圖的兩個兒子格爾芬、阿爾吉善及胤礽左右的二格、蘇爾特、哈什太、薩爾邦阿等人「立行正法」。

康熙帝爲了政治的需要，廢斥皇太子，但廢黜之後，又很難過——憤怒、怨恨、失望、憐愛，複雜的心情，交織在一起。他一連六日，「未嘗安寢」，對諸臣談起此事，猶「涕泣不已」（《清聖祖實錄》卷二三四）。

九月十六日，康熙帝回到北京。命在皇帝養馬的上駟院旁設氈帷，給胤礽居住。又命皇四子胤禛與皇長子胤禔共同看守。當天，康熙帝召集諸王、貝勒等副都統以上大臣、九卿等於午門內，宣諭廢斥皇太子胤礽之事。康熙帝親撰告祭文，於十八日告祭天地、宗廟、社稷。將廢皇太子幽禁紫禁城內咸安宮，二十四日，頒詔天下。

皇太子胤礽從康熙十四年初立，至康熙四十七年初廢，長達三十三年之久。這時康熙帝五十五歲，皇太子三十五歲。爲了培養皇太子，康熙帝可謂費盡苦心。廢皇

■皇四子胤禛像

太子一事使康熙帝悲憤疊加，心力交瘁。這時，康熙帝已經進入老年，而接班人卻變得渺茫。更爲嚴重的是，康熙帝看到廢黜皇太子後，皇子們之間的爭鬥，由表及裡，由隱到顯，由緩到急，愈演愈烈。這當然是他不願意看到的。因此，他在處理皇太子事件過程中，立廢反覆，猶疑不定，自亂章法。

二、亂了章法

康熙帝的兒子太多，自己在位時間又長，夜長夢多，子多生變，皇子們結黨自固，逐漸形成了幾個集團，如皇太子（胤礽）集團、皇四子（胤禛）集團、皇八子（胤禩）集團、皇十四子（胤禵）集團。他們所爭奪的，不是房子、銀子、珠寶和土地，而是皇位。

諸子爭儲

康熙帝深惡皇子結黨，蓄謀大位。他在廢皇太子胤礽後說：「諸皇子有鑽營爲皇太子者，即國之賊，法所不容。」（《清史稿》卷二二〇〈允禩傳〉）但是，一些年長的皇子，覺得自己有戲，明爭暗拉，內外勾結，上下串聯，四處鑽營，謀求儲位。臺面上最活躍的是皇長子胤禔和皇八子胤禩。

胤禔謀取皇儲。皇長子胤禔的有利條件是：一則居長，二則原大學士明珠是其外堂叔祖父，三則得到皇父的寵愛。他積極活動，謀求儲位。表現是：第一、爭取立長。他錯誤地估計形勢，認爲康熙帝立嫡不成，勢必立長。康熙帝不得不宣諭：「朕前命直郡王允禔善護朕躬，並無欲立允禔爲皇太子之意。」（《清聖祖實錄》卷二三四）第二、請殺胤礽。胤禔利令智昏，竟奏請殺掉胤礽：「今欲誅允礽，不必出自皇父之手。」康熙帝聽了，非常驚異，意識到胤禔與胤禩結黨謀取儲位，竟欲殺害胤礽，如若得逞，後果嚴重。第三、推薦胤禩。胤禔見自己奪儲無望，便想推薦與己關係密切的皇八弟胤禩（胤禩少時爲長兄胤禔生母惠妃所撫養）。第四、鎮魘胤礽。就是用魔法詛咒皇太子。皇三子胤祉向康熙帝揭發：皇長子與一個會巫術的人有來往。經查，發現胤禔用巫術鎮魘胤礽，陰謀暗害親兄弟，並有物證。其母惠妃出身微賤，向康熙帝奏稱胤禔不孝，請予正法。康熙帝不忍殺親生兒子，令革其王爵，終身幽禁。同時又警惕以明珠爲首的另一支外戚勢力膨脹。

胤禩謀取皇儲。皇八子胤禩精明能幹，在朝中有威望，黨羽多，聲勢大。胤礽被廢後，胤禩雖爲貝勒，但署內務府總管事，很有希望當皇太子。胤禔利用張明德相面之事，爲胤禩製造輿論，說：「相面人張明德曾相允禩，後必大貴。」康熙帝派人追查張明德相面之事，查出：有相面之事，且有謀殺皇太子的企圖。從此，康熙帝對胤禩更爲戒備。

康熙四十七年九月，康熙帝痛斥胤禩道：「允禩柔奸性成，妄蓄大志，黨羽相結，謀害允礽。今其事皆敗露，即鎖繫，交議政處審理。」（《清史稿》卷二二〇〈允禩傳〉）九阿哥胤禟告訴十四阿哥胤禵，胤禵進入，營救胤禩。康熙帝大怒，拔出佩刀，將誅胤禵。五阿哥胤祺上前，跪地抱著皇父勸止，康熙帝憤怒少解（《清聖祖實錄》卷二三四）。這件事情鬧得宮廷烏煙瘴氣。同年十一月，復允禩爲貝勒。

■皇十四子胤禵像

康熙四十七年十一月十四日，康熙帝召滿漢文武大臣齊集暢春園，令從諸皇子（皇長子除外）中舉奏一位堪任皇太子之人，說：「衆議誰屬，朕即從之。」在諸臣推舉皇太子之前，康熙帝的意思是復立皇太子，曾找大學士李光地詢問廢皇太子病：「如何醫治，方可痊好？」李答：「徐徐調治，天下之福。」康熙帝試圖啓發臣下，復立胤礽，意思是說，胤礽的病由廢皇太子引起，對症下藥，只有復立。他希望李光地將自己的意思傳播出去，但李光地爲少惹是非，未向任何人透露此事。結果，這次民意測驗並未向著康熙帝希望的方向發展。「集議日，馬齊先至，張玉書後入，問：『衆意誰屬？』馬齊言衆有欲舉八阿哥者。俄，上命馬齊勿預議，馬齊避去。阿靈阿等書『八』字密示諸大臣，諸大臣遂以允禩名上，上不懌。」（《清史稿》卷二八七〈馬齊傳〉）時馬齊爲大學士、阿靈阿爲領侍衛內大臣兼理藩院尚書。康熙帝說：皇八子未曾辦理過政事；近又罹罪，母家出身微賤，故不宜立爲皇太子（《清聖祖實錄》卷二三五）。康熙帝傳諭李光地，提醒說：「前召爾入內，曾有陳奏，今日何無一言？」這時諸臣才恍然大悟，原來康熙帝有過暗示。

大家注意，在衆皇子上下鑽營之時，皇四子胤禛卻不露聲色，暗自韜晦，觀察窺測，等待時機。

■胤禛行書《夏日泛舟》詩

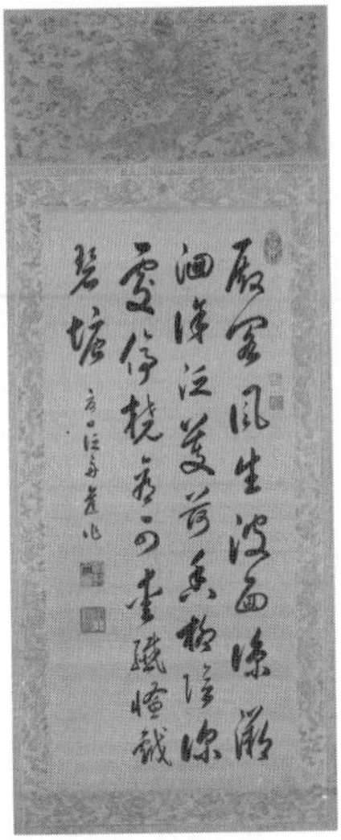

康熙帝鑑於朝中保奏胤禩的勢力大、呼聲高，考慮必須要把皇太子缺位補上，以堵塞諸子的爭儲之路。他當時能想到的辦法，只有讓嫡長復立。後來他說：「諸大臣保奏八阿哥，朕甚無奈，將不可冊立之允礽放出。」（《清聖祖實錄》卷二六一）

二立太子

康熙帝廢太子後，經過思考，認識到胤礽的罪名原多不實。當初，他最懷疑皇太子企圖謀殺他，胤礽申訴說：「皇父若說我別樣的不是，事事都有，只弒逆的事，我實無此心。」康熙帝聽了，不但未斥責胤礽，反而認爲他說得對，令將胤礽脖子上的鎖鏈取下（《文獻叢編》第三輯〈胤禩胤禟〉）。

還有，自廢皇太子後，康熙帝就痛惜不已，每日流淚，寢食不寧。他回想拘禁胤礽那天，「天色忽昏」，十八子胤祄病死；進京前一日，大風旋繞駕前；夜間夢見已故祖母太皇太后，遠坐不說話，臉色不高興，與平時不同；皇后亦以皇太子被冤見夢（《清聖祖實錄》卷二三五）。康熙帝在十月二十三日病倒。當日回宮，立即召見胤礽。此後經常召見，每「召見一次，胸中疏快一次」。

康熙四十七年十一月十五日，康熙帝召科爾沁達爾漢親王額駙班第、領侍衛內大臣、都統、護軍統領、滿大學士、尚書等入宮，親自向他們宣布：「皇太子前因魘魅，以至本性汨沒耳。因召至於左右，加意調治，今已痊矣。」命人將御筆朱書，當眾宣讀。

康熙帝又召廢皇太子、諸皇子及諸王、大臣、都統、護軍統領等，進一步宣諭澄清事實，說胤礽「雖曾有暴怒捶撻傷人事，並未致人於死，亦未干預國政」，「胤禔所播揚諸事，其中多屬虛誣」。接著，當眾將胤礽釋放。胤礽表示：「皇父諭旨，至聖至明。凡事俱我不善，人始從而陷之殺之。若念人之仇，不改諸惡，天亦不容。」（《清聖祖實錄》卷二三五）

康熙四十八年三月初九日（《清史稿．聖祖本紀》作三月初十日，《清聖祖實錄》作三月初九日，當以實錄記載爲是），以復立皇太子胤礽，遣官告祭天地、宗廟、社稷。次日，分別將皇三子胤祉、皇四子胤禛、皇五子胤祺，晉封親王，皇七子胤祐、皇十一子胤䄉，晉封郡王，皇九子胤禟、皇十二子胤祹、皇十四子胤禵，俱封爲貝子，胤禩在此前已復爲貝勒。

康熙帝試圖以此促進皇太子與諸皇子以及諸皇子之間的團結。然而，事與願違，皇儲爭奪，愈演愈烈。

矛盾激化

皇太子復立，原有的皇帝與儲君的矛盾，很快又激化。這次犧牲品是托合齊。托合齊出身卑微，原為安親王家人，後轉為內務府包衣。以其為定嬪萬琉哈氏之兄、皇十二子允祹之舅，故受到康熙帝信任，於康熙四十一年六月出任步軍統領。康熙五十年十月二十日，以托合齊有病為由，將其解職；同時任命隆科多為步軍統領。托合齊被解職七天後，康熙帝在暢春園召見諸王、貝勒、大臣等，宣稱：「諸大臣皆朕擢用之人，受恩五十年矣，其附皇太子者，意將何為也！」當場質問刑部尚書齊世武、兵部尚書耿額等，衆人矢口否認結黨。康熙帝令將他們鎖拿候審（《清聖祖實錄》卷二四八）。又命將已經解職的步軍統領托合齊，拘禁宗人府。到次年四月，議處戶部書辦沈天生等貪污受賄案。經刑訊取供：刑部尚書齊世武受賄三千兩，步軍統領托合齊受賄兩千四百兩，兵部尚書耿額受賄一千兩（《清聖祖實錄》卷二五〇）。這在貪污大案中受賄數字本是微不足道的，但因有皇太子黨一事，處罰特重。將尚書齊世武「以鐵釘釘其五體於壁而死」。另據《滿洲名臣傳·齊世武列傳》記載：齊被判絞之後，改發遣伯都納，雍正二年卒。十月二十九日，議托合齊將其「即行凌遲處死」，不久於監所病故，命將其「剉屍揚灰，不准收葬」。其罪名主要是：胤礽潛通信息，求托合齊等人借助手中的權勢，「保奏」他盡早即帝位（《清聖祖實錄》卷二五〇）。這就是說，皇太子在策劃逼皇父盡早讓位。康熙帝對皇太子黨可謂恨之入骨。這個事件，是康熙帝將要再廢皇太子的前奏。

再廢太子

皇帝與儲君之間的矛盾，終於又發展到不可調和的地步，康熙帝決定再廢皇太子。康熙五十一年九月三十日，康熙帝巡視塞外回京當天，即向諸皇子宣布：「皇太子允礽自復立以來，狂疾未除，大失人心，祖宗弘業斷不可託付此人。朕已奏聞皇太后，著將允礽拘執看守。」（《清聖祖實錄》卷二五一）十月初一日，以御筆朱書向諸王、貝勒、大臣等宣諭再廢允礽的理由，主要是：

第一、從釋放後，乖戾之心，即行顯露；

第二、數年以來，狂疾未除，大失人心；

第三、飲食服用，陳設等物，有倍於朕；

第四、是非莫辨，秉性兇殘，結黨小人。

康熙帝要求諸臣：「後若有奏請皇太子已經改過從善、應當釋放者，朕即誅之。」（《清聖祖實錄》卷二五一）隨之，將廢皇太子事遣官告祭天地、宗廟、社稷。

康熙帝第二次廢黜皇太子，雖然並非如他自己所說「毫不介意，談笑處之」，但已不像第一次時那麼痛苦。因爲他發現，立皇太子就難免有矛盾；不立皇太子可能更好。數月之後，針對有的官員奏請冊立皇太子，康熙帝說：「宋仁宗三十年未立太子，我太祖皇帝並未預立皇太子，太宗皇帝亦未預立皇太子。漢唐以來，太子幼沖，尚保無事；若太子年長，其左右群小，結黨營私，鮮有能無事者……今衆皇子學問、見識，不後於人，但年俱長成，已經分封，其所屬人員，未有不各庇護其主者，即使立之，能保將來無事乎？」（《清聖祖實錄》卷二五三）

其實，康熙帝明白，大臣們明白，歷史也昭示，康熙帝立廢皇太子是失敗的。那麼，康熙帝立廢皇太子失敗的根源在什麼地方？

三、癥結所在

康熙帝晚年的皇位繼承，既是一場悲劇，也是一場鬧劇。

康熙帝到死也沒有公開明確皇位繼承人，他死後屍骨未寒，皇子們爲爭奪皇位，又演出了一場悲劇與鬧劇。這場立廢太子的悲劇與鬧劇，其癥結何在？

第一、康熙帝立儲諸多弊端。

康熙帝立皇太子，應當是有條件的——或不預政事，避免威脅皇權；或秘而不宣，避免太子驕傲；或用嫡長制，避免皇子爭儲。但是，康熙帝沒有這樣做，從而出現皇帝、太子、皇子的三角形錯綜關係。胤礽兩歲立爲皇太子，總共長達三十六年，其間，時時、處處、事事與衆不同，充滿了優越感。再加上身邊多奉迎、吹捧者，天長日久，便目空一切，妄自尊大，驕奢暴戾。皇太子與幼帝有所不同：皇太子有榮譽地位，而無重任在肩；有權力欲望，而無責任在身。驕奢不仁，勢所難免。後來雍正帝秘密建儲，既是爲了防止儲君驕奢，也是爲了防止皇子彼此廝殺。回過頭來看，康熙帝公開立兩歲的胤礽爲皇太子，是一著錯棋。其錯主要表現在無法避免皇帝與儲君、太子與皇子的矛盾。

第二、皇帝與太子的矛盾。

當時清廷處於八和碩貝勒共治國政向中央集權過渡時期，預立儲君，包括皇帝、滿洲貴族和儲君本人，都一時無法適應這種新的情況。如實行儲君制度，就應當實行儲君不御政。皇太子御政，必然引發皇太子與皇帝的權力衝突。而

■毓慶宮正殿——惇本殿明間現狀

其他皇子臨政，也會植成黨羽，與皇權、儲權相爭。康熙帝一方面改革滿洲先代的皇位繼承制度，建立儲君；另一方面又讓太子柄政，派皇太子和其他皇子參與各種軍政事務。皇太子權勢增長，無形中朝廷裡似乎要出現兩個權力中心，至高無上的皇權受到侵犯和威脅。康熙帝建立儲君，事與願違，陷入漩渦，遭到失敗。

第三、太子與皇子的矛盾。

明朝諸王「列爵而不臨民、食祿而不治事」；清朝諸王「內襄政本、外領師干」，這樣太子與皇子便發生矛盾。康熙帝本意是培養教育皇子，卻使他們增長了權力與財富的欲望。這不依康熙帝的意志爲轉移，也不是皇子主觀意志所決定。諸皇子成人之後，賜封世爵，分撥人口，建立府第，設置官署，對內臨政，對外領兵。諸王貝勒所屬人員，又「各庇護其主」，甚而糾集黨羽。這本身就容易與皇權產生某種矛盾。如果設立皇太子，其地位高於諸王，近於皇帝，又必然爲諸皇子所不容，使矛盾更趨複雜。康熙帝兩立兩廢皇太子，既是皇帝與儲君矛盾，也是太子與皇子矛盾的集中表現。

第四、皇位繼承制度死結。

清朝皇位繼承，無論是實行漢族那樣的嫡長繼承制，還是滿洲貴族公推制，都沒有找到解決問題的根本辦法，沒有跳出「父死子繼」、「兄終弟及」家天下的窠臼。清代立儲制，爲康熙帝所創，雖思之久遠，卻事與願違。康熙帝對大臣處罰的喪失理智，對皇子處理的欠合情理，從根本上說，這不是康熙帝不仁，也不是康熙帝無能，而是皇位繼承制結下的惡果。後來雍正帝的「秘密建儲制」、慈禧的「懿旨立儲制」，都不能解開皇位繼承制度的死結。六歲的同治、四歲的光緒、三歲的宣統繼承皇位，說明大清皇朝已經走進「家天下」的死胡同。只有結束帝制，實行共和，歷史才會進入一個新的階段。以民主共和制取代封建君主制，才是歷史之趨勢、世界之潮流、時勢之必然、民衆之所望。

chapter 24

第貳肆講

悲苦而死

人總有一死，
或悲涼而死，或含笑而終——
不因財富而定，也不因權位而定，
關鍵是福緣。
康熙帝雖為一代聖主，
卻在皇位繼承人的問題上，
神勞心傷，鬱結成疾，最後悲苦而死。

■清人繪《景陵圖》

康熙六十一年十一月十三日，康熙帝在北京暢春園清溪書屋病逝，享年六十九歲，葬遵化景陵，廟號「聖祖」，諡號「仁皇帝」。在清朝十二位皇帝中，廟號爲「祖」的，只有三位：清太祖努爾哈赤，因爲他是大清國的開國皇帝；清世祖順治，因爲他遷都北京、入主中原；清聖祖康熙，因爲他「經文緯武，寰宇一統，雖曰守成，實同開創焉」！大清的根基是康熙帝奠定的，大清的盛世是康熙帝開創的。

但是，就是這樣一位卓有成就的君主，卻在悲苦中離開人世。這一切，要從他的積鬱成疾說起。

一、積鬱成疾

康熙帝在廢皇太子胤礽時說過：「朕未卜今日被鴆，明日遇害，晝夜戒慎不寧。」（《清聖祖實錄》卷二三四）就是說康熙帝認為自己的生命受到威脅，隨時可能被人毒死或殺害。

■康熙帝半身像

康熙五十六年，康熙帝談到梁武帝台城之禍與隋文帝見害於逆子煬帝之事，極爲感慨地說：《尚書・洪範》中所謂的「五福」——長壽、富貴、康寧、攸好德、考終命，「以『考終命』列於第五者，誠以其難得故也」。「考終命」就是享盡天年。康熙帝希望自己能得到善終。在他死後，其子雍親王胤禛繼位，是爲雍正帝。有人傳說：「聖祖皇帝在暢春園病重，皇上（按：指雍親王）就進了一碗人參湯，不知何故，聖祖皇帝就崩了駕，皇上就登了位。」由於康熙帝晚年一再提到可能被人毒害，這一傳聞在當時、在日後、在當今，很多人比較重視，不少人信以爲眞。

其實，康熙帝的死，同晚年長期患病有關，尤其同積勞、積鬱攸關。

積鬱成疾

康熙帝究竟是怎麼死的呢？據清朝官書記載：康熙六十一年十月二十一日，康熙帝去北京南苑打獵。十一月初七日，因身體不適，回到暢春園休養。同月十五日冬至，要舉行天壇祭天大典，他覺得自己不能親往，便命皇四子胤禛（後來的雍正帝）代他去天壇祭祀。胤禛遵命前往天壇齋宮準備祭典，每天派侍衛或太監到暢春園代向皇父問安。康熙帝告訴他「朕體稍癒」，皇子、大臣們以爲皇帝的病不嚴重。但到十三日凌晨，康熙帝的病情突然加重，立即命皇四子胤禛從齋宮趕來暢春園。其他皇子多人都比胤禛先到達康熙帝的病榻前，康熙帝告訴他們：「雍親王皇四子胤禛，人品貴重，深肖朕躬，必能克承大統，著繼朕登基，即皇帝位。」（《清聖祖實錄》卷三〇〇）雍親王胤禛到當天上午十時左右才趕到暢春園，曾三次進入寢宮問安。當晚八時左右，康熙帝終因病重不治，在暢春園清溪書屋逝世。

康熙皇帝六十九歲去世，沒能像他的孫子乾隆帝那樣得享高壽，原因主要有三：

一是**遺傳基因**。他父親活了二十四歲，他母親也活了二十四歲，都比較短壽。他祖父活了五十二歲，祖

■天壇圜丘

母活了七十五歲。從他祖父、父親、母親來看，都壽命不高；但他祖母高壽。這樣看來，他的壽命基因，受著兩個方面——祖父、父親男性與祖母、母親女性的基因影響。

二是心身憂勞。康熙帝是一個嚴格律己的人，性格內向，處事謹慎。他說：「凡人於事務之來，無論大小，必審之又審，方無遺慮。」他又說：「凡天下事，不可輕忽，雖至微至易者，皆當以愼重處之。」（康熙，《庭訓格言》）康熙帝待人處事，既敬勤，又審愼。其好處是，力求完美，減少失誤；其壞處是，過勞傷身，過憂傷神。康熙帝的一生，如自己所言：「孜孜汲汲，小心敬愼，夙夜不遑，未嘗少懈。數十年來，殫心竭力，有如一日。」他神大用而形大勞。《史記・太史公自序》說：「夫神大用則竭，形大勞則敝，形神騷動，欲與天地長久，非所聞也！」勞逸結合，強身固本——這是高壽的基本理念。好在他喜歡遊獵，擅長騎射，這對於他的健康是有益的。

三是后妃太多。康熙帝的後宮，雖不夠佳麗三千，卻也多得驚人。他晚年下江南，還納漢女為宮姬。康熙帝晚年的子女，多爲漢女所生。這也影響他的精氣神。

晚年悲苦

康熙帝晚年是悲苦的，何以見得？他的三段話，可以作證明。

其一、「朕未卜今日被鴆，明日遇害，晝夜戒愼不寧。」前面曾引述過的這句話，袒露了他的心跡。

其二、「日後朕考終，必至將朕躬置乾清宮內，束甲相爭耳！」（《清史稿》卷二二〇〈允禩傳〉）這個典故，說的是春秋五霸之一的齊桓公，晚年五個兒子樹黨爭立，桓公剛死，諸子相攻，箭射在屍體上，其屍體在床上六十七日未入殮，以至蛆蟲爬出窗外的悲劇故事。由此可以透出康熙大帝晚年心境的悲苦。

其三、「昔梁武帝亦創業英雄，後至耄年，爲侯景所逼，遂有台城之禍；隋文帝亦開創之主，不能豫知其子煬帝之惡，卒致不克令終。又如丹毒自殺，服食吞餅，宋祖之遙見燭影之類，種種所載疑案，豈非前轍？」（《清聖祖實錄》卷二七五）這裡講了梁武帝遭侯景之亂被困台城餓死、隋文帝不能預見兒子楊廣調戲寵姬宣華夫人並相傳被其所殺、宋太祖晚年相傳被其弟匡義（光義）所殺的三個悲劇故事，這些故事無一不讓康熙帝聯想到自己。

這些因素糾結在一起，尤其是諸子皇位繼承的糾葛，使得

■乾清宮內部

康熙帝大傷元氣，鬱結成疾，病情日重，於康熙六十一年十一月十三日（一七二二年十二月二十日）抱憾而死。

二、死因異說

康熙末年，廢儲之後，未立皇太子，皇子們結黨鬥爭。康熙帝死後，這場爭奪皇位的鬥爭更是加劇。

皇八子胤禩等後來被處分下獄，其門下太監、侍衛被充軍的很多，這些人在充軍途中，到處散布雍正帝以人參湯毒死皇帝的傳言，因而康熙帝被毒死之說在民間傳布開來。

這件事情，不大可能。理由是：

其一、按照清宮定制，皇帝在進膳、進藥之前，都需要由親近太監或侍衛先試食、試飲，以免飲食有毒。

其二、康熙帝早就擔心有人會毒害他，甚至於日夜焦慮不安，他的防範必定是嚴密的。

其三、康熙帝一直反對以人參進補，他認爲「北人與參不合」，所以他是不會喝人參湯的。

其四、雍親王胤禛長期揣摩皇父的心理，他也知道皇父平日不喝人參湯，自然不會違反父意，貿然進皇父不喜歡的飲食而自碰釘子。

其五、上述的傳說，可能只是胤禩等的門下之人，散發的謠言或民間傳聞而已，不可作爲史料，也不可據以爲證。

從康熙帝的健康來看，他可能是久病不治，因病而死。

■御藥房的藥櫃、藥袋

久病纏身

康熙帝晚年的身體健康狀況很不好。史料記載，自康熙二十六年，太皇太后患病以及死後，康熙帝過於悲痛，大傷元氣。康熙四十七年初廢皇太子之後，康熙帝就得了一場大病。不少大臣知道這個消息，都紛紛上奏向皇帝請安，祝福他早日康復。康熙帝在大臣們的奏摺上，常批一些反映他當時健康狀況的硃批。如當年十一月十七日，川陝總督齊世武上了恭請萬安摺，康熙帝批道：「自

■各種藥物流劑

爾去後，朕體漸弱，心跳加增甚重……目下想是無妨，只是虛弱。」十二月初十日，直隸巡撫趙弘燮也上疏請安，硃批道：「朕體雖然比前安好，氣血不能全復，甚弱。」第二年正月，康熙帝對閩浙總督梁鼐硃批道：「朕大安了，還瘦弱些。」

到康熙五十年底，天壇大祭時，康熙帝因健康不佳，勉強「親詣行禮」。他說：「朕今年已六十，行禮時兩旁少爲扶助亦可。」可見他體力不支，身體大不如從前。

康熙五十四年冬，他說：「此番出巡，朕以右手病，不能寫字，用左手執筆批旨。」

康熙五十五年正月，他手臂毛病加重，向趙弘燮說：「朕偶然風吹，所以左手連臂，少有違和，故用湯泉洗浴，身不入水，近來深得效驗。」

康熙五十六年，康熙帝去熱河避暑山莊，五月底文華殿大學士嵩祝，寫了一份奏摺向皇帝請安。康熙帝硃批道：「在宮中時，身體不甚好，原以爲勉強來口外水好之處，大概可以健康矣。至今朕體未見甚好，行走需人攙扶。甚虛弱，何言萬安，一安亦無。」同年十月，他向大臣說道：「朕近月精神漸不如前，凡事易忘。向有怔忡之疾，每一舉發，愈覺暈迷。」同年十一月，他說：「自康熙四十七年大病之後，過傷心神，漸不及往時。況日有萬幾，皆由裁奪，每覺精神日逐於外，心血時耗於內，恐前途倘有一時不諱，不能一言，則吾之衷曲未吐，豈不可惜！故豫於明爽之際，一一言之，可以盡一生之事，豈不快哉！」他感到身體不佳，而預留遺詔。十二月，皇太后

■康熙帝景陵全景

病重，康熙帝侍疾七十餘日，足背浮腫，不能轉移，用手帕纏裹，被人攙扶，乘坐軟輿，每日親往寧壽宮問安。然後，在蒼震門內設帷幄居住，衣不解帶，竭盡孝心（《清聖祖實錄》卷二七六）。悲痛心緒，更加重了病情。

康熙五十七年正月，康熙帝曾兩次對大臣的奏摺作出硃批。一則說：「不幸身罹大憂，肢體不能動履，已寢臥五旬矣。」患病臥床五十天，算是比較嚴重。另一則說：「自熱河來京，心中沉悶，身體有疾，又值皇太后大事，總無暇調治，以致身體甚是不安者七十餘日。」同年二月，康熙帝的病況加重，他說：「若謂朕安，則羸弱已極，僅存皮骨，未覺全復，足痛雖較前稍癒，步履猶艱。」在同月底的一份大臣奏報上，他又寫道：「朕體稍早起，手顫頭搖，觀瞻不雅。或遇心跳之時，容顏頓改，驟見之人，必致妄生猜疑。」康熙帝病得「手顫頭搖」、「容顏頓改」，他是非常傷感的。康熙帝患過中風，可能是心腦血管的疾病。

康熙六十年四月，官書中又記載他身體「違和」，五月在避暑山莊著了涼，病情加重，「以致面色稍減，或稍行動，或多言語，便不勝倦乏」，稍微行動，感到疲倦，體力很差，精神大減。

康熙六十一年，康熙帝去山莊避暑、木蘭行圍，已不能騎馬，而是乘坐四人抬的肩輿。四月出巡，九月回鑾。初冬十月，又去南苑行圍狩獵。其時氣候已轉冷，所以有「偶患風寒」的事發生。西洋傳教士說他「寒戰」、「發高燒」，可能是重感冒引起了併發症。

同年十一月十三日，康熙帝病死。

康熙帝年輕時，身體強壯，很少得病。他三十五歲時，太皇太后病故，過於哀傷，元氣初傷；五十五歲時，廢皇太子，哭泣仆地，情緒沮喪，身心交瘁，害了大病，元氣大傷；六十四歲時，皇太后病故，頭眩腳腫，病情加重。他死前的四、五年間，身體狀況，日壞一日，消瘦、健忘、手抖、腳腫、頭搖、臉麻、頭暈、心慌、氣喘、失眠，諸病纏身，終致病死。

所以，人參湯毒害康熙帝之說，應該只是一種傳聞而已（參見陳捷先，《康熙寫眞》）。

三、遺詔真僞

康熙帝遺詔，是真、是假，還是半真半假？

■撫遠大將軍西征圖

同胞相爭

康熙帝晚年皇儲爭奪，主要在皇四子胤禛和皇十四子胤禵同胞兄弟間進行。胤禵在幾位阿哥謀取儲位接連受挫後，積極活動。他討好大臣，禮賢下士。時勢給他提供了一個歷史機遇，這個機遇在當時很難判斷是吉是凶。康熙五十七年，命胤禵爲撫遠大將軍王，用正黃旗纛，率軍征討策妄阿拉布坦。行前，康熙帝親往堂子行祭告禮，親御太和殿授印。胤禵乘馬出天安門，諸王、二品以上文武官員都到德勝門外爲胤禵送行。胤禟對胤禵說：「早成大功，得立爲皇太子。」可見，胤禵、胤禟等將這次出征立功，視爲爭取皇儲的機會。但是，康熙帝病故時，胤禵恰巧不在宮廷，胞兄胤禛得以繼位。所以胤禵掛大將軍王印出征，給他命運帶來的不是吉兆，而是凶訊。

胤禛在皇太子黨、皇八子黨、皇十四子黨等進行明爭暗鬥的時候，卻在韜光養晦，討好皇父，等待時機，謀取皇位。果然，康熙帝臨終時，皇長子胤禔、皇次子（廢皇太子）胤礽都在圈禁中，皇八子胤禩只是貝勒，皇十四子胤禵出征在外，皇四子胤禛卻在天壇齋戒，且在皇父臨終那天，一連三次被召到暢春園清溪書屋。再加上其他因素，雍親王胤禛就繼承並坐上了第五任清朝皇帝的寶座。

雍親王胤禛繼承皇位，合法也好、不合法也好，正取也好、逆取也好，贊成者與反對者，都以「康熙遺詔」作依據說事。因此，康熙帝身後留下了一場遺詔風波。

遺詔風波

「康熙遺詔」是眞是僞，見解角立。

主張「康熙遺詔」是眞的，其理由是：

第一、**實錄爲證**。《大清聖祖仁皇帝實錄》卷三〇〇記載了「康熙遺詔」的全文，鑿鑿實實，不容置疑。

第二、**檔案爲證**。中國第一歷史檔案館和臺灣故宮博物院，都分別珍藏「康熙遺詔」的檔案。

第三、**歷史記載**。康熙帝臨終的當天，召見皇三子胤祉、皇七子

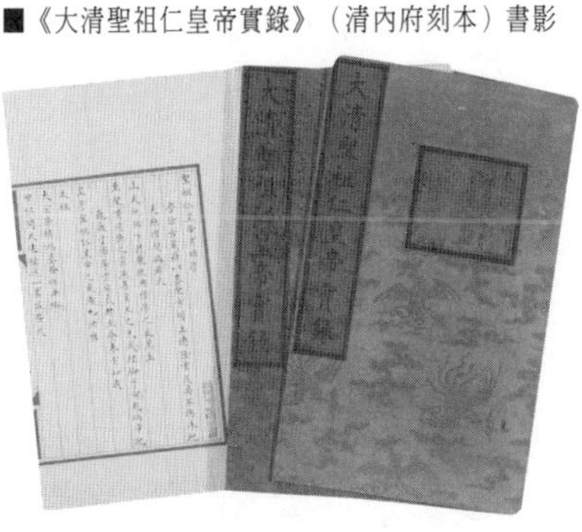
■《大清聖祖仁皇帝實錄》（清內府刻本）書影

胤祐、皇八子胤禩、皇九子胤禟、皇十子胤䄉、皇十二子胤祹、皇十三子胤祥，以及理藩院尚書兼步軍統領隆科多；當時皇長子胤禔、皇二子胤礽被圈禁，皇四子胤禛在天壇齋戒，皇五子胤祺除外，皇六子胤祚已死，皇十一子胤禌已死，皇十四子胤禵出征在外，皇十五子以下年齡較小，沒有在場。康熙帝召見時諭曰：「雍親王皇四子胤禛，人品貴重，深肖朕躬，必能克承大統，著繼朕登基，即皇帝位。」（《清聖祖實錄》卷三〇〇）

第四、有人爲證。「康熙遺詔」中的「雍親王皇四子胤禛，人品貴重，深肖朕躬，必能克承大統，著繼朕登基，即皇帝位」，是理藩院尚書、步軍統領隆科多親口向雍親王胤禛傳諭的。

主張「康熙遺詔」是僞的，其理由是：

第一、實錄不實。《大清聖祖仁皇帝實錄》是雍親王胤禛繼位後編修的，其時主要當事人或死亡或圈禁，死了的無法對證，活著的無話語權，「歷史是勝利者的紀錄」。

第二、檔案可疑。「康熙遺詔」檔案是在康熙帝死後四天才公布的，不是康熙帝臨終前當衆留下的遺詔（如順治帝臨終時留下遺

■胤禛園居像

詔）。

第三、記載不實。康熙帝臨終當天召見七位皇子，有學者考證受召見七位皇子沒有聽到由皇四子胤禛繼位的口諭，這條史事是雍正帝杜撰的。

第四、文獻無徵。蕭奭作《永憲錄》時，是在雍正初年，當時人記當時事，但書中沒有記載此事。

第五、口證不實。「康熙遺詔」是重大之事，爲什麼隆科多不向諸皇子傳諭，而單獨向雍親王胤禛一人傳諭？

後人評說

「康熙遺詔」的當時情景，歷史煙雲，人亡物非，已難考證。文後附錄兩份遺詔，其中，「雍親王皇四子胤禛，人品貴重，深肖朕躬，必能克承大統，著繼朕登基，即皇帝位」是眞僞問題爭論的關鍵所在。學界見仁見智，難有定論。或許將來，找到鐵證，材料充實，方可做出結論。這道難題，怎樣解法，還請讀者自己思考！

附錄一：康熙上諭（康熙五十六年十一月辛未二十一日）

朕少時，天稟甚壯，從未知有疾病。今春，始患頭暈，漸覺消瘦。至秋月，塞外行圍，蒙古地方，水土甚佳，精神日健，顏貌加豐，每日騎射，亦不覺疲倦。回京之後，因皇太后違和，心神憂瘁，頭暈頻發。有朕平日所欲言者，今特召爾等面諭。

從來帝王之治天下，未嘗不以敬天法祖爲首務。敬天法祖之實，在柔遠能邇，休養蒼生，公四海之利爲利，一天下之心爲心，體群臣，子庶民，保邦於未危，致治於未亂。夙夜孜孜，寤寐不遑，寬嚴相濟，經權互用，以圖國家久遠之計而已。自古得天下之正，莫如我朝。太祖、太宗，初無取天下之心，嘗兵及京城，諸大臣咸奏云「當取」，太宗皇帝曰：「明與我國，素非和好，今取之甚易，但念中國之主，不忍取也。」後流賊李自成，攻破京城，崇禎自縊，臣民相率來迎，乃剪滅闖寇，入承大統。昔項羽起兵攻秦，後天下卒歸於漢。其初，漢高祖一泗上亭長耳。元末，陳友諒等並起，後天下卒歸於明。其初，明太祖一皇覺寺僧耳。我朝承席先烈，應天順人，撫有區宇，以此見亂臣賊子，無非爲眞主驅除耳。

今朕年將七旬，在位五十餘年者，實賴天地宗社之默佑，非予涼德之所致也。朕自幼讀書，於古今道理，粗能通曉。凡帝王自有天命，應享壽考者，不能使之不享壽考；應享太平者，不能使之不享太平。自黃帝甲子至今，四千三百五十餘年，稱帝者三百有餘；但秦火以前，三代之事，不可全信。始皇元年至今，一千九百六十餘年，稱帝而有年號者，二百一十有一。朕何人斯，自秦漢以下，在位久者，朕爲之首。古人以不矜不伐，知足知止者，爲能保始終。覽三代而後，帝王踐祚久者，不能遺令聞於後世。壽命不長者，罔知四海之疾苦。朕已老矣，在位久矣，未卜後人之議論如何，而且以目前之事，不得不痛哭流涕，豫先隨筆自記，而猶恐天下不知吾之苦衷也。

自昔帝王，多以死爲忌諱，每觀其遺詔，殊非帝王語氣，並非中心之所欲言，此皆昏瞀之際，覓文臣任意撰擬者。朕則不然，今豫使爾等，知朕之血誠耳。當日臨御至二十年，不敢逆料至三十年，三十年，不敢逆料至四十年，今已五十七年矣。《尚書・洪範》所載：「一曰壽，二曰富，三曰康寧，四曰攸好德，五曰考終命。」「五福」以「考終命」列於第五者，誠以其難得故也。今朕年將七十，子、孫、曾孫，百五十餘人，天下粗安，四海承平，雖不能移風易俗，家給人足，但孜孜汲汲，小心敬慎，夙夜不遑，未嘗少懈。數十年來，殫心竭力，有如一日，此豈僅「勞苦」二字，所能該括耶！前代帝王，或享年不永，史論概以爲「侈然自放，耽於酒色」所致。此皆書生好爲譏評，雖純全盡美之君，亦必抉摘瑕疵。朕爲前代帝王剖白：蓋由天下事繁，不勝勞憊之所致也。諸葛亮云：「鞠躬盡瘁，死而後已。」爲人臣者，惟諸葛亮一人耳！若帝王仔肩甚重，無可旁諉，豈臣下所可比擬！臣下可仕則仕，可止則止，年老致政而歸，抱子弄孫，猶得優遊自適。爲君者，勤劬一生，了無休息。如舜雖稱無爲而治，然身歿於蒼梧；禹乘四載，胼手胝足，終於會稽。似此皆勤勞政事，巡行周歷，不遑寧處，豈可謂之崇尚無爲，清靜自持乎！《易・遁卦》六爻，未嘗言及人主之事，可見人主原無宴息之地，可以退藏，鞠躬盡瘁，誠謂此也。昔人每云：「帝王當舉大綱，不必兼總細務。」朕心竊不謂然，一事不謹，即貽四海之憂；一時不謹，即貽千百世之患。不矜細行，終累大德。故朕每事，必加詳慎，即如今日留一二事未理，明日即多一二事矣！若明日再務安閒，則後日愈多壅積，萬幾至重，誠難稽延。故朕蒞政，無論巨細，即奏章內有一字之訛，必爲改定發出。蓋事不敢忽，天性然也。五十餘年，每多先事綢繆；四海兆人，亦皆戴朕德意。豈可執「不必兼總細務」之言乎！

朕自幼強健，筋力頗佳，能挽十五力弓，發十三握箭，用兵臨戎之事，皆所優為。然平生未嘗妄殺一人，平定三藩，掃清漠北，皆出一心運籌。戶部帑金，非用師賑飢，未敢妄費，謂此皆小民脂膏故也。所有巡狩行宮，不施彩繪，每處所費，不過一二萬金，較之河工歲費三百餘萬，尚不及百分之一。幼齡讀書，即知酒色之可戒，小人之宜防，所以至老無恙。自康熙四十七年大病之後，過傷心神，漸不及往時。況日有萬幾，皆由裁奪，每覺精神日逐於外，心血時耗於內，恐前途倘有一時不諱，不能一言，則吾之衷曲未吐，豈不可惜！故豫於明爽之際，一一言之，可以盡一生之事，豈不快哉！

人之有生，必有死。如朱子之言：「天地循環之理，如晝如夜。」孔子云：「居易以俟命。」皆聖賢之大道，何足懼乎？近日多病，心神恍忽，身體虛憊，動轉非人扶掖，步履難行。當年立心以天下為己任、許死而後已之志。今朕躬抱病，怔忡健忘，故深懼顛倒是非，萬幾錯亂。心為天下盡其血，神為四海散其形。既神不守舍，心失怡養，目不辨遠近，耳不分是非，食少事多，豈能久存？況承平日久，人心懈怠，福盡禍至，泰去否來，元首叢脞，而股肱惰，至於萬事隳壞，而後必然招天災人害，雜然並至。雖心有餘而精神不逮，悔過無及，振作不起，呻吟床榻，死不瞑目，豈不痛恨於未死？昔梁武帝亦創業英雄，後至耄年，為侯景所逼，遂有台城之禍；隋文帝亦開創之主，不能豫知其子煬帝之惡，卒致不克令終。又如丹毒自殺，服食吞餅，宋祖之遙見燭影之類，種種所載疑案，豈非前轍？皆由辨之不早，而且無益於國計民生。漢高祖傳遺命於呂后，唐太宗定儲位於長孫無忌。朕每覽此，深爲恥之。或有小人，希圖倉卒之際，廢立可以自專，推戴一人，以期後福。朕一息尚存，豈肯容此輩乎！

朕之生也，並無靈異；及其長也，亦無非常。八齡踐祚，迄今五十七年，從不許人言禎符瑞應，如史冊所載景星、慶雲、麟鳳、芝草之賀，及焚珠玉於殿前，天書降於承天，此皆虛文，朕所不敢。惟日用平常，以實心行實政而已。今臣鄰奏請立儲分理，此乃慮朕有猝然之變耳。死生常理，朕所不諱。惟是天下大權，當統於一。十年以來，朕將所行之事，所存之心，俱書寫封固，仍未告竣。立儲大事，朕豈忘耶？天下神器至重，倘得釋此負荷，優遊安適，無一事嬰心，便可望加增年歲。諸臣受朕深恩，何道俾朕得此息肩之日也。朕今氣血耗減，勉強支持。脫有誤萬幾，則從前五十七年之憂勤，豈不可惜！朕之苦衷血誠，一至如此。每覽老臣奏疏乞休，未嘗不爲流涕。爾等有退休之時，朕何地可休息耶？但得數旬之怡養，保全考終之死生，朕之欣喜，豈可言罄？從此歲月悠久，或得如宋高宗之年，未可知也。朕年五十七歲，方有白鬚數莖，有以烏鬚藥進者，朕笑卻之曰：「古來白鬚皇帝有幾，朕若鬚鬢皓然，豈不爲萬世之美談乎！」初年同朕共事者，今並無一人。後進新升者，同寅協恭，奉公守法，皓首滿朝，可謂久矣，亦知足矣。朕享天下之尊，四海之富，物無不有，事無不經。至於垂老之際，不能寬懷瞬息，故視棄天下猶敝屣，視富貴如泥沙也。倘得終於無事，朕願已足。願爾等大小臣鄰，念朕五十餘年太平天子，惓惓丁寧反覆之苦衷，則吾之有生考終之事畢矣。

此諭已備十年，若有遺詔，無非此言。披肝露膽，罄盡五內，朕言不再。（《清聖祖實錄》卷二七五）

附錄二：康熙遺詔（康熙六十一年十一月甲午十三日）

從來帝王之治天下，未嘗不以敬天法祖爲首務。敬天法祖之實，在柔遠能邇，休養蒼生，共四海之利爲利，一天下之心爲心，保邦於未危，致治於未亂，夙夜孜孜，寤寐不遑，爲久遠之國計，庶乎近之。今朕年屆七旬，在位六十一年，實賴天地宗社之默佑，非朕涼德之所致也。歷觀史冊，自黃帝甲子，迄今四千三百五十餘年，共三百一帝。如朕在位之久者甚少。朕臨御至二十年時，不敢逆料至三十年，三十年時，不敢逆料至四十年，今已六十一年矣！《尚書・洪範》所載：「一曰壽，二曰富，三曰康寧，四曰攸好德，五曰考終命。」「五福」以「考終命」列於第五者，誠以其難得故也。今朕年已登耆，富有四海，子孫百五十餘人，天下安樂，朕之福亦云厚矣！即或有不虞，心亦泰然。念自御極以來，雖不敢自謂能移風易俗，家給人足，上擬三代明聖之主，而欲致海宇昇平，人民樂業，孜孜汲汲，小心敬愼，夙夜不遑，未嘗少懈。數十年來，殫心竭力，有如一日，此豈僅「勞苦」二字所能該括耶！前代帝王，或享年不永，史論概以爲酒色所致。此皆書生好爲譏評，雖純全盡美之君，亦必抉摘瑕疵。朕今爲前代帝王剖白言之：蓋由天下事繁，不勝勞憊之所致也。諸葛亮云：「鞠躬盡瘁，死而後已。」爲人臣者，惟諸葛亮能如此耳！若帝王仔肩甚重，無可旁諉，豈臣下所可比擬？臣下可仕則仕，可止則止，年老致政而歸，抱子弄孫，猶得優遊自適。爲君者勤劬一生，了無休息之日。如舜雖稱無爲而治，然身歿於蒼梧；禹乘四載，胼手胝足，終於會稽。似此皆勤勞政事，巡行周歷，不遑寧處，豈可謂之崇尚無爲，清靜自持乎！《易・遯卦》六爻，未嘗言及人主之事。可見人主原無宴息之地，可以退藏。鞠躬盡瘁，誠謂此也。

自古得天下之正，莫如我朝。太祖、太宗初無取天下之心，嘗兵及京城，諸大臣咸云當取，太宗皇帝曰：「明與我國，素非和好，今欲取之甚易，但念係中國之主，不忍取也！」後流賊李自成攻破京城，崇禎自縊，臣民相率來迎，乃剪滅闖寇，入承大統，稽查典禮，安葬崇禎。昔漢高祖係泗上亭長，明太祖一皇覺寺僧，項羽起兵攻秦，而天下卒歸於漢，元末陳友諒等蜂起，而天下卒歸於明。我朝承席先烈，應天順人，撫有區宇，以此見亂臣賊子，無非爲眞主驅除也。

凡帝王自有天命，應享壽考者，不能使之不享壽考；應享太平者，不能使之不享太平。朕自幼讀書，於古今道理，粗能通曉。又年力盛時，能彎十五力弓，發十三把箭，用兵臨戎之事，皆所優爲。然平生未嘗妄殺一人。平定三藩，掃清漠北，皆出一心運籌。户部帑金，非用師賑飢，未敢妄費，謂此皆小民脂膏故也！所有巡狩行宮，不施彩繪，每歲所費，不過一二萬金，較之河工歲費三百餘萬，尚不及百分之一。昔梁武帝亦創業英雄，後至耄年，爲侯景所逼，遂有台城之禍；隋文帝亦開創之主，不能預知其子煬帝之惡，卒至不克令終，皆由辨之不早也。朕之子孫，百有餘人，朕年已七十，諸王、大臣、官員、軍民，以及蒙古人等，無不愛惜朕年邁之人，今雖以壽終，朕亦愉悅。至太祖皇帝之子禮親王，饒餘王之子孫，見今俱各安全。朕身後，爾等若能協心保全，朕亦欣然安逝。雍親王皇四子胤禛，人品貴重，深肖朕躬，必能克承大統，著繼朕登基，即皇帝位。即遵典制，持服二十七日釋服。布告天下，咸使聞知。（《清聖祖實錄》卷三〇〇）

chapter 25

第貳伍講

康熙盛世

《尚書大傳‧卿雲歌》曰：
「日月光華，旦復旦兮！」
康熙皇帝君臨天下六十一年，
是中國有文字記載以來在位時間最長的皇帝。
他開創中國皇朝史上一次盛世的局面，
留給後世許多歷史經驗與寶貴教訓。

■康熙帝朝服像

從明萬曆十一年努爾哈赤起兵點燃戰火，到康熙二十二年南明最後象徵——延平郡王臺灣鄭克塽歸清，時間跨度整整百年。這一百年間，君王與民衆、官員與百姓、貴族與平民、地主與農民、業主與工匠、士紳與商人，他們在痛苦、磨難、戰亂、災荒之後，最需要什麼呢？是國家統一，民生富裕，文化融合，天下太平。康熙帝在國際與國內既有機遇又有挑戰的歷史條件下，面臨著如何「從打天下到坐天下」的課題。康熙帝作爲大清帝國這艘航船的舵手，在波濤洶湧的海洋上，經過半個世紀航行，從「亂世」到「治世」一直駛向康熙盛世的局面，給後世留下了珍貴的歷史寶鑑。

一、盛世爭議

古今中外的偉大人物，都有其傑出的過人之處，也都有其突出的歷史貢獻。

■康熙「育德勤民」璽

康熙帝以其才華與天賦，智慧與膽識，勤政與謙虛，好學與著述，頑強與堅韌，寬容與簡約，在人生旅途中，克服諸多艱難，完成重大使命。康熙帝的文治與武功，學養與行事，都令人稱道，也都有特殊貢獻。他幼年登極，以智取勝，親掌朝綱；他崇儒重道，治理中國；他獎勵農桑，蠲免田賦；他重視治河，興修水利；他重用漢族士人，緩和民族關係；他提倡學術，編纂群書；他勤奮好學，詩文書法頗有造詣；他決心撤藩，消除割據，鞏固中原統一；他重用施琅，統一臺灣；他悉心籌劃，打敗俄軍，簽訂「中俄尼布楚條約」；他善撫蒙古，鞏固北部長城；他進兵安藏，加強對藏區管理……這是兩千年帝王文治武功所罕見的。

對康熙帝的歷史評價，辛亥以來，衆說紛紜。我先從一個眞實的故事說起。

一個故事

二十世紀九〇年代初，香港回歸之前，香港大學要做一個歷史研究課題：「論黃金時代——康乾盛世」，並成立一個由香港、北京兩方面的學者合作的課題組，約我參加這項課題研究。但課題組主持人說：這個課題要經過一個專家委員會審議通過。結果，課題沒有被通過，其理由是：專家委員會認爲康乾時代不是歷史的盛世，而是專制黑暗時代。這本來不是什麼大事，但由此啓發我思考一個嚴肅的課題：怎樣評價康熙朝的歷史地位？

三種觀點

對康熙帝歷史功過的評價、對康熙朝歷史地位的評價，清朝人是充分肯定的；辛亥革命反滿派觀點是否定的；當代學者又是怎麼看的？目前學術界主要有三種觀點：

第一、康熙朝的歷史是中國封建社會一個黑暗的時期；

第二、康熙朝的歷史是中國封建社會一個強盛的時期；

第三、康熙朝的歷史是中國封建社會一次落日的輝煌。

先說第一種觀點。持康熙「黑暗」說者，主要論據是說康熙朝爲「封建專制」。但我們看，封建君主專制從秦始皇到宣統帝，其間有三百多位君主，不可一概而論，不可不加分析。歷史上的「文景之治」、「貞觀之治」、「洪宣之治」等，也都是「封建專制」。因此，以「封建專制」作爲否定「康熙盛世」的論據值得商榷。

次說第三種觀點。

論者認同康熙朝出現「輝煌」，但這是落日的輝煌。這個提法很有道理，但日出的輝煌與日沒的輝煌，終究都是一次輝煌。《尚書大傳・卿雲歌》曰：「日月光華，旦復旦兮！」其實，康熙朝也好，整個大清朝也好，其他朝也好，都像日出日沒，月升月落一樣，既要觀察其是日出或月升，日沒或月落；更要觀察日出月升時，是被烏雲遮蔽，還是光亮天下。本文討論的是學術界存在的第二種觀點。

再說第二種觀點。

我個人不提「雍正盛世」，因爲雍正朝十三年，時間太短；也不提「乾隆盛世」，因爲爭議較大。我贊成「康熙盛世」的說法，有什麼根據呢？因爲，康熙之世有五種景象。

二、盛世景象

康熙帝六十一年的君主生涯，做了許多事情。在歷史的天平上，康熙帝對中國歷史和世界文明的發展，做出的最值得稱道的重大貢獻有哪些？

他留給後世的歷史財富又是什麼呢？概括說來，主要有五：

第一、中國版圖奠定。

我們打開中國地圖和東亞地圖，看看當時的清朝疆域。

在東南，統一臺灣，金甌完整。明天啓四年荷蘭人侵占臺灣。清順治十八年十二月十三日，鄭成功從荷蘭人手中收復臺灣。鄭成功死後，其子鄭經奉南明正朔（即承認南明的正統地位）。康熙二十二年，康熙帝抓住鄭經死後，其子鄭克塽年幼、部屬內訌、政局不穩的時機，以施琅爲福建

■康熙年間繪《澎臺海圖》

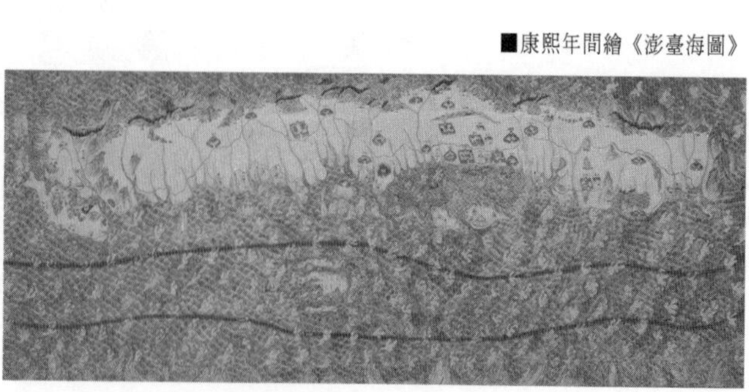

水師提督，文武兼施，征撫並用，統一臺灣。設臺灣府，隸屬於福建。臺灣府下設三縣——臺灣縣（今臺南）、鳳山縣（今高雄）、諸羅縣（今嘉義），派總兵官一員、率官兵八千，駐防臺灣。從而加強了中央對臺灣的管轄，並促進了臺灣經濟文化的發展。

在東北，抵禦外侵，締結和約。黑龍江流域地區，在皇太極時已經歸屬清朝。清軍入關後，沙俄東進侵入我國黑龍江流域地區，占領雅克薩（今阿爾巴津）、尼布楚（今涅爾琴斯克）、呼瑪爾（今呼瑪）等城。康熙帝統一臺灣後，調派軍隊進行兩次雅克薩自衛反擊戰，取得勝利。康熙二十八年，同俄國在尼布楚簽訂「中俄尼布楚條約」，規定：格爾必齊河、額爾古納河以東至海，外興安嶺以南，整個黑龍江流域、烏蘇里江流域（包括庫頁島）土地，歸中國所有。這是中國歷史上第一個同外國簽訂的平等條約，表明康熙帝獨立自主外交的勝利。清朝加強了對黑龍江地區的管轄，初步奠定了後來黑龍江等行省的規模。

在正北，多倫會盟，善治蒙古。努爾哈赤和皇太極解決了漠南蒙古問題，康熙帝則進一步解決了漠北蒙古、初步解決漠西蒙古的問題。從秦漢匈奴到明朝蒙古，兩千年歷史的北疆難題，到康熙帝時才算真正得解。康熙帝說：「昔秦興土石之工，修築長城。我朝施恩於喀爾喀，使之防備朔方，較長城更爲堅固。」秦漢以來，長城是中原農耕民族用來防禦北方游牧民族的屏障；康熙之後，蒙古是中華各個民族防禦外國南侵的長城。

在西北，三次親征，敗噶爾丹。康熙帝先後三次親征，遏制噶爾丹勢力東犯，不僅穩定漠北喀爾喀蒙古局面，也穩定漠南蒙古的社會，並有助於安定西藏，更有利於中原地區的社會安定。

在西南，進兵高原，安定西藏。清初，順治帝冊封達賴喇嘛，西藏已完全歸屬於清朝。康熙帝

■康熙帝賜五世班禪金印

又派兵平定西部蒙古勢力對西藏的擾犯，冊封班禪額爾德尼，任命西藏政務官員，在西藏駐軍，設駐藏大臣，維護西藏的社會安定。

康熙朝國家一統、國力強盛，周邊國家沒有出現動盪，也沒有出現威脅（俄國侵犯被擊退）。這既是康熙帝治國的功績，也是康熙盛世的表現。

第二、中華各族協和。

清代民族關係，從康熙朝開始，是中國皇朝史上最好的時期。在東北，打敗俄國的侵略，解決並鞏固了自遼河到黑龍江流域各民族的問題。東北的達斡爾，前代所謂的「邊徼」之野，清朝則成為「龍興之地」。在北方，中國自秦漢以來，匈奴一直是中央王朝北部的邊患。明代的蒙古問題始終未獲徹底解決，己巳（一四四九）與庚戌（一五五〇），京師兩遇危機，明英宗甚至成為蒙古瓦剌部的俘虜。清朝興起後對蒙古採取了既完全不同於中原漢族皇帝的做法，也不同於金代女真皇帝的做法。先後綏服了漠南蒙古（內蒙古）、漠北喀爾喀蒙古（外蒙古）、漠西厄魯特蒙古（西蒙古）。清朝對蒙古的綏服，「撫馭賓貢，敻越漢唐」。在西北，後乾隆帝對南北疆維族等統一。在西南，進兵安藏，加強了對西藏的統治。後乾隆「欽定西藏章程」制定，設立金瓶掣簽制度，西南雲貴川的苗、瑤、彝等，改土歸流，清朝實現了中國皇朝史上多民族的協和。

康熙帝的家庭、他的血緣也是民族協和的例證。康熙帝的祖母是蒙古族，父親是滿族，母親是漢族，所以，康熙帝身上有百分之五十的漢族血緣，百分之二十五的滿族血緣，百分之二十五的蒙古血緣。康熙帝本身就是一個民族協和的象徵。

康熙朝國家一統、國力強盛，多民族協和在一個中華大家庭中，沒有出現大的民族動盪、民族分裂。這既是康熙帝治國的功績，也是康熙盛世的表現。

第三、中華文化傳承。

清朝帝王爲了鉗制知識分子的思想，鎮壓異端、打擊政敵，實行文字獄。清代文字獄始於順治、康熙，發展於雍正，大行於乾隆，約計近百起。康熙朝主要有《南山集》案一起。這是應當批評的。但康熙帝在文化方面，也有巨大的貢獻：其一、興文重教，編纂典籍。他重視文化教育，主持纂修了《康熙字典》、《古今圖書集成》、《律曆淵源》、《全唐詩》、《清文鑑》、《皇輿全覽圖》等，總計六十餘種，兩萬餘卷。其二、移天縮地，興建園林。康熙帝先後興建暢春園、避暑山莊、木蘭圍場等，雍正帝、乾隆帝又大興「三山五園」——香山靜宜園、玉泉山靜明園、萬壽山清漪園（後改名頤和園）和圓明園等，將中國古典園林藝術推向高峰。其三、引進西學，學習科技等。李約瑟博士稱康熙帝爲「科學的皇帝」。

■蒙古札薩克銀印（康熙二十五年四月製）

世界四大文明古國——古埃及、古巴比倫、古印度的文明中斷，而中華文明在清朝於曲折與艱難中得到傳承，不僅沒有中斷，且激發了活力。

康熙朝國家一統、國力強盛，中華文化在交融中傳承、在曲折中發展。這既是康熙帝治國的功績，也是康熙盛世的表現。

■清人繪《田樂圖》

第四、經濟恢復發展。

清軍入關後，最大的弊政，莫過於圈占土地。跑馬占田，任意圈奪。康熙帝頒令，停止圈地，招徠墾荒，重視耕織，恢復生產。治理黃河、淮河、運河、永定河，並興修水利，培育新的稻種，取得很大成績。蠲免田賦，賑濟災荒，沒有見到「人食人」現象的記載。康熙四十八年十一月，戶部庫存銀五千萬兩，「時當承平，無軍旅之費，又無土木工程，朕每年經費，極其節省，此存庫銀兩，並無別用，去年蠲免錢糧八百萬兩，所存尚多」（《清聖祖實錄》卷二四〇）。上年十二月，徵銀二七八〇四五五三兩，加上課銀二九五七二八兩，共徵銀二八一〇〇二八一兩（《清聖祖實錄》卷二三六）。康熙朝強調藏富於民，減免天下錢糧共達五四五次之多，其中普免全國錢糧三次，計銀一．五億兩。

康熙朝國家一統、國力強盛，社會經濟經過戰亂、災荒後，有所恢復，也有所發展。這既是康熙帝治國的功績，也是康熙盛世的表現。

第五、社會秩序安定。

康熙朝社會安定，主要是指康熙二十二年三藩之亂平定以後，雖然社會矛盾也有，民族糾紛也有，但沒有大的、嚴重的社會動盪。康熙帝很有幸，他執政的後四十年，中國社會處於由亂到治、由動到靜的歷史時期。原有的社會衝突已經平息、原有的動亂能量已經釋放殆盡，新的社會衝突、新的社會動亂，能量還沒有積聚起來。

康熙朝社會安定，我舉三個例子：

(1)從康熙二十年到六十一年，中原地區四十一年間，沒有大的廝殺爭戰，沒有大的社會動盪，也沒有大的社會危機。在中國兩千年皇朝史上，統一王朝皇帝在位四十年以上的有六位：漢武帝、唐玄宗、明世宗、明神宗、清聖祖和清高宗。漢武帝有天漢民變、唐玄宗有安史之亂、明世宗嘉靖帝有庚戌之變、明神宗萬曆帝有薩爾滸之戰、清高宗乾隆帝有王倫起義，而中原地區連續四十多年無戰爭的「太平之世」，只

■首次修於康熙二十五年的《大清一統志》書影

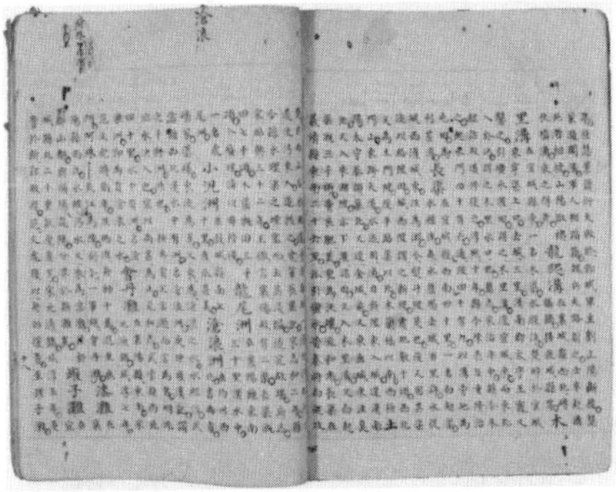

有康熙朝。

⑵秋決死刑比較少。死刑的案件，康熙十二年，「死犯共有八十餘名」（《康熙起居注冊》康熙十二年三月十一日），後來「決一年之罪犯，減至二三十人」（《康熙起居注冊》康熙四十五年十二月）。康熙十六年，終歲決斷死刑，「不過十數人焉」！當時有多少人口呢？當在一萬萬以上。當時有多少個省呢？全國設十八個省，包括直隸、江蘇、安徽、山東、山西、河南、陝西、甘肅、福建、浙江、江西、湖廣、偏沅（偏沅巡撫，明萬曆二十七年〔一五九九〕設。康熙三年分湖廣置湖南，巡撫於長沙。雍正二年改爲湖南巡撫）、四川、廣東、廣西、雲南、貴州。平均每省每年死刑一人。對於一個上億人口、十八個省的大國來說，一年死刑十餘人，死刑數字，算是很少。這就說明：當時社會相當安定。

⑶康熙帝多次四方出巡。他三次東巡、六次南巡、六次西巡、三次北征，還四十八次去木蘭秋獮、五十三次到避暑山莊（前面講過）。試想：如果社會動盪，康熙帝四方出巡是不可能的。如康熙帝第五次南巡，到山東，民衆扶老攜幼，隨舟擁道：「夾岸黃童白叟，歡呼載道，感恩叩謝者，日有數十萬。」（《清聖祖實錄》卷二一九）到江南，縉紳士民數十萬人，夾岸跪迎（《清聖祖實錄》卷二二八）。以上難免有官員組織民衆夾道歡呼以博得聖上喜歡的舉動，也難免有官方誇大輿情的現象，但可以透露出當時社會比較安定。

康熙朝國家一統、國力強盛，社會秩序比較安定。這既是康熙帝治國的功績，也是康熙盛世的表現。

「盛世」的「盛」是強盛、繁盛、興盛的意思。康熙朝的後四十年，在中國皇朝史上，的確是一個相對強、繁、興的局面——「強」，當時是世界上強大的帝國；「繁」，當時是比歐洲國家繁榮的帝國；「興」，當時是亞洲興隆的帝國。

康熙帝國有內在矛盾、有潛存危機嗎？有。

三、盛世缺憾

康熙帝既有功績，也有缺憾。康熙帝的缺失，可以列出很多。

如臺灣內附後開放海禁，但到康熙五十五年，突然宣布商賈「南洋不許行走」，此一決策，大有失誤。又如晚年禁止天主教傳布，則切斷了中國與世界文化的聯繫。再如禁止採礦使國家財政收入減少，也使手工業材料發生短缺，對社會經濟發展不利。另如限制新武器的試驗、製造、配置，影響軍力的強大等。

清朝開國「二祖一宗」就是太祖努爾哈赤、太宗皇太極和世祖福臨（還有多爾袞），他們在建國時、在入主中原後，於制度的設計，存在嚴重缺失。康熙帝在位時間久、皇權威望高，他應當也可能對其弊端做出重大改革。康熙朝雖遇到新問題，但他對這些問題的解決缺乏原創性的革新，或者根本沒有意識到，或者意識到了也沒有什麼好辦法。他的長處主要是解決傳統的問題，比如勤政、治河、農桑、尊儒，善於在前人走過的道路上再前進一步，或者恢復起來，或者更加完善。他沒有對自己遇到的各種新問題做一個整體的認識，看到它們之間的聯繫，進行總體性的反思和回應。清朝的滅亡正是在制度、體制、政策、民生、文化方面矛盾交織而產生的結果。

第一、八旗制度沒有徹底改革。

八旗制度在打天下時起過積極作用，但對治天下呢？這就表現出清朝「二祖一宗」（還有多爾袞）在八旗制度的設計上有嚴重的缺失。當時只考慮到旗人政治、經濟、社會

■八旗盔甲

利益而埋下隱患。主要表現在：

其一、在政治上，滿洲貴族享有特權。如最高權力決策層、核心層的「五大」——內大臣（上三旗各兩人）、領侍衛內大臣（上三旗各兩人）、議政大臣（滿洲貴族）、大學士和軍機大臣（雍正設），主要是滿洲貴族。如大學士，康熙十六年到二十七年，滿洲大學士中除覺羅勒德洪外，全是滿洲正黃旗。康熙朝大學士四十八人，其中滿洲二十二人，漢軍四人，漢人二十二人，旗人占百分之五十五，漢人占百分之四十五。康熙朝十二位河道總督，旗人占了十位。

其二、在經濟上，旗人生計問題。八旗群體生計由國家包下來，旗人缺乏創業與謀生的機制，從而腐蝕了整個八旗群體。

其三、在社會上，旗民矛盾難題。旗人與民人、滿洲貴族與漢族平民，分城居住，禁止通婚，同罪不同罰，同刑不同法，終世不變。

■八旗盔甲

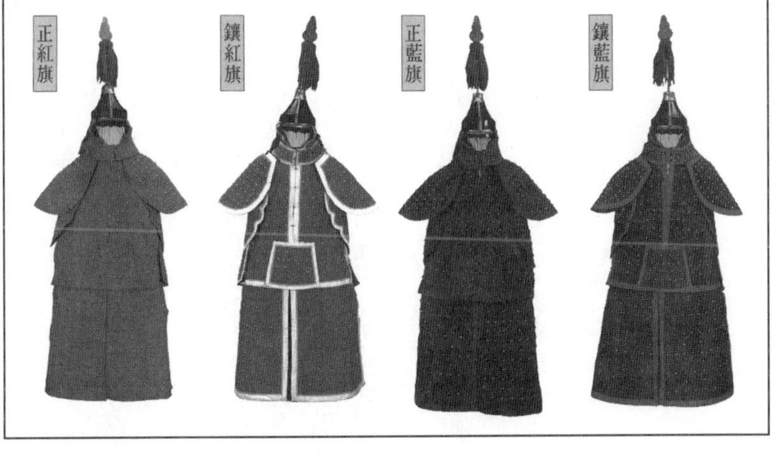

康熙帝對八旗制度缺乏原創性的改革和創新（八旗制度是他碰到的極少無法從前人那裡學習解決方案的問題之一），只是解決了一些枝節問題。八旗貴族集團，在清政權鞏固之後，其保守性大於進取性，頑固性大於創新性，安逸性大於勤奮性，寄生性大於謀生性，因此，這是一個拒絕分割部分利益給平民的集團，拒絕改革的保守集團。

八旗制度是清朝立國的根本制度。清朝有些制度是學習明朝的，如六部設置、內閣制度、科舉制度、監察制度等，但八旗制度是明朝所沒有的，也是以往皇朝所沒有的。八旗制度根本特點是維護八旗群體的政治特權和物質利益。清朝不同於明朝的關鍵一點，就是旗民矛盾。這是當時社會的基本矛盾，也是清朝的死結。康熙帝首先代表八旗貴族的利益。要進行八旗制度改革，根本一點就是割出一部分旗人利益，特別是滿洲貴族的利益，分給民人，分給民眾。孫中山先生同盟會綱領「驅除韃虜、恢復中華」，就是將旗人與民人、滿洲貴族與漢族民眾的矛盾，提到了政治的高度。

這個難題，努爾哈赤、皇太極時期，並不突出；順治時期，已經突出，但順治帝年輕、在位時間短，沒有解決、也不可能解決。康熙帝不同，他在位時間長、政治上成熟、威望也很高，有條件也有可能進行改革，或加以解決。但他沒有這樣做。從這種意義上說，康熙大帝是一位政治家，而不是一位改革家。爾後，雍正帝在位時間短，乾隆帝缺乏魄力，也都沒有解決這道難題。再往後，內憂外患，矛盾叢生，失去解決的機會。

第二、皇位繼承沒有建立章法。

清朝的皇位繼承，沒有採取明朝的「嫡長制」。清太祖、太宗朝的皇位繼承，採取「貴族公推制」。順治朝是「皇帝遺命制」。康熙帝則實行「立皇太子制」。他將兩歲的胤礽冊立爲皇太子，作爲皇位的接班人。事與願違，康熙帝兩立兩廢皇太子，鬧得朝廷紛爭，個人健康受損。英國在一六八八年（康熙二十七年）發生「光榮革命」，走向君主與議會共同統治的歷史。清朝卻在「家天下」的圈子裡轉悠。尤其給慈禧太后以懿旨確立皇位埋下隱患，制度的缺失讓慈禧鑽了空子。其結果，雍正帝實行「秘密立儲制」，慈禧太后實行「懿旨確定制」，路子越走越窄，最後走向滅亡。

第三、吸納西學沒有進行推廣。

■彼得大帝像

當時的主要社會矛盾，不是東西問題，而是滿漢問題。康熙帝是中國歷史上既了解西方科學文化，又精通中華傳統文化的唯一的封建君主。他學習西方的天文學、數學、物理學、化學、地理學、生物學、音律學、醫藥學、解剖學、測繪學等。還建立蒙養齋，被西方稱爲「皇家科學院」。但康熙帝僅僅局限在個人興趣、個別皇子、個別官員的研修上，沒有成爲政府行爲，也沒有形成國家政策。

這一點，康熙帝同俄國彼得大帝相比，顯得有一定的差異。彼得大帝建立近代工廠，建立海軍；康熙帝卻始終沒有產生對近代工業的狂熱，也沒有使社會越出封建經濟一步，更沒有表現出某種農耕文明向工業文明過渡的嘗試。彼得大帝面臨的是向工業文明的過渡，康熙大帝面臨的卻是由牧獵文明向農耕文明的過渡。如果康熙帝能夠再完成農耕文明向工業文明的過渡，自然是美好的。然而，畢竟受當時歷史條件、社會條件、文化條件的局限，在中國既不能產生俄國的彼得大帝，也不能產生法國的路易十四，而只能產生中國的康熙大帝。

第四、人口發展沒有長遠之見。

清承明制，丁納銀，地交賦，丁銀與地賦分徵。康熙朝的人口，隨著社會安定、經濟發展開始較快地增長。康熙五十一年規定：「盛世滋生人丁，永不加賦。」（《清聖祖實錄》卷二四九）減免新生人丁的「人頭稅」。他的兒子雍正帝又規定「攤丁入地」，從此免除了「人頭稅」。這項政策的正面影響是，免除丁銀，減輕人身依附，促進人員流動；負面影響是，刺激人口過快增長，乾隆時達到三億，至道光十七年（一八三七），全國人口達到四〇五九二三一七四人。人口猛增，解決的一個方法是獎勵墾荒，而大量墾荒又破壞生態平衡。一項重大政策的制定，要考慮長遠的後果。這點康熙帝當時是不能認識到的，只是後人回顧歷史，要從中吸取一點教訓。

第五、文化差異沒有根本彌合。

康熙帝為了解決滿漢之間的文化衝突，採取許多措施，做了很多事情。弱化議政王大臣的權力，就是削弱滿洲貴族權力的一個措施。康熙朝有過兩起文字獄，皆因民族問題而起。清朝最後還是敗於民族問題，特別是八旗群體特殊化、尤其是八旗貴族掌控朝綱的問題，得不到根本的解決上。孫中山「驅除韃虜」的綱領，雖然帶有強烈的民族主義色彩，卻反映了埋在漢人心中的積怨。清朝最後還是在「文化」問題上翻了船。

清朝的近三百年間，在全球競賽中黯然落後，而歐美則因技術創新和工業革命而卓然崛起，最終改變了全球格局。總括來說，康熙帝有功有過，有對有錯，有成就也有缺憾，但他仍舊是中國歷史上不可多得的一位偉大的君主。

chapter 26

第貳陸講

千年一帝

從秦始皇到宣統帝，共二一三二年。
前一千年，《舊唐書》稱唐太宗為「千載可稱，一人而已」。
後一千年，康熙大帝，在位最久，
以其社會景象，其文治武功，其歷史業績，亦可謂千年一帝。
康熙帝於個人修養，
知敬、知勤、知慎、知止、知學，且一以貫之。
這對每個人，都值得借鑑。

康熙帝的一生有功有過，有對有錯，有成就也有缺憾。如何從總體上評價康熙皇帝呢？

一、縱橫比較

中國有確切文字記載的歷史大約三千多年。從秦王嬴政二十六年（西元前二二一年），嬴政自以爲「德高三皇、功過五帝」，自稱始皇帝，從此中國開始有了皇帝；到清宣統三年，辛亥革命

■康熙帝讀書像

■唐太宗納諫圖

推翻清朝、廢除帝制，這段有皇帝的歷史，我稱作中國皇朝歷史。中國皇朝歷史，總計二一三二年。

這二一三二年的皇朝歷史，有多少位皇帝呢？有人統計共四九二位皇帝，有人統計共三四九位皇帝，康熙帝讓他的大臣統計，奏報說二一一位皇帝。其統計數字之差異，主要是取樣標準不同。這可以不管，我們重在思考這二一三二年皇朝的歷史。

中國兩千年的皇朝歷史，大體可以分作前後兩段，前一段一千年，中國的政治中心主要是在西安，其間也經常東西擺動——秦在咸陽，西漢在西安（長安），東漢在洛陽，唐在西安（長安）等。曾出現文景之治（文帝在位二十三年，景帝在位十六年）、貞觀之治（唐太宗在位二十三年）。《舊唐書》稱唐太宗爲「千載可稱，一人而已」。後一段一千年，中國的政治中心主要是在北京，其間也經常南北擺動——宋都先在開封、後在杭州（臨安），遼上京在臨潢（今內蒙古自治區巴林左旗菠蘿城），金都先在上京（今黑龍江省哈爾濱市阿城區）、後在中都（今北京），明都先在金陵（南京）、後在北京，清都先在瀋陽、後在北京，就是從今哈爾濱、瀋陽、北京、開封、南京，到杭州，但中心在北京。從中可以看出一個有意思的歷史現象：中國兩千年帝國歷史政治中心的擺動，先是東西擺動，後是南北擺動，從而呈現出大「十」字形變動的特點。就其後一千年來說，兩宋、遼、金、西夏、元、明、清八朝，一個重要的特點是國內的民族融合。在北京建都的遼—契丹、金—女眞、元—蒙古、明—漢族、清—滿洲，五朝中有四朝是非漢民族建立的。明朝雖然是漢族人建立的，但朱元璋以「驅除胡虜」爲號召，結果又被「胡虜」所替代。

這裡有一個很有意思的歷史現象。遼、北宋、金、南宋、西夏、元、明、清八朝，共有皇帝九十位。這八朝都有一個民族融合的問題。遼朝與北宋對峙，金朝與南宋對峙，党項建西夏，元朝取代金朝，都有民族問題。朱元璋是漢人，他的口號是「驅除胡虜」，帶有濃厚的民族色彩。滿洲以「七大恨告天」的民族旗號起兵，取代了明朝；民國孫中山又以「驅除韃虜、恢復中華」爲綱領而推翻滿洲人建立的清朝。

從遼太祖耶律阿保機神冊元年（九一六），到清宣統三年（一九一一），總算一千年。折騰來，折騰去，都離不開「民族」二字。

縱向比較。

中國自遼金以降，千年以來，有九十帝。北宋九帝、南宋九帝、遼十帝、金九帝，凡三十七帝，半壁山河，均不足論。西夏十帝，偏處一隅，也不需論。元朝十五帝，太祖成吉思汗，一代天驕，打下基業，武功偉績，略輸文采，並未一統，更無盛世。元世祖忽必烈，在位二十四年，定鼎大都，武功赫赫，文治稍遜，也無盛世。其他諸帝，更不足論。明朝十六帝，太祖朱元璋，推翻元朝，一統天下，功績很大；但是，冤案煩苛，史多譏評。明成祖朱棣，雄才大略，遷都北京，然「靖難」之舉，史稱之爲「篡」；蒙古難題，六次北征，死於道途，抱恨終天。所謂「洪宣之治」，洪熙在位一年，宣德在位十年，都沒有形成盛世的局面。至於清朝，共十二帝，可以提及的是「三祖三宗」——清太祖努爾哈赤、世祖順治、聖祖康熙、太宗皇太極、世宗雍正、高宗乾隆。「三宗」自然位在「三祖」之下。僅以「三祖」而論，清太祖努爾哈赤奠基清朝，未入中原。順治帝雖遷都燕京，英年早逝，後期荒唐。只有康熙帝可以討論。前面講過，在中國兩千年皇朝史上，統一王朝在位四十年以上的六位皇帝中，漢武帝有天漢民變、唐玄宗有安史之亂、明嘉靖帝有庚戌之變、明萬曆帝有薩爾滸之戰、清乾隆帝有王倫起義，而中原地區連續四十多年無戰爭的「太平之世」，只有康熙朝。

算來算去，自遼以降，約一千年，康熙帝的前述五大貢獻，邁越古人，千年以來，誰能與比？千年一帝，首推康熙！

橫向比較。

當時與康熙帝大約同時代的君主，英國尚未工業革命，法國大革命和美利堅獨立，都是乾隆朝的事。俄國和日本的崛起，都在十九世紀中葉。俄國的彼得大帝，法國的路易十四，其國家領土、國民經濟實力、民族文化之盛、人口數量之多、軍事力量之強，都不能同康熙大帝相比。康熙大帝不僅是中國歷史上的千年一帝，而且是世界歷史上一位偉大君主。但

■路易十四像

是，他留下的缺憾，致使其兒孫們主宰的大清帝國，和西方列強的差距愈拉愈大。

在康熙朝，四鄰和睦，寰宇一統，疆域遼闊，版圖奠定，中原地區，社會安定，半個世紀，無大戰爭，民族協和，國力強盛，經濟恢復，府庫充裕，黃河安瀾，秋決很少。

康熙帝是清朝第四代君主。他在位期間，曾經先後智擒權臣、平定三藩、收復臺灣、打敗沙俄，還有綏服蒙古、安定西藏，武功盛極一時，前朝無人可比。他重視個人修養，好學習武、敬孝仁愛、克己修身。他又能重視學術、弘揚文化、編纂圖書、獎勵學者，文治上的成就也很高。他畢竟還是中國歷史上難得的皇帝，在文治與武功方面都有建樹可言。他確應占有歷史偉人的地位，難怪當時在清朝宮廷裡的西洋傳教士們，也讚譽他是「人世間無與倫比的帝王」。

二、盛世寶鑑

康熙盛世出現，主要因素有五：

■康熙《聖諭廣訓》（清內府刻本）書影

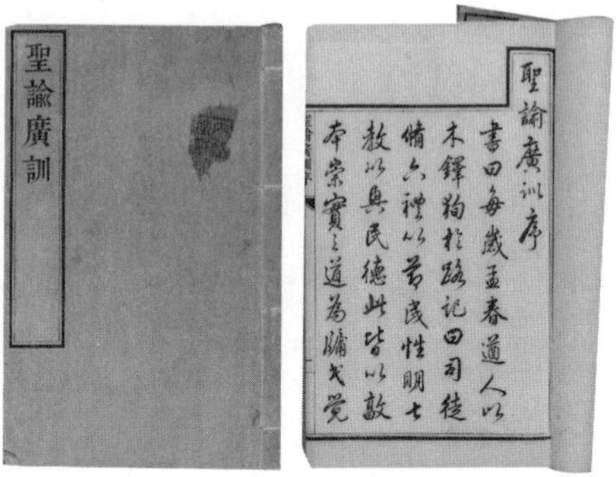

一是，國際環境有利，恰好處於西方大國兩次崛起高潮之間；二是，周邊國家協和，如果周邊環境不好，清朝也難以獨善其身；三是，國內因素有利，處在兩次社會大動盪之間相對平靜的時期；四是，滿洲族群新興，滿洲民族共同體是一個上升的、有朝氣的族群；五是，康熙個人素養。

康熙盛世出現的諸因素中，最主要因素是什麼？如果用最簡明的文字怎樣概括？我在《正說清朝十二帝》中，分析清興的根本原因時，突出講一個「合」字；在《明亡清興六十年》中，分析明亡的根本原因時，突出講一個「分」字；那麼，在《康熙大帝》中，分析康熙盛世的根本原因時，則突出講一個「一」字。這個「一」字，於康熙帝治國，重點表現在三個方面：國家金甌一統，民族多元一體，文化多派一流；於康熙帝個人修養，我想起《論語・里仁》裡，孔子說：「吾道一以貫之。」《論語・衛靈公》裡，孔子又說：「予一以貫之。」孔子在《論語》中兩次強調「一以貫之」。我說，康熙帝個人素養的一個重要特點就是「一」，具體言之，就是五個「一以貫之」。

這裡引出一個古老的話題：是英雄創造歷史，還是人民創造歷史？我認爲是英雄與人民共同創造歷史。大家設想一下：如果康熙帝是一個荒淫無道之君，或是一個窮兵黷武之君，或是一個懦弱無爲之君，或是一個懶惰怠政之君，儘管有上述四個客觀有利條件，也不能出現康熙盛世！康熙帝的個人素養，對於想在修身、齊家、治國、平天下中有所作爲的人，都會得到有益的啓迪。

我著重探討康熙帝的個人因素，特別是探討康熙帝的個人素養。康熙帝的「一以貫之」，其表現，舉五例——知敬、知勤、知慎、知止、知學。

(1)知敬：一以貫之。

康熙帝認爲，君子修德，在於知敬。知敬，就是要敬天、敬地、敬事、敬人、敬己，要有敬畏之心。康熙大帝，地位至高，權力至上，怎樣約束自己？作爲皇帝的「敬」，就是對自己的約束。敬天，康熙帝說：「朕自幼登極，凡祀壇廟、禮神佛，必以誠敬存心。」（康熙，《庭訓格言》）又說：「昔年曾因乾旱，朕於宮中設壇祈禱，長跪三晝夜，至第四日，步詣天壇虔禱，油雲忽作，大雨如注……朕自謂精誠所感，可以上邀天鑑。」我在這裡不是講迷信，而是講要虔誠敬天。敬地，必須敬畏養育我們的腳下這片大

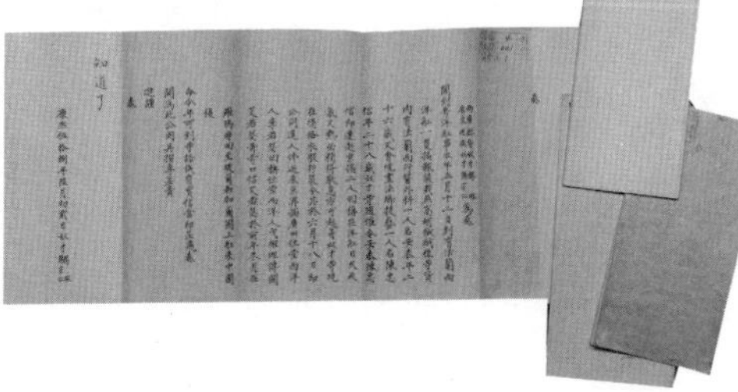

■關於法蘭西商船到廣東口岸的硃批奏摺

地。敬事，《論語．學而》曰：「敬事而信。」執事以敬。敬人，就是要仁愛。《大學》曰：「爲人君，止於仁。」朱熹說：「愛而不敬，非眞愛也；敬而不愛，非眞敬也。」（《朱子語類》卷二三）康熙帝的仁愛之心，源自將心比心，「己所不欲，勿施於人」。敬己，康熙帝說：「節飲食，愼起居。」這都是敬身、敬己。敬己，要從小事做起：「凡人修身治性，皆當謹於素日，朕於六月大暑之時，不用扇、不除冠，此皆平日不自放縱而能者也。」（康熙，《庭訓格言》）敬，不要時斷時續，而要「一以貫之」。總之，康熙帝認爲「敬」就是「正」，他說：「念念敬，斯念念正；時時敬，斯時時正；事事敬，斯事事正。君子無在而不敬，故無在而不正。」（康熙，《庭訓格言》）

(2) 知勤：一以貫之。

勤，就是勤奮，而不懶惰。康熙帝從八歲繼位，到六十九歲病故，終生勤政，終生勤學，以勞爲福，以逸爲禍。他的勤，包括勤奮、勤儉。他說：「祖宗相傳家法，勤儉敦樸爲風。」（康熙，《庭訓格言》）他認爲一個人的貧與富，重要的因素，不在命運，而在勤勉：「惟患人之不勤不勉。」（康熙，《庭訓格言》）因此，每一個人，當讀書樂志，惟勤學力行。康熙帝的一生，是勤奮的一生。以他勤政爲例，五十餘年，從不懈怠，御門聽政，始終如一。他每天至少寫一千個字，他說：「善書法者，雖多出天性，大半尤恃勤學。朕自幼好書，今年老，雖極匆忙時，必書幾行字，一日亦未間斷，是故猶未至於荒廢。人勤習一事，則身增一藝；若荒疏，即廢棄也。」（康熙，《庭訓格言》）如何讀書？他借用朱子的話：「循序而有常，致一而不懈。」所以，康熙帝主張君子「五不敢」——「勤修不敢惰，制欲不敢縱，節樂不敢極，惜福不敢侈，守分不敢僭」（康熙，《庭訓格言》）。

(3) 知慎：一以貫之。

知慎，就是謹慎。進爵封賞，判刑處罰，既要公正，又要慎重：「爵賞刑罰，乃人君之政事，當公慎而不可忽者也。」（康熙，《庭訓格言》）康熙帝說：「凡天下事，不可輕忽，雖至微至易者，皆當以慎重處之。慎重者敬也！當無事時，敬以自持；而有事時，即敬以應事務，必謹終如始，慎修思永，習而安焉。」（康熙，《庭訓格言》）康熙帝又說：「凡人於事務之來，無論大小，必審之又審，方無遺慮。」（康熙，《庭訓格言》）就是慎之又慎，才無遺憾。不但工作要謹慎，而且生活要謹慎：「嘗見高年有壽者，平日俱極敬慎。即於飲食，亦不敢過度。」（康熙，《庭訓格言》）總之，康熙帝一生謹慎：「孜孜汲汲，小心敬慎，夙夜不遑，未嘗少懈。」（《清聖祖實錄》卷二七五）

(4) 知止：一以貫之。

一個人，既要知浮知沉，又要知合知分；既要知進知變，又要知足知止。知浮，可以不驕；知沉，可以不餒；知合，可以不孤；知分，可以不敗；知進，可以不衰；知變，可以不僵；知足，可以不辱；知止，可以不殆。康熙帝作爲君王，特別自勉自戒，知足知止。康熙帝說：「世人衣不過被體，而衣千金之裘，猶以爲不足，不知鶉衣袍緼者固自若也；食不過充腸，羅萬錢之食，猶以爲

■康熙耕織圖集錦墨

不足，不知簞食瓢飲者固自樂也！朕念及於此，恆自知足。雖貴爲天子，而衣服不過適體；富有四海，而每日常膳，除賞賜外，所用肴饌從不兼味，此非朕勉強爲之，實由天性自然，汝等見朕如此儉德，其共勉之。」（康熙，《庭訓格言》）康熙帝知足知止，既不立碑記功，也不自上尊號。他拒絕大臣請求爲他立碑記功，說：「凡立碑者，惟爲一時之名，並不能與永載實史可比，此事理應停止。」他更不允爲他上尊號。在康熙二十年，因平定三藩之亂，大臣奏請加上尊號，他認爲「此奏無益」，一不准；兩年之後，臺灣劃一版圖，大臣們請上尊號，他認爲「不願煩擾多事」，二不准；後大臣又上奏請求，他說「不必行」，三不准；同年，喀爾喀蒙古首領等聯合上書，請加尊號，四不准；康熙三十六年，在三征噶爾丹勝利之後，大臣請上尊號，五不准；後王公、官員等一齊到暢春園再度請上尊號，命以後「毋復再奏」，六不准；康熙四十一年，康熙帝五十大壽，王公官民又請上尊號，「終不允」，七不准；康熙帝花甲大壽之時，大臣們讚揚他功超三王、德越兩帝，請「上尊號」，他答覆道「若侈陳功德，加上尊號，以取虛名，無益治道，朕所不喜」，八不准。康熙帝之文治武功，出衆才華，在中國歷代帝王中確實是罕見的。而他八辭群臣上尊號，一貫堅拒別人的讚譽、恭維，更是難能可貴的。

康熙四十一年九月二十四日，兩江總督阿山上奏說地方糧食豐收都是皇帝洪福與施恩的結果。康熙帝反而給他一個批答：「若云皆皇帝洪福齊天，恩播遐邇所致，則江北屬數地及山東數處，皆被水災，民遊食者亦多，抑非福不與天齊，恩未能傳布所致耶？」康熙帝在位六十一年，一直謙遜不驕，從不喜歡別人對他過分阿諛與讚美。

⑸知學：一以貫之。

知學，就是重視讀書學習。康熙帝立志高遠。他說：聖人一生，只在志學。「志之所趨，無遠弗屆；志之所向，無堅不入」（康熙，《庭訓格言》）。凡人、俗人與賢人、聖人的區別在哪裡？在於讀書學習，以一貫之，堅定不移：「初學貴有決定不移之志，又貴有勇猛精進之心，尤貴有貞常永固不退轉之念。」（康熙，《庭訓格言》）康熙帝讀書，終生堅持，手不釋卷。他讀《大學》（一七五三字）、《中庸》（三五六七字）、《論語》（一五八七六字）、《孟子》（三五二六一字），合計五六四五七個字，都能念誦一二〇遍、背誦一二〇遍，直至老年，還能背誦。康熙帝終生讀書，手不釋卷，直至老年，好學不輟。康熙帝是一位學習型的皇帝。

總之，康熙帝的這些素養，不是一暴十寒，也不是淺嘗輒止，而是「一以貫之」。康熙帝可貴的素養在於一個「一」字。用康熙帝的話來說，就是「公四海之利爲利，一天下之心爲心」。康熙帝突出「一」字，卻產生了「僵」字。但他仍是中國皇朝史上的千年一帝。

三、千年一帝

現在回到本題——對康熙帝的評價。先看他是如何評價自己的：

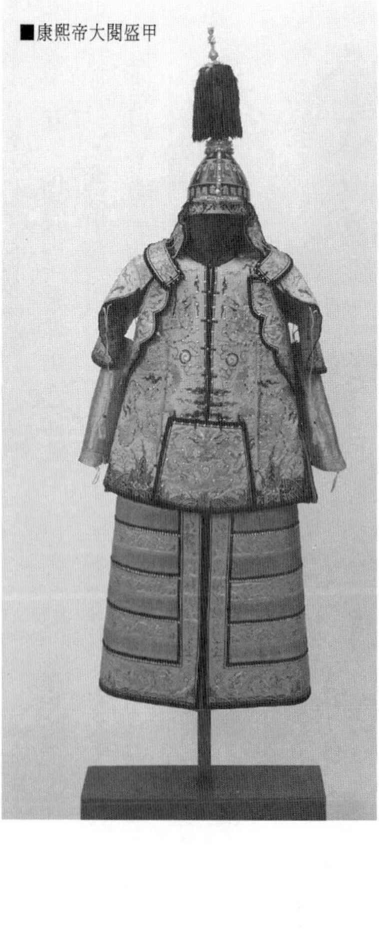

■康熙帝大閱盔甲

自我評價

康熙帝晚年說：「朕自幼強健，筋力頗佳，能挽十五力弓，發十三握箭，用兵臨戎之事，皆所優爲。然平生未嘗妄殺一人，平定三藩，掃清漠北，皆出一心運籌。戶部帑金，非用師賑饑，未敢妄費，謂此皆小民脂膏故也。所有巡狩行宮，不施彩繪，每處所費，不過一二萬金，較之河工歲費三百餘萬，尚不及百分之一。幼齡讀書，即知酒色之可戒，小人之宜防，所以至老無恙。」（《清聖祖實錄》卷二七五）又說：「朕之生也，並無靈異；及其長也，亦無非常。八齡踐祚，迄

今五十七年，從不許人言禎符瑞應……惟日用平常，以實心行實政而已。」（《清聖祖實錄》卷二七五）

他的行爲：「天下粗安，四海承平，雖不能移風易俗，家給人足，但孜孜汲汲，小心敬慎，夙夜不遑，未嘗少懈。數十年來，殫心竭力，有如一日，此豈僅『勞苦』二字所能該括耶！」（《清聖祖實錄》卷二七五）

《清史稿・聖祖本紀》又是如何評價康熙帝的呢？

■南懷仁繪《坤輿全圖》

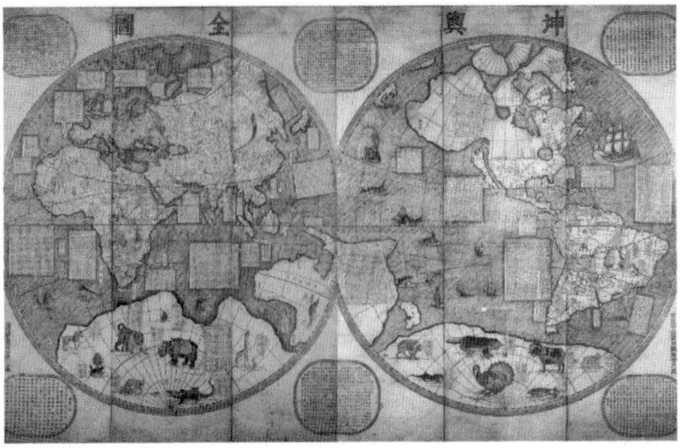

歷史評價

《清史稿・聖祖本紀》論曰：「早承大業，勤政愛民。經文緯武，寰宇一統。雖曰守成，實同開創焉。」這個評論，怎樣看待？開頭兩句話，基本屬實；中間兩句話，恰如其分；最後兩句話，也還妥貼。

康乾盛時版圖，東瀕大海，東南包括臺灣，南極曾母暗沙，西南到喜馬拉雅山，西接蔥嶺，西北到巴爾喀什湖，北達外興安嶺，東北至庫頁島（今薩哈林島），總面積約一千三百萬平方公里。康熙朝是當時世界上幅員最爲遼闊、人口最爲衆多、軍力最爲強盛、實力最爲雄厚的大帝國。康熙大帝吸收了中華多民族的、西方多國家的，悠久而又新近、博大而又深厚的文化營養，具有其時最高的文化素養。這爲他展現雄才大略、帝王才氣，實現宏圖大業，陶冶了性格，開闊了視野，蓄聚了智慧，奠定了基礎。康熙大帝奠下了清朝興盛的根基，開創出康熙盛世的大局面。然而，康熙帝也存在個人性格上的缺陷，執政上的缺失。

千年一帝

康熙帝在位六十一年，是中國兩千年皇朝歷史上執政時間最長的君主。康熙帝的主要三大貢獻是：奠定中國版圖，協和民族關係，傳承中華文化。他的主要三個缺憾是：八旗制度未能徹底改革，文化差異未能深入彌合，學習西學未能形成國策。但是，這些缺憾有其歷史、民族、文化、地理的局限，不可苛責。

從秦始皇帝二十六年，到清宣統三年，中國有皇帝的歷史，共二一三二年。前一千年，《舊唐書・太宗本紀》史臣曰：「千載可稱，一人而已。」後一千年，康熙大帝其在位最久，其社會景象，其文治武功，其歷史業績，可謂千年一帝。《新唐書・太宗本紀》贊曰：「自古功德兼隆，由漢以來，未之有也！」似可以說：在中國皇朝史上，康熙大帝，功德兼隆，始皇以來，未之有也！

從總體上說，無論就中國歷史作縱向比較，或就世界歷史作橫向比較，康熙大帝都可謂是中國皇朝史上的千年一帝，也是世界文明史上的千年名君。他同當時俄國沙皇彼得大帝、法國君主路易十四，同列世界偉大的君主。

附錄一：康熙后妃表

序號	姓氏	位號及冊封時間	民族	生育次數	生育時間及子女	卒年	享年
1	赫舍里氏	皇后（孝誠），四年	滿	2	八年承祜，十三年皇二子胤礽。	十三年	二十二歲
2	鈕祜祿氏	皇后（孝昭），十六年	滿	0		十七年	二十五歲左右
3	佟佳氏	皇后（孝懿），二十八年	滿	1	二十二年皇八女	二十八年	三十六歲左右
4	鈕祜祿氏	貴妃（溫僖），二十年	滿	2	二十二年皇十子胤䄉，二十四年皇十一女。	三十三年	
5	佟佳氏	貴妃，三十九年	滿	0		乾隆八年	七十六歲
6	博爾濟吉特氏	慧妃，九年追封	蒙	0		九年	二十歲以下
7	納喇氏	惠妃，二十年	滿	2	九年承慶，十一年皇長子胤禔。	雍正十年	七十歲以上

8	郭囉羅氏	宜妃，二十年	滿	3	十八年皇五子胤祺，二十二年皇九子胤禟，二十四年皇十一子胤禌。	雍正十一年	七十歲以上
9	馬佳氏	榮妃，二十年	滿	6	六年承瑞，十年賽音察渾，十二年皇三女，十三年長華，十四年長生，十六年皇三子胤祉。	雍正五年	七十歲以上
10	烏雅氏	德妃，二十年，雍正繼位後，追封皇后	滿	6	十七年皇四子胤禛（雍正帝），十九年皇六子胤祚，二十一年皇七女，二十二年皇九女，二十五年皇十二女，二十七年皇十四子胤禎（允禵）。	雍正元年	六十四歲
11	赫舍里氏	平妃，三十五年追封	滿	1	三十年胤禨	三十五年	
12	章佳氏	敏妃，三十八年給諡	滿	3	二十五年皇十三子胤祥，二十六年皇十三女，三十年皇十五女。	三十八年	
13	衛氏	良妃，四十年後	滿	1	二十年皇八子胤禩	五十年	四十歲以上

14	博爾濟吉特氏	宣妃，五十七年	蒙	0		乾隆元年	
15	戴佳氏	成妃，五十七年	滿	1	十九年皇七子胤祐	乾隆五年	七十歲以上
16	瓜爾佳氏	和妃，五十七年	滿	1	四十年皇十八女	乾隆三十三年	八十六歲
17	李氏	安嬪，十六年	漢軍	0		玄燁去世後	六十歲以上
18	王（章）佳氏	敬嬪，十六年	滿	0		玄燁去世後	六十歲以上
19	董氏	端嬪，十六年	滿	1	十年皇二女	玄燁去世後	六十歲以上
20	赫舍里氏	僖嬪，康熙十六年	滿	0		四十一年	四十歲以上
21	萬琉哈氏	定嬪，五十七年	滿	1	二十四年皇十二子胤祹	乾隆二十二年	九十七歲
22	王氏	密嬪，五十七年	漢	3	三十二皇十五子胤禑，三十四年皇十六子胤祿，四十年皇十八子胤祄。	乾隆九年	七十歲以上
23	陳氏	勤嬪，五十七年	滿	1	三十六年皇十七子胤禮	乾隆十八年	六十歲以上
24	高氏	庶妃	漢	3	四十一年皇十九子胤禝，四十二年皇十九女，四十五年皇二十子胤禕。	乾隆十一年	五十歲以上

25	色赫圖氏	庶妃	滿	1	五十年皇二十二子胤祜	乾隆四年	四十歲以上
26	石氏	庶妃	漢	1	五十二年皇二十三子胤祁	乾隆四年	四十歲以上
27	陳氏	庶妃	漢	1	五十年皇二十一子胤禧	乾隆二年	四十歲以上
28	陳氏	庶妃（後追為穆嬪）	漢	1	五十五年皇二十四子胤祕	雍正十一年	三十歲以上
29	納喇氏	貴人	滿	0			
30	兆佳氏	貴人	滿	1	十三年皇五女	五十六年	六十歲以上
31	郭羅羅氏	貴人	滿	2	十八年皇六女，二十二年胤禑。		
32	袁氏	貴人	漢軍	1	二十八年皇十四女	五十八年	四十歲以上
33	納喇氏	通嬪	滿	3	十四年萬黼，十八年胤禶，二十四年皇十女。	乾隆十年	八十歲以上
34	陳氏	貴人	漢	1	五十七年胤禝		
35	納喇氏	貴人	滿	0			
36	易氏	貴人		0		雍正六年	七十歲以上

37	馬氏	貴人		0		五十五年二月前	
38	鈕祜祿氏	庶妃	滿	1	康熙四十七年皇二十女		
39	張氏	庶妃	漢	2	七年皇長女，十三年皇四女。		
40	王氏	庶妃	漢	1	三十四年皇十六女		
41	劉氏	庶妃	漢	1	三十七年皇十七女		

說明：表中時間凡屬康熙年間的，均只標年份，下同。

附錄二：康熙皇子表

序號	皇子名字	生年	生母	封爵概況	卒年	享年
1	承瑞	六年	榮妃馬佳氏		九年	四歲
2	承祜	八年	皇后赫舍里氏		十一年	四歲
3	承慶	九年	惠妃納喇氏		十年	二歲
4	賽音察渾	十年	榮妃馬佳氏		十三年	四歲
5	皇長子胤禔	十一年	惠妃納喇氏	三十七年封直郡王，四十七年奪爵幽禁。	雍正十二年	六十三歲
6	皇次子胤礽	十三年	皇后赫舍里氏	十四年立為皇太子，四十七年以罪廢，四十八年復立為皇太子，五十一年再廢。	雍正二年	五十一歲
7	長華	十三年	榮妃馬佳氏		十三年	一歲
8	長生	十四年	榮妃馬佳氏		十六年	三歲
9	萬黼	十四年	通嬪納喇氏		十八年	五歲

10	皇三子胤祉	十六年	榮妃馬佳氏	三十七年封誠郡王，次年降貝勒，四十八年晉親王，雍正八年革爵幽禁。	雍正十年	五十六歲
11	皇四子胤禛	十七年	皇后烏雅氏（時為德嬪）	康熙三十七年封貝勒，四十八年晉雍親王，六十一年即帝位。	雍正十三年	五十八歲
12	胤禶	十八年	通嬪納喇氏		十九年	二歲
13	皇五子胤祺	十八年	宜嬪郭囉羅氏	三十七年封貝勒，四十八年晉恆親王。	雍正十年	五十四歲
14	皇六子胤祚	十九年	皇后烏雅氏（時為德嬪）		二十四年	六歲
15	皇七子胤祐	十九年	成妃戴佳氏	三十七年封貝勒，四十八年晉淳郡王，雍正元年晉親王。	雍正八年	五十一歲

16	皇八子胤禩	二十年	良妃衛氏	三十七年封貝勒，四十七年革爵，旋復貝勒爵，六十一年雍正帝繼位封廉親王，四年革爵圈禁。	雍正四年	四十六歲
17	皇九子胤禟	二十二年	宜妃郭囉羅氏	四十八年封貝子，雍正三年革爵，四年除宗籍圈禁。	雍正四年	四十四歲
18	皇十子胤䄉	二十二年	溫僖貴妃鈕祜祿氏	四十八年封敦郡王，雍正二年奪爵圈禁，乾隆二年封輔國公。	乾隆六年	五十九歲
19	胤禑	二十二年	貴人郭囉羅氏		二十三年	二歲
20	皇十一子胤禌	二十四年	宜妃郭囉羅氏		三十五年	十二歲
21	皇十二子胤祹	二十四年	定妃萬琉哈氏	四十八年封貝子，雍正即位後晉履郡王，十三年晉親王。	乾隆二十八年	七十九歲

22	皇十三子胤祥	二十五年	敬敏皇貴妃章佳氏	雍正繼位封怡親王。	雍正八年	四十五歲
23	皇十四子胤禎	二十七年	皇后烏雅氏	康熙四十八年封貝子，雍正元年晉郡王，四年革爵禁錮，乾隆十三年晉恂郡王。	乾隆二十年	六十八歲
24	胤禨	三十年	平妃赫舍里氏		三十年	一歲
25	皇十五子胤禑	三十二年	順懿密妃王氏	雍正四年封貝勒，八年晉愉郡王。	雍正九年	三十九歲
26	皇十六子胤祿（出繼）	三十四年	順懿密妃王氏	雍正元年襲封莊親王。	乾隆三十二年	七十三歲
27	皇十七子胤禮	三十六年	純裕勤妃陳氏	雍正元年封果郡王，六年晉果親王。	乾隆三年	四十二歲
28	皇十八子胤祄	四十年	順懿密妃王氏		四十七年	八歲
29	皇十九子胤禝	四十一年	襄嬪高氏		四十三年	三歲
30	皇二十子胤禕	四十五年	襄嬪高氏	雍正四年封貝子，八年晉貝勒。	乾隆二十年	五十歲

31	皇二十一子 胤禧	五十年	熙嬪陳氏	雍正八年封貝子， 旋晉貝勒， 十三年晉慎郡王。	乾隆二十三年	四十八歲
32	皇二十二子 胤祜	五十年	謹嬪色赫圖氏	雍正八年封貝子， 十二年晉貝勒。	乾隆八年	三十三歲
33	皇二十三子 胤祁	五十二年	靜嬪石氏	雍正八年封鎮國公， 十三年 高宗即位晉貝勒。 乾隆四十七年晉貝勒， 四十九年加郡王銜。	乾隆五十年	七十三歲
34	皇二十四子 胤祕	五十五年	穆嬪陳氏	雍正十一年封諴親王。	乾隆三十八年	五十八歲
35	胤禐	五十七年	貴人陳氏		五十七年	一歲

附錄三：康熙皇女表

序號	齒序	生年	生母	封號	下嫁時間、年齡與額駙	卒年	享年
1	皇長女	七年	庶妃張氏	無封		十年	四歲
2	皇二女	十年	端嬪董氏	無封		十二年	三歲
3	皇養女（大公主）	十年	康熙帝之弟恭親王常寧庶福晉晉氏	二十九年封和碩純禧公主，雍正元年晉為固倫純禧公主。	二十九年，二十歲，下嫁科爾沁台吉班第。	乾隆六年	七十一歲
4	皇三女（二公主）	十二年	榮妃馬佳氏	三十年封和碩榮憲公主，四十八年晉固倫榮憲公主。	三十年，十九歲，下嫁巴林色布騰之孫烏爾袞。	雍正六年	五十六歲
5	皇四女	十三年	庶妃張氏	無封		十七年	五歲
6	皇五女（三公主）	十三年	貴人兆佳氏	三十一年封和碩端靜公主	三十一年，十九歲，下嫁喀喇沁杜棱郡王扎什之子噶爾臧。	四十九年	三十七歲

7	皇六女（四公主）	十八年	貴人郭囉羅氏	三十六年封和碩恪靖公主	三十六年，十九歲，下嫁喀爾喀郡王敦多布多爾濟。	雍正十三年	五十七歲
8	皇七女	二十一年	德妃烏雅氏	無封		二十一年	一歲
9	皇八女	二十二年	皇貴妃佟佳氏	無封		二十二年	一歲
10	皇九女（五公主）	二十二年	德妃烏雅氏	三十九年封和碩溫憲公主	三十九年，十八歲，下嫁佟國維之孫舜安顏。	四十一年	二十歲
11	皇十女（六公主）	二十四年	通嬪納喇氏	四十五年封和碩純慤公主	四十五年，二十二歲，下嫁喀爾喀台吉策凌。	四十九年	二十六歲
12	皇十一女	二十四年	溫僖貴妃鈕祜祿氏	無封		二十五年	二歲
13	皇十二女（七公主）	二十五年	德妃烏雅氏	無封		三十六年	十二歲

14	皇十三女（八公主）	二十六年	敬敏皇貴妃章佳氏	四十五年封和碩溫恪公主	四十五年，二十歲，下嫁翁牛特杜楞郡王倉津。	四十八年	二十三歲
15	皇十四女（九公主）	二十八年	貴人袁氏	四十五年封和碩愨靖公主	四十五年，十八歲，下嫁散秩大臣，一等男孫承運。	乾隆元年	四十八歲
16	皇十五女（十公主）	三十年	敬敏皇貴妃章佳氏	四十七年封和碩敦恪公主	四十七年，十八歲，下嫁科爾沁台吉多爾濟。	四十八年	十九歲
17	皇十六女（十一公主）	三十四年	庶妃王氏	無封		四十六年	十三歲
18	皇十七女	三十七年	庶妃劉氏	無封		三十九年	三歲
19	皇十八女	四十年	和嬪瓜爾佳氏	無封		四十年	一歲
20	皇十九女	四十二年	襄嬪高氏	無封		四十四年	三歲
21	皇二十女	四十七年	庶妃鈕祜祿氏	無封		四十七年	一歲

附錄四：參考書目

主題書目

1 《康熙大帝》，〔日〕西本白川著（春申社出版，大正十四年〔一九二五〕）。

2 《康熙自傳》，〔美〕史景遷著（紐約出版，一九七四）。

3 《康熙與清朝統治的鞏固》（一六六一——一六八四），〔美〕勞倫斯・D・凱斯勒著（芝加哥大學出版，一九七六）。

4 《康熙》，錢宗範編著（廣西人民出版社，一九七五）。

5 《康熙皇帝》，〔法〕白晉著，趙晨譯（黑龍江人民出版社，一九八一）。

6 《康熙大帝全傳》，孟昭信著（吉林文史出版社，一九八七）。

7 《康熙思想研究》，宋德宣著（中國社會科學出版社，一九九〇）。

8 《康乾盛世三皇帝》，錢宗範著（廣西教育出版社，一九九二）。

9 《康熙帝》，孟昭信著（吉林文史出版社，一九九三）。

10 《康熙詩詞集注》，王志民、王則遠校注（內蒙古人民出版社，一九九四）。

11 《康熙皇帝一家》，楊珍著（學苑出版社，一九九四）。

12 《康熙皇帝全傳》，白新良主編（學苑出版社，一九九四）。

13 《康熙帝本傳》，郭松義、楊珍著（遼寧古籍出版社，一九九六）。

14 《康熙評傳》，宋德宣著（廣西教育出版社，一九九七）。

15《康熙傳》，蔣兆成、王日根著（人民出版社，一九九八）。
16《康熙評傳》，孟昭信著（南京大學出版社，一九九八）。
17《康熙皇帝與彼得大帝——康乾盛世背後的遺憾》，田時塘、裴海燕、羅振興著（中央文獻出版社，二〇〇〇）。
18《康熙寫眞》，陳捷先著（遠流出版事業公司，二〇〇〇）。
19《中國皇帝：康熙自畫像》，〔美〕史景遷著，吳根友譯（上海遠東出版社，二〇〇一）。
20《康雍乾三帝與西學東漸》，吳伯婭著（宗教文化出版社，二〇〇二）。
21《儒家思想與康熙大帝》，劉家駒著（臺灣學生書局，二〇〇二）。
22《清朝通史．康熙朝》（上、下），王思治主編（紫禁城出版社，二〇〇三）。
23《原來康熙》，張研著（香港中華書局，二〇〇三〔重慶出版社，二〇〇六〕）。
24《正說康熙》，王曉輝著（上海古籍出版社，二〇〇四）。
25《康熙》，〔美〕史景遷著，溫恰溢譯（時報文化出版公司，二〇〇五）。
26《康熙皇帝畫傳》，向斯著（紫禁城出版社，二〇〇五）。
27《曹寅與康熙》，〔美〕史景遷著，陳引池等譯（上海遠東出版社，二〇〇五）。
28《康熙剛柔並濟治心之道》，東野君著（黑龍江人民出版社，二〇〇五）。
29《康熙事典》，陳捷先主編（遠流出版事業公司，二〇〇六）。
30《康熙后妃子女傳稿》，孫繼新著（紫禁城出版社，二〇〇六）。
31《說康熙》，紀連海著（上海辭書出版社、漢語大詞典出版社，二〇〇七）。

32《康熙十講》，吳倩編著（哈爾濱出版社，二〇〇七）。

基本史料

1《康熙起居注冊》，北京中國第一歷史檔案館、臺北故宮博物院分藏。
2《清史稿・聖祖本紀》（中華書局，一九七六）。
3《清聖祖仁皇帝實錄》（中華書局，一九八五）。
4《康熙朝漢文硃批奏摺彙編》（八冊），中國第一歷史檔案館編（檔案出版社，一九八五）。
5《康熙朝滿文硃批奏摺全譯》，中國第一歷史檔案館編（中國社會科學出版社，一九九六）。
6《清前期西洋天主教在華活動檔案史料》（全四冊），中國第一歷史檔案館編（中華書局，二〇〇三）。
7《清史圖典・康熙朝》（上、下），朱誠如主編（紫禁城出版社，二〇〇二）。

其他資料

1《耶穌會士徐日昇關於中俄尼布楚談判的日記》，〔美〕約瑟夫・塞比斯著，王立人譯（商務印書館，一九七三）。
2《張誠日記》，〔法〕張誠著，陳霞飛譯（商務印書館，一九七三）。
3《抗俄名將薩布素》，蔣秀松編著（遼寧人民出版社，一九八四）。
4《達賴喇嘛傳》，牙含章編著（人民出版社，一九八四）。

5 《孝莊皇后》，孟昭信著（中國華僑出版社，二〇〇三）。
6 《知道了：硃批奏摺展》，馮明珠編（臺北故宮博物院，二〇〇四）。
7 《傳教士・科學家・工程師・外交家南懷仁》，魏若望編（社會科學文獻出版社，二〇〇一）。
8 《彼得大帝傳》，〔蘇〕尼・伊・帕甫連科著，斯庸譯（生活・讀書・新知三聯書店出版，一九八二）。
9 《路易十四時代》，〔法〕伏爾泰著，吳模信等譯（商務印書館，一九九七）。
10 《清前期中俄關係》，張維華、孫西著（山東教育出版社，一九九七）。
11 《傳教士與中國科學》，曹增友著（宗教文化出版社，一九九九）。
12 《大國崛起》（全九冊）（中國民主法制出版社，二〇〇六）。

康熙大帝

2009年5月初版
2014年3月初版第七刷

定價：新臺幣380元

著者	閻崇年
發行人	林載爵

出版者	聯經出版事業股份有限公司
地址	台北市基隆路一段180號4樓
台北聯經書房	台北市新生南路三段94號
電話	(02)23620308
台中分公司	台中市北區崇德路一段198號
暨門市電話	(04)22312023
郵政劃撥帳戶第	0100559-3號
郵撥電話	(02)23620308
印刷者	文聯彩色製版印刷有限公司
總經銷	聯合發行股份有限公司
發行所	新北市新店區寶橋路235巷6弄6號2F
電話	(02)29178022

叢書主編	簡美玉
校對	蘇淑惠
	陳龍貴
整體設計	陳皇旭
組版	黃祉菱

行政院新聞局出版事業登記證局版臺業字第0130號

本書如有缺頁，破損，倒裝請寄回台北聯經書房更換。 ISBN 978-957-08-3416-1 (平裝)
聯經網址 http://www.linkingbooks.com.tw
電子信箱 e-mail:linking@udngroup.com

本書中文繁體字版由中華書局授權出版

國家圖書館出版品預行編目資料

康熙大帝/閻崇年著．初版．臺北市：聯經．
2009年5月（民98）．520面；14.8×21公分．
參考書目：4面
ISBN 978-957-08-3416-1（平裝）
[2014年3月初版第七刷]

1.清聖祖 2.傳記

627.2 96006458